Knaur

Über den Autor:

Peter de Rosa ist Absolvent der Gregoriana, der wichtigsten päpstlichen Universität. Er war Professor für Ethik an der Westminster University und anschließend sechs Jahre lang Dekan für Theologie am Corpus Christi College. Später gab er das Priesteramt auf. Er lebt mit seiner Frau und zwei Söhnen in Irland. Als Knaur Taschenbuch (04807) erschien von Peter de Rosa der Sachbuchbestseller *Gottes erster Diener. Die dunkle Seite des Papsttums.*

PETER DE ROSA

Gottes letzter Diener

ROMAN

Aus dem Englischen von Margarete Längsfeld

Knaur

Die englische Originalausgabe erschien unter dem Titel
»Pope Patrick« bei Poolbeg Press Ltd., Dublin.

Besuchen Sie uns im Internet:
www.knaur.de

Vollständige Taschenbuchausgabe 2002
Droemersche Verlagsanstalt Th. Knaur Nachf., München

Umschlaggestaltung: ZERO Werbeagentur, München
Umschlagabbildung: Tony Stone, München
Druck und Bindung: Nørhaven Paperback A/S
Printed in Denmark
ISBN 3-426-61463-4

2 4 5 3 1

Meiner Frau Mary gewidmet

Danksagung

Ich danke Bruce Tracy, meinem Lektor bei Doubleday, für seinen ungeheuren Enthusiasmus und seinen Sinn für Humor, den selbst Papst Patrick zu schätzen wissen würde.

Vorbemerkung des Verfassers

Papst Patrick ist nur Papst Patrick; für seine Ansichten ist allein er verantwortlich.

Inhaltsverzeichnis

PROLOG

Das Ende einer Epoche

Im Herbst des Jahres 2009 waren die Tage Johannes Pauls II., obwohl er erst einunddreißig Jahre im Amt war, ein Jahr weniger als Pius IX., ganz offensichtlich gezählt.
In einem winzigen Geschäft an einer kleinen düsteren Piazza in der Nähe des Pantheons packte Alberto Gammarelli, Inhaber einer Firma, in deren Schaufenster das Schild »Päpstliche Schneiderei« prunkt, je eine komplette Garnitur päpstlicher Gewänder in drei Schachteln mit der Aufschrift *klein*, *mittel* und *groß*.
Das renommierte Bestattungsinstitut Bellini bereitete sich auf eine Einbalsamierung vor.
In den Werkstätten hinter der Peterskirche zimmerten Handwerker des Vatikans, die *sanpietrini*, einen Dreifachsarg aus Zypresse, Blei und Ulme. Während sie sägten, hobelten und die zwölf Schrauben aus vierzehnkarätigem Gold für den Deckel schmiedeten, pfiffen sie fröhlich vor sich hin. Die Angestellten erhalten einen vollen Monatslohn, wenn ein Papst stirbt, und einen weiteren, wenn sein Nachfolger gewählt ist. Indem der sterbende Papst der Unsterbliche Vater zu werden drohte, hatte er sie kostbarer Einkünfte beraubt.

Das Pontifikat des neunundachtzigjährigen Karol Wojtyla, nach vierhundertfünfzig Jahren der erste Nichtitaliener auf dem Heiligen Stuhl, hatte 1978 begonnen. Bald schon war er weiter gereist als alle seine zweihundertzweiundsechzig Vorgänger zusammen.

Mit übermenschlicher Energie und ohne sich Zeit zum Atemholen zu nehmen, hatte er fünf Kontinenten die Leviten gelesen – doch nicht alle nahmen es sich zu Herzen.
Im Jahre 2009 hatten weltweit sechzig Prozent aller Pfarrbezirke keinen Priester. In Rom war seit zehn Jahren keine einzige Berufung erfolgt. Italiens Geburtenrate war die niedrigste der Weltgeschichte.
Johannes Paul, der den USA nie sonderlich gewogen war, verwunderte es nicht, daß der – zu einem Drittel homosexuelle – amerikanische Klerus ein Durchschnittsalter von neunundsechzig Jahren hatte.
Eine weitaus größere Enttäuschung war Irland. Innerhalb eines Jahrzehnts hatten sich dort die Messebesuche halbiert; fünf der acht Priesterseminare mußten geschlossen werden, und schwarze Missionare aus Afrika stellten zwölf Prozent der Priester. Die Bemühungen des Bischofs von Limerick, Ehebruch zum Verbrechen zu erklären, selbst wenn dies Gefängnis für das gesamte Kabinett bedeutete, waren fehlgeschlagen.
Unter den Anhängern des Pontifex befanden sich nur wenige Frauen. Stets ein Gegner der Frauenbefreiungsbewegung, sagte er in einer Rede: »Jesus, Gottes Sohn, ist Mann geworden, nicht Frau. Frauen können ebensowenig Priester werden wie ... Affen.« Bei aller theologischen Präzision war diese unerwartete Bemerkung psychologisch doch ungeschickt. Seither trugen, wo immer er hinkam, aufgebrachte Feministinnen Spruchbänder, auf denen zu lesen stand: »Mutter unser, die du bist im Himmel« und: »Ein Affe zum Papst«.

Während seines Pontifikats hatte sich die Welt verändert. Der Kommunismus war so gut wie tot. Es grenzte an ein Wunder, daß er sich bei seinem Mangel an inneren Werten überhaupt so lange hatte halten können.
Bald nach dem Zusammenbruch der Sowjetunion setzte der Zerfall des gesamten russischen Staatenbundes ein. Es begann mit der brutalen Zerstörung der tschetschenischen Hauptstadt Gros-

ny. In der Zeit nach Jelzin war die Inflation so hoch, daß die Rubelscheine noch druckfeucht in Umlauf kamen. Es gab weder Brot noch Milch in Moskau. Die Mafia beherrschte den gesamten Schwarzmarkt, von Wodka bis zu Pornofilmen.
China erging es kaum besser. Trotz drakonischer Maßnahmen geriet der Bevölkerungszuwachs außer Kontrolle. Hohe Arbeitslosigkeit, inländische Fluktuation und soziale Unruhen waren die Folge.
Die Frage war, wer würde die neue Supermacht sein, die sich dem amerikanischen Imperialismus entgegenstellte? Zum Schrecken des Westens stand die Antwort schon fest.

Der Islam wurde unter dem grellen Himmel und in der klaren Luft der Wüste geboren. Dreizehneinhalb Jahrhunderte nach dem Tod des Propheten ließ sich ein starker, stetig anschwellender Chor vernehmen: »Es gibt keinen Gott außer Allah, und Mohammed ist sein Prophet.« Der Erdboden bebte vom Stampfen der Sandalen.
Als das dritte Jahrtausend begann, waren die weit über eine Milliarde Muslime, die meisten von ihnen Nichtaraber, den Katholiken zahlenmäßig überlegen; bald würden sie die Menge der Chinesen übersteigen. Es war ein neuer, militanterer Islam. Zum erstenmal machten nicht nur die vielen terroristischen Gruppen, sondern auch die Sunnis und Schias – die Sunniten und Schiiten – gemeinsame Sache.
Der Anführer der panislamischen Fundamentalisten war der einundfünfzig Jahre alte Ayatollah Abdallah Hourani. Für die einen galt er als geistlicher Nachfolger von Ruhollah Khomeini, für die anderen als neuer Mahdi, der Erwartete, ein großer religiöser Krieger, Mohammeds Rächer. Manche sagten, daß sich Sträucher, ja selbst Felsen vor ihm verneigten. Man munkelte, daß er während der Tagesstunden des Ramadan nicht einmal seinen Speichel schlucke.
Der große, schlanke, meist in schwarze Gewänder gehüllte Hourani trug einen langen Krummdolch im Gürtel. Sein dichter

schwarzer Bart war silber meliert, und sein Profil glich einem Adler im Flug. Auf dem linken Augenlid hatte er einen großen schwarzen Leberfleck; sogar wenn er die kalten braunen Augen schloß, schien er imstande, zu sehen wie ein Luchs. Wenn er – stets langsam – sprach, wurde das majestätische und rauhe Arabisch hundertfach durch gutturale Laute verstärkt, als tauche seine Stimme nicht nur aus einer brunnengleichen Kehle, sondern aus unbetretenen Wüsten und vergangenen Zeiten empor.

Sechs Jahre lang war Hourani Präsident der Föderation Islamischer Republiken (FIR) gewesen. Sie erstreckte sich von Algerien im Westen bis Pakistan im Osten und südlich bis nach Afrika. Gemäßigte Politiker wie Rafsandschani im Iran hatte man kaltgestellt. Die liberale Türkei war wieder zum Islam »konvertiert« und aus der NATO ausgetreten. In den islamischen Staaten gab es keine weiblichen Premierminister mehr; dafür hatten diverse Attentäter gesorgt.

Die FIR zerriß sämtliche Verträge zwischen islamischen und heidnischen Völkern, angefangen mit jenem, den Sadat 1979 mit Israel geschlossen hatte.

Im Jahre 2004 wurde der größte Alptraum des Westens Wirklichkeit: Saudi-Arabien fiel an die Militanten. Der König und Hunderte von Prinzen der Familie Saud wurden hingerichtet wie die Königsfamilie von Bagdad vierzig Jahre zuvor. Präsident Hourani rief die neue *djinna* (die Wiedergeburt des Islam) aus, angeführt von fanatischen Mullahs, Ayatollahs und Imamen.

»Von nun an«, sagte Hourani, »werden wir mit dem Schwert schreiben, und das Blut der Ungläubigen wird unsere Tinte sein.« Tatsächlich schwang er jedoch etwas weitaus Todbringenderes als nur sein Schwert. Die FIR hatte ein ungeheures Arsenal an konventionellen, biologischen und chemischen Waffen angehäuft.

Noch gefährlicher war, daß die Föderation in Pakistan, Algerien, im Irak und Iran sich einen ständig wachsenden Vorrat an Kernwaffen zugelegt hatte. Einige waren aus illegal importiertem Plutonium hergestellt, andere waren gestohlen oder mit Petrodollars

den alten Sowjets abgekauft, die am Ende des Kalten Krieges auf 27 000 Sprengköpfen sitzengeblieben waren.
Darüber hinaus stahlen militante Muslime kurzerhand verlassene russische Atom-U-Boote im nördlichen Eismeer. Von russischen und europäischen Experten beraten, verbesserte die FIR fortwährend ihre Beförderungssysteme zu Wasser und in der Luft.
In einer zunehmend unstabilen Welt waren es vornehmlich die USA, die die Wucht des islamischen Hasses zu spüren bekamen.

Im Februar 1993 explodierte in der Tiefgarage des World Trade Center in Manhattan, New York, eine Fünfhundert-Kilo-Bombe. Es gab sechs Tote und tausend Verletzte. 1996 kamen durch einen Bombenanschlag der islamischen Fundamentalisten in Saudi-Arabien neunzehn amerikanische Soldaten ums Leben. Ein paar Jahre später gingen überall in Amerika Bomben hoch, in einer einzigen Nacht in drei Tunnels unter dem Hudson, in der New Yorker Untergrundbahn, in Banken und öffentlichen Gebäuden von Chicago bis Seattle. Allein in New York wurden ein Dutzend zionistische Rabbis ermordet. Die Presse übte strenge Selbstzensur, nachdem fünf Journalisten, die kritisch über die FIR berichtet hatten, mit abgetrennten und verkehrt herum wieder angenähten Köpfen aufgefunden worden waren.
SWAT-Teams, speziell im Umgang mit Waffen und gefährlich bewaffneten Kriminellen ausgebildete Sonderkommandos des FBI, hatten es hier nicht mit Schmalspurterroristen zu tun, die Dünger und Dieselkraftstoff mit Holzlöffeln in großen Fässern mischten. Es handelte sich hier um eine internationale Verschwörung, von militanten Islamisten organisiert und weitaus grausamer als einst die der Sowjets.
Die USA setzten sämtliche islamischen Staaten auf die Liste der geächteten Nationen. Als der Kommunismus verblaßte, erhöhten sie die jährlichen Aufwendungen für den CIA von sechsundzwanzig auf fünfzig Milliarden; sie verstärkten die NATO nach einem Jahrzehnt des Verfalls. Sie nahmen die Atombombentests wieder auf und machten die Zusage rückgängig, jährlich zweitausend

Sprengköpfe zu vernichten. Das wichtigste von allem: Nachdem *Star Wars*, das strategische Verteidigungsprogramm zur Zerstörung gegnerischer Raketen im Weltraum, unter Bill Clinton aufgelöst worden war, gab Amerika Milliarden aus, um es zu reaktivieren.

Aus der Sicht der Menschheit bedeutete dies eine Katastrophe. Der Vatikan war weitaus einfallsreicher. Seit dem Ende des Kalten Krieges hatte es nicht gut gestanden für ihn. Der neue Eiskrieg, wie die Presse ihn nannte, lieferte der Kirche von Rom einen würdigen Feind.
Zwei große patriarchalische Religionen beäugten sich gegenseitig mit einem Mißtrauen und einer Feindseligkeit, wie man sie nicht gekannt hatte, seit Urban II. im Mittelalter die Kreuzzüge ins Leben rief. Der Vatikan war wieder im Geschäft.

Johannes Pauls letzte Auslandsreisen waren ein Alptraum für die Sicherheitsleute gewesen; er wurde von fundamentalistischen *hashishi* oder Attentätern verfolgt. Jetzt war ihm der älteste Terrorist von allen auf den Fersen.

Hinter den Blendläden seines Zimmers hoch oben im Palast verbrachte der Pontifex lange Tage und rastlose Nächte. Monsignore Stefan Grabowski, sein polnischer Sekretär, ließ nachts die sechs großen Glocken von St. Peter verstummen und die Brunnen auf dem Platz abdrehen, um sie am Plätschern und Rauschen zu hindern. Trotzdem fand der Papst keinen Frieden, außer wenn er krächzend die Lieder des polnischen Aufstands summte oder den Rosenkranz betete.
An den Wänden seines Schlafzimmers hingen Bilder von Marienheiligtümern. Seltsamerweise hatte Unsere liebe Frau von Fatima der Schwarzen Madonna von Tschenstochau in seiner Gunst den Rang abgelaufen. Jeden Monat wurde Grabowski von ihm in das unterirdische Geheimarchiv geschickt, von wo er mit der kleinen stählernen »Fatima-Schachtel« mit den drei furchtbaren Pro-

phezeiungen zurückkehrte. Dann schloß er die Tür hinter sich. Eine Stunde später traf er den Pontifex unweigerlich mit kreidebleichem Gesicht und noch stärker als sonst zitternden Händen an, heftig weinend und dabei murmelnd: »Apokalypse, Apokalypse.«
Um ihn aufzuheitern, ließ die Stadtverwaltung von Rom zum Mittagsangelus die Männer der Feuerwehr, sofern sie abkömmlich waren, unter seinem Fenster aufmarschieren. Grabowski hatte ihnen beigebracht, *»Sto lat, sto lat, niech żyje żyje nam«* zu singen, was auf polnisch soviel heißt wie: »Er ist ein feiner Kerl.« Der Papst, des Glaubens, es seien Bergarbeiter aus seiner Heimat, beschwor sie in seiner Muttersprache, die Sünde der Abtreibung nicht zu begehen. Er hatte auch einen heißen Draht nach Warschau, über den er stundenlang, manchmal zweimal täglich, mit dem silberhaarigen, seit langem im Ruhestand lebenden und stocktauben Lech Walesa sprach.

Das Ende kam plötzlich eines frühen Morgens Ende November. Doktor Vittorio Gadda, ein kleiner, nach Pfefferminz und Gauloises riechender Mann mit traurigen Augen und gewachstem Schnurrbart rief: *»Silenzio, per favore.«* Der Leibarzt, der einen schwarzen Anzug trug, legte dem Papst sein Stethoskop an die Brust. Ein theatralisches Kopfschütteln signalisierte: hoffnungslos. Der große hagere Staatssekretär, Ältester der sechs Bischöfe des Kardinalskollegiums der Römisch-Katholischen Kirche, wurde herbeigerufen. Kardinal Montefiori traf die Pönitentiare, schwarz gewandete Franziskanerbrüder, bereits neben dem Bett kniend an.
Johannes Paul, mit Augen wie graue Knöpfe in zerfransten Knopflöchern, beichtete seine Sünden. Der Kardinal Großpönitentiar gab ihm die letzte Ölung und reichte ihm das Abendmahl für seine letzte und längste Reise.
Kämpferisch bis zum Schluß, sprach der Papst seine letzten Worte in zweiunddreißig Sprachen, als hielte er vor einer Menschenmenge in der Peterskirche seine Osterpredigt: »Empfängnisverhü-

tung ist und bleibt *verboten.*« Offiziell mußte der Heilige Stuhl Jesu persönliches Sterbegebet verwenden: »In deine Hände, o Herr, empfehle ich meinen Geist.«

Nachdem Gadda ihn auf Lebenszeichen untersucht hatte, erklärte er mit opernhaftem Tremolo: »*Morto.*«

Montefiori, nun *Camerlengo* oder Kämmerer, entfernte das weiße Leinen vom Antlitz des Toten. Er nahm ein silbernes Hämmerchen aus einem Beutel und beklopfte Johannes Pauls erstarrte Stirn, wobei er ihn zum erstenmal seit über dreißig Jahren mit seinem richtigen Namen ansprach: »Karol Jozef Wojtyla, bist du tot?«

Der Kiefer des Toten kippte weit nach rechts, als wollte dieser antworten: Nein! Typisch.

Nach einer Weile wurde das Ritual wiederholt. Dann noch einmal. Montefiori durchtrennte mit einer silbernen Schere den Fischerring und schlug das päpstliche Siegel mit dem Hammer in Stücke, um zu verhindern, daß irgend jemand päpstliche Dokumente fälschte.

Nachdem die Pönitentiare die sterbliche Hülle gewaschen hatten, nahm Grabowski das mit dem weißen polnischen Adler bestickte Tuch und zog es über das päpstliche Haupt.

Ein Assistent rief das vatikanische Pressebüro an. Wenige Minuten nachdem das römische Büro der Associated Press die Meldung über den Äther geschickt hatte, strömten Beileidsbekundungen aus Berlin, Paris, London, Dublin, Moskau und Warschau herein.

Die aufrichtigste von allen kam vom republikanischen Präsidenten der USA. Roone Delaney, schon fast ein Jahr in seiner zweiten Amtszeit, lag im Tiefschlaf, nachdem er Anweisungen gegeben hatte, ihn nur im Falle eines atomaren Angriffs zu wecken.

Präsident Hourani und seine FIR-Berater wechselten wie gehabt ständig ihr Hauptquartier, um sich vor einem Raketenangriff der amerikanischen Luftwaffe zu schützen. Gegenwärtig hielt sich Hourani in Teheran auf.

In weiße Gewänder gehüllt, ihm voran lediglich ein Adjutant, der mit einem scharlachroten Palmenzweig wedelte, war er in der milchweißen Dämmerung zur Moschee gewandert, lange bevor der Muezzin zitternd vom Minarett rief: »Allah ist der Größte / Ich bezeuge, daß es keine Gottheit außer Allah gibt / Ich bezeuge, daß Mohammed der Gesandte Gottes ist / Kommet zum Gebet, das ist besser als Schlaf.«

Bettler, einige von ihnen blind, sprangen von der Erde auf, wo sie auf Pappkartons geschlafen hatten, und bezogen *barak*, geistige Kraft, indem sie seine Kleider berührten oder ihm die Hand küßten.

In der Moschee intonierte der Präsident, der die Hände gefaltet hatte und nur sein äußeres schwarzes Auge sehen ließ: »Allah ist der Größte.« Sodann warf er sich auf seiner Matte nieder, ausgerichtet nach Südwesten gen Mekka in Arabien, wo der Prophet geboren wurde. Während seine beturbante Stirn den Boden berührte, wurde er zu einer Speiche eines riesigen Gebetsrades, das sich um die Welt drehte; seine Nabe war der heilige Schrein der Kaaba. Eines baldigen Tages würde dieses Gebetsrad Mohammeds Traum erfüllen und zum Rad der Weltherrschaft werden.

Als der Präsident, noch barfuß, herauskam, flüsterte ein Adjutant ihm die Nachricht aus Rom zu.

»Endlich«, murmelte Hourani, während er den Staub von seinen Sandalen schüttelte, »ist der Satan der Sieben Hügel zur Hölle gefahren.«

Am folgenden Tag entwässerten Dr. Gadda und zwei Leichenbestatter mit einer Spritze den päpstlichen Leichnam und injizierten ihm Chemikalien. Die Organe wurden hart, die Haut nahm eine frische rosige Farbe an. Zu Gaddas Stolz sah der Papst lebendiger aus als seit Jahren.

Die Pönitentiare kleideten den Leichnam in das päpstliche Ornat: weiße Soutane mit Mozetta, das taillenlange Cape vorne geknöpft wie ein Korsett, und ein enganliegendes rotes Samtkäppchen mit weißem Pelzbesatz. Mit unsichtbaren Klemmen an der Bahre befestigt, wurde der Leichnam in die Sixtinische Kapelle gebracht, das Gesicht der Szene vom Jüngsten Gericht zugewandt.

Am Morgen bemächtigte sich der Klerus von St. Peter des Toten und kleidete ihn aufs neue ein, nunmehr in das rote Pontifikal-Ornat. Sie trugen ihn durch die Sala Regia, gingen, sich nach links wendend, die vier Absätze von Berninis majestätischer Treppe mit den ionischen Säulen hinunter, durch das prachtvolle Bronzetor und in den Säulengang. In der Peterskirche ruhte der Sarg in honigfarbenem Licht auf einem Katafalk vor dem Konfessionsaltar. In jeder Ecke standen Schweizer Gardisten stramm, während die Menge vorbeizog, um dem Verstorbenen die letzte Ehre zu erweisen.

Es war das Ende einer Epoche. Hinter den Kulissen planten Kurienfaktionen die Zukunft. Absprachen über den Nachfolger des Papstes sind verboten. Dennoch überließen führende Kleriker, während sie voll auf den Heiligen Geist vertrauten, nichts dem Zufall.

Die in Rom residierenden Kardinäle trafen sich in der Sala Bologna in der dritten Etage des Apostolischen Palastes, um die Bestattungsvorkehrungen festzulegen.

Zwei Papstmacher erschienen: Montefiori, der konservative Italiener, und Gonzales von Rio de Janeiro, ein affengroßer Liberaler, der sich zufällig gerade zu seinem *Ad-limina*-Besuch in Rom aufhielt. Beide Männer, bekannt für ihre Integrität, nahmen Sondierungen vor. Montefiori kannte die Kurie besser, während Gonzales Südamerika und damit die Hälfte der Katholiken der Welt repräsentierte.

Am 4. Dezember, dem Tag der Beisetzung, waren alle Mitglieder des Kardinalskollegiums in Rom. Nur wenige Staatsoberhäupter nahmen teil, doch befand sich König Charles III. von England zufällig zu einem offiziellen Besuch in Italien. Als geschiedener Mann und nach Abschaffung der Church of England nicht mehr deren Oberhaupt, erwies er seinen Respekt, indem er an der Bahre in eine Art mystische Trance fiel.

Der Leichnam in seinem Dreifachsarg wurde zum Gesang »*In Paradisum*« in die Gruft unter dem Hauptaltar gesenkt.

Während der neun Trauertage setzten die Kirchenfürsten ihr Gerangel in der Sala Bologna, auf Hintertreppen im Vatikan, bei internationalen Kollegien und in erstklassigen Restaurants in der ganzen Stadt fort.

Am Abend des 14. September schritten zweiundneunzig Kardinäle, die aussahen wie riesige Bougainvilleen, paarweise in ein Konklave, das ein historisches werden sollte.

TEIL EINS

Die Wahl des Nachfolgers

1. Kapitel

Der Konklavebereich wurde abgeriegelt, die Fenster zur Außenwelt wurden mit Bleistreifen versiegelt, die Wege zu den Fluren verschlossen. Die Konklavisten schritten in die Sixtinische Kapelle, angeführt von einem Ministranten, der das päpstliche Kreuz trug.

In der vierhundert Personen starken Prozession fanden sich Kardinäle, einige von ihnen mit Assistenten, dann Beichtväter, Ärzte, Apotheker, Zimmerleute, Installateure, Elektriker, Ordensschwestern sowie Sergio Fantucci, ein vatikanischer Gärtner, dessen Aufgabe es war, nach den Pflanzen zu sehen. Vom CIA ausgebildete Sicherheitsbeamte mit Abtastgeräten durchsuchten die Kardinäle und konfiszierten ihre Handgelenktelefone und ihre Miniaturfernsehgeräte mit winzigen eingebauten Satellitenempfängern. Einer hatte gar einen Fernseher in seinem großen Rubinring versteckt.

In der Sixtinischen Kapelle las Montefiori die Konklaveregeln vor. Viele Kardinäle beteten demütig, ihre Roben, scharlachrot wie ihre Sünden, mögen bald weiß sein wie Schnee.

»Läutet die Glocken«, rief Montefiori, und alle zogen sich in ihre Zimmer zurück. Insbesondere den Kardinälen war daran gelegen, ihre Quartiere aufzusuchen, die sie zuvor schon ausgelost hatten. Im Lauf der nächsten Stunde ging der Zeremoniär mit dem Architekten des Konklaves, der die Räumlichkeiten gestaltet hatte, herum, um sich zu vergewissern, daß auch keine unbefugte Person zugegen war. Als dann alle Ausgänge bis auf einen zugemauert waren, rief der Zeremonienmeister: »*Exeant omnes!* Alle heraus!«

Die große Tür wurde geschlossen. Der Marschall des Konklaves

verriegelte sie von außen, und der Vorsitzende des Konklaves verriegelte sie von innen.
Kardinal Thompson von Westminster, ein kleiner, weißhaariger Benediktiner, blieb in der Sixtinischen Kapelle und betete vor dem Hochaltar. In Gott versunken, nahm er keine Notiz von dem knapp hundert Quadratmeter großen Meisterwerk Michelangelos an Wand und Decke, das nach der Restaurierung durch Kunstexperten strahlte wie neu. Thompson genoß einen zweifelhaften Ruf: Der heilige Mann war dafür bekannt, daß er trank und nackt schwamm. Nahm man sein mangelhaftes Italienisch dazu, wurde er als nicht *papabile* erachtet. Als zwei italienische Kardinäle vorüberkamen, fragte der eine den anderen: »*Gesummaria,* warum betet dieser komische Engländer um diese Zeit?«
Die acht amerikanischen Kardinäle waren alles andere als erfreut über ihre sogenannten Zellen. Ein kleiner, von einem Vorhang abgeteilter Bereich eines Salons enthielt einen Betschemel, eine Lampe, eine Waschschüssel mit Wasserkrug, ein Stück Seife und eine Rolle glänzendes, nicht saugfähiges Toilettenpapier, einen Schreibtisch, einen harten Stuhl, einen Plastikeimer und schließlich, unter einem Messingbett, einen Nachttopf, der von einem Priesterseminar ausgeliehen war.
Die meisten von ihnen hatten gerade ihre Penthouse-Suiten in den feinsten Hotels der Via Veneto geräumt. Jetzt waren sie in Galerien auf drei Etagen verstreut in Kammern, die Thomas Kardinal Burns von New York als »gottverdammte hölzerne Pferdeanhänger mit nichts drin als einem Fakirbett und einem Pißpott zur Gesellschaft« bezeichnete.
Und kalt war es auch. »Mann o Mann.« Der sechsundsechzig Jahre alte New Yorker, der soeben die Annehmlichkeiten der Präsidenten-Suite im Grand Hotel verlassen hatte, nieste durch seine keulenförmige Nase. »Alcatraz ist nichts dagegen.« Er rollte das Cape seiner Soutane hoch, um es sich als Schal umzulegen.
Bob Flick von Boston, ein knopfäugiger Siebzigjähriger, der »Knife« – Messer – genannt wurde, hatte einen reichlichen Vorrat an Chivas Regal, Hershey-Schokoriegeln und faserstofffrei-

chen Abführmitteln mitgebracht. Als er Burns besuchte, witzelte er: »Einige Konklaven im Mittelalter haben Jahre gedauert, Tom. Herrscher haben ihre Paläste rings um Rom verbrannt, um sie zur Eile anzutreiben, oder sie haben das Dach vom Konklave abmontiert.«

»Was du nicht sagst.«

»Ist aber wahr, glaub mir. Manchmal haben sie die Nachtgeschirre voll gelassen bis zum Überlaufen, sogar tote Kardinäle drinnen verrotten lassen, um die restlichen zu einer Entscheidung zu drängen.« Flick hielt eine Flasche mit dem braunen Stoff in die Höhe und blinzelte. »Wollte mich nicht erwischen lassen, Tom.«

Chuck Runnell aus Chicago war in den neuesten IBM-Minicomputer vertieft, den er in einer Pralinenschachtel hereingeschmuggelt hatte. Da platzte Temple von St. Louis, der sein Brevier aufgesagt hatte, als stünde er im Halteverbot, zu ihm herein, um sich zu beklagen, daß er neben einem schwarzen Kerl namens Kawa aus Simbabwe oder Kinshasa oder sonst einem gottverlassenen Kaff untergebracht war.

Runnell rückte seine grüngefärbten Brillengläser zurecht und drückte einen Knopf. Es war Kinshasa. Als ob Temple das so genau wissen wollte.

Temple sah dem Konklave nicht freudig entgegen. Er war in Latein nie über *mensa* hinausgekommen. Runnell, der seinen Doktor in Theologie an der Gregoriana, der päpstlichen Universität in Rom, gemacht hatte, versprach ihm, ihn ständig über die Vorgänge auf dem laufenden zu halten.

»Danke, mein Freund.« Temple, ein Riese von zweihundertachtzig Pfund mit einer gewaltigen, flachen Stirn, hielt einen Packen Spielkarten in die Höhe. »Sag mir Bescheid, wenn der heilige Geist dich bewegt.«

An diesem Abend zog Brian Kardinal O'Flynn, der keiner Clique angehörte, in seiner Zelle an einer erloschenen Pfeife, während er das Buch las, das ihm fast so lieb war wie sein Brevier, »Gesammelte Gedichte« von W. B. Yeats.

Der kleine, gedrungene Mann mit dem kurzgeschnittenen grauen Haar und Augen wie geschälte Weinbeeren hinter einer Brille mit Drahtgestell war achtundsechzig Jahre alt. Er hatte die letzten dreißig Jahre in Rom verbracht und sich ohne Ehrgeiz unauffällig die Kurienleiter emporgearbeitet. Er war, wie ein irischer Kollege sagte, ausgesprochen gewöhnlich.

Pater Kerrigan, ein gutaussehender, braunhaariger, frisch ordinierter, ein Meter achtzig großer Mann aus New York, klopfte an die Holztäfelung neben dem Vorhang und trat ein.

»Hallo, Frank.« Kardinal O'Flynn sprach mit dem weichen, flachen Akzent, wie er Leuten der Grafschaft Mayo in Westirland eigen ist.

»Kann ich etwas für Sie tun, Eminenz?«

O'Flynn schüttelte den Kopf. Das einzige, was er vermißte, war Charley, sein goldener Labrador, der immer am Fußende seines Bettes schlief. Charley hatte im irischen Kollegium zurückbleiben müssen.

Kerrigan, ein studierter Doktor, war als Stellvertreter eingesprungen. Der Sekretär des Kardinals war im irischen Kollegium, das wegen eines schweren Grippeausbruchs isoliert werden mußte.

»Wie ist Ihre Unterkunft, Frank?«

Kerrigan zog ein Gesicht. »Für ein, zwei Tage wird's schon gehen, denke ich.« Insgeheim schwelgte er in seinem phantastischen Glück, überhaupt dabeizusein.

»Rufen Sie mich um halb sieben, ja?«

Als Kerrigan gegangen war, zog O'Flynn sich aus und legte sich für die Nacht nieder. Auf der einen Seite war Kardinal Angelo Pavese von Bologna, neunundsiebzig Jahre alt, mit einem Wasserspeiergesicht und einer Quallenhaut. Nur wenige Monate fehlten, und er wäre seines Alters wegen von der Teilnahme ausgeschlossen worden.

»Ich sage Ihnen, *Dottore*«, sagte Pavese in opernhaftem Italienisch, »ich muß von hier umziehen, *pronto.*«

Vittorio Gadda murmelte etwas Beschwichtigendes.

»Ich schwöre beim Grabe meiner Mutter«, kreischte Pavese, »ich leide unter leichter Inkontinenz.«
Und unter leichter Taubheit obendrein, dachte O'Flynn bei sich.
»Ich kann es nicht rechtzeitig bis zur Toilette schaffen, und dieses Zimmer hat kein Fenster.«
Dr. Gadda erklärte, daß das große Zimmer neben der Toilette offen und ehrlich an New York verlost worden war.
»Verdammte Amis«, säuselte Pavese mit kastratenhafter Stimme.
Gadda deutete unters Bett. »Sie werden sich mit der *vaso da notte* und dem Plastiklaken behelfen müssen, Eminenz, wie viele andere auch.«
Obwohl Vorsitzender der Kommission für Frieden und Gerechtigkeit, weigerte sich Pavese noch weitere zehn Minuten, sich mit seinem Schicksal abzufinden, bis ihn schließlich der Schlaf übermannte.

Gadda zog sich mit Medikamenten ausgerüstet in sein Zimmer zurück und rauchte eine Gauloise. In einem medizinischen Mitteilungsblatt über Anatomie hatte er die neueste Ausgabe des *Playboy* versteckt. Sie enthielt einen erstaunlich wohlwollenden Nachruf auf den verstorbenen Papst, worin er mit einem alten ausländischen Familienvater verglichen wurde, der in ein liberaleres Land ausgewandert war:

> Dort bleibt er der Chef. Er geht aus Prinzip niemals aus, lernt nie die Sprache oder Lebensart des neuen Landes, das er nicht als das seine empfindet. Seine Kinder und Enkelkinder, die er mit eiserner Rute zu beherrschen behauptet, müssen zwei Sprachen erlernen, eine für ihre neuen Landsleute im täglichen Leben und eine für ihren Großvater. Zu Hause nicken und verneigen sie sich weiterhin pflichtschuldigst. Dann gehen sie aus und führen sich auf wie alle anderen. So lebt der große alte Mann in dem blinden Glauben, daß seine Sitten, die alten Sitten, die besten sind und daß seine Familie von Glück sagen

kann, daß sie ihn hat, um sie auf den Weg zur Rechtschaffenheit zu führen.

Die Wahlkardinäle mochten bei einem künftigen Papst auf seine Gelehrsamkeit oder Heiligkeit achten; Gadda konzentrierte sich voll und ganz auf dessen Gesundheit. Seit Johannes Paul in seinen letzten Jahren unter Arterienverkalkung litt, hatten ihn entsetzliche Alpträume geplagt. Oft schilderte er sie Gadda in allen Einzelheiten, der so eine Art unfreiwilliger Beichtvater wurde.
Einmal sah Johannes Paul vor einem feuerroten, verhängnisvollen Himmel, wie Millionen von Säcken mit Korn aus Booten in eine tobende See geschüttet wurden, und er wußte, dies war nicht die Saat der Erde, sondern der Same von Menschen, der sündig verschwendet worden war, seit seine Herrschaft begonnen hatte.
In einem Traum verfaßte er eine Enzyklika, in der er künstlichen Süßstoff, Brillen und falsche Zähne verbot. In einer anderen belegte er jeden, der unverheiratete Kühe auf unnatürliche Weise befruchtete, mit dem Kirchenbann. Er verbot Frauen, im Chor zu singen, und begründete seine Beharrlichkeit mit Paulus' Worten: »Frauen sollen in der Kirche *schweigen.*« Er setzte Polnisch weltweit als Sprache der heiligen Messe durch. Er verdammte die Olympischen Spiele als zu ökumenisch. Von einem Gedanken des heiligen Augustinus inspiriert, verhängte er das Zölibat über *alle* Katholiken. Lieber mit einem asketischen Wimmern zugrunde gehen als durch einen Atomknall.
In einer besonders schrecklichen Nacht träumte er, er hätte den abtrünnigen Schweizer Theologen Dr. Hans Küng zum Kardinal ernannt und ihm die Präfektur des Heiligen Offiziums, der Kongregation für die Glaubenslehre, übertragen, wo er prompt einen Universalkatechismus verfaßte und sämtliche Glaubensartikel verfälschte.
Johannes Paul wachte jämmerlich stöhnend auf und bat Gadda, der an seinem Bett Wache hielt, Grabowski zu rufen, der darauf hereingerannt kam. »Ich möchte meinen Nachfolger bestimmen. Einen verläßlichen Mann. Glemp.«

Sein Sekretär, der wußte, daß Glemp von Warschau schon vor ein paar Jahren gestorben war, hustete höflich, als er dem Heiligen Vater ein Glas Wasser reichte. »Das verstößt gegen das Gesetz.«
»Ich bin der Papst.« Johannes Paul hob seine Hand, die so dürr war, daß die Knochen hindurchschienen, und ließ den Fischerring sehen. »Das werde ich ändern.«
»Gegen das *göttliche* Gesetz, Eure Heiligkeit.«
Der Pontifex, der verdattert dreinblickte wie eine an Unterkühlung leidende Eule, ließ sich auf sein Kissen zurücksinken.
»A-a-a-ah.« Eine schwermütige Äußerung.
Grabowski sagte taktvoll: »Sie haben schon genug für die Kirche getan, Eure Heiligkeit, ohne Ihren Nachfolger zu benennen.«
Kein Wunder, daß Gadda jetzt ernsthaft betete, der nächste Pontifex möge jünger und gesünder sein als der letzte.

Mittlerweile war Thomas Burns von New York in seinem Zimmer, das er nicht durch Glück oder Gebet, sondern durch aufrichtige Bestechung erworben hatte. Immer, wenn er Rom besuchte, waren seine Taschen vollgestopft mit Barschecks für die Präfekten der Kongregationen und alle anderen, deren Hilfe er im Notfall benötigen mochte.
Burns hatte seine amerikanischen Landsleute zu einem Drink und ein paar Partien Bridge eingeladen. Dies sei zwar, so gestand er, nicht gerade der Club »Siebzehnundvier« in Manhattan. Um dreiundzwanzig Uhr, bei dichtem Alkohol- und Zigarrendunst, kam Burns dann zur Sache: »Ich unterstütze Montefioris Kandidaten.«
»Ricci von der Kongregation für die Glaubenslehre?« fragte St. Louis. Ricci wurde der »Mörder des Papstes« genannt. »Der Knabe hatte noch nie einen eigenen Gedanken im Kopf.«
»Was durchaus zu seinen Gunsten spricht, Jan.« Burns hatte sich einen strammen Ruf als knallharter Konservativer errungen.
»Aber«, beharrte Temple von St. Louis und kratzte sich an seiner Schnapsnase, »Ricci ist wie eine alte Dame hinterm Steuer. Er ist so vorsichtig, daß er schon gefährlich ist.«

»Rios Wahl, Frangipani von Venedig«, wandte Burns ein, »wird höchstwahrscheinlich wieder ein Konzil einberufen und die Kirche ganz von vorne aufprocken.«

»Procken« bzw. »verprockt« war das neueste Allzweckwort. Es war in Mode gekommen, nachdem ein englischer Senator, Fred Prock, gestanden hatte, mehr One-Night-Stands gehabt zu haben, als sein Taschenrechner bewältigen konnte.

»Wir brauchen eine Veränderung«, meinte Runnell, der Intellektuelle.

»Veränderung, Chuck?« New York war entsetzt. »In einer Welt, wo jedes gottverdammte Ding von Relevanz sein muß, ist es da nicht erfrischend anständig, etwas zu haben, das schamlos *ir*relevant ist?«

»Erfolg des Kirchengeheimnisses«, fauchte Flick von Boston.

»Genau«, stimmte der große, gebeugte, weißhaarige Kamierz Sapieha zu. Wenn er, wie jetzt, ein bißchen beschwipst war vom polnischen Wodka, beschleunigte sich sein nervöser Gesichtstick um das Dreifache. »Seht uns doch jetzt einmal an.« Er deutete mit seinem langen Finger auf seine scharlachrote Soutane. »Wer wollte schon ein Bild von uns im Geschäftsanzug machen?«

»Absolut verprockt«, sagte New York mit seinem charakteristischen, eidechsenhaften Zungenschnellen. »Ich bin irrelevant und sogar stolz darauf.« Er litt noch daran, wie die *New York Times* ihn bei einer Oscarverleihung beschrieben hatte: »Sieht aus wie ein tropischer Fisch in einem Glas, farbenfroh, tut aber nicht viel.«

»Sympathisiert Ricci mit der Dritten Welt?« fragte Runnell.

»Das liegt im Trend.« Burns atmete besorgniserregend aus. »Vergeßt nicht, Amerika war arm, als die verprockten Briten es besaßen. Wir haben uns am eigenen Riemen aus dem Sumpf gezogen, und genauso muß es die Dritte Welt auch machen.«

»Sehr richtig«, stimmte Philadelphia zu und kratzte sich am Hals, der so häutig war wie ein Entenfuß. »Gebt den Leuten Riemen und sagt ihnen: ›Zieht!‹«

»So wie ich das sehe«, meinte Flick von Boston, sich fromm be-

kreuzigend, »war der jüngst verblichene Pontifex in vieler Hinsicht ein Spatzenfurz, aber er hat die Leute überzeugt, daß sie Sünder waren. Das mögen sie. Aufrichtiges Schuldbewußtsein ist heutzutage selten geworden.«
»Stimmt«, sagte Philadelphia. »Man gebe ihnen eine Menge Schuldgefühle, bete für sie, und im Handumdrehen erretten wir sie vor einer Ewigkeit auf der Strafbank.«
Flick fuhr fort: »Würde ein Papst, sagen wir mal, Empfängnisverhütung erlauben, wäre dies das Ende der heiligen Mutter Kirche. Wo keine Sünde ist, ist keine Vergebung, und wir wären alle aus dem Geschäft.«
»Bingo«, brummte Burns. »Überlaßt den ganzen Mist vom sozialen Fortschritt und sozialer Gerechtigkeit den Politikern, und konzentriert euch auf geistige Dinge wie –«
»Whiskey gefällig?« fragte St. Louis.

O'Flynn knipste seine Nachttischlampe aus und zog sich die fadenscheinige Decke über die Ohren. Den Gang entlang legten sich ältere Kleriker hustend, rülpsend, räuspernd, spuckend und gelegentlich einen Kardinalsfurz lassend, für die Nacht nieder. Unten in Montefioris und oben in Rios Zimmer, vermutete O'Flynn, würde das Politisieren ewig weitergehen.
Er schlief so tief, daß er den Tumult um drei Uhr in der Früh nicht hörte, als Kardinal Pavese von zwei Feuerwehrmännern gerettet werden mußte. Der alte Herr hatte sein Bettzeug in Brand gesteckt. Das Feuer mußte mit dem Schlauch gelöscht und er eilends mit schweren Verbrennungen ins Krankenhaus geschafft werden.
Als O'Flynn am Morgen seine Zelle verließ, sah er den überschwemmten Parkettboden von Paveses Zimmer und falsche Zähne, die von der Flut auf und nieder gespült wurden.
»Jesus, Maria und Joseph«, pfiff er durch die Zähne. »Der alte Knabe hat wohl doch keinen Witz gemacht, was seine Inkontinenz angeht.«

2. Kapitel

Am ersten Morgen zelebrierten die Kardinäle in der Paulskapelle die heilige Messe. Danach zogen sie paarweise durch die königliche Galerie zur Sixtinischen Kapelle, deren Fußboden von einem hölzernen Postament geschützt war, auf dem ein Teppichboden aus dickem Filz lag.
Die ausländischen Prälaten zeigten sich vom Glanz des Schauplatzes überwältigt. Sechs Kerzen waren auf dem Hochaltar angezündet, weitere brannten auf dem marmornen Trenngitter und über dem »Thron« eines jeden von ihnen.
Als O'Flynn, der zweite Kardinalsdiakon, die Tür zur Kapelle geschlossen hatte, entstand eine lange Pause. Alle Wahlkardinäle, die sich dazu inspiriert sahen, wurden von Montefiori aufgefordert, einen Namen zu nennen, über den dann nach den neuen Regeln abgestimmt würde. Doch keiner sprach.
Die Einrichtung der Kapelle war mit purpurnen Tüchern verhängt. In der Mitte befanden sich Tische zum Auszählen der Stimmzettel. Vor dem Altar, der flankiert war von zwei abgeflachten Marmorsäulen, auf die Fantucci, der Gärtner, Silberschalen mit gelben und goldenen Hyazinthen gestellt hatte, stand ein Tisch mit zwei silbernen Behältern, die einundneunzig Kärtchen enthielten. Paveses Kärtchen hatte man entfernt. Er war ohnehin nicht *papabile*. Nicht wegen seines Alters – es waren immerhin schon mehrere Päpste über neunzig gewählt worden –, sondern wegen seiner defekten Blase. Päpstliche Zeremonien können sich sehr lange hinziehen.
Die Namen der Kardinäle wurden auf ein Stück Pergamentpapier geschrieben. Ein jedes wurde durch einen Schlitz in eine Bleikugel gesteckt und in einen großen Samtsack geworfen, der sodann geschüttelt wurde. Der Zeremoniär zog drei Kugeln mit den Namen der Stimmenauszähler heraus und las sie vor: Warschau, Rio, München.

Als nächstes erhielt jeder Kardinal einen Zettel, auf den er seinen Namen und sein Kennwort schrieb. In die Mitte setzte er hinter die gedruckten Worte »Ich erwähle in das höchste Pontifikat den Ehrenwerten Kardinal ...« den Namen seiner Wahl.
Um Pontifex zu werden, braucht ein Kandidat in den ersten Wahlgängen zwei Drittel aller Stimmen.
Zuerst mußten die Stimmenauszähler ihre Stimme in den goldenen Kelch geben, dann folgten die übrigen, dem Alter nach. Sie falteten den Zettel zusammen und näherten sich dann einzeln dem Altar, wobei sie den Stimmzettel zwischen Zeige- und Mittelfinger der rechten Hand auf Armeslänge vor sich her trugen. Vor dem Tisch machten sie eine Kniebeuge, erhoben sich und sprachen: »Ich bezeuge vor Christus, meinem Herrn, der mein Richter sein wird, daß ich denjenigen wähle, den ich gemäß Gottes Willen für am besten geeignet halte für dieses Amt.« Sie warfen den Stimmzettel in den Kelch.
Als alle Stimmen abgegeben waren, schüttelte Warschau den Kelch. Sämtliche Stimmzettel wurden gezählt, in ein Ziborium gegeben und dann einer nach dem anderen herausgenommen. Die Namen der Gewählten wurden von den ersten zwei Stimmauszählern überprüft und schließlich vom dritten vorgelesen.
Mehrere Italiener schnitten gut ab. Berlin, Rio und São Paulo erhielten zwei, drei Stimmen als wohlwollende Geste. Das Ergebnis war fruchtlos wie erwartet. Die Stimmzettel wurden zusammengebunden, auf feuchtes Stroh in den Ofen gelegt und verbrannt. Auf dem Petersplatz stieg schwarzer Rauch aus dem polierten silbernen Schornstein. Die Menge wußte, daß Gott sich noch nicht entschieden hatte, wen er sich als Nachfolger Johannes Pauls II. wünschte.

Die Tage vergingen, und der Reiz des Neuen verblaßte. Johannes Paul war nach nur zwei Tagen gewählt worden. Ein solches Glück schien diesmal nicht beschieden. Die Wahlkardinäle waren erhobenen Hauptes ins Konklave geschritten, mit dem Gefühl, durch die Wahl des Nachfolgers Petri, des Statthalters Christi, Geschichte zu machen. Jetzt begannen viele von ihnen an Klaustrophobie zu leiden, und ihre Redeweise paßte sich der Farbe ihrer Gewänder an. Im März 1996 hatte Johannes Paul verfügt, daß ein Konklave nach einer Woche einen neuen Pontifex mit nur einfacher Mehrheit wählen durfte. Das gegenwärtige Konklave jedoch stimmte dafür, sich an die ältere Vorschrift zu halten und auf einer Zweidrittelmehrheit zu bestehen. Was manche bald bereuten.

Fünf oder sechs Kardinäle hatten verschiedentlich fast vierzig Stimmen erhalten, aber keiner hatte auch nur annähernd die magische Anzahl erreicht: zweiundsechzig. Da Ricci, der »Mörder des Papstes«, und Frangipani die einzigen aussichtsreichen Kandidaten waren, wollte keiner ihrer Befürworter, Montefiori und Rio, nachgeben.

Die Diskussionen setzten sich bis in die frühen Morgenstunden fort. Alternativen wurden geprüft, Kompromisse vorgeschlagen. Johannes Paul hatte so lange gelebt, daß nicht ein einziger Kardinal Erfahrung mit der Wahl des Pontifex Maximus hatte. Nach sechzehn Wahlgängen saß das Konklave fest.

Flick von Boston waren die Hershey-Riegel ausgegangen, und er mußte den Alkohol rationieren. Schlimmer noch, bevor er nach Rom abreiste, hatte er sich im Krankenhaus für eine vorweihnachtliche Operation an seinen Hämorrhoiden angemeldet.

»Du solltest nicht so vielen Komitees vorsitzen«, sagte New York. Mitgefühl war so rar geworden wie guter Whiskey.

Der Verkaufsautomat im Papageienhof wurde nur mit lebensnotwendigen Waren bestückt; dummerweise fielen Zigarren und Whiskey nicht darunter. Flick haßte Michelangelos Fresko vom Jüngsten Gericht jetzt mit allen Fasern seiner Abführmittel. Jesus sah für ihn aus wie ein mit Hormonen vollgepumpter Gewichtheber. Flick würde die ganze verprockte Wand weiß gestrichen haben, wenn er nur gekonnt hätte.

Was das Deckengemälde von der Erschaffung der Welt betraf, so fiel sogar Temple von St. Louis auf, daß Adam einen Nabel hatte. Was bewies, daß Michelangelo, mochte er auch alles im Vatikan entworfen haben, von der Kuppel der Peterskirche bis zu den Salatköpfen im Garten, theologisch ungebildet war. »Wie«, fragte Temple spöttisch, »konnte ein Kerl ohne Mutter einen Bauchnabel haben?«

Runnell antwortete: »Genauso, wie eine Schlange ohne Kehlkopf sprechen kann.«

In der drangvollen Enge mit dem Geruch nach schalem Tabak und nach Käse und Zwiebeln stinkenden Unterhosen, gelben Pfützen im Flur auf dem Weg zu den Toiletten, deren sanitärer Zustand primitiver war als auf der »Mayflower«, machte die geriatrische Atmosphäre allen zu schaffen. Alte Männer hassen die ausschließliche Gesellschaft von alten Männern.

Burns sagte ständig, manche Unterarmgerüche würden selbst ein Stinktier in die Flucht schlagen. Er könne ein, zwei Kardinäle nennen, denen eine Ausräucherung nichts schaden würde. Außerdem vermißte er seinen Billardtisch und seine Lieblingsseifenoper im australischen Fernsehen. »Allmächtiger«, bemerkte er seinen Kollegen gegenüber, als sie sich zu einer weiteren Mahlzeit in der Borgia-Halle der Päpste zusammendrängten. »Wenn das noch lange so weitergeht, stimme ich für Stallone.«

Sylvester Stallone, ein alter, wiedergeborener Demokrat, hatte vor ein paar Jahren für das Amt des Präsidenten kandidiert. Er behauptete, ein größerer Filmstar zu sein als Ronald Reagan, aber warum nicht? Burns hatte Roone Delaney unterstützt, obwohl er ein katastrophaler Vizepräsident gewesen und aus unerfindlichen Gründen für den Golfkrieg im Jahre 1991 nicht abkömmlich gewesen war. Delaney, ein Katholik, hatte überzeugend gesiegt und Burns damit belohnt, daß er ihn bei seiner Amtseinführung ein Gebet lesen ließ.

»Du kannst nicht für einen Laien stimmen, Tom«, sagte der einfältige St. Louis.

»Wieso nicht?« versetzte New York, dessen Schlangenzunge vor und zurück schnellte.

Runnell pflichtete Burns bei. Viele der frühen Päpste waren Laien gewesen, als sie vom Klerus und vom römischen Volk gewählt wurden. So auch Gregor X., der Papst, dem dieses ganze

Konklavebrimborium zu verdanken war. Offenbar mußten die Kardinäle damals nicht für ein Mitglied des Kardinalskollegiums stimmen. Noch nach dem 10. Jahrhundert hatten es sogar Subdiakone zum Papst gebracht. Sie könnten gewiß für Rottweiler stimmen, den ehemaligen Präfekten für die Sakramente und den Gottesdienst, obwohl er schon zu alt war, um am Konklave teilzunehmen. Selbst ein verheirateter Mann könnte in Frage kommen.

»Niemals!« rief Temple.

Runnell nickte. »Petrus war einer.«

»Deswegen«, gab Temple zurück, »hat er seinen Herrn verleugnet.«

»Und deswegen«, sagte Burns, »würde ich ihn, sollte er je ins Leben zurückkehren, niemals als Hilfspfarrer in der Bronx einsetzen.«

Alle waren sich einig, daß die Vorstellung, wie ein Mann in der Nacht seine Frau prockte und am Morgen eine unfehlbare Erklärung abgab, irgendwie obszön war.

»Außerdem«, sagte Burns finster, »kann ich mir nicht denken, daß Stallone annehmen würde.«

Sie betrachteten daraufhin ein Fresko von Pinturicchio aus dem späten fünfzehnten Jahrhundert, »Die Versuchung der heiligen Katharina«.

»Das Kind im Vordergrund«, sagte Runnell hinter vorgehaltener Hand, »ist Jofré Borgia, der vierte Sohn von Alexander VI. Das Weibsbild links in der zweiten Reihe ist vermutlich Giulia Farnese.«

»Stimmt«, sagte Sapieha von Philadelphia, wobei sein linkes Auge ein dutzendmal schnell hintereinander auf und zu klappte, »die Dingsbums des Papstes.«

»*Eine* von seinen Dingsbumsen«, korrigierte Runnell.

»Das war vielleicht ein Weibsstück«, meinte Philadelphia.

»Tja, Kammy.« Runnell prustete anerkennend. »Die goldenen Haare flossen durch eine Prachtlandschaft, bevor sie die zarten Fesseln erreichten.«

»Alexander, das Schwein«, stieß Sapieha hervor. »Schlimmer als

Heinrich VIII. und Norman Mailer. Und die hatten Weiber, eine für jeden Wochentag.«
»Genau vor fünfhundert Jahren«, flüsterte Runnell, »hat Cesare, der Sohn von Papst Alexander, das Hurenturnier veranstaltet und seinen Vater dazu eingeladen. Die besten Prostituierten von Rom haben Striptease gemacht und sich gegenseitig die Haare ausgerissen, als der Papst ihnen Roßkastanien zuwarf.«
»Eine ausgekochte Sau von Schwein«, seufzte Philadelphia neidisch.
»Nach damaligen Maßstäben war Alexander aber gar nicht so schlimm.«
Das war einigen neu. Sie staunten, als Runnell eine lange Liste von Päpsten herunterrasselte, die es mit häufig wechselnden Geschlechtspartnerinnen getrieben hatten.
Benedikt V., Sergius III. und Johannes X., Johannes XII., der goldene Kelche für eine Liebesnacht verschenkte und mitten im ehebrecherischen Akt von einem eifersüchtigen Gatten gemeuchelt wurde. Benedikt VII., der unter ähnlich peinlichen Umständen vor Gott den Herrn trat. Benedikt IX., der halbwüchsige Papst und Frauenheld, der in dem vergeblichen Versuch, seine schöne Cousine zu ehelichen, das Amt des Papstes aufgab. Bonifatius VIII.
Einige waren Heranwachsende, einige die Söhne und Enkelsöhne von Päpsten, ein ziemlicher Rekord in Anbetracht dessen, daß sie als Oberhäupter einer zölibatären Institution vorstanden. Tatsächlich, sagte Runnell, wäre die Kirche oft ohne Päpste viel besser dran gewesen.
»Gehen wir weiter zur Zeit der Renaissance«, erklärte Runnell seinem nun offenen Mundes lauschenden Publikum, »und kommen zu Innozenz VIII. Ein echter Herumtreiber. Hatte sieben Kinder mit sieben verschiedenen Frauen.«
»Weiter«, drängte Philadelphia. Dies war »Dallas« mit Tiaras.
Runnell kam der Aufforderung bereitwillig nach. »Julius II., drei Töchter. Paul II., drei Söhne und eine Tochter. Paul IV., drei Söhne. Gregor XIII., ein Sohn.«
Philadelphia pfiff gläubig.

»Kalixt III.«, sagte Runnell, »hat wenig für seine Bastarde getan, aber Alexander VI., der war ein klasse Papa.«
Am Ende der pikanten Geschichtslektion waren sich alle einig, daß der Borgia-Papst eigentlich gottlos war, sich in Orgien erging, Millionen verschwendete wie Wasser, vielfach Ehebruch, Inzest, Vetternwirtschaft betrieb und, was den Erwerb und die Vergabe geistlicher Ämter betraf, sich den Weg zum Papsttum durch Bestechung mit Versprechungen von Huren, Palästen und Maultierladungen voll Silber geebnet hatte.
»Aber er hat keine verprockte Empfängnisverhütung praktiziert«, stellte Tom Burns mit seinem keinen Widerspruch duldenden Kanzelblick fest, als hätte Alexander VI. mehr aufzuweisen gehabt als bloße Unfehlbarkeit.

Am 20. Dezember absolvierten sie die üblichen vier Wahlgänge, alle mit demselben Ergebnis: Frangipani und Ricci gleichauf mit fünfundvierzig Stimmen und jedesmal eine ungültige Stimme (*Eligo neminem,* ich wähle keinen). Es war das schlimmste vorstellbare Patt. Wieder schwarzer Rauch. Der Petersplatz war verlassen bis auf einige halberfrorene Kameraleute und ein paar patrouillierende *carabinieri*.
Die amerikanischen Bischöfe zogen sich in Burns' Zelle zurück.
»Vielleicht geht das ja jetzt ein Jahr so weiter«, stöhnte Flick, der durch das farbige Glas einer leeren Whiskeyflasche linste. »Bis dahin sitze ich auf einem angewachsenen Luftring.«
Runnell sagte, es habe drei Jahre gedauert, bis Gregor X. im Jahre 1271 gewählt war. Es war dieser Papst gewesen, der bestimmte, daß die Wahlkardinäle *con chiave,* conclave, das heißt mit einem Schlüssel, eingeschlossen werden sollten. Sie mußten in einem einzigen großen offenen Raum leben. Nach drei Tagen bestanden die Mahlzeiten nur noch aus einem Gang. Nach fünf weiteren Tagen gab es nichts als Brot und Wasser. Es funktionierte. Gregors Nachfolger wurde an einem Tag gewählt. Sogar der dickleibige Burns meinte, ein Tag Fasten könnte in so einem Fall einen Versuch wert sein.

In der Sixtinischen Kapelle beschwor Montefiori seine Mitwahlmänner, der Angelegenheit mehr Überlegung und Gebete zu widmen. Er beraumte einen weiteren Wahlgang an. Die zwei führenden Kandidaten erhielten wieder je fünfundvierzig Stimmen.
Trotz Abführmittel war Flick verstopfter als Martin Luther. Buddhagleich auf seinem Nachtgeschirr thronend, verbrachte er fruchtlose Nächte mit dem Rezitieren der betrüblichen Mysterien des Rosenkranzes. Er würde einen Stuhlgang begrüßt haben wie das Ende des Vietnamkriegs. Trotz seines feierlichen Gelöbnisses, den besten Kandidaten zu wählen, würde er Judas Ischariot unterstützt haben, wenn das seine Heimkehr beschleunigt hätte.
In seiner Verzweiflung beschloß er, für den Mann neben sich zu stimmen, zufällig O'Flynn. Immerhin, ging es Flick durch den Kopf, kommt der Bursche aus Mayo, und das ist fast so irisch wie Boston.
Das Ergebnis des nächsten Wahlgangs wurde fünfundvierzig Minuten später bekanntgegeben. Riccis fünfundvierzig Stimmen wurden mit einem Stöhnen quittiert, sogar von seinen Befürwortern. »Für Frangipani, vierundvierzig.« Hochrufe, sogar von Venedigs Befürwortern. Das erste Loch im Deich. Wer würde es stopfen?
»Und schließlich, eine für O'Flynn.«
»O'Flynn. O'Flynn?« Keiner hatte je von ihm gehört. Dem Gemurmel folgte donnernder Applaus, als sei er per Akklamation zum Papst gekürt worden. Jemand wies darauf hin, daß O'Flynn jener zweite Diakon war, der die Tür verschloß, um Unbefugte fernzuhalten.
Der Kardinal aus Mayo zuckte die Achseln. *Es ist ein Irrtum, Herr, es muß ein Irrtum sein. Oder ein Scherz. Die waren spärlich in letzter Zeit.*
Sie unterbrachen die Prozedur, um zu Mittag zu essen. Die Truppe aus den USA klagte nicht mehr darüber, daß das Essen nicht dem Dekor entsprach. Natürlich gab es wieder Nudeln. Seildicke Makkaroni, an denen man ein Schlachtschiff hätte verankern

können. Wein, der nach dem Urin eines Leberkranken schmeckte. Hartgekochte Eier, ideal geeignet zum Steinigen einer Ehebrecherin. Tomaten, die in Knoblauch schwammen und verendeten. Brot aus Zement. Italienischer Schinken, *prosciutto,* hart wie der Hintern eines Marmorengels. Aber Tom Burns sagte nicht zum hundertsten Mal: »Verprockt noch mal, warum hat der Vatikan keine McDonald's-Konzession?«

»Woher kommt eigentlich dieser O'Flynn?« wollte St. Louis wissen. »Armagh? Ist das ein Missionsgebiet in Afrika?«

Flick vermutete, er könnte aus dem alten Irland sein.

Der belesene Runnell scherzte, dies sei sicher verhängnisvoll. »Ein altirischer Heiliger, Malachias von Armagh, hat prophezeit, das Ende der Welt sei nahe. Ein irischer Papst könnte es ein bißchen näher bringen.«

»Ich habe ihn«, rief Burns. »Präfekt der Kongregation für Heiligsprechungsprozesse. Wie stehen seine Chancen?«

Runnell überprüfte dies auf seinem IBM-Gerät. »Null.«

Doch in der ersten Abendsitzung um 16.30 Uhr erhielt O'Flynn, der sich jetzt die leicht schielenden Augen rieb und erstaunt an seinem kurzgeschnittenen grauen Haar zupfte, eine Stimme von Ricci und erzielte somit schon zwei. Bis zur letzten Sitzung des Tages hatte er es auf vier Stimmen gebracht.

Schluß mit den Scherzen, Herr. Päpste wachsen nicht in Irland, genausowenig wie Ananas.

Einige mutmaßten, O'Flynn könnte als Kompromißkandidat aus dem Hintergrund aufgetaucht sein, wie damals Pius X. Als die Zettel verbrannt wurden, war die Atmosphäre in der Sixtinischen Kapelle so heiter wie seit Tagen nicht mehr.

Die amerikanischen Bischöfe quetschten sich in Runnells Zimmer, weil Burns' zu nahe bei dem O'Flynns lag. Sie warfen zusammen, was sie über den Iren wußten, doch es kam wenig dabei heraus.

Burns' Sekretär, Pater Harry Tickle, ein Riese von einem Mann mit schütterem Haar, wurde losgeschickt, den verdutzten Frank

Kerrigan zu holen. Als er kam, umringten ihn die Kardinäle wie Geier und drückten ihn auf den einzigen Stuhl.

»Nun, Pater«, gurrte Burns und setzte ein Lächeln auf, das so echt war wie das Turiner Grabtuch, »woher kommen Sie?«

»Aus New York, Eminenz.«

»Na, so ein Zufall. Wie kommt es, daß wir uns nie begegnet sind?«

»Sind wir doch«, stammelte Frank. »Sie haben mich voriges Jahr in der St.-Patrick-Kathedrale zum Priester geweiht.«

Burns schnippte mit seinen nikotingelben Fingern; es gab einen leicht knallenden Laut. »Jesses, stimmt. Dann sind Sie *der* Pater Corrigan, von dem ich schon soviel gehört habe.«

»Kerrigan, Eminenz.«

»Hören Sie, mein Sohn, reden Sie offen mit mir, und ich sehe zu, daß Sie zum Monsignore ernannt werden. Ja, betrachten Sie sich hier und heute« – er faßte sich an die Brust – »als solchen *in petto*.«

Die übrigen nickten beifällig, während der frisch beförderte Junggeistliche sich mit zittriger Hand durchs Haar fuhr. »Danke«, konnte er gerade noch hervorbringen.

»Und nun, *Monsignore* Kerrigan«, sagte Burns, »erzählen Sie uns alles, was Ihnen zu Ohren gekommen ist über ...« Er wagte es nicht, O'Flynn beim Namen zu nennen. Er wollte sauber bleiben.

»Ich bin erst seit Beginn des Konklaves mit ihm zusammen.«

»Was für ein Mensch ist er?« fragte Flick, ohne durchblicken zu lassen, daß er O'Flynn ins Spiel gebracht hatte, und das aus keinem anderen Grund als den Schmerzen in seinem Hinterteil.

»Er ist nett«, murmelte Frank.

»Ist das *alles*?« tönte es im Chor.

»*Sehr* nett«, sagte Frank. »Er spricht seine Gebete.«

»Tun wir das nicht alle?« seufzte Philadelphia, der sich von seinem Brevier dispensierte, wann immer seine Pflichten auf dem Golfplatz es erforderten.

Frank wurde mit weiteren Fragen überschüttet, auf die er nur mit »nicht genau« oder: »kann sein, aber –« antworten konnte.

»Ist er bei guter Gesundheit?« fragte Flick, der wußte, daß manche Päpste verdammt zu gesund gewesen waren. Er verfiel auf die Idee, wenn er dem Konklave erzählen würde, daß er, wie Papst Leo im 16. Jahrhundert, Geschwüre am Hintern hatte, er womöglich selbst den Job bekäme, sozusagen als Übergangspapst.

Frank antwortete: »Soviel ich weiß, schluckt er keine Medikamente.«

New York nahm seine Macanudo aus dem Mund und schwenkte sie wie einen Weihwasserwedel. Frank zuckte zusammen, als er mit gelbem Speichel bespritzt wurde.

»Ein Alkoholproblem, Monsignore? Er ist Ire.« Keine Reaktion von Kerrigan. »Überhaupt keine Laster? Kommen Sie, mein Sohn, er kann nicht so sauber sein wie die Freiheitsstatue.«

»Ehrlich, ich weiß es nicht.«

»Also« – Burns stieß mit seiner Zigarre in die Luft, daß die Funken flogen – »und was *vermuten* Sie?«

Frank sagte zögernd: »Daß er irgendwie ...« – sie hingen an seinen Lippen – »ein Heiliger ist.«

»Der Kerl hat soeben meine Stimme verloren«, platzte Flick heraus. »Ich meine, falls ich mich je versucht gefühlt haben sollte, für ihn zu stimmen.«

Sapieha pflichtete ihm bei. »Es ist so schon alles schwierig genug.«

Tom Burns biß grimmig in seine Zigarre. »So, Corrigan, Sie sind nicht mal Hilfspastor, und im Handumdrehen sind Sie ein verprockter Experte in Sachen Heiligkeit, wie?«

»Ich kann mich natürlich irren«, sagte Frank, der nun einen Rückzieher machte und sich nach einem Ausweg umsah. »Er hat Charley sehr gern.«

»Charley?« kam es aus acht roten Kehlen.

»Seinen Hund. Der schläft auf seinem Bett.«

»Auf seinem *Bett*?« knurrte St. Louis. »Haben Sie diesen sogenannten Hund schon gesehen, mein Sohn?«

»Nein, Eminenz. Es ist ein goldener Labrador, glaube ich.«

»Golden … Eine Blondine?« Burns war noch von Pinturicchios Fresko gefangen. »Könnte es ein Weibsbild sein?«
»Ganz recht«, sagte Sapieha. »Große Titten, goldene Locken bis auf den Fußboden.«
Frank sprang wütend auf. »Eminenzen, Sie haben eine schmutzige Phantasie!« Er bahnte sich seinen Weg durch Purpur zur Tür. »Er ist mehr wert als Sie alle zusammen.«
»Ich denke«, sagte New York eisig, »es ist besser, wenn Sie uns verlassen, *Pater*.«
Frank, der ganze zwei Minuten Monsignore gewesen war, versuchte, ein paar Ringe zu küssen, doch nach dem, was er gesagt hatte, waren die Männer in Rot nicht in Stimmung.
Er ging, um Kardinal O'Flynn gute Nacht zu sagen, doch aus dessen Zelle war nur leises Schnarchen zu hören.

3. Kapitel

Hinter den Kulissen gingen die harten Verhandlungen weiter. Bis zum folgenden Morgen hatte man Ricci und Frangipani unsanft fallengelassen.
Montefiori, ein äußerst bescheidener Mann, führte jetzt die konservative Seite an, während der glänzende Chiarello von Mailand, bloße zweiundfünfzig Jahre alt, die liberale Sache verfocht.
Im ersten Wahlgang errang Montefiori fünfundvierzig Stimmen, Chiarello zweiundvierzig, und O'Flynn sank auf drei.
Nun, Herr, kannst du deinen Diener in Frieden entlassen.
Flick hatte seine Unterstützung zurückgezogen, nachdem Frank Kerrigan O'Flynn der Heiligkeit bezichtigt hatte.
Die Erleichterung des irischen Kardinals war nur von kurzer Dauer. Im nächsten Wahlgang brachten die anderen es auf je einundvierzig Stimmen, und er erzielte acht.

Nur wenige gingen zum Mittagessen. O'Flynn saß zufällig an einem Tisch mit Satolli, einem tauben alten Knaben mit Parkinson. Man vermutete, daß er es war, der keine Stimme abgab. Als er O'Flynn das Salz reichte, bestreute er ihn von oben bis unten. »Das bringt Glück«, brüllte der alte Knabe. »Ich sagte: *Glück.*« Er nahm eine Handvoll Salz und warf es über die Schulter in die Augen der Nonne, die sie gerade bediente. »Wie heißen Sie?«

O'Flynn formte lautlos mit den Lippen seinen Namen.

»Ich habe auf ein Zeichen gewartet«, sagte Satolli bebend.

In Runnells Zimmer hatten sich die amerikanischen Kardinäle um den Computer versammelt.

O'Flynn, Brian Aidan

Geboren:	12. Januar 1941, Co. Mayo, Westirland
Eltern:	Berufstätig bis zum Tod
Geschwister:	zweites von 16 (überlebenden) Kindern
Studium:	Maynooth, Irland, 1960–66 Irisches Kollegium, Rom, 1966–71
Priesterweihe:	26. Mai 1966
Weiterbildung nach dem Examen:	Gregorianische Universität
Akademische Grade:	Laureatus in Theologie und kanonischem Recht
Abschluß:	8 Punkte (cum laude) in beidem
Ernennungen:	Bischof 2000, Kardinaldiakon 2006

Gegen-wärtiges Amt:	Präfekt der Kongregation für Heiligsprechungsprozesse, zur Zeit in Sachen Heiligsprechung Pius XII. engagiert
Veröffent-lichungen:	Keine

Die Amerikaner waren beruhigt. O'Flynn war kein Intellektueller. Topstudenten erhielten konstant zehn Punkte *(summa cum laude)* für ihre Dissertation.

Und noch etwas: Er war kein Italiener. Jahrelang waren sie durch Korridore gewandelt, die zugiger waren als Chicago, und hatten sich bemüht, bei Tag den Böen fauler, knoblauchhaltiger, von Italienern ausgeatmeter Luft auszuweichen und bei Nacht älteren italienischen Prälaten aus dem Weg zu gehen, die, mit Nachttöpfen unterwegs zur Toilette, von etwas anderem überquollen als von der Gnade Gottes.

Flick von Boston fing allmählich an, der ursprünglichen Eingebung seines Hinterns zu trauen. »Ein guter Kompromißkandiat?« fragte er.

Seine Kollegen nickten.

»Wen knöpfen wir uns jetzt vor?« fragte Temple und setzte seine Frankenstein-Monster-Miene auf.

»Kommt drauf an«, sagte Flick. »Ist er konservativ oder liberal?«

Niemand hatte eine Ahnung. Sie waren daher in Verlegenheit, ob sie Montefiori oder Rio konsultieren sollten.

»Der Trick ist«, sagte Burns, und seine Zunge schnellte nach links und rechts, »ihn beiden Seiten als wohlgesonnen zu präsentieren.«

Die Männer teilten sich in zwei Gruppen. Die eine stürzte sich auf Montefioris Schar im Hof von San Damaso, die andere schnappte sich Rio und Co. und spazierte mit ihnen durch den Papageienhof.

Am Ende des Tages hatte O'Flynn fünfundzwanzig Stimmen auf

sich vereint. Die anderen zwei Kandidaten waren auf je dreiunddreißig gefallen.
Und als die Stimmauszähler die Zettel zählten, wunderten sie sich doch sehr: Zum erstenmal waren alle einundneunzig korrekt ausgefüllt.

Zu Beginn der nächsten Sitzung zog Montefiori seinen Namen zurück. Die Wahlkardinäle warteten mit angehaltenem Atem, welcher der beiden führenden Kandidaten nun seine Stimmen auf sich vereinen würde.
Chiarello von Mailand erzielte zweiundfünfzig. Überraschenderweise fielen die verbleibenden vierzehn Stimmen *nicht* an O'Flynn – *Herr, endlich hast du Vernunft gezeigt* –, der bei fünfundzwanzig blieb. Die vierzehn Stimmen wurden vielmehr auf fünf Konservative verteilt, von denen keiner irgendwelche Aussichten hatte. Viele Wahlkardinäle waren schlichtweg konfus, denn sie hatten nicht die leiseste Ahnung, wie O'Flynn zu Ökumenismus, Priesterzölibat, Priesterweihe für Frauen oder auch Sexualethik stand.
Montefiori schlug vor, den nächsten Wahlgang auf den Nachmittag zu verschieben, um Zeit zum Gebet zu haben.
Dies zeigte Wirkung. Nach intensiver Einflußnahme der Amerikaner schieden die schwächsten Bewerber im nächsten Wahlgang aus. O'Flynn bekam zweiunddreißig Stimmen und Chiarello neunundfünfzig, nur drei weniger, als zum Sieg erforderlich waren.
Es war Heiliger Abend. Die Wahlkardinäle nahmen Montefioris Vorschlag freudig an, die wohl entscheidende Wahl bis zum Tag der Geburt des Herrn zu verschieben.
Seit Tagen war O'Flynn die Zielscheibe von schiefem Gegrinse und kriecherischen Verbeugungen der Kardinäle in den Korridoren. Der oberste unter seinen Bewunderern war der einflußreiche konservative Kardinal Emilio Ragno, Präfekt der Kongregation für die Sakramente und den Gottesdienst. Er war vollkommen kahl, dünn und rotgesichtig, und sein großer Zinken von Nase stützte eine riesige Zweistärkenbrille. Er war ein nervöses Energiebündel, fummelte un-

aufhörlich an Brustkreuz, Ring und Scheitelkäppchen herum, scharrte mit den Füßen, schob Papiere hin und her.
Bei den Mahlzeiten beeilten sich Männer, die O'Flynn über Jahre in Rom gesehen, aber nie gesprochen hatten, sich nun neben ihn zu setzen. Sie bestanden darauf, daß er als erster bedient wurde. Und Kardinal Satolli bestreute ihn unaufhörlich mit Salz wie eine Makrele.

4. Kapitel

Im Weißen Haus saß Roone Delaney, Republikaner und erster katholischer Präsident seit John F. Kennedy, in tiefer Konzentration im vom Feuerschein erhellten, schallgedämpften Oval Office. Er hatte die Vorhänge vor den dreieinhalb Meter hohen Fenstertüren zugezogen und sah sich zum x-ten Mal ein Video von seiner letzten Fernsehdebatte mit Stallone während des vergangenen Wahlkampfes an. Über diese klassische Konfrontation, die als »Schweißperlendebatte« bekannt wurde, waren viele Dissertationen verfaßt worden, ein Dutzend allein in Princeton.
Vor der Debatte war Delaney in den Umfragen mit zehn Punkten im Rückstand gelegen. Sechs ehemalige Geliebte hatten die Flucht in die Öffentlichkeit angetreten und ihm die Stange gehalten, was ihm zunächst einen Vorteil verschaffte. Bis dann die Presse anfing, ihn zu fragen: »Wo waren *Sie* eigentlich im Golfkrieg?« – und mit einigen interessanten Antworten aufwartete.
Auch bei den Fragen in der Debatte schnitt Delaney nicht besonders gut ab. Er war sich nicht ganz sicher, wo die Solomon-Inseln lagen oder wem sie gehörten. »Hätte ich als Kind doch bloß Briefmarken gesammelt«, witzelte er. Er verwechselte Island mit Grönland und konnte eine Kilotonne nicht von einer Megatonne unterscheiden, erkannte aber immerhin, daß beides Unmengen

waren. Beim gegenwärtigen Haushaltsdefizit lag er um sechshundert Milliarden Dollar daneben.

Punkte sammelte er, wenn es um Entschlossenheit ging.

Wie die *New York Times* am folgenden Tag schrieb, war der sonnengebräunte, silberhaarige, dickleibige Stallone mit seiner Halbbrille, die ihm eine akademische Aura verleihen sollte, kein Jefferson. Seine Redeweise war schleppend und unzusammenhängend. Er wußte durchaus zu beeindrucken, wenn er Kaugummi kaute wie Giftmüllklumpen. Doch seinem Lächeln fehlte das Klebrige, und seine Zähne waren zu robust und zu gut überkront, um Lügen durchzulassen. Er wollte von der Mitte aus führen. Er sah sogar aus wie ein guter Verlierer.

Stallones Hoffnungen auf die Präsidentschaft zerbrachen aber schließlich, als er in der Fernsehdebatte auf die entscheidende Frage antwortete.

»Wenn Sie *wüßten,* Mr. Stallone, daß Sie durch das Drücken des Atomknopfes, sagen wir mal, hundertfünfzig Millionen islamische Fundamentalisten töten könnten, würden Sie zögern?«

Stallone, der älter aussah als seine Mutter: »Würd' ich *was?*«

Der Interviewer wiederholte die Frage langsam.

»Hm, also ... ich schätze ... Um Ihre hypothetische Frage zu beantworten, ich würde, äh ...«

»Sie würden zögern.«

»Ich, ach nee, ich, äh, zögern würde ich nicht, nee. Aber ...«

»Aber *was?*«

»Kein Aber. Ich würde nicht zögern«, sagte Stallone, doch er wußte, daß sein Nicht-Zögern zu spät gekommen war.

Die Kamera fuhr nahe heran und fing die fatale Schweißperle ein, die von Stallones schmaler Stirn auf seine linke Augenbraue rollte. Seine Anhänger schworen hinterher, es sei nur ein Tupfer Fettschminke gewesen, der unter den Scheinwerfern geschmolzen war.

Der Schaden war nicht wiedergutzumachen. Die sofortige per Knopfdruck abgegebene Zuschauermeinung zeigte, daß er vierzig Millionen Stimmen und damit die Wahl verloren hatte.

»Rocky ist kein Rocky mehr«, lautete die Reaktion der Öffentlichkeit, als die Sender die Stimme des Volkes verbreiteten. »Er ist eine Niete.« »Ein Schmierenkomödiant als Hamlet.« »Der Kerl ist so sehr Diplomat, wie einer, der sich den Kopf gestoßen hat und Sterne sieht, ein Astronom ist.« »Wetten, der weiß nicht mal, wie man ›Tomaten‹ buchstabiert.«
Stallone war etwas Unverzeihliches passiert: Er hatte unter Anspannung *geschwitzt.* Verdammt, bemerkte ein Kommentator, er hat schwache *Poren.* Wenn er *die* nicht unter Kontrolle kriegt, wie kann er dann seine Blase oder seine Gedärme kontrollieren? Und in was für einem Zustand sind seine Unterhosen? Hätte Ayatollah Hourani diese Schweißperle gesehen, er wüßte, daß Amerika keinen Stolz hat. Hätte einer, der schwitzt, so würde er fragen, den Mumm, auf den Knopf zu drücken? Würde er Westeuropa verteidigen, zurückschlagen, wenn die Muslime sich weigerten, uns Öl zu vernünftigen Preisen zu verkaufen? Von wegen! Stallone sah aus, als glaubte er an ein *schwaches* Amerika. Und wenn er, wie seine Anhänger sagten, nicht wirklich geschwitzt hat, dann schien es zumindest so, was noch schlimmer war. Es bedeutete, daß er schwach *ausgesehen* hat, selbst wenn er es nicht war. Um Himmels willen, dieser Schaumschläger würde immer die falschen Signale aussenden. Vergeßt, was aus dem Mund von dem Kerl kommt, würden die Muslime sagen, *was sagen seine schwachen Poren?* Seine verprockten Poren könnten eine nukleare Katastrophe auslösen.
Delaney sah ein frisiertes Video. Seine schlimmsten Fauxpas waren herausgeschnitten. Das war ein Fehler. Sie waren es nämlich, die ihn bei den amerikanischen Zuschauern so beliebt machten. Er war kein Klugschwätzer. Seine Argumente, wie die von Reagan vor langer Zeit, waren so flach, daß die Wähler ihnen folgen konnten. Je unwissender er schien, desto mehr Amerikaner liebten ihn. Die wirklich klugen Politiker sind die, über deren Dummheit man sich wundert.
An dieser Stelle beugte sich Delaney jedesmal auf seinem cremefarben gepolsterten Sessel vor. Er sah sich seinen Platz verlassen

und über die Bühne zu Stallone gehen. Er schüttelte sein in den Farben der Flagge gehaltenes Taschentuch aus und bot es seinem Gegner an. Das war eine Glanzleistung.
Stallone machte ein benommenes Gesicht, als würde er sich einen seiner alten Filme ansehen. Wie diverse Dissertationen aufzeigten, befand sich Stallone in einer Art Existenzkrise. Nahm er das Angebot an, würde er schwach und unterlegen scheinen. Lehnte er es ab, würde er unpatriotisch wirken. Was also tat er? Er fummelte in seinen Taschen herum.
Allmächtiger, stöhnten seine Berater hinter den Kulissen, er weiß nicht mal, in welcher Tasche sein Taschentuch ist, und dieser *Trottel* will Präsident werden? Sogar Dan Quayle konnte manchmal sein Taschentuch finden.
Schließlich wurde Stallone in seiner obersten Tasche fündig. Als er es herauszog, verstreuten sich ein Dutzend weißer Tabletten, die wie Beruhigungspillen aussahen, über den Boden des Studios. Fast wäre er auf die Knie gegangen, um sie aufzulesen. Als er dies auf dem Monitor sah, knüllte er sein Taschentuch zu einer Kugel, betupfte die Schweißperle damit und steckte es in die Innentasche. Es war Mord.
Dem feixenden Delaney stellte man dieselbe Frage. »Würden *Sie* zögern, auf den Knopf zu drücken, wenn hundertfünfzig Millionen Muslime dabei draufgingen?«
»Warum hundertfünfzig?« fragte er schneidend. »Es gibt doch über eine Milliarde von ihnen, nicht?«
»Dann lassen Sie mich die Frage umformulieren«, kam ihm der Interviewer entgegen. »Würden Sie zögern, eine Milliarde auszuräuchern?«
»Nein.«
»Nicht eine Sekunde?«
»Nicht länger, als es dauert, dem allmächtigen Gott zu danken, daß er einen loyalen Amerikaner wie mich dazu ausersehen hat.«
»Sie würden wirklich draufdrücken?«
»So locker wie auf einen Fahrstuhlknopf.«
»Sie hätten keine Bedenken?«

»Ich kenne keine Skrupel.«
»Das ist Ihre deutliche Botschaft an die FIR.«
»Meine deutliche Botschaft an sie lautet, sie dürfen nichts nie und nimmer in Frage stellen oder in Zweifel ziehen, außer daß meine Ungeduld weder annähernd noch entfernt nie und nimmer unerschöpflich ist.«
»Das war überdeutlich, Mr. Delaney. Aber wie würden Sie sich *fühlen* bei der furchtbaren Verantwortung für die Vernichtung so vieler Menschen?«
»Unheimlich gut.«
»Gar kein Mitgefühl?«
»Ich würde ihnen keine Kränze schicken, falls Sie das meinen.«
»Worauf ich hinauswill, ist –«
»Ich weiß, worauf Sie hinauswollen. Ob es mir nicht ein kleines bißchen leid tun würde, sagen wir, um unschuldige muslimische Frauen und Kinder?«
Der Interviewer nickte.
»Hätten Sie was dagegen, wenn ich Ihnen ein kurzes Video zeige?«
»Keineswegs, Sir.«
Während die Geräte aufgebaut wurden, hielt Delaney es für richtig, allen zimperlichen Zuschauern zu empfehlen, abzuschalten – er wußte, daß es keiner tun würde –, weil sie etwas zu sehen bekämen, das noch gräßlicher war als Stallone auf der Suche nach seinem Taschentuch.
»Der verstorbene Ayatollah Khomeini, meine Damen und Herren – sollten Kinder zuschauen, *bitte,* haltet euch die Augen zu –, Khomeini hat gesagt: ›Wir wünschen uns einen Herrscher, der seinem eigenen Sohn die Hand abhacken könnte, wenn er stiehlt.‹ Dieses Video wurde aus dem Iran geschmuggelt. Es zeigt Hourani, den Präsidenten der FIR, dessen drei Söhne beschuldigt wurden, Banken zu bestehlen, indem sie Schecks und Obligationen fälschten.«
Das gebannte Publikum sah auf dem Bildschirm das finstere Gesicht von Ayatollah Hourani, der vor drei jungen Männern im Alter von etwa achtzehn bis zwanzig Jahren stand. Er schmierte

ihnen einen schwarzen Fleck in Form eines Kreuzes auf die Stirn, bevor er sich entfernte.

»Dies sind seine Söhne, feine, stramme Burschen«, erklärte Delaney.

Drei Ärzte mit Skalpellen traten vor. Die drei Burschen streckten die rechten Hände aus, und die Ärzte amputierten sie ohne Narkose. Danach schrien die drei jungen Männer noch lauter, als die Stümpfe in kochenden Talg getaucht wurden, um sie zu desinfizieren.

Die Kamera wandte sich von der Qual der jungen Männer ab und dem steinharten Gesicht ihres Vaters zu, der zusah, die Augen trocken wie Wüsten, die Lippen verächtlich gekrümmt wie ein Säbel. So etwas wie Houranis erschreckende Ruhe hatten die Zuschauer noch nie gesehen.

Nachdem die Amputationen vollzogen waren, hoben seine Söhne einer nach dem anderen ihre abgetrennten Hände an die Stirn, um vor ihrem Vater zu salutieren, bevor sie sie über die rechte Schulter warfen, als seien sie von einem Baum abgeschlagene Zweige.

Als das Video zu Ende war, sagte Delaney, der selbst fast ohnmächtig geworden wäre: »Es bekümmerte Hourani wenig, daß einen Monat nachdem dies geschehen war, ein Selbstmörder in seinem Abschiedsbrief gestand, den Bankdiebstahl begangen zu haben. Es war, wie Hourani sagte, Allahs Wille.«

Der kreidebleiche Interviewer hustete. »Und, Mr. Delaney?«

»Soviel über die FIR. Der alte Khomeini schrieb in seinem Buch ›Die islamische Regierung‹: ›Die Ungläubigen zu töten ist heilige Rache, zu morden eine Pflicht.‹«

»Und?«

»Wer sind die Ungläubigen? Sie, ich, die Millionen loyaler Amerikaner vor ihren Fernsehgeräten? Deswegen sind die Anhänger der FIR keine Unschuldigen, egal, wie alt oder von welchem Geschlecht. Stinktiere, die das Barbarentum unterstützen, wie wir es gerade gesehen haben, die die Demokratie verspotten, den Terrorismus weltweit anerkennen, sich weigern, eine christliche Lebensweise anzunehmen, die sind besser tot als lebendig.«

Kein Wunder, daß *Cosmopolitan* in der nächsten Ausgabe

schrieb: »Der gewandte Roone Delaney hat in der Fernsehdebatte gesiegt, wozu brauchen wir eine Wahl?«

Sein Wahlsieg war überwältigend.

Als Präsident erwies er sich noch gerissener denn als Kandidat. Er fand schon früh das richtige Rezept. Wenn die Sache zäh lief, sagte er zu seinen Beratern: »Senkt mir Steuern, wenn ihr welche finden könnt. Droht, einen Kreuzzug mit einem nuklearen Sprengkopf loszuschicken, um Castros Grab in die Luft zu jagen oder das von Saddam Hussein. Schreibt mir eine Rede, die Hourani und die FIR in Grund und Boden stampft. Und noch eine, die jeden verdammt, der Seehunde, Delphine oder Wale ausmerzt. Fotografiert mich mit einem Kätzchen. Gebt mir Vokabular gegen alle Nichtamerikaner an die Hand, die Regenwälder abholzen oder Löcher in die Ozonschicht reißen. Verschafft mir im Kongreß Unterstützung für weitere fünfzig von den neuesten Raketen oder weitere zwanzig B-2-Stealth-Bomber zu einer Milliarde das Stück. Sucht mir einen kleinen, preisgünstigen Krieg, den ich in ein, zwei Wochen gewinnen kann, je näher bei der Heimat, desto besser. Wie läuft's übrigens zur Zeit in Haiti? Höchstens ein, zwei Amerikaner in Leichensäcken, damit wir die Staatstrauer ohne allzu viele Tränen und eine Konfettiparade in New York abhalten können.«

Das verfehlte nie seine Wirkung. Er schoß in den Bewertungen nach oben. Als seine Popularität sank, als er für eine zweite Amtszeit gegen Demokraten und Schwule antrat, holte er den Panamakanal zurück.

An seinem Walnußschreibtisch leuchtete auf der Telefonkonsole mit fünfzig Leitungen ein Lämpchen auf. Gott sei Dank war es nicht rot, was höchste Alarmstufe bedeutet hätte. Sollte das passieren, würde er auf einem Verwürfelungsgerät sofort zum Kriegsraum im Pentagon und via Pentagon zum Strategischen Führungsstab und zum NATO-Hauptquartier in Europa durchgestellt. Das Pentagon könnte ihm sodann raten, in seinen Top-Secret-Bunker zu gehen oder sich eilends an Bord der stets startbereiten *Air Force One* zu begeben.

Auf einer gefahrlosen Leitung wollte Bill Huggard, der Stabschef des Weißen Hauses, ihn über den neuesten Stand des Konklaves informieren. Das CIA-Hauptquartier in Langley, Virginia, sandte über seine Station in Rom zweimal täglich einen Bericht an Huggard. Vorausplanung zahlte sich aus.

Vor zwanzig Jahren war ein italienischer Kunstexperte, der die Sixtinische Kapelle restaurierte, bestochen worden, damit er ein paar mit Solarbatterien betriebene Wanzen in Michelangelos Deckengewölbe in dreißig Meter Höhe anbrachte. Eine befand sich in der Lücke, wo Gottes und Adams Finger sich im Augenblick der Erschaffung beinahe berühren. Kerzenlicht genügte, um die Wanzen zu betreiben, deren Lebensdauer unbegrenzt war. Sie waren praktisch auch unauffindbar.

Die Sowjets hatten vier Wanzen in der Sixtinischen Kapelle gehabt, die an die FIR übergingen, als sie die russische Botschaft an der Via Aurelia für einen Apfel und ein Ei erwarb.

Die Engländer verließen sich auf eine einzige, eine Superwanze, die auf dem neuesten Stand der Technik war. Schade, daß sie nach drei Wochen den Geist aufgab.

Huggard berichtete dem Präsidenten, daß Brian O'Flynns Popularitätskurve stieg. Delaney zog die Vorhänge zurück, und das Zimmer wurde mit grünem Licht überflutet. Er blickte nach Süden durch die jüngst eingebauten, fünfzehn Zentimeter dicken, beschichteten, schußsicheren Scheiben, vorbei an blattlosen Bäumen in Richtung Washington-Monument in einem Kilometer Entfernung.

Da hatte Brian aber Glück. Durch eine merkwürdige Wendung war er ihm nämlich zu Dank verpflichtet. Vor vier Jahren hatte Delaney sich eine Reise in das Land seiner Vorfahren gegönnt. Er wollte auch das Heim seiner Ahnen im Dorf Ballymuck in der Grafschaft Wexford besuchen. Die gesamte irische Priesterschaft weigerte sich jedoch, ihn zu treffen, weil sie die bewaffnete Intervention der USA in Mittelamerika mißbilligte. Himmel noch mal, wozu hatte Gott Mittelamerika dahin gesetzt, wenn nicht dafür, daß die USA dort intervenierten? O'Flynn war, vermutlich auf

Bitten Johannes Pauls, dann aus Rom herbeigeflogen und hatte sich neben den Präsidenten gestellt für Fotos, die den wunderbaren Wählern daheim soviel bedeuteten.
Sollte der unwahrscheinliche Fall eintreten, daß der kleine irische Kardinal es bis an die Spitze schaffte, würde Roone Delaney es ausnahmsweise nicht bedauern.

5. Kapitel

Mehrere Kardinäle verbreiteten im Konklave dieselbe Botschaft, vorwiegend von New York inszeniert. So sagte Burns zu allen, die er traf: »O'Flynn, ganz offensichtlich ein Vermittler, ein Olivenbaum in unserer Mitte, ein Mann des Friedens.«
Burns sah sich im Geiste schon auf den Stufen der St.-Patrick-Kathedrale neben dem ersten irischen Papst stehen, während auf der Fifth Avenue die nächste St.-Patrick-Parade vorüberzog. War diese Erzdiözese nicht dem heiligen Patrick geweiht? Das Portal der Kathedrale würde das päpstliche Wappen tragen. Er würde das ganze verdammte Gotteshaus mit weißen und gelben Chrysanthemen schmücken, würde den riesigen geschnitzten päpstlichen Thron von der Wand abrücken, damit der Papst darauf Platz nehmen konnte.
Nicht nur der Bürgermeister von New York, der Präsident höchstpersönlich würde vielleicht der Parade beiwohnen. Burns wollte die Verpflegung vom Waldorf kommen und auf dem besten vergoldeten Porzellan servieren lassen. In ganz Amerika würden die Flüsse an diesem Tag grün fließen, die Menschen würden grüne Hot dogs essen, grünes Bier trinken, ja sogar grün pissen.
Und was noch besser war: Die amerikanischen Bischöfe würden sich schwertun mit Schwulen, die sich der Parade bemächtigten,

mit Priestern, die heirateten, geschieden wurden und wieder heirateten, ohne es ihnen zu sagen, während feministische Nonnen Geldern für Abtreibungskliniken nachjagten. Überwiegend irischen Ursprungs, hatten sie einem rückständigen Polen ihre Ohren verschlossen. Aber ein Papst aus der alten Heimat, nun, auf den würden sie vielleicht hören.

Deswegen war Burns sauer auf Kinsella von Armagh, Irland. Der kahlköpfige Kinsella war so winzig, daß Burns ihn am liebsten hochgehoben und seinen Eierkopf mit einem Löffel aufgeschlagen hätte. Kinsella war überhaupt nicht erbaut von der Aussicht, daß O'Flynn Papst würde. Vielleicht war es ja Eifersucht, jedenfalls leierte er unentwegt mit dünner, frömmelnder Stimme: »Mein Vorgänger im Erzbistum Armagh, Gott gebe ihm die ewige Ruhe, hat eine Botschaft für die Wahlmänner.«

Als Burns nachforschte, entdeckte er, daß der Vorgänger, von dem Kinsella redete, ein St. Malachias war, der im 12. Jahrhundert gelebt hatte. Herrgott im Himmel, sagte er sich, diese Iren haben vielleicht ein verprockt langes Gedächtnis. Wenn sie sich nur weniger erinnern und dafür mehr arbeiten würden. Er hatte gehört, daß sich in Irland die Statuen schneller bewegten als die Menschen.

In den ausgefallensten Augenblicken lauerte Kinsella Burns auf, um ihm von den vielen Prophezeiungen zu erzählen, die alle in Erfüllung gegangen waren. Der Heilige hatte jedem Papst einen rätselhaften lateinischen Beinamen gegeben, angefangen bei Cölestin im Jahre 1143.

»Bis?« fragte Burns, die spitze Zunge in Bewegung.

»Bis«, flüsterte Armagh, »zum Ende der Welt.«

»Und *wann* wird das genau sein?« wollte Burns wissen, damit er nicht mit einer Diät anfing, wenn womöglich keine Notwendigkeit mehr bestand.

»Sehr, sehr ... bald.«

Burns überkam das fast unbeherrschbare Bedürfnis, Kinsella in ein Mäuseloch zu schubsen. »*Wie* bald?«

»Malachias' Prophezeiung lautet, daß es nur noch zwei Päpste geben wird bis Harmageddon.«

»Das läßt uns noch etwas Spielraum«, sagte Burns wegwerfend.
»Nein«, versetzte Kinsella pfeifend. »Der letzte Papst soll Peter der Römer heißen. Bislang hat noch kein Pontifex die Vermessenheit besessen, sich Peter zu nennen, nicht einmal die zwei Päpste, die auf diesen Namen getauft waren. Die meisten Kommentatoren stimmen überein, daß Peter der Römer der heilige Petrus selbst ist, der mit den Engeln kommt, um die Welt auf das göttliche Strafgericht vorzubereiten.«
»Dann könnte der Papst, den wir wählen, also der letzte sein?«
»Er *wird* der letzte sein, Eminenz.«
Burns dankte Kinsella für die Vorwarnung, bevor er enteilte, um ein weiteres Mal für O'Flynn zu stimmen.
Kinsella aber dachte nicht daran, aufzugeben. Er quetschte sich beim Mittagessen neben Burns, wodurch er Kammy Sapieha, seinen Kumpel aus Philadelphia, verdrängte.
»St. Malachias' Botschaften waren sehr genau, Eminenz. Nehmen Sie Paul VI. Malachias nannte ihn ›*flos florum*‹.«
»›Blume der Blumen‹«, wiederholte Burns. »Na und?«
»Paul VI. wählte drei Lilien für sein Wappen. Dann kam Johannes Paul I. Malachias bezeichnete ihn als ›*de medietate lunae*‹. Schwer zu übersetzen, aber ich glaube, es bedeutet ›Papst des Halbmonds‹. Er hatte nur eine Sichel von einem Pontifikat, sozusagen. Nur dreiunddreißig Tage.«
Armaghs Kindlichkeit ließ Burns fast an seinem Glas Chianti ersticken. »Was ist mit Johannes Paul II.?«
»›*De labore solis*‹. ›Von der Arbeit der Sonne‹. Sie werden nicht leugnen, daß der letzte Papst heiligen Angedenkens härter gearbeitet hat als jeder andere. Auf seinen vielen Reisen hatte er die Sonne als Gefährtin, sozusagen.«
»Sozusagen.«
Armagh, dem der ungläubige Ton nicht entging, flüsterte: »Einer von Ihren eigenen Vorgängern hat an die Prophezeiungen geglaubt.«
Das war zuviel. Burns sprang auf und wollte gehen, als Armagh sagte: »1958 hat Kardinal Spellman von New York –«

Burns sank ermattet auf seinen Stuhl. »Ja?«
»Malachias' Motto für den nächsten Papst der damaligen Zeit war *›pastor et nauta‹*, ›Hirte und Schiffer‹. Sie wissen doch sicher, was Spellman gemacht hat?« Burns schüttelte den dicken Kopf. »Er hat hier in Rom ein Boot gechartert, hat es mit Schafen beladen und ist den Tiber hinuntergeschippert.«
Burns wollte gerade sagen, daß er kein Wort glaube, als ihm der Gedanke kam, daß dies eigentlich der entscheidende Faktor war. »Ich darf Sie an etwas erinnern«, grölte er, worauf sich alle nach ihm umdrehten. Er senkte die Stimme. »Spellman hat es nie bis zum Heiligen Stuhl geschafft.«
»Ah, ja«, sagte Kinsella in seiner schmeichelnden Art, »aber der wahre Hirte und Schiffer wurde vom Heiligen Geist erwählt, nicht von Menschen. Sogar Protestanten erkannten in Johannes XXIII. den Hirten.«
»Und Schiffer?« fragte Burns. »Inwiefern war der kleine Dicke ein Schiffer?«
»Sie vergessen, Eminenz, daß Johannes XXIII. wie Pius X. aus der Stadt des Wassers kam.«
»Venedig«, brummte Burns. Seine Stimme wechselte mit einem einzigen kurzen Wort die Tonlage.
»Malachias' Prophezeiung endet so: ›In der letzten Verfolgung der Heiligen Römischen Kirche wird regieren Peter der Römer, der seine Herde weiden wird unter mannigfachen Drangsalen. Danach wird die Stadt der sieben Hügel zerstört werden, und der furchtbare Richter wird richten das Volk.‹«
Burns geiferte jetzt vor Zorn und litt ernsthaft unter Atemnot. »Der Papst, den wir nun wählen werden, wie lautet sein –«
»St. Malachias von Armagh sagt, er ist *›gloria olivae‹*, ›Glorie der Olive‹, ein Mann des Friedens.«
Burns erlitt beinahe einen Schlaganfall. Sein Sekretär Harry Tickle mußte ihm in seine Zelle helfen. Er brauchte eine volle Stunde, um sich bewußtzumachen, daß er sich nicht von Armaghs Aberglauben anstecken lassen durfte.
Er reagierte sein Unbehagen ab, indem er sich mit Rio beriet. Er

bezeichnete O'Flynn nun nicht mehr als einen »Olivenbaum in unserer Mitte«, als einen »Mann des Friedens«, beharrte aber dennoch darauf, daß O'Flynn der Richtige sei.
»Aber«, wandte Rio ein, »wird das nicht nach einem politischen Akt aussehen?«
Nein, versicherte ihm Burns. Das wäre es, wenn sie Kinsella von Armagh wählen würden – das liegt in Nordirland und befindet sich unter britischer Herrschaft. O'Flynn kam aus der Republik Irland im Süden, die war unabhängig. Darüber hinaus war es jetzt offiziell ein Dritte-Welt-Land.
»Es liegt uns allen sehr am Herzen«, schloß Burns, »da es eine Arbeitslosenrate von dreißig Prozent hat und seine Auslandsschulden pro Kopf doppelt so hoch sind wie die von Brasilien.«
Rio spitzte die Ohren. »Ach wirklich?« Das wäre, als würde er einen von seinen Landsleuten wählen.
»Bedenken Sie auch, daß die Iren den Glauben in die ganze Welt gepflanzt haben: Afrika, Indien, China, Nord- und Südamerika.«
Rio strich sich über die dunkle Wange. »Vielleicht haben die Iren ja einen Papst verdient, nach all diesen Jahrhunderten.« Sein Gesicht verfinsterte sich. »Schade, daß er so konservativ ist.«
»Konservativ? Bloß, weil er sich weigert, die neuesten theologischen Modemätzchen mitzumachen?«
In Wirklichkeit hatte Burns keine Ahnung, wo sein Kandidat stand. Auf der Flasche klebte kein Etikett, und Nachforschungen hatten bislang nichts ergeben. O'Flynn schien sich nie zu irgend etwas bekannt zu haben, doch dem Anschein nach war er absolut prinzipientreu und fest verwachsen mit seiner Kirche. Wie Temple von St. Louis bemerkte: »Wenn er in der Menge steht, stellt er sich gut mit ihr.«
»Er ist kein Liberaler«, behauptete Rio.
»Kein fanatischer. Aber flexibel. Nach Johannes Paul II. ist die Kirche nicht bereit für die Überholspur. Ein Extremist der Rechten oder Linken würde die Kirche entzweien, so wie dieses Konklave geteilt wurde. Außerdem, Eminenz –« Burns schaltete auf Flüstern um – »Chiarello von Mailand ist erst zweiundfünf-

zig. Wollen Sie einen italienischen Rennfahrer als Papst? Wenn wir einen Fehler machen ... dreißig bis vierzig Jahre, um ihn zu bereuen.«

Dieses Argument traf wie ein Pfeil ins Herz.

»Außerdem hat Chiarello keine unmittelbare Erfahrung mit der Kurie. O'Flynn kennt sie von innen. Ihn kann man nicht hinters Licht der Peterskuppel führen.«

»Und doch, wenn Sie mir verzeihen«, sagte Rio traurig, »scheint er ein so außergewöhnlicher Mann zu sein.«

»Wenn Sie *mir* verzeihen, Eminenz, schauen Sie sich an, in welchem Zustand die Kirche nach über dreißig Jahren mit einem so *außergewöhnlichen* Mann ist.«

»Ein Mann der Mitte, meinen Sie«, murmelte Rio.

Burns kreuzte seine gelben Finger hinter dem Rücken. »Davon bin ich überzeugt.«

Weihnachtsmorgen. Für mittags wurde in der Sixtinischen Kapelle eine feierliche, gemeinsam zelebrierte Messe anberaumt. Der erste Wahlgang um acht Uhr brachte noch kein Ergebnis. New Yorks Wort in Rios Ohr hatte Wirkung gezeigt. Chiarello war auf dreiundfünfzig gefallen, und O'Flynn war auf achtunddreißig gestiegen.

Herr, bitte sei vorsichtig. Tu nichts, was du später bereuen wirst.

Montefiori teilte der erregten Versammlung mit, daß er beide Kandidaten aufgefordert habe, in der Messe zu predigen.

Als Kämmerer war Montefiori erster Zelebrant, assistiert von Chiarello als Diakon und O'Flynn als Subdiakon. Nach der Lesung des Geburtsevangeliums trat Chiarello ans Mikrophon. Für die Amerikaner kam dies der Schlußdebatte im Fernsehen bei einem Präsidentenwahlkampf gleich.

Chiarello besaß eine Heroldsstimme, eine mächtige Ausstrahlung, und sein Latein war ciceronisch.

»Jesus ist heute wiedergeboren«, begann er, »in einer sich rapide verändernden Welt. Es ist lebenswichtig für die Kirche, sich ebenfalls zu verändern, um der Welt auf allen Ebenen die Stirn zu bieten und sie zu verwandeln. Wir brauchen eine neue Einstellung zu allem, von der Mikrobiologie über Drogen und Sexualität bis zur Bruderschaft der Islamischen Republiken, nun, da der Eiskrieg über uns gekommen ist.«

Er sprach davon, wie der Islam Afrika durchsetzte und Tausende von Katholiken, die lieber mehrere Frauen hatten, als unter der Einsamkeit der Monogamie zu leiden, zum Islam bekehrte. Die Männer fanden das Verbot von Schweinefleisch weniger bedrückend als das Verbot von Empfängnisverhütung oder Scheidung. Und die Botschaft des Islams, die *Schahada,* »Es gibt keinen Gott außer Allah, und Mohammed ist sein Prophet«, war viel leichter zu begreifen als der katholische Katechismus.

Zudem war der Islam in den Republiken der ehemaligen Sowjetunion wiederauferstanden und unterdessen auf hundert Millionen angewachsen. Es gab vierzig Millionen Muslime in China und weitere hundertfünfundsiebzig Millionen in Indonesien.

»Nicht alle Muslime sind Terroristen. Und auch der Westen – laßt uns offen sein – ist nicht frei von Terrorismus.

Zum Beispiel haben die Amerikaner 1993 Bagdad angegriffen, um den angeblichen Anschlag auf das Leben von George Bush zu rächen. Clinton hat dreiundzwanzig Tomahawk-Marschflugkörper mit je vierhundertfünfzig Kilogramm hochexplosivem Sprengstoff gegen wehrlose Iraker ins Feld geschickt, darunter Frauen und Kinder. Er hat sogar den Artikel einundfünfzig der UN-Charta herangezogen, der sich mit Selbstverteidigung befaßt! Diese Scheinheiligen!«

Was die Kirche betraf, lautete Chiarellos Losung Anpassung. Fundamentalisten könnten sich nicht ändern, aber es sei unerläßlich, traditionelle Prinzipien auf neue Weise in einer neuen Welt anzuwenden. Vor allem müsse die Kirche der Bedrohung durch den Islam entgegentreten, wie sie ihr im Mittelalter mittels der Kreuzzüge begegnet war.

Er sprach dreißig Minuten, und niemand merkte, wie die Zeit verging. Am Ende glänzte seine Stirn von Schweiß.

Der Schluß seiner Rede war so majestätisch, daß einige Kardinäle sich auf die Hände setzen mußten, um sich das Beifallklatschen zu verkneifen. Ein schwieriges Unterfangen.

Herr, betete O'Flynn, *Chiarello hat meine Stimme. Ich hoffe, die deine hat er auch.*

O'Flynn war in jeder Hinsicht ein Kontrast. Er entfernte sich vom Mikrophon und sprach in einem Flüsterton, der in der ganzen Kapelle zu verstehen war.

»Meine lieben Freunde und Mitleidenden.«

Schlichtes, schmuckloses Italienisch. Das überraschte alle. Er sprach es angenehm, mit leicht irischem Akzent. Chiarello, ein gütiger Mann, warf seinem unintellektuellen Gegner einen mitleidigen Blick zu.

»Unsere gegenwärtige Unterbringung, so meine ich, befähigt uns, mitzufühlen mit unserem heiligen Herrn.«

Gelächter rieselte durch die Kapelle. Chiarello war klug. Er merkte, daß ein neues, magisches Element in den Wettstreit eingeführt worden war: Humor. Er betrachtete O'Flynn mit neuem Respekt.

»Und doch, Brüder«, fuhr der Prediger fort. »könnte es in Gottes wunderbarer Vorsehung nicht verdienstvoll sein, wenn sogar Kirchenfürsten in die Fußstapfen des Herrn treten?«

Die amerikanischen Kardinäle, nicht gerade für ihren Sinn für Humor bekannt, wußten nicht, was sie davon halten sollen. Burns flüsterte Flick zu: »Um Himmels willen, Knife, der irre Ire hat's verprockt vermasselt.«

Flick flüsterte zurück: »Nicht unbedingt. Er ist kein Heiliger, Tom. Heilige reißen keine Witze.«

O'Flynn sprach dann von Joseph, dem starken, stillen Verteidiger der heiligen Familie, von Maria, der Jungfrau und Mutter, von Jesus, Gottes Sohn, der für uns Mensch geworden ist.

Montefioris Chamäleonaugen glitzerten vor Belustigung. Mit seiner Rede, die auf eine flammende politische Tirade hinauslief, hatte Chiarello den kürzeren gezogen. Heute *war* Weihnachten. Nur das nahtlose Evangelium konnte die geteilten Elemente des Konklaves vereinigen.

»Jesu Armut«, fuhr O'Flynn fort, »war real, und sie war revolutionär, aber sie war nicht grausam oder schneidend. Ich spreche zu unserem Gewissen. Jesus sagt: ›Ich bin arm und hungrig und durstig in den Armen der Welt.‹ Seine Geburt im Stall ist ein stummer Appell an die Herzen aller Reichen. Er hat sozusagen keine Fensterscheiben eingeworfen, und er hat kein Blut vergossen außer seinem eigenen. Er möchte, daß wir, wie ein irischer Dichter es einmal ausdrückte – ein Marxist, nebenbei –, ›beten im Stroh des Kindes von Bethlehem‹.«

Als der Kämmerer sich umschaute, sah er, daß Rio und die anderen Liberalen diesen Mann für seine Liebe zu den Armen respektierten. Die Konservativen mochten ihn, weil er, selbst im Angesicht der Armut, davon sprach, daß keine Fensterscheiben eingeworfen wurden und man nur vertrauensvoll beten solle im Stroh des Kindes von Bethlehem.

Vor allem die Italiener fanden ihn *simpatico*. Er hielt an den überwältigenden Orthodoxien des Glaubens fest. Sein Lächeln war offen und herzlich.

»Eine Nachtigall hat sich auf seinen Lippen niedergelassen«, flüsterte Kardinal Ragno, Präfekt der Kongregation für die Sakramente, über und über bebend, als er kopfschüttelnd sein Scheitelkäppchen berührte.

O'Flynns grüne Augen wanderten, als würde er zu jedem einzelnen der Anwesenden sprechen, und glänzten, wenn er eine tiefe Empfindung hatte. Er machte Gesten, die für ihn sprachen, wenn Worte nicht ausreichten. Ein Kelte war nicht *so* viel anders als ein Italiener.

O'Flynn beendete seine Dreiminutenpredigt mit ein paar Zeilen aus dem »Harnisch des heiligen Patrick«, manchmal auch »Der Hirschruf« genannt:

> Christus sei mit mir, Christus sei vor mir,
> Christus sei hinter mir, Christus sei in mir,
> Christus sei unter mir, Christus sei über mir,
> Christus sei zu meiner Rechten,
> Christus sei zu meiner Linken,

Christus sei im Herzen aller, die zu mir sprechen,
Christus sei in allen Augen, die mich sehen,
Christus sei in allen Ohren, die mich hören.

Er setzte sich, vollkommen ahnungslos ob der Wirkung seiner Worte. *Nun, Herr, wenn du beschließt, mich dem anderen vorzuziehen, beweist du nur, daß du im Grunde ein Ire bist.*

Bevor der letzte Wahlgang erfolgte, wurde Präsident Delaney unterbrochen, als er auf dem graugrünen Teppich, in den das Großsiegel der Vereinigten Staaten eingewebt war, Einlochen übte. Huggard versicherte ihm, daß sein »alter Kumpel« Brian O'Flynn Nachfolger von Johannes Paul II. werden würde.

»Meinen Segen hat er«, sagte Delaney und bekreuzigte sich mit dem Griff seines Golfschlägers.

Er erinnerte sich wehmütig, wie er gerade zu Hause in Mystic, Connecticut, gewesen war, als im Fernsehen bestätigt wurde, daß er der designierte Präsident sei. »Herrgott«, hatte er damals mit einem Blick auf die kleine Nationalflagge auf seinem Schreibtisch gedacht, »*das* sagt etwas aus über den demokratischen Prozeß.« Zu denken, daß Millionen gewöhnliche fade Amerikaner so verdammt *recht* haben konnten.

An jenem großen Tag war seine Frau halb wahnsinnig hereingekommen und hatte sich in seine Arme geworfen, und er brauchte eine Weile, bis ihm klar wurde, daß sie nicht überwältigt, sondern verängstigt war. »Die FIR!« schrie sie. Sie war überzeugt, daß ein Putsch im Gange war: Eine Horde Gangster mit Schießeisen hatte das Haus umstellt und wollte sie beide umbringen.

Es stellte sich heraus, daß es sich um zwei Dutzend Sonderbeauftragte handelte, die vom Chef des Secret Service in Washington angewiesen waren, den nächsten obersten Machthaber der freien Welt zu bewachen. Gott, war er sich damals wichtig vorgekommen. Oberster Machthaber der freien Welt!

Jetzt sollte die heilige Mutter Kirche, die zweitbeste Organisation auf Erden, von dem kleinen Brian O'Flynn angeführt werden. Delaney warf einen Blick auf den irischen Efeu auf dem Kaminsims unter Washingtons Bildnis und fand das Grün äußerst passend.

6. Kapitel

»Kardinal Chiarello, drei Stimmen.«

Ein Höllenlärm brach los, während Chiarello sich beeilte, zu O'Flynns Füßen niederzuknien. Als die Wahlkardinäle sich beruhigt hatten, ließ Montefiori ein letztes Mal die Hände heben, um die Wahl einstimmig zu besiegeln.

O'Flynn saß gebeugt und niedergeschlagen da, als der Kämmerer vor ihm aufragte.

Herr, du hast soeben den schlimmsten Fehler deines ewigen Lebens begangen.

O'Flynns Aufgabe als jüngerer Kardinaldiakon wäre es gewesen, die Glocke zu läuten, die verkündete, daß der neue Papst gewählt war. Jemand anders schnappte sich nun die Glocke und ließ sie laut scheppern. Die Kapellentüren wurden aufgerissen. Sekretäre, Nonnen und Helfer stürmten herein. Der Sekretär des Konklaves, der Zeremoniär und der Küster traten zu Montefiori, als dieser fragte: »Hochverehrter Herr Kardinal, nehmen Sie die Wahl zum höchsten Priester an?«

Im Hintergrund der Menge konnte Frank Kerrigan seinen Augen kaum trauen. Kardinal O'Flynn hatte nichts davon verlauten lassen, daß er im Rennen war.

Dr. Gadda ließ seinen fachmännischen Blick über den designierten Papst gleiten, und was er sah, gefiel ihm. Bäuerlicher Typ, robust, sicher nicht zu Alpträumen neigend, guter Teint, Zähne wie ein alter Römer, bißchen scheeläugig. Von ferne schien es unwahrscheinlich, daß er Gadda um seine Nachtruhe bringen würde.

Sergio Fantucci, der Gärtner, machte sich das Chaos zunutze, um zu einem Fenster zu eilen, das auf den Petersplatz hinausging, wo sein Cousin Mario wartete. Das verabredete Zeichen bedeutete: Nummer achtundachtzig, Kardinal O'Flynn.
Mario war erstaunt. Er raste wie der Wind, um vier Buchmacher anzurufen, bei denen er insgesamt umgerechnet fünfundzwanzigtausend Dollar – alles geliehen – hundert zu eins auf O'Flynn gesetzt hatte. Jeder Buchmacher küßte sich schmatzend die eigene Hand, um ihm für seine irrwitzige Großzügigkeit zu danken.
Sekunden später war Fantucci wieder in der Sixtinischen Kapelle, wo O'Flynn dem Kämmerer noch immer nicht geantwortet hatte. Scheitelkäppchen flogen in die Luft, und alle sangen *»Ad multos annos, vivat«*. Nur der Kardinal von Armagh stand abseits, sprachlos, versteinert.
Der Kämmerer bat laut um Ruhe und wandte sich an O'Flynn, der sich die Hände vors Gesicht hielt.
»Eminenza?« flüsterte Montefiori heiser. »Ist es *volo* oder *nolo*, ja oder nein?«
Mit überschnappender Stimme: *»Accepto* ... Ich nehme diese Bürde auf mich im Namen meines Herrn, der an diesem Tag geboren wurde, um zu leiden.«
Montefiori gab den Stimmauszählern ein Zeichen, die letzten Stimmzettel ohne feuchtes Stroh zu verbrennen. Rauch entstieg dem Stapel, zuerst grauer, dann weißer.
Auf dem Petersplatz lag die Temperatur an diesem Weihnachtstag fast auf dem Gefrierpunkt. Nur ein halbes Dutzend japanische Touristen waren anwesend, um den Rauch zu sehen, den Fernsehkameras aufzeichneten. Sekunden später wurden die Bilder über Satellit in der ganzen Welt ausgestrahlt.
Brian O'Flynn kniete vor dem heiligen Sakrament nieder. Er blickte zu der furchteinflößenden Gestalt von Michelangelos Christus des Jüngsten Gerichts hinauf.
Herr, ich habe wirklich Angst. Hol mich hier raus.
Da er von oben keine Antwort erhielt, deutete er Sekunden später

durch ein Nicken an, daß er den Namen gewählt hatte, den er als Papst tragen wollte. Kardinäle schlugen auf ihre Pulte, Helfer stampften auf den filzbedeckten Holzboden. Die ganze Kapelle vibrierte wie bei einem minderschweren Erdbeben.

Eine der verzierten Marmorsäulen, auf deren abgeflachtes Ende Fantucci eine Schale mit Hyazinthen gestellt hatte, begann zu schwanken. Burns sah es als erster und schrie »Achtung«, doch seine Stimme ging in dem Getöse unter.

Langsam, als wäre ihr eine Art Böswilligkeit zu eigen, kippte die Dreizentnersäule um und schlug dem neuen Papst an die Schläfe. Er fiel wie ein Klotz und krachte mit der anderen Seite seines Kopfes auf die Erde.

Die schreckliche Stille, die daraufhin folgte, wurde zerrissen durch kreischende Nonnen und Schreie nach einem Arzt. Ein italienischer Kardinal bemerkte allen Ernstes: »Chiarello von Mailand hat ihn mit dem bösen Blick belegt.« Fantucci strich seinen Schnurrbart, als sei dieser ein Cello. Daß ein Papst wegen seiner Unfähigkeit starb, mochte ja noch angehen, aber was war mit seinen fünfundzwanzigtausend Dollar?

Der Papst lag auf dem Bauch hingestreckt. Es floß kein Blut, aber er war bewußtlos. Seine Gliedmaßen waren schlaff, sein Atem ging rasch und flach. Burns stöhnte innerlich: »Soll mein Papst die kürzeste Regierungszeit der Weltgeschichte haben?«

Vier Kardinäle mühten sich ab, den Pontifex hochzuheben und in sein Zimmer zu tragen. Einer war Flick. Die Anstrengung war zuviel für ihn. Seine Augen wurden so rot wie die Knöpfe an seiner Soutane. Ein Schnarren entschlüpfte seiner Kehle, als er einen schweren Herzinfarkt erlitt. Sapieha tat sein Bestes, ihn von Mund zu Mund zu beatmen, bekam aber selbst keine Luft mehr und mußte weggeführt werden.

Binnen einer Minute verlor Boston seinen Kardinal. Wäre er ein paar Tage früher gestorben, hätte O'Flynn die Papstwahl nie gewonnen. Und die Zukunft der Welt hätte ganz anders ausgesehen.

7. Kapitel

Doktor Vittorio Gadda, das Gesicht schimmernd wie Keramik, der gewachste Schnurrbart borstig, eilte nach vorn und übernahm das Kommando. Er gab Anweisung, den Papst nicht fortzubringen, sondern vor dem Altar auf den Teppich zu legen.

In dieser beispiellosen Krise bewies der Kämmerer, was in ihm steckte. Nachdem er alle zur Geheimhaltung verpflichtet hatte, ließ er die Kapelle räumen. Nur der Arzt, die Stimmauszähler und Pater Kerrigan durften bleiben. New York auch, weil er anzunehmen schien, daß ihm eine Art Eigentumsrecht am Papst zustand.

Zu den Stimmauszählern sagte Montefiori: »Schicken Sie massenhaft schwarzen Rauch hoch, *pronto.*«

»Aber«, widersprach einer, »wir haben die Zettel doch schon verbrannt.«

»Dann verbrennen Sie irgend etwas anderes, Ihre eigene Soutane, wenn es sein muß. Wir brauchen Zeit.«

Als ein anderer einwandte, daß er für niemanden lügen würde, schnauzte Montefiori ihn wütend an: »Wenn Seine Heiligkeit stirbt, was werden dann die Leute denken, wie Gott seine Kirche führt? Nein, wir dürfen nichts sagen oder tun, bis der Papst wieder auf die Beine kommt oder stirbt und wir einen anderen wählen.«

Schwarze Rauchschwaden, so dick wie nie, quollen aus dem Schornstein, und auf dem Petersplatz verkehrte sich alles ins Gegenteil. Radio Vatikan sendete eine Berichtigung. Neue Fernsehbilder, demütige Entschuldigungen an die Zuschauer. Menschenmengen, die schon auf der Via della Conciliazione zum Petersplatz strömten, machten kehrt und gingen wieder nach Hause, Weihnachten feiern.

Im Amtssitz des Weißen Hauses wollte der Präsident wissen, was denn da zum Teufel vorging. Fünf Minuten später erfuhr er die Wahrheit.

Auch die FIR hatte ein starkes Interesse an der Wahl. Präsident Hourani führte den Vorsitz über die Ratsversammlung, die von Teheran nach Kairo umgezogen war. Die zwölf Mitglieder saßen in einem unterirdischen Bunker, der mit der Al-Ashar Universität verbunden war, gegründet im Jahre 969 und angeblich die älteste Universität der Welt. Einige ignorante Westler nannten sie den »Vatikan des Islam«.

Zu den Anwesenden zählten der Außenminister, der Chef des Geheimdienstes, der Hüter der öffentlichen Moral, die Verantwortlichen für Religionsangelegenheiten, für Familienschutz, die Volkspolizei, die Streitkräfte und Revolutionsangelegenheiten. Die übrigen repräsentierten die *ulama*, die Gesamtheit der Theologen.

Kein Mitglied durfte bei einer Versammlung fehlen, was zuweilen hieß, daß sie halbtot nach Riad, Teheran oder Lahore befördert werden mußten. Einmal war einer unterwegs gestorben: Es war Allahs Wille. Es stand geschrieben. Er wurde zum Märtyrer des Islam erklärt. Der Präsident verkündete, er sei jetzt in einem Garten voller Wasser, dem Domizil des Friedens, und preise Allah aus gutem Grund. Denn er werde bedient von gazellengleichen Jungfrauen mit dunklen Augen, indes, dem Koran zufolge, die Märtyrer »auf einer erhabenen Bettstatt im Schatten von dornlosen Zyziphusbäumen und Hainen von Bananenpalmen liegen, umgeben von sprudelndem Wasser und vielen Früchten, die weder begrenzt noch verwehrt sind«. Dort werden sie gespeist von den Huri, die ihren Vergnügungen zu Diensten sind, und es währt wohl tausend Jahre.

Präsident Hourani hielt eine Rede voller Verachtung für den katholischen Klerus.

»Wie erklärt sich, meine Brüder, ihre verruchte Bevorzugung des Zölibats vor den unzähligen Wonnen des Fleisches und den Söhnen, die Allah daraus schenkt? Warum wurden diese katholischen Priester geboren, wenn sie denken, ihr dreifaltiger Gott will sie hier und immerdar des Sex berauben? Wer wollte einem Mann trauen, der kein Mann ist?«

Gelächter kam von seinen Brüdern wie das Grollen des Donners. Schlimmer noch, sagte Hourani, sei ihre Blasphemie, daß Allah der Messias sei, Sohn der Maria, und ein Gott, der von den Toten auferstand. Wie konnten diese Christenhunde nur glauben, daß Menschen den unermeßlich erhabenen allmächtigen Allah berühren und befühlen durften? So heidnisch waren nicht einmal die Juden.

Was den Vatikan anging, »ist er voll von blasphemischen Bildern und Idolen, genannt Statuen, wie der Prophet sie in Mekka vernichtet hat. Sie beten sogar zerstückelte Leichen und muffige Grabgewänder an.«

Sein oberster *alim,* Theologe, bestätigte dies.

Hourani sagte, er habe Beschreibungen von christlichen Stätten der Andacht wie dem Petersdom und St.-Johannes-Lateran.

»Wie billig und flitterhaft wirken diese, meine Brüder, verglichen mit der reinen, wüstengleichen Anmut Mekkas oder mit Jerusalems Felsendom, der blauen Moschee von Omar, die so schön ist wie der Morgen, dem jungfräulich schlanken Tadsch Mahal oder dem gewaltigen schwarzen Onyxgrabmal von Tamerlan in Samarkand.«

Er fand es befremdlich, daß die Katholiken ihr Oberhaupt in einer häßlichen länglichen Kapelle wählten, mit götzendienerischen Bildern von Schöpfung und Strafgericht an Wänden und Decke.

»Als ob irgend jemand Allah darstellen könnte! Als wäre Jesus statt Allah, wie der Koran sagt, ›der König am Tage des Gerichts‹! Ah, wäre doch Mohammed am Leben, um den Vatikan mit Fackeln zu erhellen und von solch gottlosem Schmutz zu säubern.«

Hourani forderte seinen exzellenten Außenminister auf, den Rat über die Vorgänge in der Sixtinischen Kapelle zu informieren.

Scheich Hamed es-Safy, ein Mann aus Bagdad, war winzig klein, mit rundem Gesicht und glattrasiert bis auf einen Walroßschnauzbart. Seine Augen hatten die Farbe von dunklem Bernstein, und ihm fehlte die Nasenspitze. Beim Gehen hinkte er.

Der Scheich war über einen heißen Draht von Kairo zur Villa Abanalek auf dem laufenden gehalten worden, das ehemalige weitläufige, von einer Mauer umgebene sowjetische Anwesen am Anfang der Via Aurelia, keine anderthalb Kilometer vom Petersdom entfernt. Von der Villa aus war ein Tunnel in den körnigen Kalktuff gegraben worden, ein weiches, rötliches Material, auf dem ein großer Teil von Rom erbaut ist. In einem Abhörraum im Tunnel in Vatikannähe war der Unfall des Papstes belauscht worden, den Scheich Hamed nun in allen Einzelheiten schilderte.

Anschließend bekannte Hourani, er hoffe, es sei Allahs Wille, daß O'Flynn genese. »Die Predigt von dem anderen Kerl hat mir kein bißchen gefallen«, sagte er.

Die Versammlung endete stets mit einer Zeile einer Sure des Korans, gesungen in Richtung Mekka: »Bringe Krieg über die Ungläubigen.«

Doktor Gadda erklärte Montefiori, der Papst müsse sofort in ein Krankenhaus gebracht werden. Die Gemelli-Klinik war nur drei Kilometer entfernt, zehn Minuten mit dem Krankenwagen. Man hatte Johannes Paul II. dorthin gebracht, als er auf dem Petersplatz angeschossen worden war und wenn er ab und an bei Audienzen oder in seinem Bad indisponiert war.

Der Kardinal schüttelte den Kopf, und Gadda sagte: »Eminenz, Schädelverletzungen sind am schwersten zu diagnostizieren. Der Schaden könnte irreparabel sein.«

Montefioris Stimme war wie Stahl. »Tun Sie Ihr Bestes, *per favore.*«

Gadda lehnte es ab, die Verantwortung zu übernehmen.

Montefiori wies seinen Sekretär an, einen Neurochirurgen anzurufen, den Gadda empfohlen hatte, aber nicht über einen Apparat des Vatikans, für den Fall, daß er abgehört wurde. Auch nicht vom Postamt außerhalb des Lieferanteneingangs an der Porta Sant'Anna. Ein Stückchen weiter war eine Espressobar mit einem Telefon. Der Spezialist sollte dann nicht durch den Glockenbogen

eintreten, sondern an der Porta Sant'Anna, um keine Aufmerksamkeit zu erregen.
Der Papst, noch bewußtlos, wurde auf einer Trage in Burns' Zimmer gebracht.
Doktor Tardini traf nach fünfundvierzig Minuten ein, keuchend und mit einer Alkoholfahne. Der kahlköpfige, fette Mann und seine Geliebte waren mitten in ihrer Siesta unsanft geweckt worden. Er erkundigte sich sogleich bei Gadda nach Reflexen, Natriumgehalt und Anzeichen von Stoffwechselstörungen, dann nahm er seine Untersuchung vor.
Puls und Atmung nicht regelmäßig, Pupillen noch erweitert. Er beklopfte die Knie, Sehnenreflexe schwach. Der erste Außenseiter, der den neuen Pontifex zu Gesicht bekam, war mit seinem Zustand nicht zufrieden.
»Und«, wollte Montefiori wissen, »wird er genesen?«
Tardini wies mit seinem feisten Finger auf den Patienten. »Sehen Sie sich den einzig Unfehlbaren an, Eminenz.«
»Aber die Anzeichen?«
»Dazu läßt sich noch nichts sagen. Er könnte innere Blutungen haben und muß dann vielleicht wegen eines Blutgerinnsels im Gehirn operiert werden. Wenn er auf die Beine kommt, könnte er unter vollständigem oder teilweisem Gedächtnisverlust leiden. Er könnte zu Epilepsie neigen.« Er legte die Fingerspitzen aneinander wie zum Gebet. »Andererseits könnte er in zehn Minuten aufwachen und nichts Schlimmeres haben als rasende Kopfschmerzen.« Eine barocke Geste zum Himmel. »Alles ist möglich.«
Montefiori schloß die Augen. *»Miserere nobis.«*
Tardini fragte, ob der Patient gesprochen habe. Montefiori schüttelte den Kopf, aber Kerrigan sagte: »Ein-, zweimal hat er Charley erwähnt. Das ist sein Hund.«
Montefiori fuhr zusammen. »Er hat einen Hund? Gehen Sie, holen Sie ihn, Pater.«
Als Frank den Vatikan verließ und sich nach einem Taxi umsah, seufzte Kardinal Burns: »Bitte, lieber Gott, laß ihn nicht mit was Blondem zurückkommen.«

Der Hund leckte seinem Herrchen das Gesicht.
Eine ganze Minute rührte der Papst sich nicht. Dann eine Art Gemurmel: »Charley? Geh wieder schlafen.«
Prälaten und Ärzte erhoben sich gleichzeitig.
»Hörst du, Charley. Schlafen. Geh wieder –«
Der Papst schlug die Augen auf und sah zuerst nur seinen Sekretär in einer Flut von Licht.
»Hi, Frank.«
Frank war so überwältigt, daß er nicht antworten konnte.
»Habe ich verschlafen?«
»Sie hatten einen kleinen Unfall.«
»Tatsächlich?« Der Papst betastete die Beulen an seinem Kopf und zuckte zusammen. »Himmel, ich habe einen Zahnarztbohrer im Schädel. Da ist noch was.« Er hielt beide Hände gleichzeitig in die Höhe. »Komisch.«
»Was ist das?«
»Nichts. Das vergeht bestimmt wieder.«
Frank erklärte ihm kurz, daß eine Säule auf ihn gefallen war.
»Vorsehung, Frank. Schätze, damit bin ich aus dem Rennen, was? War von Anfang an eine verrückte Idee.«
»Sie erinnern sich nicht, Eure Heiligkeit?« Frank erzählte ihm die ganze Geschichte.
Herr, das darf doch einfach nicht wahr sein.
»Ich wurde zum Papst gewählt«, murmelte der Papst, »und ich war so verdammt dämlich, anzunehmen?«
Frank sank auf die Knie, um dem Papst die Hand zu küssen, aber Charley kam ihm zuvor.
»Ich träume«, sagte der Papst, der noch immer befremdet auf seine Hände sah. »Ich erinnere mich an nichts mehr seit der Messe.«
Er schaute sich um und bemerkte zum erstenmal die anderen Anwesenden.
»Retrogressive Amnesie«, flüsterte Tardini Montefiori leise ins Ohr. Rückschreitender Gedächtnisschwund. »Nicht ungewöhnlich nach einem schweren Schlag auf den Kopf.«
»Wird er sich erinneren, daß er die Wahl angenommen hat?«

»Vielleicht, vielleicht auch nicht. Seine Augen scheinen sich gegenseitig anzusehen.«
Montefiori sagte: »So waren sie schon *vorher.*«
Burns trat aus dem Schatten, und nachdem er dem Papst die Hand geküßt hatte, schnappte er sich Pater Kerrigan. »Das ist mein Junge, Eure Heiligkeit.«
»Mit Ihrer Erlaubnis«, sagte der Papst und setzte sich auf, »werde ich ihn mir noch eine Weile ausleihen.«
»Ich habe erst neulich zu ihm gesagt«, erklärte Burns, »daß er es weit bringen wird.«
Montefiori bugsierte den Spezialisten sanft in den Korridor. »Wird es sonst keine Nachwirkungen geben, Doktor? Geistesgestörtheit, Persönlichkeitsstörungen oder dergleichen?«
»Wie war er vorher, Eminenz?«
Der Kardinal hustete. »Das weiß keiner so richtig.«
Tardini sah ihn an, als wolle er sagen: Und den haben Sie zum Papst gewählt?
Montefiori kam ins Zimmer zurück. »Mit welchem Namen wollen Sie angesprochen werden, Eure Heiligkeit?«
Ohne eine Sekunde zu zögern: »Papst Patrick.«

8. Kapitel

Papst Patrick ließ sich überreden, sich schlafen zu legen. Am Morgen des zweiten Weihnachtstages stieg weißer Rauch in die stille Luft, und die Menschenmengen strömten herbei.
In der Sakristei der Sixtinischen Kapelle kleidete Alberto Gammarelli den Papst aus der kleinsten seiner drei Schachteln ein.
Herr, ich glaube es immer noch nicht.
Alberto half ihm in die weißen Baumwollsocken, die weißseidene

Soutane, Schärpe, Chorhemd, Pelerine, Stola und Schulterkragen. Der Papst fand die Soutane recht schwer. Er wußte nicht, daß eine kugelsichere Weste ins Futter eingenäht war.
Das letzte Teil, das ihm vom Sekretär des Konklaves aufgesetzt wurde, war das weiße *zucchetto,* das Scheitelkäppchen. Der Brauch wollte es, daß der neue Papst dann sein eigenes rotes Käppchen dem Sekretär des Konklaves aufsetzte und ihn damit zum Kardinal ernannte. Aber Patrick, den noch Kopfschmerzen plagten, tat unüberlegt, was er abends immer tat: Er nahm sein rotes Käppchen ab und stülpte es Charley auf den Kopf, damit der es auf der Kommode ablegte.
»*Dio mio*«, seufzten alle, »Seine Heiligkeit hat als erste Ernennung einen Hund ins Kardinalskollegium berufen.«
Als jemand versuchte, Charley das Käppchen abzunehmen, fletschte der die Zähne, um zu zeigen, daß er nicht daran dachte, sich degradieren zu lassen.
In der Sixtinischen Kapelle nahm Patrick auf dem Thron Platz. Bevor die Kardinäle dem Alter nach einzogen, um ihm Gehorsam zu erweisen, legte Charley die Vorderpfoten auf den Schoß des Papstes. Er war es, der die erste und innigste päpstliche Umarmung empfing.
Der Papst hob ein Schlappohr des Hundes an, und den Mund an seiner Ohrmuschel, flüsterte er: »Charley, du bist der Hübscheste von der ganzen Bande, so wahr mir Gott helfe.«
Patrick hatte für jedes Mitglied des Kollegiums ein Lächeln und ein Wort. Montefiori kniete nieder und streifte dem Papst symbolisch den Fischerring über den Finger. Dann entfernte der Zeremoniär den Ring, um ihn später mit einem neuen Siegel versehen zu lassen. Schließlich sangen alle zum Dank das »*Te Deum*«.
Um elf Uhr, nachdem der Sixtinische Chor »*Tu Es Petrus*« hatte erklingen lassen, kam über die Lautsprecheranlage auf dem Petersplatz ein einziges Wort: »*Attenzione.*« Die mittlere Loggia, die auf den Platz hinausging und in Gelb und Gold drapiert war, füllte sich mit kirchlichen Würdenträgern; Kardinäle und Prälaten drängten sich auf den Balkonen zu beiden Seiten.

Dann ergriff der älteste Kardinaldiakon das Wort: »Ich verkünde Euch eine frohe Botschaft.« Als die Hochrufe verebbten: *»Habemus papam* ... Wir haben einen Papst, den sehr hervorragenden und sehr ehrwürdigen Kardinal Brian Aidan O'Flynn.«
Ein komischer Name. Gemurmel durchrieselte die sechzigtausend Menschen, als sie versuchten, diese Mitteilung zu verdauen. »*Gesummaria!* Nicht schon wieder ein Ausländer. Haben wir nicht genug gelitten?«
He, Herr, wer ist dieser Fremde in der weißen Soutane?
Der Diakon fuhr fort: »*Qui imposuit* ... der sich den Namen Patrick I. gegeben hat.«
In der Menge ging es von Mund zu Mund, daß der neue Name des Papstes seine irische Herkunft bestätigte. Es hätte schlimmer kommen können, ein Amerikaner womöglich oder ein Deutscher, ein Pole. Die Iren waren beliebt in Rom. Zuerst schnappte eine Gruppierung in der Menge über, dann die nächste, und sie alle sangen: »Dies ist ein großer Tag für die Iren.«
Ein paar betrunkene italienische Matrosen zogen einer schönen großbusigen Blondine ihr grünes Kleid aus und schwenkten es wie eine Flagge. *»Irlandes, Irlandes.«* Zwei *carabinieri,* denen ihre persönliche Sicherheit vollkommen schnuppe war, eilten herbei und verhafteten die Frau.
Herr, warum hast du mir das angetan?
Endlich erschien der kleine, gedrungene Patrick und trat ans Mikrophon. Er stand genau in der Mitte der krabbenartigen Arme von Berninis Kolonnade. Die Massen, ihre Gesichter wie ein monumentales Mosaik, erstreckten sich vor ihm fast einen Kilometer die Via delle Conciliazione hinauf. Die zwei Brunnen auf dem Platz sprühten ihre kristallenen Strahlen ins Sonnenlicht.
Als er den Papst lächeln sah, rief unten ein Mann mit Bullenstimme: »Der hat keine schlechten Zähne«, und die derart gutunterrichtete Menge brüllte Beifall.
Aber würde der neue Heilige Vater zu ihnen sprechen – Johannes Paul I., der nach nur dreiunddreißig Tagen starb, hatte kein einziges Wort gesprochen – und wenn, was würde er sagen?

»Sorelli e fratelli.«
Frauen kreischten vor Freude. Erst die Schwestern, dann die Brüder. Sie liebten ihn. Ihre Schreie – *»Evviva il Papa! Evviva il Papa!«* – waren so laut, daß sein Kopf zurückzuckte.
Der Papst bat mit einer Handbewegung um Ruhe. Dann:
»Patrick, der Heilige, nach dem ich mich nenne, hatte viele Namen. Patrick war sein römischer Name. Er sagte immer: ›Wenn ihr Christen sein wollt, müßt ihr zuerst Römer sein.‹ Schwestern und Brüder, ich beabsichtige, ein guter Christ zu sein.«
Die Römer, angetan von seiner Logik, klatschten zwei Minuten lang.
»Und nun«, gelang es dem Papst über das Getöse hinweg mitzuteilen, »die erste wichtige Verkündigung meines Pontifikats.«
Alle, vom Kardinal bis zum Chorknaben, erwarteten mit angehaltenem Atem die erste Enthüllung der Ansichten des neuen Pontifex.
»Hütet euch ...«
»Dio mio«, stöhnten einige. Nicht schon wieder ein Papst, der mit einem Holzgewehr drohte und vor Empfängnisverhütung warnte.
»... vor Taschendieben.«
Die Italiener jubelten wie verrückt, tausend Taschendiebe eingeschlossen, die sich das Gedränge zunutze machten, um sich noch ein paar Geldbörsen mehr anzueignen. Dieser Papst weiß wirklich, wie es hier unten zugeht.
Montefiori sah Rio an, der Burns ansah, der zum Himmel aufsah, wo Schluß war.
»Von hier, wo ich stehe«, fuhr Patrick fort, »sehe ich einen Fluß von Gesichtern. Das erinnert mich an meine liebe Mutter, die Gott schon lange zu sich genommen hat. In der Nähe des Häuschens in Westirland, wo ich geboren und aufgewachsen bin, floß nämlich ein Fluß. Sie pflegte meine Hand zu nehmen, meine Mutter – ich war damals vier Jahre alt –, und zu mir zu sagen: ›Brian, versprich mir, daß du nie, *niemals* in den Fluß gehst, bevor du nicht schwimmen gelernt hast.‹ Wenn ich euch alle dort unten

sehe, wird mir klar, daß ich trotz meines feierlichen Versprechens hinabtauchen muß. Und ob ich versinke oder schwimme, weiß niemand als Gott allein.«

Als die Heiterkeit abgeklungen war, fuhr der Papst fort: »Mitglieder des heiligen Kollegiums haben gesagt, sie hätten mich gerne als Papst des Friedens. Weswegen ich beabsichtige, einen Olivenbaum in einem roten See als Motiv zu wählen. Der rote See versinnbildlicht Buße. Das Öl der Olive ist Balsam, es lindert und heilt.«

Das tat es weder bei Burns, der sichtbar schauderte, noch bei Kardinal Kinsella von Armagh, dem man vom Balkon nebenan helfen mußte.

Der Papst wechselte zu einer Sprache, von der manche behaupteten, sie sei ein afrikanischer Dialekt. *»Bennacht Dé libh.«* Die wenigen anwesenden Iren verstanden: »Gottes Segen sei mit euch.«

»Als armseliger *sagart,* Priester, der ich bin«, sagte Patrick, »grüße ich alle, die in der grünen Kathedrale der Liebe und Gnade namens Irland wohnen.«

Er sagte auch kurz etwas auf englisch, französisch sowie fließend auf spanisch und portugiesisch.

Während der ganzen Zeit bemühte sich Frank Kerrigan im Korridor der Segnungen hinter dem Balkon, Charley zurückzuhalten. Der Hund saß auf einem großen Thron auf einem roten Samtkissen. Schließlich riß er sich los und rannte auf dem Weg zu seinem Herrchen Kardinal Burns um.

Mit einem Bellen, das rund um den Petersplatz erschallte, legte er die Vorderpfoten auf die Brüstung des Balkons, so daß er den Schauplatz überblicken konnte. Der Anblick eines Hundes mit einem roten Scheitelkäppchen und dem Gesicht eines englischen Grafen war sensationell.

Charley, was um Himmels willen hast du vor?

»Mein getreuester Jünger«, sagte der Papst über den Tumult hinweg. »Der einzige, der mir zuhört, ohne mich zu unterbrechen.«

Dutzende von Zeitschriftenredakteuren in der ganzen Welt sahen schon die Titelseite der nächsten Woche vor sich: ein goldener Labrador mit Hundemäntelchen in den päpstlichen Farben Gold und Weiß. Mitra auf dem Hundekopf, Krummstab zwischen den Vorderpfoten. Und die Bildunterschrift? Suchen Sie sich's aus: »EIN HUNDELEBEN IM VATIKAN.« »VATIKAN AUF DEN HUND GEKOMMEN.« »EIN MANN UND SEIN HUND.«

Als es Frank endlich gelang, Charley einzufangen, verabschiedete sich der Papst von der Menge, rief Gottes Segen auf sie herab und verlieh folgender Hoffnung Ausdruck: »Möget ihr alle ein feines Mittagessen mit *fettuccine al doppio burro* und einem Glas Frascati zu meinen Ehren verzehren.«

Nachdem er die Kirche und die Welt gesegnet hatte, winkte er ein paarmal und ging hinein. Trotz der Dornenkrone in seinem Kopf war er sehr glücklich. Die Glocken vom Petersdom läuteten und bekamen Unterstützung durch die Glocken von vierhundert anderen römischen Kirchen, und über der Engelsburg zerriß eine Kanonade die Luft.

Kinder, die gefragt wurden, sagten, über den neuen Papst wüßten sie nichts, aber sie liebten seinen Hund. Am Rande vieler Brunnen und in jedem *ristorante* sprach man von Papst Patrick in einer Aneinanderreihung von unübersetzbaren Diminutiven, die, grob wiedergegeben, bedeuteten: »Ein winzig kleines, dickes kleines, richtig süßes kleines Püppchen von einem Papst.«

Nur ein einziger Mann verließ St. Peter mit einem verwunderten Stirnrunzeln. Monsignore Michael McAleer, Rektor des irischen Kollegiums, kannte Brian O'Flynn seit einem Vierteljahrhundert. Nicht einmal hatte er ihn ein Wort Irisch sprechen, seine Mutter erwähnen, eine Anekdote aus seiner Kindheit erzählen, etwas auch nur annähernd Komisches in der Öffentlichkeit sagen hören. War dies der Bühnen-Ire, der endlich in ihm zum Vorschein kam? Schenkte der heilige Geist ihm die Gnade, die nötig war, um seinen Pflichten nachzukommen? Oder war es etwas anderes, mehr eine Art Krankheit?

Dann klickte etwas. Das war die schwerwiegendste Veränderung an Brian O'Flynn: *diese Hände.*

TEIL ZWEI

Frühe Tage

9. Kapitel

Präsident Delaney überflog den Entwurf der Rede, die er in West Point halten sollte.

»Die militanten islamischen Fundamentalisten kennen kein christliches Mitgefühl. Ein Muslim, der Bier trinkt, muß mit einhundert Peitschenhieben dafür büßen.

Der Diebstahl von einem Laib Brot wird mit einer abgehackten Hand bestraft. Beim zweiten Vergehen mit einem abgehackten Fuß. Dank Hourani leben in islamischen Ländern Tausende von einhändigen, einbeinigen Männern.

Ich teile euch voller Betrübnis mit, meine amerikanischen Landsleute, daß es in Libyen und an der afghanischen Grenze von Pakistan Schulen für Terroristen gibt. Überwiegend für Selbstmordkommandos. Sie sind die inbrünstigsten Mörder der Welt. Sie fasten montags und donnerstags vom Morgengrauen bis zum Anbruch der Nacht. An der Wand steht in eleganter arabischer Schrift der Schlachtruf: ›Betet mehr, auf daß ihr mehr Ungläubige tötet.‹ Die Ungläubigen, das sind wir. Jedem, der im Dienst für die Sache stirbt, werden zweiundsiebzig jungfräuliche Bräute im Paradies verheißen.

Um den U.S.-Handel in fünfzig islamischen Ländern zu unterbinden, haben diese Terroristen Coca-Cola-Flaschen und McDonald's-Hamburger vergiftet. Und wenn ein paar hundert ihrer eigenen Landsleute dabei umkommen, was kümmert sie das? Nein, Hauptsache, sie schädigen amerikanische Geschäftsinteressen.

Hourani und sein Reich des Bösen haben zahlreiche christliche Kirchen und Synagogen in Garagen oder Basare umfunktioniert. Er verweigert Juden, von denen es allein im Iran Tausende gibt, Ausreisevisen.

Er hat in Tripolis, Bagdad, Aleppo, Damaskus und Oujda Pogrome organisiert. Seine Geheimpolizei macht Dissidenten im Ausland ausfindig und exekutiert sie. Im Sudan wurden zehn zum Christentum konvertierte Muslime gekreuzigt. In Houranis Sold stehen Hunderte von stockschwingenden *mutawwas*, Wachmänner der Religionspolizei.

Ich warne den militanten Islam, daß ich nicht zögern werde, mich gegen seine wachsenden Waffenarsenale zu wehren, wenn es sein muß mit einem Präventivschlag. Unsere Sache ist gerecht, und wir, die mächtigste Nation auf Erden, sind bereit.«

Delaney nickte anerkennend. Unter den Text machte er eine Notiz für seinen ersten Redenschreiber: »Vielversprechend, Al. Aber ich brauche was Packenderes. Was bei diesen verprockten Fundamentalisten so richtig reinknallt.«

In diesem Moment bestätigte Huggard die Wahl in Rom.

»Soso«, meinte Delaney nachdenklich, »der kleine Brian hat's also an die Spitze geschafft. Gut für ihn. Und gut für uns.«

Kardinal Thompson von Westminster erklärte der katholischen Zeitung *Universe:* »Die Wahl von Papst Patrick ist allein das Werk des Heiligen Geistes.« Er konnte ja nicht wissen, welchen Beitrag Flicks Hämorrhoiden geleistet hatten. Burns von New York informierte den *National Catholic Reporter:* »Er hat den edelsten Geist, dem ich je begegnet bin.« Kinsella von Armagh sagte: »Ich weiß, der heilige Patrick platzt an diesem Tag schier vor Freude.«

Weithin herrschte Unklarheit. Kein einziger Vatikankenner hatte O'Flynns Erfolg vorausgesagt. Obwohl einen Tag früher informiert, hatte sogar der *Osservatore Romano* Probleme. Er mußte ein Foto von Patrick bringen, das fünf Jahre alt war.

Die internationale Presse strengte sich an, die Informationslücken zu füllen. Das einzige Telefon im irischen Kollegium in der Via di Santi Quattro klingelte den ganzen Tag. Jack Glynn, Chef des *Time*-Büros, war der erste, der anrief.

Monsignore Driscoll, der junge Vize-Rektor, gab bekannt, daß der frischgebackene Papst aus Mullagh in der Grafschaft Mayo kam. Er spiele Klavier, gebe jedoch selbst zu, daß es von ferne am besten klang. Er habe etwas Spanisch und Portugiesisch aufgeschnappt, als er als Urlaubsvertretung in Südamerika gearbeitet hatte.

»Wie denkt Seine Heiligkeit über die Italiener?« fragte Glynn.

»Daß sie ein bißchen überspannt sind, glaube ich.«

»Inwiefern?«

»Ich habe ihn sagen hören, sie würden zweimal sterben, wenn sie könnten.«

Daraus ließe sich was machen, dachte Glynn. Der neue Papst war ein hervorragender Musiker mit einem köstlichen Sinn für Humor.

»Veröffentlichungen, Monsignore?«

»Hm, wie ich höre, hat er eine Art Stück geschrieben.«

»Das fehlt noch, ein Stückeschreiber.«

»Nein, nein, nein. Was Kleines für Kinder. Auf irisch.«

»Worüber?«

»Einen älteren Schweinezüchter in Westirland.«

»Vielversprechend«, surrte Glynn, während er drauflos kritzelte.

»Sehr.«

»Finden Sie? Die Schweine haben irgendeine Krankheit.«

»Was für eine?«

Driscoll, ein Stadtjunge aus Cork, verstand nichts von Schweinen. »Eine Krankheit eben. Und der Züchter muß die Tiere eigenhändig auf einem Scheiterhaufen verbrennen.«

»Was Sie nicht sagen. Das muß ja tierisch stinken.«

»Aber«, fuhr Driscoll zögernd fort, »auch in dieser schrecklichen Not verliert der Züchter nie seinen Glauben an Gott.«

»Wirklich originell. Weiter.«

»Das ist alles. Es wurde nie aufgeführt. Oder veröffentlicht.«

Dem sollte bald abgeholfen werden. Sämtliche japanischen Spitzenproduzenten in Hollywood machten Angebote für die Rechte an »Der Schweinezüchter«. Unbesehen. Der neue Besitzer beschrieb das Drama als »ein Meisterwerk, das an den großen Anton Tschechow erinnert, mit dem der Papst schon oft verglichen worden ist«. Das Studio ließ es ins Englische übersetzen, dann folgten Übersetzungen in fünfzig andere Hauptsprachen, einschließlich Singhalesisch. Ein Multimillionen-Dollar-Film, der »Ben Hur« in den Schatten stellen sollte, wurde geplant, mit Bruce Willis als Schweinezüchter und Danny de Vito als zweite Besetzung. Beide übten den irischen Akzent.

Mittlerweile: »Sie waren ungemein hilfreich, Monsignore. Nun zu seinem Hund.«

»Charley?«

»Himmelherrgott! Verzeihung. *Charley*. Er heißt wirklich –«

»Er schläft am Fußende des Bettes Seiner Eminenz – ich meine, Seiner Heiligkeit.«

»Papst schläft nie allein«, pfiff Glynn, der die Schlagzeile schon vor sich sah. »Die Tierfreunde werden ausflippen.«

Er war ein Prophet. Patrick war der erste Papst, von dem bekannt wurde, daß er ein Tier liebte, seit Leo X. im 16. Jahrhundert Zuneigung zu einem weißen Elefanten namens Hanno faßte. Tierfreunde schwelgten in der Vorstellung, daß es des Papstes letzte Pflicht am Abend war, Charley zu trinken zu geben. Hundert Tierrechtsgruppen, einschließlich der Freunde der Frösche, Kröten und Molche, baten ihn telegraphisch um seine Schirmherrschaft. Ein Sprecher sagte: »Nie wieder wird ein Tier zu Versuchszwecken mißbraucht werden. Würde der Papst zulassen, daß Charley zerschnippelt, gespritzt oder gezwungen würde, gegen seinen Willen zu rauchen?«

Tom Jackson, Rom-Korrespondent des Londoner *Daily Telegraph*, verfolgte einen Hinweis in der Vatikanzeitung. Patrick hatte zwei Dissertationen geschrieben. Wenn er die eine oder andere in die Hände bekäme, könnte er vielleicht einen Einblick in die Denkweise des Papstes gewinnen.

Er ging mit dem Archivar der Gregorianischen Universität auf einen Kaffee in eine Bar. Mit trickreichen Argumenten überredete er Giorgio Macchi, ihm eine Fotokopie von der unveröffentlichten Arbeit des Papstes »Wucher im 12. und 13. Jahrhundert« zu überlassen. Am nächsten Tag bei Morgengrauen steckte er Macchi für seine Mühe einen braunen versiegelten Umschlag mit einhundert Euro zu. Der Archivar nahm das Geld achselzuckend entgegen. Jackson konnte ja nicht wissen, daß dies eine von einhundertdreiundvierzig Anfragen war, die Macchi die halbe Nacht wach gehalten hatten. Die meisten Journalisten nahmen ihr Exemplar und warfen es umgehend in den nächsten Papierkorb. Die Arbeit war auf latein geschrieben.

Jackson gab nicht so leicht auf. Er faxte den gesamten dreihundert Seiten langen Text an sein Büro in London. Dort ging ihn Professor Mitchell, ein Spezialist für mittelalterliche Geschichte aus Oxford, Seite für Seite durch. Nach ein paar Stunden platzte der Herausgeber des *Telegraph* bei ihm herein.

»Nun, Professor, ist er gut geschrieben?«

»Das Latein ist makkaronisch.«

»Viele originelle Gedanken?«

»Nicht die Spur.«

»Ist denn *gar nichts* von Interesse dabei?«

»Schauen Sie«, sagte Mitchell. »Der Text wurde geschrieben, bevor diese komische Margaret Thatcher Parlamentsmitglied wurde. Er ist praktisch unlesbar. Der Papst dürfte seitdem gereift sein. Ich hoffe es bei Gott.«

Der Herausgeber griff zum Telefon und brüllte Jackson in Rom an, er solle sich was Besseres einfallen lassen.

Der *Playboy* zahlte Macchi fünfzigtausend Dollar im voraus für ein Exemplar der Doktorarbeit des Papstes »Sexualität im Mittelalter«. Professor Hans Gerbel von Harvard fiel die Aufgabe zu, der *Playboy*-Herausgeberin, die ihn zu Hause anrief, eine Beurteilung zu liefern.

»Hi, Ms. Thursby. Leider liegt diese Arbeit nicht auf derselben Linie wie Henry Millers ›Sexus‹ oder Lawrences ›Lady Chatterley‹. Es spielt sich zwar alles im Bett ab, aber nichts passiert.«

»Irgendwas dabei für unsere Leser?« Keine Reaktion in der Leitung bis auf ein teutonisches Lachen. »*Nichts* Prickelndes?«

»Ms. Thursby, um Ihnen die Wahrheit zu sagen: Es ist das humorloseste Buch, das ich je gelesen habe. Nicht ein Lacher. Ich verstehe nicht, wie jemand vierhundert Seiten über Sex schreiben kann und nicht einen einzigen Satz, der, reden wir nicht drumherum, auch nur ein Stirnrunzeln hervorruft.«
So kam es, daß zwei der bedeutendsten englischsprachigen Publikationsorgane nicht zu würdigen wußten, daß die zwei Dissertationen, die sie abgelehnt hatten, die Grundlage päpstlicher Verkündigungen darstellten, die eines Tages die Welt erschüttern sollten.

10. Kapitel

Die Krönung wurde auf den 1. Januar festgesetzt. Der Kanzler in Berlin und der Präsident in Paris waren unter den ersten, die ihr Kommen ankündigten.
In Irland wurde der Papst zu Papst Paddy I. ernannt, zum neuen Brian Boru und Mayo-Mann des Jahrtausends. Sämtliche Zeitungen der Republik titelten ihre Schlagzeile mit einem Ausdruck, der dem Rugby entlehnt war und dort einen Dreifachsieg bedeutet: »PAPST ERRINGT DREIFACHKRONE FÜR IRLAND.«
Patricks Ahnentafel wurde zurückverfolgt über die Earls von Tyroncell bis Brian Boru und noch weiter bis zu ein paar unbedeutenden Menschen lange vor der Sintflut. Man bat Shay Meaney, den einzigen Schriftsteller, dem der Literaturnobelpreis gleich zweimal verliehen worden war, zur Feier des Tages eine Ode zu schreiben. Es waren Verhandlungen im Gange, um beim Nationalmuseum den Ardagh-Kelch und beim Trinity College in Dublin das »Book of Kells« für die Krönungsmesse auszuleihen.

Delaney rief seinen Stabschef ins Oval Office. »Treffen Sie alle Vorkehrungen, Bill.«

»Für den Vizepräsidenten, Sir?«
»Für *mich.*«
»Aber bei den vielen Terroristengruppen ringsum, denken Sie an Ihre Sicherheit.«
»Haben Sie ein Herz, Bill.«
Huggard zuckte zusammen. Er war neunundvierzig Jahre alt, in Yuba City, Kalifornien, geboren, und stand in dem Ruf, der Mann mit dem wärmsten Herzen in ganz Washington zu sein. Vor drei Jahren hatte er das Angebot einer Herztransplantation im Weltraum durch einen Roboterchirurgen abgelehnt und sich für ein irdisches Transplantat aus Aluminium und Polyurethan entschieden.
»Sir, ich habe mich mit dem CIA in Rom in Verbindung gesetzt und –«
»Ersparen Sie mir den Quatsch. Als alle anderen irischen Mistkerle meine Reise nach Ballymuck boykottierten, welcher Bischof hat da zu mir gehalten? Der kleine Brian O'Flynn!«
Huggard erklärte ihm, Berlin, Paris und London hätten bereits zugesagt; seine Gegenwart würde also bedeuten, daß die vier mächtigsten Männer der Welt Katholiken seien. »Es wird aussehen wie eine katholische Übernahme der Westallianz.«
»Bill, ich gehe hin, und damit Schluß.«
Es mußte sein. Carol, die First Lady, von Kardinal Burns bekehrt, hatte sich bereits von führenden Modehäusern ein paar Dutzend Kleider für die Reise geliehen und ihren Pudel und ihre drei Figaros angewiesen, sich bereitzuhalten.
In seinem Heim in Kennebunkport, Maine, waren die letzten Tage von Ex-Präsident Bush aufgeteilt zwischen Golf auf seinem Teppich, ein paar Meter joggen durchs Wohnzimmer und angeln in einem Goldfischglas. Als lebensrettende Maßnahme hatte man ihn zwischen den Übungen mit allen möglichen Geräten verdrahtet. Die ganze Zeit brabbelte er: »Keine neuen Steuern. Keine neuen Steuern«, so daß es selbst der heiligmäßigen Barbara schon zuviel wurde. Sie drohte ihm damit, ihn, wenn er nicht endlich den Mund hielte, für die nächsten tausend Jahre einfrieren zu lassen.

George hing an den lebensrettenden Maßnahmen, als er die Nachricht von der Wahl des neuen Papstes erhielt. Auf die Frage, ob er beabsichtige, an der Krönung teilzunehmen, deutete er nur auf das Enzephalogramm und sagte mit seinem trockenen Humor: »Hören Sie mein Piepen.«
In Little Rock ließen Bill und Hillary durchblicken, daß ihre Spezialität Inlandsaffären waren. Jedenfalls brachten fünfzig Anwälte und fünfundsiebzig FBI-Agenten die Whitewater-Affäre und einige weitere von weiblichem Interesse auf Hochtouren.

»Verdammt, ich würde gerne hingehen, Liebling, aber zweimal in einem Monat an diesen gräßlichen Ort fliegen, also das ist wirklich ... *wirklich.*«
Im Buckingham-Palast fuchtelte Charles III. heftig mit den Händen herum. Camilla drückte ihre Zigarette aus und fuhr eifrig mit Stricken fort.
»Niemand«, fragte sie, »hat versucht, dich umzubringen oder so etwas?«
»Leider, jedenfalls nicht mit einer echten Waffe. Dabei ist es so gut fürs Image.«
»Liebling, solange sie nur mit Federkissen oder Teddybären auf dich losgehen, habe ich nichts dagegen.«
»Hm. Aber als ich sagte, es ist ein gräßlicher Ort, da dachte ich eigentlich daran, daß der Petersdom, Michelangelos phantastische Kuppel inklusive, mit Hilfe von Ablaßeinnahmen erbaut wurde.«
»Das weiß ich, Liebster.«
Der König betrachtete im Spiegel seine eigene kahle Kuppel, die Frucht einer tausendjährigen Fortpflanzung. »Es ist unmöglich, mitten in dem ganzen absurden funkelnden Rokoko und neureichen Plunder zu meditieren.«
»Ein greuliches Kleinod, ist es das, was du meinst, Charles?«
»Genau. Kein bißchen gotisch.«
Camilla nickte, als wüßte sie, was gotisch ist.
»Übrigens, ich schreibe an einer Art Enzyklika über Architektur und versuche außerdem, die Umgestaltung der Fassade von West-

minster Abbey abzuschließen. Ich werde das Ganze mit Stroh decken.«

Camilla seufzte mitfühlend. »Der neue Mann ist auch noch Ire. Du wirst doch so etwas nicht unterstützen wollen?«

»Recht hast du. Ich weiß, er kann nichts dafür. Aber trotzdem.«

»Zeit, daß William sich seine Sporen verdient?«

Der Prince of Wales, der »Schwarze Prinz« genannt, jetzt sechsundzwanzig, war auf eine sanfte englische Schule namens Eton gegangen, wo er sich unter anderem dadurch auszeichnete, daß er einem Schiedsrichter auf dem Rugbyfeld die Nasenspitze abbiß. Trotzdem hatte er eine schlechte Presse. Kolumnisten verlangten lauthals, seinen Namen aus der Zivilliste zu streichen, die die Höhe der den Mitgliedern des Königshauses bewilligten Gelder aufführt. Er schnitt schlecht ab im Vergleich zu seinem Onkel Andrew, der wie die meisten Windsors eine Gemahlin verloren, aber den Falklandkrieg für England gewonnen hatte. In den vergangenen zwölf Monaten hatten sich vier Detektive, die William bewacht hatten, zur Ruhe gesetzt, um ihre Memoiren zu schreiben. Er mußte viermal ins Röhrchen pusten, hatte den Führerschein auf Lebenszeit verloren und war in Gesellschaft eines Models fotografiert worden, das für ein gewisses Magazin nackt posiert hatte. Charles, der schlecht informiert war, hatte sie zum Tee eingeladen. Es war Pech für das Mädchen, daß Prinz Philip, fast neunzig Jahre alt, gerade im Palast zu Besuch war und sie sofort erkannte.

»Es besteht wohl keine Chance mehr, Charles«, sagte Camilla, »deinen Einfluß geltend zu machen.«

»Um den Burschen in meinem alten College in Cambridge unterzubringen? Leider nein. Du weißt, wie verflixt egalitär es jetzt überall zugeht.«

Das konnte ihr kaum entgangen sein, da der Buckingham-Palast ganzjährig für zahlendes Publikum geöffnet war und sich in der Königsloge in Wimbledon lauter Schwarze tummelten.

»In der Zwischenzeit, Camilla, schicke ich den lieben Jungen nach Rom, ganz egal, was dieses gräßliche Weib sagt.«

In Downing Street Nr. 10 gab es bei Denise Weaver, »diesem gräßlichen Weib«, keine Unschlüssigkeiten. In diesen Tagen nie. Sogar Radiowellen mußten sich outen, bevor sie über die Schwelle der orangegelben Tür traten.

Weaver, die erste liberaldemokratische Premierministerin, war eine gutaussehende Frau von vierzig Jahren, honigblond, mit einem entschlossenen Zug um den Mund und tadelloser Figur. Angeblich eine ledige Mutter, galt sie als glühende Katholikin und Feministin. Als Roone Delaney sie einmal »der beste Mann in England« nannte, hatte sie geantwortet: »Und Delaney ist die beste Frau in Amerika.« In Anbetracht der Stärke der Frauenbewegung in den Staaten hatte Delaney vorgegeben, dies als Kompliment aufzufassen.

»Ich gehe nach Rom«, teilte Weaver den Mitgliedern ihres Kabinetts mit, das ausschließlich aus Frauen bestand, mit Ausnahme des Vorzeigemannes, der für Umweltsachen zuständig war. Der Papst war neu in dem Job. Er könnte vielleicht Beistand brauchen.

11. Kapitel

Papst Patrick brauchte eine Weile, um sich in den Verzweigungen des päpstlichen Palastes mit seinen Fahrstühlen, Treppenhäusern mit dreihundert Stufen, kilometerlangen Korridoren, zwanzig Höfen und Hunderten von Galerien, Salons und Vorzimmern zurechtzufinden.

Kardinal Montefiori machte mit ihm einen Rundgang durch die Kurienbüros im Palast. Vornehmlich durch seine eigene Abteilung, das Staatssekretariat.

Dort stellte er ihm Erzbischof Umberto Rossi vor, seinen *sostituto*, Stellvertreter. Rossi war ein kleiner, steifer, emotionsloser

Mann, gegen den Charley auf Anhieb eine Abneigung hegte. Sie beruhte auf Gegenseitigkeit. Der Stellvertreter hatte dichtes graues Haar und eine runde Brille. Er war Experte für U.S.-Angelegenheiten, hatte an der katholischen Universität in Washington Examen gemacht und sprach fließend Englisch mit amerikanischem Akzent.

Nach dem Rundgang sagte Montefiori vertraulich zum Papst: »Mir ist klar, Sie wissen es schon, Eure Heiligkeit, aber wir bewohnen hier ein anderes Universum. Die Erde ist sein unbewegliches Zentrum und das exakte Zentrum der Erde wiederum der Vatikan.«

»Das *exakte* Zentrum?«

»Vollkommen exakt.«

»Wie erfreulich.«

»Tröstlich, gewiß. Die Mauern des Vatikans sind die einzigen, die im Außenraum des Außenraums namens Himmel sichtbar sind. Sterne und Planeten folgen hier dem Lauf, den wir ihnen diktieren. Winde wehen und Regen fällt mit unserer Erlaubnis, *cum permissu superiorum.*«

»Aber, Giuseppe, das wahre Universum –«

»Eure Heiligkeit, bitte. *Dies*« – ausladende Geste, ätzender Ton – »ist das wahre Universum.«

»Und das andere?«

»Eine auf die Luft gemalte fehlerhafte Kopie.«

»Weiß Gott davon?«

»Der Protokollengel, der die guten und bösen Taten aufzeichnet, ist eine junge Schreibkraft in unserem Schreibbüro.«

»Aha.«

»Daher ist es meine Pflicht, Ihnen zu sagen: Trauen Sie keinem in der Kurie.«

»Nicht einmal Ihnen, Giuseppe?«

Montefioris Augen leuchteten kurz auf. »Ich bilde keine Ausnahme.«

»Aber wenn ich der Diener Gottes bin, dann sind die Mitglieder der Kurie doch sicher Diener des –«

Montefiori fiel ihm ins Wort. »Päpste kommen und gehen. Die Kurie besteht ewig.«
»Aber dem Papst werden sie doch sicher gelegentlich gehorchen.«
»Im Vatikan ist Gehorsam, wie der Tod, für andere da. Für einen selbst ist er unvorstellbar.«
»Werden sie mich wenigstens auf dem laufenden halten?«
»Wenn sie es vermeiden können, Eure Heiligkeit, werden sie Ihnen weder die Uhrzeit sagen noch den Weg zu Ihren Gemächern.«
Patrick biß sich verzagt auf die Lippe. »Sie werden doch wenigstens die Zehn Gebote befolgen, Giuseppe, um Mose willen.«
Montefiori erklärte: »Gebote biegen sie, wie sich Tang am Uferrand biegt.« Er ging zu einem vertraulichen Flüstern über: »Es heißt, daß sie niemals eine ehrliche Antwort geben.«
»Ist das wirklich so?«
Noch flüsternd: »Manche sagen ja, manche nein.«
»Und was sagen Sie?«
»Ja und nein.«
»Ich verstehe, was Sie meinen.« Als er keine Antwort bekam, fügte Patrick hinzu: »Ich verstehe *nicht*, was Sie meinen.«
»Eure Heiligkeit, nicht einmal ich verstehe, was ich meine.«
Der Papst seufzte. »Ich muß mich wohl einfach damit abfinden, daß das Leben kompliziert werden wird.«
»Ich muß Ihnen, Eure Heiligkeit, von einem derartigen Optimismus abraten.«
Der Papst genoß es, auf den Arm genommen zu werden.
»Giuseppe, hat die Kurie denn keine seligmachende Gnade?«
»Die Mitglieder achten darauf, keine Ideen herein- und nur altbewährte, traditionelle herauszulassen. Hüten Sie sich besonders vor den Prälaten mit Schlangenherz und« – lieblich lächelnd – »Mona-Lisa-Lächeln.«
Der Papst kam sich ganz verloren vor, wie jemand, der in einem Traum einen Traum träumt.
»Von den Kardinaltugenden, Eure Heiligkeit, brillieren sie nur in einer.«

»Klugheit?«

»Wenn das die einzige Tugend wäre, dann wären wir in der Kurie heiliger als der heilige Franz von Assisi.«

Der Papst verbrachte die Nachmittage in den Gärten mit Frank Kerrigan und Charley, den die Gärtner ins Herz geschlossen hatten. Auf seinen drei Kilometer langen Verdauungsspaziergängen trug der Papst eine schwarze Soutane und einen breiten, schwarzen Strohhut im Gondoliere-Stil. Er wandelte unter libanesischen Zedern und exotischen Sträuchern, vorbei an Orangen- und Zitronenbäumen in antiken Töpfen, an Brunnen und einer Lourdes-Grotte, an Statuen, antiken Uhren und päpstlichen Wappen, an Türmen und einem unbenutzten Observatorium, durch einen Wald, einen Weingarten und ein Gemüsefeld und entlang der hohen mittelalterlichen Grenzmauer.

Er atmete den köstlichen Duft von Eukalyptus und Pinien ein. Manchmal brachte er den tollenden, bellenden Charley zum Schweigen, während er sich umschaute und dem Gesang von Grasmücken, Rotkehlchen, Kohlmeisen und winzig kleinen feigenfressenden Trillervögelchen lauschte.

Einmal schlich er sich in den Petersdom und setzte sich in einen Beichtstuhl, um sich einige Beichten anzuhören. Ein angegrauter Franziskaner, auf dessen Nasenspitze eine riesige Brille thronte, versuchte ihn zu vertreiben, indem er in streng harmonischem Italienisch erklärte, daß dies sein *posto* sei, den er für niemanden räumen werde.

»Ich bitte vielmals um Entschuldigung«, sagte der Papst.

Erst da erkannte ihn der Mönch. »Vergeben Sie mir, Eure Heiligkeit. Nehmen Sie mir die Beichte ab?«

Der Papst tat ihm den Gefallen. Danach beichtete der Papst bei dem Mönch und schlug sich an die Brust. Er begann: »Es fällt mir sehr schwer, an diesem Ort zu beten, Pater. Es gibt hier so viele andere Dinge zu tun.«

»Ach, Eure Heiligkeit«, seufzte der Mönch, »in Rom ist es nicht leicht, zu glauben.«

Pater Virgilio – so lautete der Name des Mönchs – war um die achtzig. Der aus Palermo Gebürtige war schwerhörig und stark kurzsichtig. Da er Patrick eine viel strengere Buße auferlegte, als der es gewohnt war, ernannte der Papst ihn zu seinem persönlichen Beichtvater.

Entgegen Montefioris Rat erklärte sich der Papst bereit, am Tag vor seiner Krönung eine Pressekonferenz abzuhalten. So viele Journalisten bewarben sich um Eintrittskarten, daß sie schließlich in der Nervihalle abgehalten wurde, die sich auf der Grenze zwischen dem Vatikan und dem italienischen Staat erstreckt.

Pressemitglieder wurden durchsucht, und wenn sie Einlaß fanden, sahen sie den Papst schon in einem Sessel auf dem Podium sitzen, den löwengleichen Charley zu seinen Füßen.

Nach den Fotos – »Würden Sie Ihren Hund wohl noch einmal streicheln, Eure Heiligkeit?« – kamen die Fragen.

Charley war seit dem Konklave Star so zahlreicher Artikel gewesen, daß er ganz oben auf der Tagesordnung stand.

»Ist es wahr, Eure Heiligkeit?« fragte der *Sunday Independent,* »daß der Hund auf Ihrem Bett schläft?«

»Er *ist* männlich und katholisch«, antwortete der Papst. In einer Art Reflex zog er seine Pfeife aus der Tasche und klopfte sie auf der Handfläche aus.

»Haben Sie das Titelbild der *Time* gesehen, Eure Heiligkeit?«

»Ja, Mr. Glynn.«

»Sie lesen unser Magazin?« wollte Glynn aufgeregt wissen.

»Ich sagte, ich habe das Titelbild gesehen. Nicht gut getroffen, aber Charley hat es mit seiner gewohnten Bescheidenheit hingenommen. Übrigens, die Bildunterschrift Ihres Redakteurs, daß Charley die Hundegesetzgebung revidieren wird, hat mir nicht besonders gefallen.«

»Dann lesen Sie uns also *doch?*«

»Ich muß alles lesen, was mir vorgelegt wird. Das ist einer der Nachteile, wenn man Papst ist.«

»Ist Ihr Hund auch unfehlbar?« fragte der Londoner *Sunday Express.*
»Soviel ich weiß, hat er nie einen Fehler gemacht. Und sehen Sie hier« – Patrick berührte die feuchte Nasenspitze des Hundes – »der beste Lügendetektor, der auf dem Markt ist.«
»Wie finden Sie die Berichterstattung über Ihre Wahl?«
An dieser Stelle nieste Charley.
»Seien Sie hundertmal gesegnet«, sagte der Papst. »Ich nehme an, mein Hund hat soeben für mich geantwortet.«
Montefiori stieß New York an, der neben ihm in der ersten Reihe saß. »Der letzte Papst, der Witze riß wie er hier, hat nur dreiunddreißig Tage gelebt.«
»Ihr Hund«, bemerkte eine Spanierin, »trägt kein Halsband.«
»Ein Halsband ist ein Zeichen der Knechtschaft. Das möchte ich ihm ersparen.«
»Hat Charley jemals Welpen gezeugt?« fragte der *San Francisco Chronicle.*
»Bestimmt nicht. Oder, Charley?«
Der Hund schüttelte den Kopf.
»Ist er kastriert?« wollte die *London Sun* wissen.
»Nein, Sir« – Charley knurrte beängstigend – »er ist von Natur aus keusch.«
»Können Sie uns etwas über seinen Stammbaum sagen?« Die *Sun* ließ nicht locker.
»Ich habe ihn vor einigen Jahren bei einem Spaziergang in einer Gasse aufgelesen – den Namen möchte ich lieber nicht nennen.«
»Warum nicht, Eure Heiligkeit?«
»Weil sonst vielleicht Leute behaupten, seine Verwandten zu besitzen.«
»Sind wir Römer denn solche Lügner?« fragte die linksgerichtete *L'Unita.*
»Ich habe Charley in Dublin gefunden. Doch um Ihre Frage zu beantworten: Ich denke immer, die Römer sind den Iren sehr ähnlich.«
»Lügner?« wiederholte *L'Unita* streitlustig.

»Sie wissen nicht, was Lügen sind«, antwortete der Papst ausweichend. »Aber sie haben Phantasie. Ich erinnere mich zum Beispiel an einen jungen Tennis-Star, der zum Spielen nach Dublin kam – das war in den 1980er Jahren.«

»McEnroe?« fragte *Newsweek*.

»Er hatte einen irischen Namen, das steht fest. Ein netter Kerl, wenn er nicht gerade seinen Schläger in die Zuschauermenge warf oder den Schiedsrichter scheußlich beschimpfte.«

»McEnroe, wer sonst.«

»Jedenfalls, als er nach Dublin kam, erhielten die Veranstalter dreitausend Kartenbestellungen von Damen, die behaupteten, seine Großmutter zu sein. Nur die Hälfte davon war freilich echt.«

Der *Miami Herald* hielt dem Papst vor, das Wetter in seiner Heimat stehe in einem schlechten Ruf.

»Bei wem?« fragte der Papst erstaunt. »Die Eskimos würden meinen, Irland ist mit ewigem Frühling gesegnet.«

Der *Cork Examinor* sagte: »Sie scheinen bereits bis spät in die Nacht zu arbeiten, Eure Heiligkeit.«

»Keineswegs. Das ist ein alter Mussolini-Trick.« Der Papst lächelte listig. »Das Licht in meinem Arbeitszimmer ist mit einer Zeitschaltung gekoppelt. Sie ist so programmiert, daß das Licht erst um drei Uhr morgens ausgeht, selbst wenn ich schon um elf im Bett liege.«

»Warum um drei Uhr morgens?«

»Mein Staatssekretär erklärte mir, daß die Katholiken irgendwie beruhigt sind bei dem Gedanken, daß der Pontifex Maximus so lange arbeitet.«

Montefiori wurde rot.

Die *New York Times* fühlte sich bemüßigt, den Tenor der Diskussion anzuheben. »Was werden Sie am meisten vermissen, jetzt, wo Sie Papst sind?«

»In ein Geschäft zu gehen oder über einen Markt wie den Campo dei Fiori zu schlendern, um mir etwas zu kaufen.«

»Zum Beispiel?«

»Ach, ein paar Gramm Parmesan oder ein Glas schwarze Oli-

ven.« Schon schien er sich nach längst vergangenen Tagen zu sehnen. »Das ist jedenfalls das erste.«
»Und das zweite?« hakte Ms. Daley von *Womans's Own* nach.
Der Papst grinste. »Falls mein Staatssekretär recht hat, werde ich es vermissen, je wieder die Wahrheit zu hören.«
Als er nach seiner Erziehung gefragt wurde, sah er plötzlich durch den Nebel der letzten Jahre die scharf umrissenen Tage der Kindheit, eine Welt aus Freunden, einem Haus, das nach Freundschaft roch und nach gebackenem Brot. Eine Stimme am Türflügel, seine Mutter, die da rief: »Sean, Brian, Maura, Donal« – sie zählte ihre Kinder auf wie eine Heiligenlitanei – »lauft, kommt ja nicht zu spät in die Schule«, und Brian lief und sah sich über die Schulter um nach ihr, die sich beide Hände vors Gesicht hielt wie beim Versteckspiel; warum sie das tat, hatte er nie erfahren. Und Colley, der große schwarzweiße Hirtenhund, sauste schwanzwedelnd um sie herum. Welch eine Freude hätte es diesem braven Hund bereitet, Charley kennenzulernen.
Der Papst erwachte aus seinem Tagtraum und sprach von seinem Leben in Mayo. »Sie brauchen nur einige Ortsnamen aneinanderzureihen, dann lesen sie sich wie Zeilen des großen irischen Dichters und Sängers Tom Moore: Stramore, Gweezalia. Glenagort.«
Die *Washington Post* fragte ihn, ob seine Familie arm gewesen sei.
»Arm?« sagte er. »Wie kommen Sie darauf? Wir waren sechzehn Kinder, alle kerngesund, wir wohnten in einem Cottage mit drei Schlafzimmern. Ein Garten mit zwei Bienenstöcken, gesäumt von goldenem Ginster. Brot, Kartoffeln und Torf jede Menge. Die Tür stand Nachbarn und Reisenden immer offen. Unsere Mädchen konnten tagsüber oder nachts auf der Straße herumspazieren, ohne ängstlich über die Schulter zu schauen. Alle gingen wir zur Kirche; einige von uns mußten sich sonntags allerdings sputen, um die Messe einzuholen, wie wir immer sagten. Ja, wenn ich jetzt daran denke, waren wir reich, wirklich.« Er hielt inne, einen abwesenden Ausdruck im Gesicht. »Geld hatten wir natürlich keins, aber waren wir arm? Wir waren nicht arm.«

»Und Ihre Eltern«, fragte der *Spiegel*, »haben vermutlich ihre Religion praktiziert?«
»Katholischer als der Papst«, antwortete Patrick, bevor ihm noch klar wurde, was er da sagte. »Meine Mutter hat alles als Gottes Wille hingenommen. ›Ist das nicht ein Wunder von einem Sonnenaufgang, Gott sei's gedankt.‹ Oder mitten in einem Sturm, der dem Bullen die Beine umknickte und das Strohdach vom Haus bis in den Nachbardistrikt blies: ›Ist das nicht ein schrecklicher Tag heute, Gott sei's gedankt.‹«
Er erklärte, daß er als zweiter Sohn von frühester Kindheit an ausersehen gewesen war, Priester zu werden. Er erinnerte sich an einen Ausflug, den er als Junge zum Burren in der Grafschaft Clare gemacht hatte, eine sagenhafte Mondlandschaft aus Kalkgestein.
»Als Cromwells Truppen kamen«, sagte er, »beklagten sie sich, daß es dort nicht genug Bäume gebe, um einen Mann aufzuhängen, oder Wasser, um ihn zu ertränken, oder Erde, um ihn zu begraben. Ah, aber Blumen im Frühling! Und im Sommer glüht die Landschaft von Heidekraut, Tritonien, roten Fuchsien, und die Luft auf den Höhen um die Cliffs of Moher ist schwarz von Kribbelmücken und Erdschnaken, die sich paaren und sterben.«
Die irischen Journalisten stießen sich an. Der Tourismus in Mayo und Clare würde bestimmt mächtigen Auftrieb erhalten.
Patrick kam dann auf seinen Lehrer zu sprechen und natürlich auf Pater O'Flanagan, den Gemeindepriester, bei dem er Meßdiener gewesen war.
»Ach, diese Menschenmenge in der Kirche, jeden Sonn- und Feiertag. Man konnte nicht hineinkommen, außer man war ein Erste-Reihe-Stürmer oder eine Nonne mit spitzen Ellenbogen.« Und er zitierte aus der alten Ballade, die von »Sagart Aroon, dem geliebten Priester« handelte.

Wer hat in dunkler Winternacht, Sagart Aroon,
den Weg in meine Hütte gemacht, Sagart Aroon,
zu mir, bei Kälte und bei Wind,

zu mir, dem kranken kleinen Kind,
hat sich auf die Erde gekniet, Sagart Aroon.

»Eure Heiligkeit«, sagte Isaacs vom *Jewish Chronicle,* darf ich Ihnen die besten Wünsche der weltweiten jüdischen Gemeinde überbringen?« Und als der Papst dankend nickte: »Wie sehen Sie mein Volk?«
Montefiori erstarrte. Alle spürten, daß diese Frage die vereinbarten Grenzen der Pressekonferenz überschritt.
Ohne innezuhalten, um zu überlegen, sagte der Papst: »Juden und Christen sind Blutsbrüder.«
»Leider«, erwiderte Isaacs, »haben die Christen mein Volk über Jahrhunderte verfolgt.«
Prompt: »Damit haben sie sich gegen das Licht versündigt. Zuweilen haben sogar Päpste gesagt, alle Juden seien verantwortlich für die Kreuzigung Jesu. Sie hatten unrecht. Die Kirche besteht aus Sündern, und wir müssen unsere Sünden öffentlich bekennen, wie es das zweite Vatikanische Konzil tat, als es diesen schrecklichen Irrtum korrigierte. Es ist theologisch korrekt zu sagen, daß wir Christen der Ansicht sind, daß jener eine loyale Jude, genannt Josua oder Jesus, der Erlöser der Welt ist.« Das verblüffte Schweigen, das folgte, brach der Papst mit den Worten: »Antisemitismus ist genauso Häresie, wie es die Anwendung von Gewalt durch die Inquisition war, um den katholischen Glauben durchzusetzen.«
Ein schwarz beturbanter Araber, der die *Islamic Daily News* vertrat, stellte die nächste Frage. Die neueste Technik ermöglichte es, daß sein Artikel gleichzeitig in fünfzig Ländern erschien, mit einer Auflage von vierzig Millionen.
»Haben Sie den Koran gelesen?«
»Mehrmals.«
»Glauben Sie an den *dschihad?*«
»Ich glaube an das heilige Jahr, nicht an heilige Kriege«, sagte der Papst. »Mit Gewalt, mein Freund, wird nichts erreicht.«
Der Araber fragte: »Waren die vielen Kreuzzüge gegen das Volk des heiligen Buches demnach ein Irrtum?«

»Nein«, sagte der Papst, »ein Verbrechen. Christen haben Blut vergossen, um das Grab Christi zurückzuerobern, von dem sie ohnehin dachten, daß es leer sei. Wir sollten uns versöhnen.«
»Halten Sie uns jetzt für bloße Barbaren?«
»Viele Menschen, Weltpolitiker eingeschlossen, denken, jeder Muslim hält in der einen Hand eine Kalaschnikow und in der anderen den Koran. Meiner Überzeugung nach, die sich auf der Lektüre des Koran gründet, sind die Muslime ein friedliches Volk, voll des Glaubens und Erbarmens.«
Während der Fragesteller sich Notizen machte, murmelte er auf arabisch, Allah würde entsetzt darüber sein, daß Menschen nicht um seiner Ehre willen kämpfen und sterben wollten.
Der Papst fügte hinzu: »Ich bewundere, wie die Muslime gen Mekka beten, wie sogar ihre Zelte und Moscheen dorthin ausgerichtet sind. Ich wünschte, wir Christen würden gen Golgotha beten und alle unsere Kirchen würden dorthin weisen, wo Christus für uns starb. Ich sende allen Anhängern des großen Propheten Mohammed brüderliche Grüße.«
»Und den Buddhisten?« fragte ein safrangelb gewandeter Reporter. Und als der Papst nickte: »Sind wir keine Atheisten?«
Patrick lächelte. »Das hat mein Vorgänger einmal geschrieben. Als er alt war.«
»War das ein Fehler?«
»Päpste machen Fehler. Glauben Sie mir, auch ich mag zuweilen unfehlbar sein, aber mein alltägliches Unwissen ist atemberaubend.«
»Hatte er vielleicht nicht genug Feinsinn?« rätselte der Buddhist.
»Genau. So wie Menschen nicht genug Feinsinn beweisen, wenn sie den Christen vorwerfen, an drei Götter zu glauben.«
Als das leise Lachen abklang: »Ich ehre euch, meine buddhistischen Brüder, für eure Gewaltlosigkeit. Ich ehre eure Zen-Dichter, die mitten im Regen die Sonne sehen und aus der Mitte eines Feuers klares Wasser schöpfen.«
Jackson vom *Telegraph* warf ein: »Dann wird Eure Heiligkeit nicht den Fußstapfen Ihres Vorgängers folgen?«
»Mein Vorgänger, Sir«, sagte der Papst, der eine Spur Kritik an

Johannes Paul II. entdeckte, »war ein hervorragender Mann, dem nachzueifern ich nicht hoffen darf.«
»Ich sagte nicht nacheifern, Eure Heiligkeit, sondern folgen.«
»Ich beabsichtige bestimmt nicht, so viel zu reisen, doch ich hoffe, Irland zu besuchen, wenn Gott mich hier entbehren kann.«
Die irischen Korrespondenten sahen sich erfreut an.
»Wollen Sie ihm *theologisch* folgen, Eure Heiligkeit?«
Patrick sagte: »Johannes Paul II. wurde, wie Sie wissen, oft mißverstanden. Hätte er zum Beispiel gesagt, jedes Blatt, jede Rose, jeder Grashalm sei heilig, würde man ihn als Mystiker bejubelt haben. Er hat aber nur gesagt, jeder Mensch ist heilig, von der Empfängnis bis ins Alter, und deswegen hielten viele Menschen ihn für einen mittelalterlichen Narren.«
»Dann sind Sie also auch ein Traditionalist?«
Montefiori beobachtete den Papst genau, als dieser abermals seine Pfeife ausklopfte.
»Tradition ist der Anker des Glaubens.«
»Sie beabsichtigen nicht, einige Lehren Ihres Vorgängers zu ändern?«
»Einige Dinge«, sagte Patrick mit heftigem Nachdruck, »kann und muß die Kirche ändern; andere kann sie niemals ändern.«
Time faßte dies so auf: »PAPST PATRICK, EIN EBENBILD SEINES VORGÄNGERS«, während *Newsweek* titelte: »PATRICK, DER REFORMPAPST«.
Beide Zeitschriften trafen weit daneben.

12. Kapitel

Am 1. Januar fuhren die VIPs in einer langen, glänzenden kugelsicheren Schlange unter dem Glockenbogen hindurch, vorbei an den Schweizergarden und zur Rückseite des Petersdoms. Von den

großen Nationen hatten nur China und die FIR es abgelehnt, Delegierte zu entsenden.
Staatsoberhäupter wurden von den dienstältesten Prälaten und von einem befrackten Fürsten, Berater beim Apostolischen Stuhl, begrüßt. Ein Posten Schweizergarden präsentierte die Hellebarden. Die Nationalhymnen wurden auf ein paar symbolische Takte reduziert. Schwerbewaffnete Sicherheitsbeamte schirmten die wichtigeren Gäste unverzüglich ab und drängten sie in den Palast.
Die irische Abordnung wurde angeführt von der Präsidentin, Miss Jodie O'Reilly, einer ehemaligen Schönheitskönigin, die von ihrem Lebensgefährten begleitet wurde. Der Premierminister, der schlanke, silberhaarige, silberschnurrbärtige Richard Spring, bestand auf einem eigenen Wagen.
Als die beiden neben dem Brunnen auf das weiße Pflaster des glasumschlossenen San-Damaso-Hofes traten, waren sie nicht erbaut, die Kapelle aus Versehen »God save the King« spielen zu hören.
Der Erzbischof von Canterbury kam mit Ehefrau und drei Kindern. Er hatte seine nominierte Nachfolgerin, Bischöfin Marcia Burt von Durham, diplomatisch ersucht, fernzubleiben, um beim Vatikan kein Ärgernis zu erregen. Sie hatte sogar bei der Kirche von England Ärgernis erregt, als ihre Priesterweihe für eine Stunde unterbrochen werden mußte, derweil sie in der Sakristei vorzeitig Zwillinge zur Welt brachte.
Die Prozessionsteilnehmer waren schon seit einer Weile im päpstlichen Palast versammelt. Fünfhundert Kleriker von vor 1474 gegründeten Orden führten den Zug an. Dann kam der Klerus von Rom, der Diözese des Papstes. Es folgten Saaldiener, Wächter, Laienwürdenträger mit Halskrausen, Schatzmeister, Privatkämmerer, Richter der Sacra Romana Rota, des obersten Gerichtshofs der Kirche.
Dem Papst am nächsten waren die Pönitentiare von St. Peter und eine unendlich farbenfrohe Schar von Prälaten: Bischöfe, Erzbischöfe, Patriarchen, Kardinäle, Berater beim Heiligen Stuhl und

schließlich die zwei Kardinäle, die Patrick bei der Messe assistieren würden.

Sie warteten nun auf den Papst, damit die Prozession sich durch Flure und Salons, barocke Treppen hinab und hinaus auf den Petersplatz schlängeln konnte.

Überall surrte es nur so. Eine halbe Million Menschen auf dem Platz und den angrenzenden Straßen, Hunderte dicht gedrängt auf dem Dach von Berninis Kolonnade.

In der Menge der VIPs verlor sich die zarte Gestalt von Lady Margaret Thatcher. Sie hatte den letzten Pontifex – »Old J. P.« – stets ungeheuer bewundert wegen seiner Weigerung, eine Kehrtwende zu vollziehen. Sie hoffte, der neue Mann werde ebenso *unflexibel* sein. Ihr eigenes Leben endete im Frust: Dennis war vor ihr gestorben.

Zuerst hatten diese Trottel in Australien und Neuseeland für eine Republik gestimmt. Dann hatte England nicht nur auf die Falkland-Inseln und Gibraltar verzichtet, sondern auch noch die europäische Währung übernommen. Thatcher war noch immer entschieden gegen die EU, die sie als eine Brüsseler Verschwörung ansah, das Vereinigte Königreich zu einem Bestandteil von fremden europäischen Ländern zu machen. Ihr Titel war rein nominell, nachdem die Labour Party das Oberhaus abgeschafft und durch eine gewählte zweite Kammer ersetzt hatte.

In der Via della Conciliazione herrschte ein so dichtes Gedränge, daß Dr. Ian Paisley, der sauertöpfische presbyterianische Pfarrer, ehemaliges DUP-Mitglied des Parlaments, sich nicht rühren konnte. Der gebeugte, weißhaarige, glupschäugige Mann, dessen rotes Gesicht wie angemalt glänzte, schrie laut: »Hure von Babylon« und drängte seine Anhänger, ihre Spruchbänder mit »KEINE PAPISTEREI« und »KEIN PAPST – KEINE PRIESTER – KEINE UNTERWERFUNG« hochzuhalten.

Italiener, die kein Wort Englisch konnten, gratulierten ihm zu seiner innigen Hingabe an den Heiligen Vater.

Polizisten mit Spürhunden und antiterroristische Suchtrupps waren überall. Geheimagenten mit Walkie-Talkies mischten sich un-

ter die Menge und besetzten Beobachtungsposten auf der Kolonnade.
In der Nacht war Regen gefallen wie reife Birnen. Jetzt war von dem blechfarbenen Himmel nichts mehr zu sehen. Niedere Würdenträger von Kirche und Staat saßen in der frischen Januarluft in der Sonne und plauderten freundschaftlich in fünfzig verschiedenen Sprachen.

In der Kleiderkammer hatte Papst Patrick seine erste Auseinandersetzung mit seinem Staatssekretär. Montefiori erinnerte ihn an die Anschläge auf das Leben seines Vorgängers.
»Nein, Giuseppe«, sagte der Papst entschieden, »ich weigere mich, einen Schutz unter meinen Gewändern zu tragen.«
»Heutzutage, Eure Heiligkeit«, sagte Montefiori, »ist sogar die *Pieta* von kugelsicherem Glas geschützt.«
»Mein Schutzengel wird mich beschützen.«
»Die Erfahrung zeigt, daß Schutzengel keine guten Leibwächter sind, Eure Heiligkeit.«
Montefiori gab eine Zusammenfassung von Berichten des CIA und DIGOS, italienischen Antiterroristen, über einen möglichen Mordversuch durch militante Islamisten.
»Immer dieselben Buhmänner.«
»Um der Kirche willen muß der Papst beschützt werden.«
»Wie Goliath der Philister? Jesus ging ungeschützt nach Golgatha. Soll ich in einer Rüstung zur Erneuerung von Golgatha schreiten?«
»Zu seiner Zeit gab es keine automatischen Waffen, Eure Heiligkeit.«
»Wenn ich heute sterbe«, sagte Patrick leicht ermattet, »werde ich in Gesellschaft des Herrn und des heiligen Petrus sein, der nicht weit von hier den Märtyrertod starb.«
Montefiori klopfte auf seine Uhr. »Na schön. Und nun zur Tiara.«
»Keine Krone heute, Giuseppe, es sei denn, Sie haben eine aus Dornen. Nur geistliche Symbole.« Er winkte. »Frank, machen Sie

Mitra und Krummstab bereit. Und behalten Sie um Gottes willen Charley im Auge, bis alles vorbei ist.«

Als sein Leben sich dem Ende zuneigte, hatte Johannes Paul II. den *sedia gestatoria,* den tragbaren Thronsessel, benutzen müssen. Die vatikanischen Berater hofften, daß Patrick diese uralte Gepflogenheit beibehalten würde, doch er bestand darauf, zu Fuß zu gehen und seinen Stab mit dem Holzkreuz zu tragen.
Dreimal blieb er stehen, als Flachs auf brennende Kohlen gelegt wurde und der Zeremonienmeister auf lateinisch psalmodierte: »Heiliger Vater, so vergeht der Ruhm der Welt.«
Auf dem Petersplatz wurde der Papst mit frenetischem Beifall und Tausenden von weiß-gelben Fähnchen begrüßt. Nach dem Gesang »Tu es Petrus« und einer Trompetenfanfare empfing er das Pallium, das ringförmige Band aus Lammwolle, das ihm als Symbol für seinen Frondienst an der ganzen Kirche um die Schulter gelegt wurde. Dann erwiesen ihm die Mitglieder des Heiligen Kollegiums ihre Reverenz.
Nachdem er den Altar beweihräuchert hatte, wurden die Litaneien gesungen, und der Sixtinische Chor stimmte das Pontifikalhochamt an. Lesungen aus der Bibel erfolgten in Griechisch und Latein; den Höhepunkt bildete das aus dem »Book of Kells« vorgelesene Evangelium.
Die Ansprache des Papstes war eine schlichte Willkommenshymne an die Welt in einem Zeitalter des Friedens und Wohlgefallens. Mit leuchtenden Augen gelobte er, der ganzen Menschheit zu dienen. Daher habe er »durch Buße zum Frieden, *ex poenitentia, pax*« zur Maxime seines Pontifikates gewählt. Dies war das Motto auf seinem Wappenschild unter dem Signum eines Olivenbaumes, der aus rotem Wasser wuchs. Patrick drohte niemandem, schalt niemanden, griff niemanden an. Weit öffnete er sein Herz der ganzen Welt.
Eine seiner kurzen Botschaften war an seine Landsleute gerichtet: »Ich schicke meine Liebe dem kleinen windgepeitschten Land am Rande des Westmeeres, der kleinen schwarzen Rose Irland, mei-

ner Dark Rosaleen. Ich bitte den heiligen Patrick und Maria, die Mutter der Golden Heights, für euch und für mich zu beten.«
Alles ging gut bis zur Wandlung. Der Papst segnete das Brot, und als er dann auch den Wein gesegnet hatte, hob er den Ardagh-Kelch und murmelte dabei: *»Céad míle fáilte, A Thiarna«,* was auf irisch soviel heißt wie: »Sei hundertmal gegrüßt, o Herr.«
Unterdessen trat ein Mann in einer Priestersoutane mit einer Videokamera in der Hand aus der Menge in den mit Seilen abgesperrten Bereich. Er war im Visier von sechs Schnellfeuergewehren, doch niemand traute sich abzudrücken. Sie würden womöglich einen Priester beim heiligsten Teil der Messe töten oder einen VIP treffen. Vier blau uniformierte Zivilwachmänner folgten dem Eindringling über die Absperrung, kreisten ihn ein und wollten sich gerade auf ihn stürzen, als er einen Revolver zog. Nun schirmten die Wachmänner den Mörder vor ihren eigenen Scharfschützen ab.
Später bestand Uneinigkeit darüber, ob der Schütze, nur zwanzig Schritte vom Altar entfernt, ein- oder zweimal gefeuert hatte. Viele Zeugen schworen, es zweimal aufblitzen gesehen zu haben.
Der Angreifer wurde zu Boden geprügelt, gefesselt und abgeführt. Der Papst senkte den Kelch und fuhr fort, als sei nichts geschehen.
Zu seiner Rechten zischte Montefiori: »Sind Sie getroffen, Heiligkeit?«

Erst als der Papst in den Petersdom zurückgekehrt war und auf der mittleren Loggia den Segen *urbi et orbi* erteilt hatte, wurden die Ereignisse klar. Der Möchtegern-Mörder war ein wahnsinniger Loyalist aus Ulster, der seit Jahren in Heilanstalten eingewiesen und wieder entlassen worden war. Protestanten in der Provinz Ulster gaben umgehend eine Verlautbarung heraus, in der sie die feige Tat mißbilligten.
Dr. Paisley entblößte seine gelben Zähne und erklärte der Presse, er habe »nichts dagegen«, wenn der allmächtige Gott »in seiner unendlichen Weisheit Papst Patrick den Schnellen« mit einem

Blitz erschlüge. Aber »keine Papisterei« bedeute nicht, daß er wünschte, der arme Blasphemist würde erschossen.
Die kleinkalibrige Kugel verfehlte den Papst und traf den Ardagh-Kelch, daher die Sinnestäuschung eines doppelten Aufblitzens. Die Kugel durchschlug eine Seite des Kelches, prallte von der anderen ab und fiel in das Gefäß. Dieser Vorfall, später bekannt als »Kugel im Kelch«, wurde in allen verbliebenen Klöstern der Welt inoffiziell als Wunder bejubelt.

13. Kapitel

»Kommen Sie.« Im päpstlichen Palast winkte Patrick dem amerikanischen Präsidenten, der im Gesellschaftsanzug sehr elegant aussah. »Wollen Sie mich in meine Gemächer begleiten?«
Delaneys Leibwächtern, Muskelmänner mit ausgebeulten Pistolenhalftern, war klar, daß der Papst soeben um Haaresbreite dem Tod entronnen war. Prompt klammerten sie sich dichter an den Präsidenten, als es seine Frau seit Jahren getan hatte, abgesehen von Amtseinführungen und Geburtstagen.
Der Papst lächelte. »Keine Sorgen, meine Herren. Ihr Präsident ist bei mir vollkommen sicher. Ich glaube kaum, daß meine irischen Nonnen ihn in Stücke reißen werden. Außerdem wird Charley – das ist mein Hund – auf ihn aufpassen.«
Der Präsident entließ seine Leibwächter mit einem Achselzucken, worauf sie sich grollend entfernten. Ein junger Stabsfeldwebel schüttelte bekümmert den Kopf. Er war verantwortlich für den dreißig Pfund schweren schwarzen Metallkoffer mit allerlei kodierten Sachen, um einen Atomkrieg auszulösen, sollte der Präsident es für nötig halten.
Roone Delaney drückte ein Küßchen auf die Wange der First Lady, die tadellos aussah in dem russischen Luchsmantel, den

sie soeben angezogen hatte. Er bemerkte erfreut die finsteren Blicke von Leuten wie Kardinal Burns und der britischen Premierministerin Weaver, die es ablehnte, das übliche Schwarze zu tragen und sich für einen Hosenanzug in Kanariengelb entschieden hatte.

»Wie wäre es mit einer Tasse Kaffee und etwas zu beißen, Roone?«

»Gern, Eure Heiligkeit.«

Im Fahrstuhl sagte der Papst: »Ich habe vor ein paar Jahren Ihre Fernsehdebatte mit Stallone gesehen.«

Delaney schwoll vor Stolz. »Ist das *wahr?*«

»Sie hat einen bleibenden Eindruck hinterlassen.«

Der Präsident stieß einen Pfiff aus. »Ist das zu *glauben?*«

Sie waren kaum aus dem Fahrstuhl getreten, als Delaney die Hand des Papstes ergriff. »Eure Heiligkeit, als Präsident der größten Nation auf Erden schüttle ich Ihnen bebend die Hand.« Er fiel auf die Knie. »Als Katholik küsse ich in kindlicher Verehrung Ihren Ring.«

Charley wählte just diesen Moment, um aus dem Arbeitszimmer des Papstes zu springen. Seine herumschwenkende Flanke stieß den Präsidenten um, so daß er flach aufs Gesicht fiel wie ein Muslim auf seinen Gebetsteppich.

»Wie überaus lieb von Ihnen«, sagte der Papst, während er Delaney aufhalf. »Ich hätte Sie vor Checkpoint Charley warnen sollen. Hat Sie ganz schön bestürmt, was?«

Er führte seinen Besucher in das kleine Speisezimmer, wo auf einem geschnitzten Walnußtisch kochendheißer Kaffee angerichtet war.

Der Präsident, durchaus gewöhnt an das Drum und Dran von Privilegien und Macht, fand es dennoch prickelnd, in die geheiligten Privatgemächer des Papstes vorgelassen zu werden. Immerhin war der Bursche auf Lebenszeit gewählt. Er beschloß, diesem Treffen mehr als eine nur beiläufige Erwähnung in seinen Memoiren einzuräumen, an denen seine drei Ghostwriter bereits arbeiteten.

»Ich bin ein paarmal in New York gewesen«, sagte der Papst,

während er ihnen beiden einschenkte. Das war Delaney neu. »Meistens in einem Schwarzenviertel, Harlem. Kennen Sie das?«
»Habe davon gehört, Eure Heiligkeit.«
»Ab und zu bin ich über die Fifth Avenue geschlendert. Sogar über die Wall Street. Herr im Himmel, Roone, die hat mir eine Heidenangst eingejagt. Was die Kerle für eine Macht haben!«
»Mir machen sie auch angst, Eure Heiligkeit.«
Sie gingen mit ihrem Kaffee in das private Arbeitszimmer des Papstes, einen quadratischen Raum, vollgestopft mit Büchern.
Er sagte plötzlich: »Bei dem üblen Gerede der FIR besteht ernste Gefahr, Roone.«
Der Präsident ließ sich auf einem Sessel nieder und nickte, während er an dem drittklassigen Kaffee nippte. Er murmelte etwas, das er noch halbwegs von einer jüngst gehaltenen Rede in Erinnerung hatte, von »amerikanischem Bollwerk gegen islamische Terroristen, die Freiheit, reicher und reicher zu werden«.
Patrick griff das Wort »Freiheit« auf. »Wahrlich, Roone, die Freiheit, die Liebe und Großmut entspringt.« Er holte die verbogene Kugel aus seiner Tasche.
Delaney betrachtete sie. »Ich habe mit großem Bedauern von dem Ardagh-Kelch gehört. Wenn der irische Präsident es gestattet, lasse ich ihn auf meine Kosten von einem Fachmann restaurieren.«
»Nicht nötig«, sagte der Papst mit spitzbübischem Grinsen. »Ich denke, er ist vollkommen, wie er ist. Er wird alljährlich eine zusätzliche Million Touristen anlocken, die ins Dubliner Nationalmuseum strömen. Wunderbare Legenden werden sich darum ranken, wie der alte Kelch, der ohnehin schon berühmt ist, dem ersten irischen Papst das Leben gerettet hat.«
»Schätze, Sie haben recht.«
»Und jetzt, Roone, wie gesagt, etwas zu beißen.«
Nachdem er den Kaffee probiert hatte, war der Präsident nicht sonderlich erpicht darauf.
Patrick hielt die Kugel in die Höhe. »Ich meine, hier zubeißen. Sehen Sie.« Er biß selbst zu. »Jetzt Sie?«

Dem Präsidenten war vage bewußt, daß der Papst darin wohl eine Symbolik sah, aber was für eine, erschloß sich ihm nicht. Er biß auf die Kugel. Zu hart, er brach sich fast einen Zahn aus und verbiß sich gerade noch einen Kraftausdruck.

»Herzlichen Dank, Roone. Jetzt möchte ich, daß Sie sie bewahren als Zeichen der Freundschaft zwischen zwei Männern, die sich dem Frieden widmen.«

Delaney war überwältigt. Das kleine Metallstück könnte eine Million Dollar wert sein. Sein sympathisches Gesicht faltete sich zu einem Lächeln.

»Ich werde sie fassen lassen, Eure Heiligkeit, und in meinem Amtszimmer verwahren.« Unsicher, womit er sich revanchieren könnte, kramte er in seiner Westentasche und nahm seine offizielle Erkennungsmarke heraus.

Der Papst meinte, sie sei für Charley gedacht. Bis er las: »Delaney, Roone T. – Oberbefehlshaber – 0 (Blutgruppe) – römisch-katholisch.«

»Römisch-katholisch«, sagte der Papst laut. »Das ist großartig.«

»Eure Heiligkeit, wenn ich irgend etwas für Sie tun kann ...«

»Wie großzügig.«

»Mir ist bekannt, daß Sie, wie ich, ein Problem mit Ihrem Budget-Defizit haben. Braucht die Vatikanbank eine hilfreiche Hand? Ich könnte mit der Bank of Amerika reden oder –«

Patrick lachte und rückte seine Brille zurecht. »Ich hatte noch keine Gelegenheit, einen Blick in die Bankgeschäfte zu werfen, aber ich werde Ihr Angebot im Auge behalten.«

»Vielleicht, Eure Heiligkeit, möchten Sie ja vor den Vereinten Nationen eine Rede halten. Natürlich ist es nicht an mir, Sie einzuladen, aber –«

Bei dem amerikanischen Präsidenten war es wie beim Allmächtigen: Alles war möglich.

»Ich könnte den Vereinten Nationen eines Tages etwas zu sagen haben. Wollen wir in Verbindung bleiben?«

Sie beteten kurz in der Privatkapelle des Papstes, einem kühlen Raum aus weißem Marmor und Glasmosaiken. Als sie im Fahr-

stuhl hinunterfuhren, war der Präsident hochzufrieden. Der kleine Papst war in Ordnung. Groß im allgemeinen, klein im besonderen. Onkel Sam konnte mit ihm ins Geschäft kommen, o ja. Ein durch und durch anständiger Kerl.
»Hier«, sagte der Papst zu den erleichterten Leibwächtern, »ich bringe Ihnen Ihren Mann unversehrt zurück.«
Die First Lady, eine Modepuppe, die nie zweimal denselben Gesichtsausdruck trug, unterhielt sich in einem nahe gelegenen Salon angeregt mit Denise Weaver. Trotz all ihrer Fehler nahm Carol Delaney es mit dem Protokoll sehr genau. Nie ging sie vor ihrem Mann durch die Schlafzimmertür. Sogar im Bett nannte sie ihn »Mr. President«.
Sie erzählte Weaver von einem Bankett, das sie im Weißen Haus geben wollte. Liz Taylor hatte zugesagt, ihren neunten und endgültigen Ehemann mitzubringen. Barbra Streisand würde ihren Ruhestand wieder einmal verlassen, um »The Star Spangled Banner« zu singen, vorausgesetzt, sie konnte den Text unauffällig von einer Tafel ablesen.
»Es ist so wichtig, die Besten zu bekommen«, sagte sie.
»Süß«, meinte Ms. Weaver säuerlich.
»Und eines muß ich Ihnen sagen, Frau Premierminister, Schätzchen. Ich war eben auf der Toilette, und wissen Sie was?«
Weaver, die währenddessen den weißen, blaustichigen Pudel der First Lady halten mußte, hatte gehört, daß Carol Delaney tatsächlich »angesichts eines phantastischen Rapha-eels« Wasser ließ.
Abgesehen davon, daß der Pudel mittlerweile angesichts einer phantastischen Pre-mier-miniii-sterin Wasser ließ, war Weaver nicht beeindruckt. Sie besaß eine eiserne Beherrschung. Nach langen Besprechungen klagten ihre Kabinettsmitglieder, daß sie verschwenderisch mit Millionen sei, aber knickerig, wenn es darum ging, einen Penny auszugeben.
Nachdem Papst Patrick die Präsidententruppe verabschiedet hatte, bat er die britische Premierministerin in seine Bibliothek in der zweiten Etage.

14. Kapitel

»Meine Liebe«, sagte er, »soviel ich weiß, tragen Damen gewöhnlich Schwarz, wenn sie mich hier besuchen.«
»So?« meinte Weaver abwehrend.
»Ihr knalliger Aufzug erfreut einem alten Mann das Herz.«
Weaver war noch eingeschnappt, daß Delaney vor ihr empfangen worden war. Was war Amerika schon anderes als ein ehemaliger kleiner, unendlich undankbarer Vorposten des Empires, so wie Belfast? Ihr mißfiel auch, daß der Papst sich während der Messe als »Grüner« gegeben hatte. Warum um Himmels willen mußte er bei der Wandlung irisch sprechen?
»Meine Liebe«, erklärte er und bot ihr einen Stuhl an, »meine Rolle ist streng geistlich. Ich werde niemals *irgend etwas* sagen oder tun, das die Probleme schürt, die Sie in Nordirland haben.«
Dies zumindest war Musik in den Ohren der Premierministerin. Sein Vorgänger hatte in letzter Zeit in Polen, Altjugoslawien, Ungarn und der Ukraine alle möglichen Widerstandsbewegungen provoziert.
»Die IRA-Leute bezeichnen sich als Freiheitskämpfer«, fuhr Patrick fort, »aber in Wirklichkeit sind sie, wie ihre loyalistischen Gegenspieler, Terroristen, nicht?«
Weaver nickte.
»Die vermummten Jungs haben keine Befehlsgewalt vom Volk, und sie haben zuviel Angst, sie mit demokratischen Mitteln zu erlangen.«
Weaver hatte nicht geahnt, daß der neue Papst so gut informiert war.
»Die IRA tötet Männer kaltblütig vor den Augen ihrer Frauen und Kinder, sogar dann, wenn sie am Sonntag aus der Kirche kommen. Sie raubt Banken aus, betreibt Schutzerpressung, schüchtert ganze Gemeinden ein.«

»Sehr richtig, Heiliger Vater«, murmelte die geschwind auftauende Weaver.
»Sie will noch immer den Norden in die Wiedervereinigung bomben.«
»Genau.«
»Leider ging Johannes Paul II. vergebens in die Knie und flehte die Terroristen an, die Waffen niederzulegen. Wenn ich sie exkommuniziere, mehrt das nur ihren Ruhm.«
»Heiliger Vater«, sagte Denise Weaver, sich seiner endlich vollkommen sicher, »als Katholikin gelobe ich Ihnen meine Liebe und Verehrung.«
»Danke.« Der Papst half ihr auf. »Jetzt muß ich Ihnen etwas zeigen.«
Er führte sie zu einer Wand, an der eine Karte von den Britischen Inseln hing. Die lächelnde, entspannte Premierministerin fragte sich, ob er vielleicht das Vereinigte Königreich für seine erste Auslandsreise auserkoren hatte.
»Wollen Sie einem alten Mann ein kleines Planspiel nachsehen?«
Sie war vollkommen hingerissen. »Natürlich, Eure Heiligkeit.«
»Schön, nehmen wir einmal folgendes an: Seit dem sechzehnten Jahrhundert war Irland die Weltmacht, und Irland hatte England kolonialisiert.«
Weaver verkniff sich ein Grinsen. »Das kann man sich schwer vorstellen.«
»Versuchen Sie's. Stellen Sie sich also vor, irische Invasoren haben sämtliche englischen Kirchen geschlossen und Klerus und Laien verfolgt wie Spürhunde. Diese brutalen Iren haben sich geweigert, Protestanten in England zu tolerieren, obwohl sie neunundneunzig Prozent der Bevölkerung ausmachten. Aus Dublin schickten sie einen irischen Cromwell hinüber, falls etwas so Entsetzliches überhaupt vorstellbar ist. Dieser Paddy O'Cromwell hat die Engländer traktiert und ihnen verboten, nach ihrem Gewissen zu beten. Die Einheimischen, die überlebten, wurden nach Westen in die Berge vertrieben. Sie hatten die Wahl zwischen der Hölle oder Wales.«

»Aber –«

»Schlimmer noch, meine Liebe, stellen Sie sich vor, Städte wie Durham, Häfen wie Southampton und Liverpool wurden irischen Kaufleuten übergeben. Während den Protestanten – das heißt Briten – einst ganz England gehört hatte, besaßen sie um 1759 nur noch fünf Prozent davon, nämlich die am wenigsten ertragreichen Gebiete. Ach«, seufzte Patrick und nahm wie mitfühlend ihre Hand, »dann kamen die Bußgesetze, die sogenannten *Penal laws*. Protestanten wurden von der Regierung, den freien Berufen, von Heer und Marine ausgeschlossen. Kein Erbrecht. Die Briten mußten sogar zehn Prozent ihrer Einkünfte an die katholischen Priester abgeben, die möglicherweise kein einziges Gemeindemitglied hatten.«

Es war allein ihr vorschnelles Loyalitätsgelöbnis, das Denise Weaver daran hinderte, den Raum zu verlassen.

»In den 1840er Jahren gab es in England eine furchtbare Hungersnot. Nein, keine richtige Hungersnot. Es wurde genug erzeugt, um das Zweifache der Bevölkerung zu ernähren, aber die Engländer durften auf ihren kleinen Landparzellen nur Kartoffeln anbauen. Die wurden leider durch Schädlinge vernichtet. Trotzdem exportierten die irischen Invasoren englisches Getreide und Vieh nach Irland. Irische Priester versprachen den hungernden Protestanten Brot und Suppe, wenn sie katholisch würden. Englischen Pächtern wurde von irischen Grundbesitzern gekündigt, sobald sie es versäumten, die Pacht für das Land zu bezahlen, das, Sie erinnern sich, eigentlich ihnen gehörte. Die Iren wollten die Engländer durch Vieh ersetzen, das besser in ihre Landschaft paßte.«

Die Premierministerin sah erbittert auf die Uhr, doch der Papst schien es nicht zu bemerken.

»Millionen Engländer hungerten, weitere Millionen flohen auf Totenschiffen nach Amerika. Dessenungeachtet wurden die Einheimischen stärker und forderten Unabhängigkeit.«

»Heiliger Vater –«

»Ostern 1916 gab es in London einen Aufstand. Die Rebellen

sprachen im Namen von König Alfred und der Magna Charta, von Shakespeare und Milton. Der Aufstand schlug fehl; die Rädelsführer wurden im Tower von London erschossen, einer von ihnen im Rollstuhl.

Endlich nahm Dublin Vernunft an. Nach vielem Blutvergießen gab es den Engländern ihre Unabhängigkeit. Nein, nicht ganz: Die irische Regierung beschloß – Sie werden mir verzeihen, wenn ich in Rätseln spreche –, daß ein Teil von England irisch bleiben sollte.«

Patrick drängte Denise Weaver näher an die Landkarte. Mit einem grünen Filzstift schraffierte er ein großes Stück England.

»Sie erkennen diese sechs Grafschaften: Cumbria und Durham, Yorkshire und Lancashire, Derby und Humberside. Dublin behielt sie für sich, und warum auch nicht? Hier befinden sich herrliche englische Kathedralen, Städte und Landschaften.«

Er griff ihren Arm noch fester. »Wenn nun die Engländer von, sagen wir, England nach Schottland reisen wollen, müssen sie durch ausländisches Gebiet, das, obwohl Nordengland genannt, von irischen Soldaten verteidigt wird. Nicht nur, daß alles irisch ist – Trikolore, Busse, Telefonzellen –, Dublin gestattet manchmal Dinge in diesen sechs Grafschaften, die in Irland verboten sind, etwa Plastikmunition und Inhaftierung ohne Verhandlung.«

Weaver sagte in ihrem eisigsten Ton: »Ich bin die britische Premierministerin.«

»Sehr richtig. Sie erinnern mich daran, daß in meinem absurden Szenarium der irische Premierminister von Zeit zu Zeit Nordengland besucht, um die in den sechs Grafschaften lebenden irischen Katholiken zu trösten, die sich von einer wachsenden protestantischen Minderheit bedroht fühlen.«

Weaver knirschte so fest mit den Zähnen, daß sie beinahe Funken sprühte.

»Natürlich, meine Liebe, hegt die kleine katholische Mehrheit in Nordengland ernsthafte Befürchtungen. Terroristen schleichen durch die Grenzgebiete, viele gehen ungebührlich in den Union

Jack gehüllt auf Beerdigungen. In den benachteiligten Protestantengettos erscheinen häßliche Graffiti: ›Iren raus‹ und ›Tötet die grünen Scheißkerle‹. Verzeihen Sie meine Ausdrucksweise, ich bin erst seit wenigen Tagen Papst.
Die irische Presse beschuldigt Sie, die britische Premierministerin, Terroristen innerhalb Ihrer Grenzen Zuflucht zu gewähren. Sie kritisiert Sie scharf, weil Sie sagen, Sie können Ihren Anspruch auf Nordengland nicht aufgeben, ohne Ihre eigene Nationalität zu verleugnen. Durch Ihren sturen Wunsch, daß Nordengland wirklich englisch ist und nicht irisch, fordern Sie zu Gewalt heraus, behaupten sie.
Natürlich schmerzt es Sie zu sehen, daß es England ein Vermögen kostet, an langen, unsinnigen Grenzen zu patrouillieren, die die Iren gezogen haben, nicht Sie. Doch trotz Ihrer berechtigten Wut zeigen Sie Geduld. Eines Tages, so hoffen Sie, wird Dublin das Unrecht einsehen, sechs große englische Grafschaften unter irischer Verwaltung zu belassen, wenn sie doch schlicht und einfach historisch und geographisch zu England gehören.«
»Mehr als sechzig Prozent der Bevölkerung von Nordirland«, zischte die Premierministerin, »haben in einem Referendum dafür gestimmt, britisch zu bleiben.«
»Neunzig Prozent der Bevölkerung von Hongkong haben sich einmal dafür entschieden, britisch zu bleiben, trotzdem hat England es vor über einem Jahrzehnt an China zurückgegeben. Aber, wie gesagt, meine Liebe, der irische Premierminister scheint Ihre Gefühle als britische Premierministerin nicht zu verstehen.
Sie sagen zu ihm: ›Natürlich fühlt eine Mehrheit in der Provinz sich infolge der Art und Weise, wie Sie die Grenze gezogen haben, als Iren.‹ Ich gestehe Ihnen sogar das Recht zu, ihnen zu sagen: ›Männer und Frauen von Nordengland, bleibt irisch, solange ihr wollt.‹ Aber Sie können ihnen nicht sagen: ›Das *Gebiet* wird irisch bleiben, solange ihr wollt.‹ Und warum nicht?«
Weaver verweigerte eine Antwort.
»Ich will es Ihnen sagen. Nordengland kann nicht irisch *bleiben*, weil es nie irisch *war*. Die sechs Grafschaften – Yorkshire, Lan-

cashire und so weiter – sind englisch, waren englisch und werden es immer bleiben. Sie können Iren aus Dublin, Cork und Galway importieren, bis sie die einheimischen Engländer um hundert zu eins überwiegen, Nordengland wird standhaft englisch bleiben. Müßten wir nicht andernfalls zugeben, daß jeder Dieb, der sein unrecht erworbenes Gut lange genug behält, am Ende ein *Recht* darauf hat?«

Denise Weaver strengte sich nach Kräften an, sich seinem Griff zu entziehen, aber er hielt an ihr fest, als wäre sie eine Cromwellsche Ansiedlung.

»Schließlich«, sagte er »– und was sind Sie doch für ein Schatz, auf die Launen eines alten Mannes einzugehen – was, wenn alles so geschehen wäre wie in meiner Phantasiegeschichte? Dann würden Sie, Englands Premierministerin, sicherlich hier bei mir sein, Irlands erstem Papst, und mich anflehen, eine Botschaft an Dublin zu übermitteln.«

»Was für eine Botschaft?«

»Daß Nordengland England ist, war und immer sein wird und es englischen Gesetzen gehorchen und dem britischen Parlament untertan sein soll, daß seine Gerichte englische Gerichte sein sollen, seine Flagge der Union Jack und seine Nationalhymne die britische sein soll – und daß dies so ist, egal, wer zu irgendeinem Zeitpunkt durch Eroberung über einen Teil Englands herrscht.«

Weavers größter Schock stand noch bevor. Papst Patrick ließ sie unvermittelt los, kniete sich zu ihren Füßen und sagte: »Und deswegen, Frau Premierministerin, gehe ich wie mein Vorgänger Johannes Paul II. vor denen auf die Knie, die Gewalt anwenden und –«

Weiter kam er nicht, denn Denise Weaver stürmte hinaus, wobei sie murmelte: »Er ist wahnsinnig. Der Mann ist komplett wahnsinnig.«

15. Kapitel

An diesem Abend dinierte Weaver privat mit Roone Delaney im sogenannten Bubble Room in der amerikanischen Botschaft. Die Wände waren mit Blei verkleidet, und rund um den Tisch zerhackten elektronische Apparaturen alles, was die beiden sprachen.
Weaver hielt nicht viel von dem Präsidenten. Privat erklärte sie amerikanischen Freunden: »Delaney ist nicht imstande, etwas einzuschätzen, am allerwenigsten eure Intelligenz.«
Der Präsident informierte sie über US-Angelegenheiten. Im Laufe der Jahre war das Budget für das Projekt *Star Wars,* die strategische Raketenabwehr, von zweihundert Milliarden auf tausend Milliarden Dollar geklettert. »Aber es lohnt sich, Denise, glauben Sie mir. Wir sind der FIR um fünf Jahre voraus. Präsident Hourani müssen die Knie zittern.«
»Und die neuesten Laserwaffen.«
»General Electric hat hochthermisch leitende Diamanten für uns entwickelt ...«
»Karbon 12er.«
»Ja. Ein Bombenerfolg. Im wahrsten Sinn des Wortes.«
Er beantwortete Fragen zum Verkauf militärischer technischer Ausrüstung an China. Es zahle sich aus. Die Chinesen, seit der Übernahme von Hongkong im Jahre 1997 militanter denn je, planten, zwölf russische Panzerdivisionen, fünftausend Kampfflugzeuge und achthundert Raketen, die meisten davon alte SS-24er, zu übernehmen.
»Die Chinesen«, sagte er, »fürchten, daß die Russen ihre Nordebene nach Peking durchqueren. Die Russen haben eine Heidenangst, daß landgierige chinesische Horden bei ihnen einfallen. So oder so, wir gewinnen. Keiner von beiden wird uns über Generationen hinweg Ärger machen.«
»Und was planen die Chinesen im Weltraum?«
»Um ehrlich zu sein, Denise, wir wissen es nicht genau.«

»Und Saudi-Arabien?«
Die britische Premierministerin befürchtete Schlimmes, seit es eine Republik geworden war.
»Sagen wir einfach«, feixte Delaney, »daß wir mit dem fundamentalistischen Regime zu einer raschen Übereinkunft über Preis und Verfügbarkeit von Öl gelangt sind.«
Weaver lächelte höflich. »Können Sie Hourani trauen?«
»Ich habe mich mit ihm in Kairo verbinden lassen. Hab' ihm gesagt: ›Sprechen Sie ein einziges Mal das magische Wort *Ölembargo* aus, und Sie werden sehen, was Sie davon haben.‹«
Delaney wechselte zu einem näherliegenden Thema. »Wie finden Sie den neuen Papst?«
»Total behämmert.«
Delaney hatte gehört, der Papst habe den französischen Präsidenten gebeten, die verbliebenen von Napoleon geraubten Schätze des Vatikans, die im Louvre lagerten, zurückzugeben. Aber, sagte er zu Weaver, er selbst habe gute Erfahrungen mit ihm gemacht. »Ein weiser alter Vogel, wirklich. Was haben Sie gegen ihn?«
Weaver wiederholte die geschmacklose Parabel des Papstes in allen Einzelheiten.
»Was haben Sie darauf gesagt?«
»Nichts. Was hätten Sie denn gesagt?«
»Hm, um ehrlich zu sein ... für mich klingt es ziemlich unwiderlegbar.«
»Was?« kreischte sie los.
»Keine *Bange*, Denise.« Er füßelte unter dem Tisch mit ihr, um sie zu beruhigen. »Denken Sie an unsere besondere Beziehung. Wenn eines von unseren Ländern einen unmöglichen Fall zu lösen hat, halten wir zusammen, ja?«
Die Premierministerin betrachtete ihn eisig. »Hören Sie, Roone, ich an Ihrer Stelle würde noch heute abend abfliegen.«
Der Präsident wurde blaß. »Ihr Geheimdienst hat –«
»Nein, ich meine, wenn Sie morgen noch hier sind, könnte Papst Patrick Sie zu überreden versuchen, Amerika den Indianern zurückzugeben.«

TEIL DREI

Überraschungen im Vatikan

16. Kapitel

Am 2. Januar reisten die meisten honorigen Besucher aus Rom ab. Am Nachmittag hielt der Papst vor dem Kardinalskollegium und einigen älteren Mitgliedern der Kurie eine Ansprache.

Für den gewöhnlichen Katholiken sind alle Päpste vollkommen. Die Kirchenfürsten sind kritischer. Wie eine Clique alternder Transvestiten saßen sie in der Sala Bologna und hofften auf Hinweise auf das bevorstehende Pontifikat. Bislang war Patrick so transparent wie die Marmorsäule, die ihm beinahe den Schädel eingeschlagen hätte.

Einige erinnerten daran, wie der Holländer-Papst Adrian VI. im Jahre 1522 gewählt wurde. Das Konklave war lange Zeit festgefahren gewesen, als eine Gruppe, um es noch weiter zu verzögern und so die Erfolgschancen ihres eigenen Kandidaten zu verbessern, den Namen eines völligen Außenseiters ins Spiel brachte. Kardinal Adrian von Utrecht war damals für den Herrscher Karl V. in diplomatischer Mission in Spanien. Zum Entsetzen der Gruppe wurde Adrian sogleich von der Opposition unterstützt. Niemand im Konklave hatte ihn je zu Gesicht bekommen. Als die Kardinäle nacheinander hinausgingen und gefragt wurden, was sie bewogen habe, einstimmig einen Unbekannten zu wählen, mußten sie antworten: »Es war das Werk des Heiligen Geistes.«

Adrian VI. erwies sich als Katastrophe. Der heiligmäßige Mann war so dämlich gewesen, die *popolo grassoni* reformieren zu wollen, die fetten Pfründe der Kurie.

Nun, da wieder ein völlig Unbekannter auf dem päpstlichen Thron saß, sorgten sich die Bürokraten natürlich um ihre Arbeitsplätze. Welche Absprachen auch immer im Konklave getrof-

fen werden, kein Papst ist daran gebunden. Er erhält seine Macht unmittelbar von Christus, und diese Macht ist absolut.
Andererseits, waren die Bürokraten erst einmal ernannt, könnte ein Papst ebensogut der Sonne »Bleib da!« zurufen, wie einen Versuch unternehmen, die Bürokraten in Zaum zu halten. Sie handhabten alles ganz korrekt; sie erschöpften sich darin, anderen an die Brust zu klopfen. Ihr Ideal war eine Welt, in welcher die Kirche dem Papst gehorcht und der Papst der Kurie.
Ein paar Sekunden lang beobachtete Patrick in aller Ruhe die zinnoberroten Wolken vor ihm. Die Kardinäle wirkten alle wie von demselben Warenhaus ausstaffiert.
Herr, dein Sohn war ein junger Mann, als er starb. Wie kommt es, daß alle wichtigen Personen, die ihn vertreten, ich eingeschlossen, so furchtbar alt sind?
Von ihrer Geisteshaltung her waren die Eminenzen ein gemischter Haufen. Einige waren Heilige, einige kaum christlich zu nennen. Einige waren so dick, daß ihnen buchstäblich mit Schuhlöffeln in ihre Lehnstühle und wieder heraus geholfen werden mußte. Ein paar gaben offen zu, daß Golgatha nicht ihr Wirkungsort sei; sie seien Geschäftsleute mit Insider-Kenntnissen, die mit der Zukunft auf der anderen Seite des Grabes handelten. Ein paar sagten, sie verkauften lebensüberdauernde Versicherungspolicen an Menschen, die Todesangst vor dem Sterben hatten.
Capalti, ein Kurienkardinal mit Pingpongball-Augen und Buddhabauch, bemerkte mit ungewohnter Aufrichtigkeit: »Jesus hat sein Schicksal verdient.« Er prahlte, wenn es in seiner Macht stünde, würde er die Druckerlaubnis für die Evangelien verweigern, weil sie jeglichem geziemenden Anstand zuwiderhandelten. Er spielte unaufhörlich eine alte CD, »They Don't Make Jews Like Jesus Anymore – Juden wie Jesus gibt es nicht mehr«.
Kardinal Chigi, der wie ein gealterter Conferencier aussah, stellte fest: »Wir haben Jesus als Lehrenden nur, als er ein junger Mann war. Das ist Christentum. Der Katholizismus ist die Religion, die Jesus gelehrt haben würde, wenn er lange genug gelebt hätte, um zum Kardinal ernannt zu werden.«

Patrick legte Montefioris sorgsam vorbereitete Notizen beiseite. »Meine lieben Freunde und Mitarbeiter, einem neuen Papst steht es zu, bei seinem Hauspersonal, beim Staatssekretariat, bei den Kongregationen und so weiter durchgreifende Veränderungen vorzunehmen.«

Mancher Kardinal erbleichte, so daß sein Gesicht von dem Scharlachrot seiner Gewänder abstach.

»Ich beabsichtige, Sie alle zu bestätigen.«

Alle miteinander, Heilige wie Sünder, klatschten wie Schulbuben, wenn der Direktor einen schulfreien Tag angekündigt hat. Einige rieben Daumen und Zeigefinger aneinander, als sei ihnen soeben die Genehmigung zum Gelddrucken erteilt worden. Kardinal Ragno, der zittrige Präfekt der Kongregation für die Sakramente, strahlte in der ersten Reihe.

»Natürlich«, fügte Patrick hinzu, »wenn einer von Ihnen seinen Rücktritt einreichen möchte, kann er es mir jederzeit sagen.«

Die zumeist habsüchtigen alten Männer quittierten dies mit dem Lachen, das ihm gebührte. Viele schüttelten ihren Kollegen ringsum die Hände. Sie kamen erst wieder zur Ruhe, als der Papst sagte: »Sie werden sich vielleicht erinnern, daß Urban VIII. drohte, jeden zu exkommunizieren, der innerhalb der Befriedung des Vatikans Schnupftabak nahm.«

Diejenigen Kardinäle, die das Evangelium mit einer Prise Schnupftabak verinnerlichten, rieben verlegen an den braunen Flecken auf ihren Soutanen.

»Und Innozenz X. hat Tabak verboten.«

Manche gelbe Hand hob sich an einen gelben Mund, um einen Raucherhusten zu unterdrücken.

Der Papst zog seine Pfeife hervor und hielt sie sich an die Lippen. »Ich möchte Sie auch erinnern, daß Pius IX. geraucht hat, und er war, wie Sie wohl wissen, der erste Papst, der für unfehlbar erklärt wurde.«

Sichtliche Erleichterung.

»Wie dem auch sei, meine lieben Freunde, eine wichtige Entscheidung von Paul VI. gibt es, die ich unverzüglich revidieren muß.«

Bestürzung. Kardinal Ragno schürzte die dünnen, zitternden Lippen. Paul VI., von Johannes Paul II. seliggesprochen, war praktisch für nichts anderes als seine strikte Verurteilung der Empfängnisverhütung in Erinnerung geblieben.
Es war schön und gut, wenn der neue Papst sich dem Kardinalskollegium gegenüber liberal zeigte, aber Nachsicht den Laien gegenüber, das war etwas anderes. Die Stille war nahezu greifbar. Ein spanischer Kardinal mit einem Bauch wie ein aufgespannter Regenschirm machte ein erschrockenes Gesicht, als wäre der Papst im Begriff, den Stierkampf zu verbieten. Päpste revidierten nun mal nicht die Entscheidungen ihrer Vorgänger, jedenfalls nicht ausdrücklich.
»Es ist mein Wunsch, daß *alle* Kardinäle am nächsten Konklave teilnehmen, auch die, die über achtzig sind.«
Die Versammlung kam einem Krawall so nahe, wie es älteren Herren, die keine körperliche Betätigung gewöhnt sind, möglich ist.
»Immerhin«, übertönte Patrick das Gebrabbel, »haben die unter achtzig nicht gerade gut daran getan, mich zu wählen.«
Nach weiterem beifälligen und entspannten Gelächter fuhr er fort: »Ich möchte auch eine Verfügung von Johannes Paul II. aufheben. Aus Gründen, die ihm selbst am besten bekannt waren, mißbilligte er die Siesta, auf alle Fälle für andere. Aus Gründen, die uns Römern bekannt sind, führe ich hiermit diesen äußerst geheiligten katholischen Brauch wieder ein. Wohlgemerkt, ich mache ihn nicht zur Pflicht.«
Die Kurienkardinäle staunten über soviel salomonische Weisheit. Der Heilige Geist mußte in Patricks Ohr nisten. Er hatte auch einen so schönen Akzent, anders als sein Vorgänger, der Italienisch sprach, als hätte er Kiefersperre. Rossi, der stellvertretende Staatssekretär, der neben seinem Freund Kardinal Ragno saß, applaudierte lauter als die meisten.
»Nun, meine Freunde« – und sie *fühlten* sich unterdessen als seine Freunde – »für diejenigen, die in der Kurie arbeiten, habe ich nur eine Regel, die von jetzt an die erste im Kodex des kanonischen Rechts sein wird: Liebe deinen nächsten wie dich selbst.«

Alle gluckten beifällig.
»Einigen Menschen geht die Religion über alles, sogar über Gott. Nicht so bei euch. Liebt Gott, liebt eure Mitmenschen, auch wenn sie euch als gesichtslose bittstellende Zettelschreiber vor Augen kommen.«
Höchst ungewöhnlich, dieser neue Papst, fanden die Kardinäle einmütig. Vor wenigen Tagen war er nicht mehr *papabile* gewesen als eine streunende Katze im Forum. Jetzt sitzt er zur Rechten Gottes. Wie *bringt* der Heilige Geist nur ein solches Wunder zustande?
»Nun, meine Freunde, ich habe ein Problem, das Sie mir nachfühlen werden, weil auch Sie es haben.« Er machte eine theatralische Pause. »Es ist nicht leicht, Papst zu sein.«
Die Kardinäle, von denen keiner Höhenangst hatte, wenn es ums Papsttum ging, seufzten vernehmlich vor Mitgefühl.
»Es ist nicht leicht für den Papst«, fuhr Patrick fort, »wie Jesus zu sein. Alle reden mich mit ›Eure Heiligkeit‹ an, als wäre ich der Inbegriff des Heiligen. Einige, ist das zu glauben, nennen mich ›Heiliger Vater‹, sogar ›*Santissimo Padre*‹ – ›Allerheiligster Vater‹. Wenn einer Jesus heilig nannte, sagte er: ›Niemand ist heilig außer Gott.‹ In der Bibel steht auch: ›Ihr sollt niemand Vater heißen außer Gott allein.‹ Trotzdem« – Patrick biß sich auf die Lippe und lächelte wehmütig – »werde ich ›Heiliger Vater‹ genannt.«
Einige Kardinäle regten sich unruhig, außerstande, ihm bei der Lösung dieser kniffligen Aufgabe zu helfen. Manche wieherten, als ihnen der alte Vatikanscherz einfiel: Wenn Johannes Paul II. seine Gebete sprach, redeten er und Gott sich gegenseitig mit »Heiliger Vater« an.
»Ich nehme an, ich werde mit dieser Ironie leben müssen. Dann wiederum denke ich, daß mein Herr oft hungrig war und heimatloser als ein Fuchs oder Vogel. Ich sollte leben wie er. Was nicht leicht ist, wenn man in« – er wies in die Runde – »einem so großen Palast lebt. Mein Staatssekretär hat mir einen Plan gegeben, aber ich verlaufe mich trotzdem in diesem Dschungel von

Kostbarkeiten. Er hat mir einen Kompaß versprochen, der mir helfen soll, den Weg durch die tausend Räume meines neuen Heims zu finden.«
Dem Kardinal von Rio machte dieses Geplauder langsam Spaß.
»Wissen Sie«, fuhr Papst Patrick vertraulich fort, »man läßt mich nicht einmal eine Tür öffnen. Ich war ganz gut im Öffnen von Türen. Bis vor ein paar Tagen tat ich es regelmäßig. Aber wenn das so weitergeht, werde ich vergessen, wie man es macht.
Neulich, Gott möge mir verzeihen, habe ich gegen meinen Hausarrest rebelliert. Ich wollte die kurze Strecke zur Nervihalle zu Fuß gehen; schließlich bin ich kein Invalide. Aber nein, ich wurde in eine weiße Limousine verfrachtet, so groß wie das Cottage, in dem ich als Junge wohnte, *und* mit mehr Annehmlichkeiten. Als ich mich dagegen zu verwahren suchte, schob Tommaso, mein Chauffeur, mich kurzerhand hinein. Warum ein Mercedes, wenn ein luftgekühlter Esel gut genug war für unseren heiligen Herrn?
Bei den seltenen Gelegenheiten, da es mir gestattet ist, zu Fuß zu gehen, ist der Erdboden nicht gut genug für den Heiligen Vater. O nein, die *sanpietrini* rollen ständig rote Teppiche vor mir aus. Das ist, als würde ich fortwährend auf meiner Zunge spazieren.«
Rio stieß Kardinal Burns in die Rippen. »Der Mann wird seine Sache gut machen, Eminenz. Er spricht die Wahrheit.«
Burns' Kehle vibrierte wie bei einem Sänger, aber er bewahrte Ruhe. Mit Lügen kam er gut zurecht. Die Wahrheit war lästig.
»Nun zu meinen Titeln. Sie stehen Kaiser Augustus besser an als dem Träger des Fischerrings. ›Patriarch des Abendlandes, Souverän des Vatikanstaates, Summus Pontifex, Vater der Fürsten und Könige, Herrscher über das Erdenrund‹ und so weiter. Morgen gedenke ich, Fahrräder zu flicken.«
Ein paar Prälaten klopften an ihre Hörgeräte. Andere lachten nervös; denn sie spürten mit Recht, daß es noch schlimmer kommen würde.
»Verzeihen Sie mir, wenn ich dies sage, aber, nun ja, Ihre Kleidung ist viel prächtiger als meine. Ich bedauere Sie. Blendendes Rot gegen mein schlichtes Weiß. Auch wenn Rot Ihre Bereitschaft

symbolisiert, dem Bösen zu widerstehen *usque ad sanguinis effusionem,* bis zum Blutvergießen, ist mir dennoch bewußt, daß es Ihnen peinlich ist. Als Jesus den Täufer in einem Kleid aus Kamelhaar sah, sagte er: ›Was hast du erwartet von einem Mann Gottes? Die sich in Purpur kleiden und in Pracht leben, wohnen in Königspalästen.‹ Ich weiß, daß Sie Fürsten genannt werden, aber sicher nur metaphorisch.«
So manches grauhaarige Haupt nickte, ohne nachzudenken.
»Vor ein paar Tagen hat mir Alberto aus dem geschätzten Hause Gammarelli anvertraut, wieviel er Kurienkardinälen für eine handgestickte Seidensoutane in Rechnung stellt.« Der Papst blickte in die Runde, hielt sich den Handrücken vor den Mund und flüsterte dramatisch: »›Für Gewänder aus gewaschener Seide viertausend US-Dollar‹, hat er gesagt. ›Alberto‹, erwiderte ich, ›Sie dürfen den Papst nicht auf den Arm nehmen. Das ist doch nicht möglich.‹ Daraufhin ging er für mich nachsehen; schließlich wissen wir alle, daß von den zehn Milliarden Menschen auf der Welt fast sieben Milliarden hungern. Alberto kam zurück und entschuldigte sich für seinen dummen Irrtum. ›Jetzt, bei der Inflation, Eure Heiligkeit, sind es viertausendfünfhundert.‹ Es war mir so peinlich für Sie, meine Freunde. Ich wünschte, ich hätte nicht gefragt.«
Das wünschten auch viele Zuhörer. Einige hatten ein schlechtes Gewissen, andere nicht. Einige hatten zumindest Schuldgefühle, weil sie kein schlechtes Gewissen hatten. Einer, der Enochs Weib ähnelte, zog die Augenbrauen hoch, daß sie wie Kolibris aussahen. Ein anderer, der mit Kauen an einem Finger begonnen hatte, dann an zweien, kaute jetzt seine ganze Hand.
»Dann Ihre Titel. *Illustrissimus, Eminentissimus, Reverendissimus* – lauter Superlative, wie italienisches Superbenzin. Meine Freunde, Sie und ich werden uns sicher abwechselnd einer an des anderen Schultern ausweinen. Ich bewundere Ihre Courage, Ihre Ernennung zum Kardinal anzunehmen, wo Sie soviel ertragen müssen. Dennoch, meine lieben Freunde, habe ich eine kleine Sorge.«

Sie überlegten, was das wohl sein könnte.
»Wenn der Zimmermann aus Nazareth in dieser Sekunde hier hereinkommen sollte« – er wies dermaßen dramatisch zur Tür, daß viele Anwesende tatsächlich erwarteten, Jesus käme hereinspaziert – »das wäre ein Schock, was?«
So mancher ältere Prälat schauderte.
»Der arme Jesus würde sich in unserer Gegenwart vielleicht ein klein wenig unwohl fühlen. Wie ein Arbeiter, der in seiner Arbeitskluft in der ersten Reihe der Mailänder Scala erscheint. Entweder müßte er sich umziehen, oder wir müßten uns umziehen, und irgendwie bezweifle ich, daß er derjenige sein würde.«
Alle schüttelten höflich die Köpfe. Die meisten fühlten sich schon miserabel genug, ohne daß Jesus anwesend war. Einige aber, wie Chile und Guatemala, Sri Lanka und Indonesien, Kalkutta und Benin strahlten übers ganze Gesicht; denn sie witterten das Grün eines vatikanischen Frühlings.
»Wir sind hier vollkommen sicher«, fuhr Patrick fort. »Wenn Jesus versuchte, den Vatikanischen Palast zu betreten, würde man ihn nicht hereinlassen.«
Spürbare Erleichterung.
»Meine lieben Freunde«, fuhr der Papst forsch fort, »wir wissen alle, daß es nicht so sehr Ketzerei war, die die Reformation auslöste, als vielmehr die Sünden dieses Hofes. Er war beispielhaft mit seinen Skandalen: Päpste verkauften Ablässe wie Briefmarken. Kardinäle hatten viele Pfründe und lebten von den Erlösen, sie tauschten Diözesen gegen lukrativere Klöster, vererbten Bistümer wie Landparzellen an ihre Kinder und Kindeskinder. War ein neuer Papst gewählt, hofften die Römer, daß er sehr reich war, weil sie seinen Palast zu plündern pflegten. Weswegen die Kardinäle ihr Hab und Gut, Gold, Silber und Diamanten, mit ins Konklave nahmen.« Er atmete dankbar aus. »So ist es heute nicht mehr. Ich bezweifle, daß etwas aus dem irischen Kollegium entwendet wurde an dem Tag, als ich gewählt wurde. Und Sie, das weiß ich, tun Ihr Bestes, um wie Jesus zu leben.«
»Unser Allerbestes«, murmelten einige.

»Wir müssen unserer wahren Autorität Priorität geben. Vorgesetzte müssen Untergebene werden. Wir dürfen uns nicht um das Morgen sorgen. Wir müssen dienen, statt uns bedienen zu lassen, und unseren Jüngern die Füße waschen.«

Obwohl keiner seiner Zuhörer in letzter Zeit viele solche Füße gewaschen hatte, wiegten sie sich dank auswendig gelernter Evangeliumsphrasen in falscher Sicherheit. Ein alter Kurienkardinal döste sogar ein, um aber gleich darauf mit einem Schnaufer aufzuwachen.

»Ich wußte, daß Sie mich unterstützen würden«, sagte der Papst. »In Rom herrscht großer Priestermangel. Ich verlasse mich darauf, daß die Kardinäle, die in der Heiligen Stadt residieren, am Wochenende in Vorstadtkirchen aushelfen werden, daß sie sich als Kapläne in Knabenvereinen und Nervenheilanstalten betätigen. Schließlich ist das Hören der Beichte von ein paar heiligen Nonnen kaum ein adäquates Apostolat für Männer, die in der Liebe Gottes entflammt sind, nicht wahr?«

Als niemand antwortete, fuhr er fort: »Nun, wie ich höre, haben wir viertausend Beschäftigte im Vatikan. Arbeiten sie hart?«

»Faul wie die Beduinen.« Die Antwort Selvaggis, eines fetten Kurienkardinals, bekannt als Bakschisch, der angeblich den besten Weinkeller in ganz Rom besaß, löste gedämpfte Heiterkeit aus.

»Ich möchte Ihnen einen Freund von mir vorstellen.« Der Papst nickte Frank Kerrigan zu, der die Tür öffnete und einen Gärtner hereinführte, der heftig errötete, während er seine Mütze in den erdverkrusteten Händen wand.

Rio murmelte Burns ins Ohr: »Wenigstens ist es nicht Jesus.«

»Gestatten Sie«, sagte Patrick, »daß ich Ihnen Sergio Fantucci vorstelle.«

Sergio stand noch auf der Liste der Beschäftigten des Vatikans. Alles andere als gut bei Kasse, hatte er Glück gehabt, seine Wetten abzudecken. Der einzige von vier Buchmachern, der Geld herausrückte, war der, der die kleinste Wette angenommen hatte. Einer hatte sich spurlos aus dem Staub gemacht. Ein anderer, ein ehemaliger Olympiaschwimmer, tauchte in den Tiber und wurde von der Ver-

schmutzung bezwungen. Der dritte drohte, Sergios Cousin Mario wegen korrupter Praktiken vor Gericht zu bringen, worauf beide beschlossen, ihren Anspruch nicht geltend zu machen.
Der Gärtner senkte seinen schwarzen Lockenkopf. »*Monsignori*« – und er verbeugte sich noch einmal.
Einige erkannten in ihm denjenigen, der dafür verantwortlich war, daß der Papst in der Sixtinischen Kapelle beinahe getötet wurde. Viele sahen dies jetzt mit gemischten Gefühlen.
»Danke, daß Sie ein paar Minuten von Ihrer kostbaren Zeit für uns erübrigen, Sergio«, sagte der Papst. »Würde es Ihnen etwas ausmachen, uns zu erzählen, wie viele Wochenstunden Sie in den Gärten arbeiten?«
Sergio hob die edle Römernase gen Himmel, als wolle er sagen, nur der Protokollengel könne solch endlose Zahlen addieren.
»Fünfzig, sechzig. *Chi lo sa?* Wer weiß, Eure Heiligkeit?«
»Wie viele *bambini* haben Sie?«
»*Bambini?*« Wieder Zuflucht gen Himmel. Dann schließlich: »Zwölf oder so, schätze ich.« Die Resultate außerehelicher Affären rechnete er nicht mit.
»Ein großer Katholik«, sagte der Papst anerkennend. Er wußte, daß die Geburtenrate in Italien niedriger lag als in China.
»Außerdem wohnen meine alten Eltern bei uns, Vater und Mama«, erklärte Sergio unaufgefordert und zupfte sich an seinem Walroßschnurrbart.
»Ah, und womit ernähren Sie sie?«
Sergio verdrehte die großen schwarzen Augen, straffte das Kinn und breitete in einer verzweifelten Geste die Arme aus. »Pasta.«
»Ja, ja, aber was gibt es zum Frühstück?«
»Pasta, Eure Heiligkeit.«
»Abendessen?«
»Pasta.« Sergio hielt die linke Hand hoch, einen winzigen Zwischenraum zwischen Daumen und Zeigefinger lassend. »Vielleicht ein kleines bißchen mehr Pasta als zum Frühstück.«
Der Papst erhob sich, nahm Sergio am Arm und führte ihn zur Tür. »*Grazie tanto*«, sagte er. »*Addio.*«

Die Kardinäle waren zu erschüttert, um aufzustehen.

»Nun, meine Freunde«, fuhr der Papst fort, »obwohl er sechzehn Mäuler zu füttern hat, bezieht Sergio nur einen Bruchteil des Einkommens von einem Kardinal ohne Angehörige. Auch kann er nicht täglich die Messe lesen, für eine Gebühr von einhundert Dollar oder mehr pro Lesung. Wir waren uns doch alle einig, nicht wahr, daß in der Kirche die ersten die letzten sein sollen und die letzten die ersten?«

Alle nickten, die meisten kaum merklich.

»Sie zwingen mich also, die Gehaltsstrukturen des Vatikans zu überdenken. Von heute an müssen wir den *piatto cardinalizio*, den Kardinalspfennig, angleichen. Diejenigen unter Ihnen, die der Kurie angehören, werden, im Einklang mit Ihrer hohen Stellung und Nähe zu Jesus, einen Gärtnerlohn erhalten. Die übrigen werden zweifellos darauf bestehen, denselben Lohn zu bekommen wie ihre bescheidensten Hilfspfarrer.«

Die betroffenen Blicke der Eminenzen ließen vermuten, daß der Papst das richtige Mittel gegen Scharlach gefunden hatte. Ihnen war nicht klar gewesen, daß Christentum soviel mit ihnen zu tun hatte. Unter ihren Capes deuteten ein paar italienische Hände auf ihn, nur den Zeigefinger und den kleinen Finger ausgestreckt.

»Beim Blut der Madonna«, preßte Siri hervor, ein Sizilianer aus Mafialand, mit schillernden Augen und einem Kiefer, der Samson neidisch gemacht hätte. »Eine Kugel für seinen Rücken, *stoppaglieri*, einen Korken für sein großes Maul.«

»Erzbischöfe«, sagte der Papst, »werden entsprechend etwas mehr erhalten, Bischöfe noch etwas mehr und so weiter, durch die ganze Skala von Monsignori, bis hinunter zu Priestern wie mein Sekretär. Dadurch wird Geld freigesetzt, um die Löhne von armen verheirateten Männern wie Sergio anzuheben. Natürlich, meine Freunde, wird sich Ihre Pension nach den gegenwärtigen Bezügen richten. Das ist nur gerecht, wenn Sie aus der Kurie ausscheiden.«

Erleichterungsäußerungen auf allen Seiten.

»Nun, irgendwelche Einwände?« Bevor ein wahrer Wald von

Händen in die Höhe schoß, fügte er hinzu: »Theologische Einwände.«
Nur Rio, die Zunge in der Backe, fragte: »Und Sie, Eure Heiligkeit, wie hoch wird Ihr Gehalt sein?«
»Ich bin Petri Nachfolger. Selbstverständlich bekomme ich nichts außer meinem Lebensunterhalt. Diese weiße Soutane wird meine einzige sein. Ich gedenke sie nur zu höchsten Anlässen zu tragen. Noch Fragen?«
Keine Fragen.
»Dann danke ich Ihnen für Ihre einmütige Unterstützung.«
Lächelnd erteilte Papst Patrick ihnen seinen Segen und ging mit Montefiori hinaus, der die ganze Zeit teilnahmslos wie ein Kamel dagesessen hatte.
Draußen fragte der Papst: »Nun, Giuseppe, habe ich sie für mich gewonnen?«
»Ich nehme an, Eure Heiligkeit, die Kommentare von einigen werden nicht gerade aus der Bergpredigt sein.«

Das Heilige Kollegium teilte sich in kleine, lärmende Gruppen auf. Während diejenigen aus der Dritten Welt sich zu ihrer Klugheit gratulierten, einen Pontifex mit den richtigen Ideen gewählt zu haben, waren die Kurienkardinäle ausgesprochen papstmörderisch gestimmt. Der Papst hatte sie unter der Gürtellinie getroffen.
Madrid sah auf seine Uhr – es war 17.00 Uhr – und murmelte Zeilen von Lorca zum Tod eines Matadors: »*Un ataúd con ruedas es la cama / a las cinco de la tarde.* Ein Sarg auf Rädern ist kein Bett / um fünf Uhr nachmittags.«
Ein Kardinal der Rota, der wie Barbara Cartland aussah und als Erzengel bekannt war, bediente sich einer Sprache, die die Tauben hören und die Stummen sprechen. Das Gesicht ausdruckslos, um höchster Verachtung Ausdruck zu verleihen, zog er sein Cape aus, hielt es mit den Fingerspitzen auf Armeslänge, ließ es fallen und stapfte ohne einen weiteren Blick hinaus.
Die Auslese der Kardinäle hatte begonnen.
»Der Kaplan des Teufels will ein Großreinemachen, gut, soll er's

haben«, schnaubte ein Kardinal mit aufgedunsener Nase. Und ein anderer sagte im Stil Miltons: »Rücktritte werden kommen, dicht und geschwind wie das Fallen der Herbstblätter in Vallombrosa.« Wieder ein anderer stöhnte: »Wie soll ich jetzt meinen Mitgliedsbeitrag für den Acqua Santa bezahlen?« Dieser, an der Via Appia gelegen, war der exklusivste Golfclub in Italien.
Kardinal Ragno, der die Zähne eines Dobermannpinschers zeigte, sagte rachsüchtig zu Rossi: »Ich hoffe, Jesus wird den Genossen Patrick bald zu sich holen.«

Wieder in seiner Penthouse-Suite im Grand Hotel, blickte Kardinal Burns mißmutig in seinen Martini und rührte lässig zwei Oliven. Schon bereute er es, den Präsidenten angerufen und nicht nur geprahlt, sondern seine Rolle bei Patricks Wahl gar noch übertrieben zu haben.
Zu dem fast beschwipsten Philadelphia sagte Burns: »Ich habe mitgehört, wie Kardinal Rossi gesagt hat, er hoffe, Patrick würde schließlich vergiftet werden wie Papst Alexander VI.«
Sapieha leerte erneut sein Glas. »Jemand hat mir erzählt, Patricks Wahl war *cosa diabolica,* Teufelswerk.«
Burns dachte eine Weile darüber nach. »Weißt du was, Kammy? Irgendwie habe ich das Gefühl, daß wir einen Fehler gemacht haben.«

17. Kapitel

Tags darauf begann Papst Patrick, mit einer alten schwarzen Soutane bekleidet, Fahrräder zu flicken, wie er es versprochen hatte. Im Garten hatte Sergio Fantucci einen kleinen runden Pavillon ausgeräumt, der noch aus der Zeit Leos IV. stammte und den der Papst für seine Nachmittagsbeschäftigung vortrefflich geeignet fand. Der Pavillon hatte sogar einen an die Decke gemalten Löwen mit zwei blitzenden Sternen als Augen.

Das erste Fahrrad, das Patrick flickte, gehörte Sergios Onkel. Es war ein uraltes Modell, das dem Papst vertraut war. Er setzte die Kette ohne Schwierigkeiten instand. Die Lenksäule war verbogen, aber er richtete sie gerade und verstärkte sie mit einer Klampe. Er wechselte die Schutzbleche aus. Am Ende ölte er das ganze Gefährt.

Sergio betrachtete das Rad aus allen Blickwinkeln und betonte fünf Minuten lang, nie habe er ein solches Kunstwerk gesehen. Tatsächlich sah es jetzt viel besser aus als an dem Tag vor fünfunddreißig Jahren, als es gekauft worden war. Er überredete den Papst, Pater Kerrigan ein Foto von Seiner Heiligkeit aufnehmen zu lassen, wie er ihm, Sergio, das Fahrrad als Geschenk an die Armen überreichte.

»Ausschließlich für mein privates Album. Morgen, Eure Heiligkeit, bringe ich Ihnen dann das nächste Rad.«

Binnen einer Woche war ein Dutzend Fahrräder im Schuppen gestapelt. Anfangs kamen vatikanische Arbeiter an die Tür, um zuzuschauen, doch bald gewöhnten sie sich an den Anblick.

»Dieses Rad«, sagte Sergio eines Nachmittags, »gehört einem ganz armen Kerl in Trastevere.« Er vergaß zu erwähnen, daß es sein eigenes war.

»Ich werde ihm Vorrang geben«, versprach Patrick.

Er berechnete nichts für seine Arbeit, nur für die Ersatzteile, die ihm Sergio jeden Morgen mitbrachte. Frank Kerrigan ging gerne zur Hand. Es war eine Abwechslung von der muffigen Atmosphäre im Palast.

Der Staatssekretär war anderer Meinung. Er brauchte zehn Tage, bis er entdeckte, was der Papst trieb. An einem sommerlich warmen Nachmittag im Winter kam er fuchsteufelswild in den Garten, vorbei an dem galeonenförmigen Bronzebrunnen. Besonders erbost war er über die zahlreichen Rücktritte von der Kurie. Drei hochqualifizierte Prälaten hatten es abgelehnt, Kardinäle zu werden, mit der Begründung, sich eine Beförderung nicht leisten zu können.

»Sind Sie gekommen, um mitzuhelfen, Giuseppe?«
Montefiori funkelte die Fahrräder an, zu wütend, um zu antworten. Dies war der Ort, wo Pius XII. angeblich dieselbe Erscheinung gehabt hatte wie die drei Kinder von Fatima im Jahre 1917: die am Himmel tanzende Sonne.
»Das hier, Eure Heiligkeit«, platzte er heraus, »*das* ist lächerlich!«
Der Ausbruch ließ Charley, der im Schatten der Kuppel seine Siesta hielt, im Schlafe schaudern.
Patrick war aufrichtig bestürzt. »Warum?«
»Weil ... weil Sie Papst sind.«
»Aber, Giuseppe«, entgegnete der Papst, bemüht, einen Streit zu vermeiden, »es ist bloß ein Hobby. Wie unfehlbar sein.«
»Es schickt sich nicht für den Pontifex Maximus, sich so aufzuführen. Und das vor den Augen der Arbeiter.«
Der Papst wischte sich die Hände an einem schmierigen Lappen ab. »Ist es denn so schlimm, wenn das Volk weiß, daß auch der Papst körperlich arbeitet?«
Montefiori sagte: »Sie haben Wichtiges zu tun.«
»Wichtig?« Der Papst war aufrichtig verblüfft. »Steht der Diener über seinem Herrn?«
Der Kardinal stampfte mit den Füßen auf und gab keine Antwort.
»Jesus hat den größten Teil seines Lebens damit verbracht, Gegenstände instand zu setzen. Pflüge, Tische, Stühle. War das auf unwichtige Dinge verschwendete Zeit?«
Montefiori berührte versehentlich ein Fahrrad. Er rieb seine Finger gegeneinander, um die Schmiere abzubekommen, und dabei fiel ihm auf, wie geschmeidig sie waren. Er erinnerte sich an seinen wunderbaren Vater, einen Töpfer. Wie rauh waren seine großknochigen Hände gewesen, und seine Fingernägel immer vollgekleistert mit Ton.
»Sobald die Sendung unseres Herrn begann, Eure Heiligkeit, gab unser Erlöser sie auf, diese ... diese ...«
»Albernen Betätigungen? Woher wollen Sie wissen, ob er nicht nach einem Sturm Petrus' Boot geflickt hat? Hat der heilige Pau-

lus nicht Teppiche geknüpft, als er die Kirchen in Kleinasien gründete? Ist der heilige Petrus nicht zu dem einzigen Handwerk zurückgekehrt, das er konnte, der Fischerei, sogar nach der Auferstehung?«

Montefiori stand keuchend da. Ihm deuchte, daß Fahrräder flicken für einen Jünger Jesu schön und gut war, aber Gift für den Patriarchen des Abendlandes.

»Würde es helfen«, meinte der Papst entgegenkommend, »wenn ich eine Zimmermannslehre machte?«

Montefiori schniefte geräuschvoll und knöpfte seine prächtige Soutane auf.

»Was tun Sie da, Giuseppe?«

Keine Antwort. Kardinal Montefiori, päpstlicher Staatssekretär, begann, einen platten Reifen aufzupumpen.

Wie Montefiori voraussagte, verbreitete sich die Neuigkeit vom Hobby des Papstes in der ganzen Stadt, und die Weltpresse berichtete darüber. Sergios Onkel hatte sich für zweitausend Dollar von seinem Fahrrad getrennt. Einigen armen Familien wurden ähnliche Summen gezahlt.

Nicht lange, und elegant gekleidete Geschäftsleute rempelten sich gegenseitig an, während sie am Ende eines Arbeitstages an der Porta Sant'Anna warteten. Sie folgten Sergio, wenn er die Fahrräder zu ihren Besitzern zurückbrachte. Letztere wurden überredet, sie »für amerikanische Dollar, bar auf die Hand« abzugeben. Sergio sackte zwanzig Prozent ein.

Die Räder landeten in einigen der renommiertesten Büros der Welt. Eines hing an der Wand von Exxon in New York neben einem Stein mit Loch von Henry Moore. Ein anderes kam ins Chefbüro von C&A in Holland. Eines war bei Hoffmann-La Roche in Basel. Die Messingschilder unter den glasumschlossenen Exponaten trugen die Inschrift: »Repariert von Seiner Heiligkeit Papst Patrick«. Ein irisch-amerikanischer IBM-Manager zeigte sein päpstliches Fahrrad in einer ständigen Ausstellung neben zwei Hickorystühlen von Ex-Präsident Jimmy Carter.

Frank Kerrigan sagte einmal zum Papst: »Wenn Sie dem Roten Kreuz einen halben Liter Blut spendeten, würde es in New York milliliterweise versteigert.«
Montefiori bestätigte dies. Er erinnerte Patrick daran, wie der *valet de chambre* von Pius IX. einst Borsten von der Haarbürste des Papstes unter seinen Freunden verteilt hatte.

Eines Nachmittags trat Montefiori in das private Arbeitszimmer des Papstes. »Das Spiel mit den Fahrrädern ist aus, Eure Heiligkeit.« Als der Papst sagte, daß die Armen davon profitierten, schüttelte der Kardinal den Kopf. »Nicht nur die Armen.«
Es gebe seines Wissens jetzt allein sechs Fabriken in Neapel und vier in Turin, die nichts als »alte Fahrräder, vom Papst repariert« produzierten, komplett mit dem päpstlichen Echtheitssiegel. Diese Fälschungen würden zu astronomischen Preisen an Touristen verkauft.
»Schändlich wie der Verkauf von Ablässen«, kicherte Frank.
Tags darauf stand im *L'Osservatore Romano* eine Notiz: »Wegen dringender kirchlicher Arbeiten gibt Seine Heiligkeit Papst Patrick bekannt, daß er sich außerstande sieht, weiterhin Fahrräder zu flicken.«
Als Frank sie ihm zeigte, sagte Patrick: »Ich sehe die Notwendigkeit ein, aber schade ist es trotzdem.«
Schwerer zu ertragen war der Verlust eines guten Freundes. Sergio Fantucci wurde von Sotheby's, New York, abgeworben. Seine Rolle als Sonderberater des Papstes galt durch das Bild von ihm und Patrick in den vatikanischen Gärten als erwiesen. Nur er war imstande, die fünfzig bis sechzig echten Fahrräder von den etwa hunderttausend Fälschungen zu unterscheiden, von denen die meisten in Köln und Kalifornien gelandet waren.
Ein weiterer Kummer für den Papst war es, daß Sergio, hochmodisch ausgestattet, den prächtigen Walroßschnurrbart zu einem dünnen Strich ausgedünnt, sich in eine reiche geschiedene Frau aus Fort Lauderdale, Florida, verliebte.
Patrick bat ihn mehrmals in handgeschriebenen Briefen, heimzu-

kehren zu seinen Lieben. Sergio hörte nicht auf ihn, sondern versteigerte kurzerhand die Briefe.

18. Kapitel

Einen Brief erhielt Patrick jedoch, der ihm Freude machte. Von Seamus, seinem ältesten Bruder.

Lieber Brian,

falls ich Dich noch so nennen darf. Gratuliere zum Papst. Wir sind alle ganz aus dem Häuschen, und ich wette, Mutter und Vater spendieren im Himmel ein paar Runden Guinness. Alle sagen, Irland fühlt sich jetzt irgendwie sicher.
Papst! Ich weiß, Du wolltest es nicht werden, drum habe ich gebetet, daß Du es nicht wirst, aber Gott hat mich nicht erhört. Ich denke, er weiß es am besten, Brian.
Mrs. Tommy Hennelly in der Collins Street, die jeden Tag in der Kirche ist, bis sie schließt, um nicht ins Fegefeuer zu müssen, sagt, sie hat immer gewußt, daß Du es wirst. Und Pater Donal sagt, er hat gehofft, daß Du es wirst, damit Du Bob Geldof heiligsprechen kannst, der soviel für hungernde Schwarze getan und letztes Jahr drei Wunder gewirkt hat, obwohl die Frau von einem gesagt hat, sie wollte eigentlich nicht, daß ihr Mann noch am Leben bleibt.
Natürlich haben wir das »Tedeum« für Dich gesungen. In der Messe, wenn Pater Donal für die Absichten des Papstes betet, schauen alle mich an. Ich bin sechzigmal fürs Fernsehen und die Zeitungen interviewt worden, besonders für Farmer's Journal, *und überall, wo ich hinkomme, und das ist die reine Wahrheit, sehen mich die Leute an, drum muß ich jetzt meine Stiefel wich-*

sen und einen Schlips tragen. Ich kann mir denken, wie Du Dich fühlst. Vollkommen erledigt, schätze ich, bloß davon, daß sie Dich ständig anglotzen.
Ich habe mir überlegt, wenn Du Grundsteuer zahlen mußt auf den Palast, in dem Du wohnst, wie willst Du das schaffen? Komischer Gedanke. Wenn ich, wie befürchtet, mit drei Jahren am Krupphusten gestorben wäre, würde Dad gewollt haben, daß Du den Hof bekommst, und dann hättest Du jetzt die fünfzig Morgen, statt Papst zu sein. Beweist das nicht besser als alles andere, daß es Gott gibt?
Wenn Du jemals wieder nach Irland kommst, gib mir auf alle Fälle Bescheid. Bete für Deinen alten Bruder, falls Du Zeit dafür hast.

In Liebe und Gebet,
stets Dein Seamus

Montefiori suchte den Papst jeden Morgen und jeden Abend in seiner Suite auf, um dringende kirchliche Angelegenheiten zu besprechen. Er berichtete, daß Johannes Paul nach seiner Reise nach Jerusalem den brennenden Ehrgeiz hatte, China zu besuchen. Tatsächlich hatte er Montefiori nach Peking geschickt, um die Möglichkeiten auszuloten.
»Und was ist passiert, Giuseppe?«
»Lee Jing Chang, das chinesische Staatsoberhaupt, erklärte, nachdem sein Volk so eng gepackt sei wie Reis in einer Dose, würden selbst zwei Kinder pro Ehepaar für alle eine Katastrophe sein. Empfängnisverhütungsmittel mochten wohl gegen das Moralgesetz verstoßen, aber sie seien lebensnotwendig für das Überleben der Menschheit. Worauf ich ihn fragte, ob er es jemals mit natürlichen Methoden der Empfängnisverhütung versucht habe.«
Patrick amüsierte sich über den köstlichen trockenen Witz, mit dem Montefiori seine außergewöhnlichen Geschichten erzählte.
»Was hat Lee Jing Chang gesagt?«
»Die einzige natürliche Methode, die in China funktioniere, sei

die wiederholte Akupunktur der Geschlechtsteile mit einem Schnitzmesser.«
Der Papst mußte schwer mit sich kämpfen, um nicht zu lachen.
»Ich sagte zu Lee Jing Chang«, fuhr der Kardinal ernsthaft fort, »wenn er Johannes Paul ein Visum bewilligte, würde er sehr diskret sein. Schlicht die chinesische Mauer angucken und sagen: ›Ich bin ein Chinese.‹«
»Und?«
»Lee Jing Chang erwiderte: ›Wenn unser Volk auch nur andeutungsweise von seiner Doktrin erfährt, daß *jeder* Geschlechtsakt der Fortpflanzung dienen muß –.‹ Das Visum wurde abgelehnt.«
Patrick brüllte vor Lachen, während Charley mit dem Schwanz wedelte und sich auf den Rücken warf, um an der Heiterkeit seines Herrchens teilzuhaben.

Ein andermal berichtete Montefiori dem Papst etwas, das er in der *Washington Post* gelesen hatte.
Morgan J. Katz, ein Demokrat aus Ohio, hatte es mit Ersatzteil-Chirurgie ins »Guinness-Buch der Rekorde« gebracht. Herz, Lungen, Leber, Nieren, Bauchspeicheldrüse, Gallenblase, Hüftgelenke, Knie, Kiefer, Hornhäute, Hoden, Gehirnzellen, Sinn für Humor, alles war ihm transplantiert worden. Zum Schluß hatte er gar ein Haartransplantat von einem geeigneten Spender erhalten. »Das Schmerzhafteste von allem«, scherzte der kraushaarige Mr. Katz.
Dem Bericht zufolge hatte dieser eigentlich liebenswerte Mann einen eingefleischten Republikaner in der New Yorker U-Bahn mit einem Eispickel totgehackt. Es war ein rein zum Vergnügen begangenes Verbrechen.
Bei der Gerichtsverhandlung führte sein Anwalt aus, es sei herzlich wenig von dem ursprünglichen Mr. Katz übrig, um ihm einen Mord anzuhängen. Der Mord sei einem verstorbenen kalifornischen Senator mit bekanntermaßen kriminellen Neigungen zuzuschreiben, dessen Herz jetzt in Katz schlug. Der Verteidiger versprach, sollte sein Klient freigesprochen werden, wie es alle De-

mokraten verlangten, werde das anstößige Organ baldmöglichst gegen das Herz einer heiligen irischen Nonne ausgetauscht.
Katz wurde zum Tode verurteilt.
Montefiori schloß mit den Worten: »Der Präfekt für die Glaubenslehre läßt fragen, ob Sie wohl eine Enzyklika gegen derlei Dinge verfassen möchten?«
»Gegen was für Dinge?«
»Transplantationen.«
»Eher verfasse ich eine Enzyklika gegen die Todesstrafe«, sagte der Papst.

19. Kapitel

Eines Abends berichtete Montefiori dem Papst, daß der amerikanische Fernsehsender CNN soeben vier simultane Anschläge auf das Leben von vier Staatsoberhäuptern gemeldet hatte.
Der belgische Premierminister war in Brüssel niedergeschossen und tödlich verletzt worden.
Der französische Premierminister war zufällig einer Autobombe entgangen; er hatte sich nicht wohl genug gefühlt, um an einer Besprechung im Elyséepalast teilzunehmen. Sein Stellvertreter wurde in Stücke gerissen.
Der Jaguar der britischen Premierministerin wurde gerammt, als er auf dem Weg zum Westminsterpalast aus der Downing Street kam; der hochexplosive Sprengstoff im Lieferwagen des Mörders war nicht detoniert.
Ein mit Sprengstoff beladenes Leichtflugzeug wurde nur hundert Meter vom Weißen Haus abgeschossen, als Delaney sich in seinem Amtssitz aufhielt. Ein aufmerksamer Wächter mit einem handbetriebenen Raketenwerfer hatte dem Präsidenten das Leben gerettet.

Im Westen zweifelte niemand daran, daß die FIR hinter diesen Greueltaten steckte.
Der Papst bat seinen Staatssekretär, die gebotenen Telegramme zu schicken.
Zwei Tage später händigte Montefiori Patrick die neueste Ausgabe der *Time* aus. Sie enthielt einen Knüller. George Waqif war es gelungen, den Präsidenten der FIR in einem Büro in Teheran zu interviewen.
Hourani war im Profil abgebildet. Er saß in einem mit Gold eingelegten Sessel und befingerte seine Perlen. Hinter seinem Kopf war eine große Fotografie von Ayatollah Khomeini zu sehen. Hourani, der allgemein als führender Kopf des Weltterrorismus galt, war in unnachgiebiger Stimmung.
Darf ich mit der Frage beginnen, was Sie von dem verstorbenen Papst Johannes Paul II. hielten?
Ein sentimentaler Schwächling.
Das wird viele unserer Leser überraschen.
Er hat geglaubt, Lämmer und Löwen könnten miteinander spielen.
Sie können es nicht?
Löwen verspeisen Lämmer zum Frühstück.
Manche Leute achteten Johannes Paul wegen seiner disziplinarischen Strenge.
Er war ein Schlaffi.
Pardon?
Er glaubte an Rechte für alle, sogar Schwachsinnige und Frauen. Ein Wunder, daß er keine Rechte für Schafe und Ziegen gefordert hat.
Welche Rechte haben Muslime?
Nur eins. Das Recht auf das Paradies.
Manche sagen, Sie sind einer der mächtigsten Männer der Welt.
Macht habe ich keine. Alle Macht gehört Allah.
Aber Öl verleiht Ihrem Volk doch sicher Macht auf Erden?
Das leugne ich nicht. Ich werfe der entthronten Königsfamilie von Saudi-Arabien vor, die Bedeutung des Öls nicht erkannt zu haben. Es ist keine Ware. Keine gelegentliche Erpressungswaffe.

Nicht bloßer Reichtum. Sondern Macht. Allah hat die Macht des Islam in ihren Wüsten vergraben. Darüber nichts als Sand und Himmel. Allah nahm seinen Auserwählten alles, was ihnen Trost und Ruhe bringt. Dafür gab er ihnen Macht.

Macht wozu?

Um über den großen Satan der christlichen kolonialistischen Welt zu herrschen.

Dann stimmt es also, daß der Islam die Weltherrschaft anstrebt?

Ihr Thomas Paine hat gesagt: »Mein Land ist die Welt.« Wir Muslime sagen: »Die Welt ist mein Land.«

Sie hassen besonders die Amerikaner?

Ja.

Ich bedauere, das zu hören.

Warum? Ist es nicht gut, zu hassen, was schlecht ist?

Wenn der amerikanische Präsident säße, wo ich sitze, was würden Sie ihm sagen, um zu versuchen, die Beziehungen zu verbessern?

Bereue.

Und die Zukunft Amerikas?

Der Aschenhaufen der Geschichte.

Manche sagen, um Ihre Ziele zu erreichen, billigen Sie Terrorismus.

Was meinen Sie mit diesem häßlichen Wort?

Das Töten Unschuldiger.

In diesem Fall verurteilen alle Muslime Terrorismus.

Wollen Sie damit andeuten, daß es rechtens ist, jene zu töten, die Sie für schuldig halten?

Wollen Sie andeuten, daß es nicht rechtens ist?

Was rechtfertigt Mord?

Die Verletzung von Allahs Willen.

Was stellt so eine Verletzung dar?

Lesen Sie den Koran, er beantwortet alle Fragen.

Aber ist er nicht ein religiöses Buch?

Er ist alles.

Politik eingeschlossen?

Natürlich.

Was ist der Unterschied zwischen Religion und Politik?

Es gibt keinen. Nur Dummköpfe meinen, es gäbe einen. Darum verlaßt ihr doppelsinnigen Abendländer, wenn ihr protestieren wollt, eure Kirche und geht auf politische Versammlungen. Wenn wir Muslime revoltieren, gehen wir in die Moschee.

Dann werden in einem islamischen Staat nur Religionsgesetze toleriert?

Toleriert? Nein, von allen begrüßt.

Ihre Religion verbietet den Genuß von Alkohol?

Unser einziger Wein sind Poesie und Blumen, und weder das eine noch das andere macht uns zu Scheusalen.

Sie sind gegen Demokratie, wenn ich Sie richtig verstehe?

Ayatollah Khomeini hat gesagt: »Demokratie ist ein Wort des Westens, und wir wollen sie nicht.«

Warum nicht?

Demokratie braucht nur der, dem es an Wahrheit fehlt.

Wie können Sie sicher sein, daß Sie die Wahrheit besitzen?

Wie können Sie sicher sein, daß Sie lebendig oder wach sind? Indem Sie diese Fragen stellen, beweisen Sie, daß Sie nicht wissen, was Wahrheit ist.

Würden Sie lügen, um die Wahrheit zu verteidigen?

Eine Zeile in »Al Tabarani« lautet: »Lügen sind Sünden, außer wenn sie zum Wohle eines Muslims gesprochen werden oder um ihm vor einem Unglück zu bewahren.«

Nachdem Sie jetzt Atomwaffen haben, würden Sie jemals einen Erstschlag führen?

Niemals. Niemals. Niemals.

Ist dies eine weitere Lüge, gesprochen zum Wohle der Muslime?

Welcher Dummkopf würde lügen und zugeben, daß er lügt?

Ihre Kritiker sagen, Sie behandeln die Frauen streng.

Nicht so streng wie Allah, der sie geschaffen hat. Es ist eine Gefälligkeit, minderwertige Geschöpfe in der Öffentlichkeit Schleier tragen zu lassen. Um ihre Scham zu verbergen.

Sie glauben, sie sind eine Versuchung für Männer?

Erotische Frauen sind gefährlicher als brennende Ölquellen. Ich verbiete ihnen, ihren Bauchnabel zu zeigen; denn der ist das Tor zur Verdammnis.

Und die Frauen im Westen?

Sie gestatten ihnen, ihre Gesichter zu bemalen wie Huren und nackt in der Öffentlichkeit aufzutreten, indem sie kurze Röcke tragen, und bei Tisch Knie an Knie mit Männern zu sitzen.

Ich habe gelesen, Sie lassen Frauen auspeitschen, weil sie vergewaltigt wurden.

Ja. Sie sollen Männer nicht in Versuchung führen, Schlechtes zu tun.

Sie befürworten auch die Beschneidung von Frauen?

Von jungen Jungfrauen. Das läßt sie ihren Herren (Ehemännern) die Treue halten.

Wozu sind Frauen dann da?

Nicht, um sich zu erfreuen, sondern um Freude zu bereiten und ihre Herren pflichtgemäß mit Söhnen zu versorgen.

Die meisten Abendländer finden es grausam, einem Dieb die Hand abzuhacken, weil er, sagen wir, einen Laib Brot gestohlen hat.

Ist es gütig, einem Dieb (er spie das Wort *harany* heraus) zu ermöglichen, wieder zu stehlen?

Aber –

Eine Hand ist ein geringer Preis, um die Verbreitung von Diebstahl zu verhindern. Warum sollten unschuldige Bürger Milliarden für Gefängnisse ausgeben?

Aber eine Hand?

Gefühlsmensch! Wir schneiden eine Hand ab, um ein geschädigtes Gewissen zu heilen. Aber hauptsächlich, um die Unschuldigen zu schützen. Übrigens, exekutieren Sie in Amerika nicht Mörder mit Todesspritzen? Ist das nicht härter, als eine Hand abzuschneiden?

Verzeihen Sie, aber uns erscheint Amputation barbarisch.

Manche Gnadenakte sind die größten Sünden.

Es ist einfach so, daß die Christen eine andere Anschauung haben.

Ihr *nasranis* (Christen) lebt noch in der Zeit der Unwissenheit vor Mohammed. Aber euer Jesus war mit mir einig.

Verzeihen Sie, aber Jesus verkörperte Güte und Barmherzigkeit.

Stimmt. Deswegen hat er gesagt: Wenn deine Hand oder dein Fuß dich zum Bösen verführt, haue sie ab. Wenn dein Auge es tut, reiße es aus. Lieber ohne Hand und Auge in den Himmel eingehen, als mit allen Gliedmaßen zur Hölle fahren.

Sie würden doch sicher selbst einem Heiden ein Glas Wasser geben?

Kochendes Wasser.

Sie verachten das Christentum?

Weil die Christen nicht beschnitten werden wie Jesus. Weil sie Jesus, einen Semiten, mit einem leprösen weißen Gesicht darstellen und behaupten, er ist das Ebenbild eines weißen Gottes.

Ich habe gelesen, der Koran verbietet, Zinsen für ein Darlehen zu nehmen.

Wie einst Juden und Christen. Zinswucher ist Diebstahl.

Aber Sie nehmen Zinsen für Geld, das Sie in westliche Banken investieren.

Von einem Bruder nehmen ist Sünde, aber nicht von Hyänen.

Das klingt nach doppelter Moral.

Nein, wir berauben nur Räuber. Wir holen uns nur einen Bruchteil dessen zurück, was die Kolonialisten uns über Jahrhunderte gestohlen haben.

Gibt es keine Möglichkeit, Islam und Abendland zu versöhnen?

Keine. Es sei denn, das Abendland verneigt sich vor dem einzigen erlösenden Glauben, der einzig wahren *din* (Religion).

Sie sind gut bewandert in Englisch und Französisch, sprechen aber nur Arabisch. Warum?

Arabisch ist die Sprache, deren sich Allah bedient, wenn er mit Engeln redet.

Kommt das, weil Sie das christliche Abendland nicht mögen?

Der Koran ehrt Asya bin Miriam (Jesus, Sohn Marias, der Jungfrau). Hätte er zu Mohammeds Zeit gelebt, hätte man ihn zum Siegel des Propheten ernannt, über dem nur Allah steht.

Die Christen sagen, Jesus starb für die Menschheit am Kreuz.

Er starb nicht am Kreuz, das war Judas Ischariot.
Die Christen sagen auch, daß Jesus göttlich war.
Eine Blasphemie! Und die *nasranis* verdammen die Juden dafür, daß sie das leugnen! Die Christen behaupten sogar, Allah sei einer von dreien! Im Koran, Die Umkehr, Sure 9,5, heißt es: »Erschlagt den Polytheisten, wo immer ihr ihn findet.«
Welchen Beweis haben Sie für die Wahrheit des Islam zu bieten?
Den unfehlbaren Koran, unser Wunder, im Himmel. Das Buch wurde dem sündenfreien Mohammed vom Engel Gabriel überreicht. Er hat es gelesen, obwohl er Analphabet war.
Was beweist das?
Daß der Koran Allah gehört, nicht ihm. Nur vorsätzliche Blindheit hindert Juden und Christen, diese einfachen Wahrheiten zu sehen.

»Es ist gut, den Feind zu kennen«, sagte Montefiori, als Patrick die Zeitschrift schaudernd sinken ließ.
»Giuseppe, Giuseppe«, wandte der Papst sanft ein, »wir haben keine Feinde.«
»Dann, Eure Heiligkeit, schlage ich vor, daß Sie einige Ihrer Freunde genauer beobachten als andere.«

20. Kapitel

Der Papst brauchte eine Weile, um die Dinge in den Griff zu bekommen. Er mußte das Pontifikalamt proben. Jeden Sonntagmittag sprach er das Angelusgebet und erteilte auf dem Balkon seinen Segen. Mittwochs gab er auf dem Petersplatz oder in der Nervihalle eine Generalaudienz für mindestens elftausend Pilger. Er traf sich mit Präfekten der Kongregationen und Oberhäuptern religiöser Orden und empfing neue Botschafter beim Heiligen Stuhl.

Wie Johannes XXIII. ließ er es sich auch nicht nehmen, das Regina-Coeli-Gefängnis zu besuchen, wo eine ganze Generation korrupter christlich-demokratischer Politiker lebenslänglich eingesperrt war.

An den meisten Tagen legte Montefiori dem Papst Stapel von Dokumenten zur Unterschrift vor.

Im Laufe der Wochen lernte Patrick seinen Staatssekretär wegen seiner Bescheidenheit, seiner Aufrichtigkeit und seines Verständnisses weltlicher Belange immer mehr schätzen.

Der Kardinal entwickelte seinerseits eine Art widerwillige Bewunderung für diesen weltfremden kleinen irischen Priester, den Gott in seiner Weisheit zum Oberhaupt seiner Kirche gemacht hatte.

Nicht, daß Montefiori glaubte, wie es Patrick offenbar tat, daß das Evangelium der Kirche immer ein Beispiel lieferte, wie sie sich verhalten sollte. Er fand es ärgerlich, daß der Papst einer armen Familie, den Christinis aus einem Slum in der Via di San Nicola da Tolentino, drei Zimmer seiner Suite überlassen hatte, wo der Platz für seine eigenen Beamten doch so beengt war. Oft räumte Patrick Nahrungsmittel aus seinem Kühlschrank in den der Christinis, und manchmal aß er sogar mit ihnen.

Der Staatssekretär konnte dem Papst nicht ausreden, den Verkauf des kirchlichen Kollektentellers zu gestatten, um die Armen zu speisen. Er sagte eine Katastrophe voraus, als der Papst den Priestern in Rom erlaubte, die Kirchen die ganze Nacht offenzuhalten, als Zuflucht für die Gestrandeten. Patricks Argument war schlicht, schlüssig und, nach Meinung des Kardinals, vollkommen unhaltbar.

»Giuseppe«, sagte der Papst, »nachts liegt Jesus in einem goldenen Tabernakel, während die Bettler auf den kalten Pflastersteinen schlafen. Wie kann unser Herr das dulden?«

Aus allen Ecken Italiens strömten die Bettler nach Rom.

Bald brannten zwei der schönsten alten Kirchen ab, Santa Maria Sopra Minerva und San Clemente. Die Restaurierungsarbeiten für letztere wurden auf dreißig Millionen Dollar geschätzt. Patrick mußte sich dem finanziellen Druck dieser Größenordnung

beugen, doch der Verlust der Gebäude bekümmerte ihn nicht allzusehr.
Die Iren hatten den Glauben über Jahrhunderte bewahrt, sagte er, möglicherweise gerade weil sie keine Kirchen hatten. Die Gläubigen wußten, sie, nicht die Gebäude, waren die Kirche; aller materiellen Sorgen ledig, konzentrierten sich Priester und Laien auf geistliche Dinge.
Viel trauriger als der Verlust von San Clemente war, daß Jesus wieder einmal im Freien schlafen mußte, ohne Essen und ohne Obdach, abgesehen von einem Pappkarton. Dies war für Patrick ein steter Kummer.
»Sie hören sich an, Eure Heiligkeit«, sagte Montefiori, »als würde es Sie nicht allzusehr bekümmern, wenn Sie eines Morgens aus dem Schlafzimmerfenster sehen und feststellen würden, daß der Petersdom abgebrannt ist.«
»Das würde mich sicher nicht so schmerzen, Giuseppe, wie die Kunde, daß mein Herr in der Nacht aus Mangel an Wärme und Nahrung auf dem Platz gestorben ist.«
Einen weiteren Grund zu Unstimmigkeit gab Patricks Neigung, persönlichen Briefen Vorrang zu geben.
Er schrieb einem Cousin in der Grafschaft Roscommon, um ihm Ratschläge zur Pflege seiner kranken Kühe zu erteilen, wenn er sich eigentlich dem Problem der Verbreitung des Islam hätte widmen sollen.
Statt einer Rede vor der Bischofssynode über die Sakramente vorzubereiten, beantwortete er den Brief eines Schotten, dessen kleine Tochter gerade gestorben war.
Patrick sagte zu Montefiori: »Jesus hat gesagt: ›Lasset die Kindlein zu mir kommen und wehret ihnen nicht.‹ Verschwende ich, der Stellvertreter Christi, etwa meine Zeit, wenn ich sie in die Arme schließe, anstatt Ratschläge für Bischöfe aufzuschreiben, auf die sie sowieso nicht hören wollen?«
Montefioris Herz wurde weich, als er zufällig sah, daß der Papst Zeilen von Robert Burns über den Tod seiner Tochter zitiert hatte:

Mein Kind, du kehrst heim zur ewigen Rast,
Wo Leiden dich nimmer quälen,
Wo die Guten, die Sel'gen du um dich hast,
Die dir Lieder und Hymnen erzählen.

Montefiori, dessen Passion Bach und der Kunst der Renaissance galt, war noch viel verstörter, als er den Papst in die vatikanische Gemäldegalerie begleitete. Vor einer Madonna mit Kind sagte Montefiori: »Es ist so *katholisch*, Eure Heiligkeit.« Als er die verblüffte Reaktion des Papstes auf etwas so Augenfälliges sah, fügte er hinzu: »Das wurde gemalt, als die Protestanten, wie christliche Muslime, anfingen, Bilder zu zerstören. Sie wollten allein das geschriebene Wort gelten lassen.«
»Wahrhaftig, Giuseppe, also *das* ist katholisch? Für mich ist es gräßlich.«
Der Kardinal fuhr zusammen, als hätte ihn eine Biene in die Seele gestochen. War der Pontifex maximus ein kardinaler Philister? Ihm kam in den Sinn, was der schlitzohrige englische Kardinal Gasquet einmal zu Piux XI. gesagt hatte: »Keiner von uns, Heiliger Vater, ist unfehlbar.«
»Dieses Bild, Eure Heiligkeit«, sagte Montefiori in seiner überlegenen, lässigen Art, »wird von allen Experten als unvergleichlich beurteilt.«
»Ist es auch. Aber was hat es mit Religion zu tun?«
In die Defensive gedrängt, ergänzte Montefiori: »Es erhebt Geist und Herz zur spirituellen Schönheit der Madonna.«
»Glauben Sie ehrlich, daß sie so aussah?«
Montefiori antwortete nicht.
»Kommen Sie, Giuseppe. Können Sie nicht Venus in Marias Gewand sehen? Schauen Sie sie doch an, wie sie geziert auf einer Wolke hockt. War Maria so schön und vornehm, mit makellosem Teint, in Gewändern aus roter und blauer Seide? War sie nicht eher eine arme kleine jüdische Frau aus Galiläa, untersetzt, überarbeitet, faltig, ganz wie meine Mutter und vermutlich die Ihre auch?«

Montefiori dachte an seine liebe Mutter aus Turin. Er betrachtete Raphaels »Madonna« und strich sich nachdenklich über die Wange. »Jesus würde es nicht gebilligt haben?«
Der Papst schüttelte den Kopf. »Joseph, Ihr Schutzheiliger, auch nicht.«
»Vielleicht können wir ja neue Bilder in Auftrag geben.«
»Von Maria, die eine Scheuerbürste statt einem Rosenkranz in der Hand hält. Und warum nicht als Hintergrund statt einer florentinischen Landschaft ein paar Windeln auf einer Wäscheleine?«
Montefiori schluckte. »Das ginge vielleicht ein bißchen zu weit.«
»Dann wenigstens Maria, die ihrem Sohn die Brust gibt wie in, sagen wir, Joos van Cleves Meisterwerk.«
»Oder ›Maria Lactans‹. Sie kennen doch sicher das koptische Mosaik aus dem zwölften Jahrhundert an der Fassade von Santa Maria in Trastevere?«
»Natürlich, Giuseppe. Das würde Mütter in der Dritten Welt ermutigen, ihre Babys zu stillen.«
»Ich werde mal mit ein paar Künstlern reden, die ich kenne.«

Eine Unstimmigkeit zwischen dem Papst und seinem Staatssekretär war etwas heiklerer Natur.
Patrick schickte Pater Kerrigan ins Geheimarchiv des Vatikans, wo in Regalen von insgesamt mehr als vierzig Kilometern Länge die bestgehüteten Geheimnisse der Kirche verwahrt wurden. Frank kam mit einer Schachtel zurück, die die letzte, noch unveröffentlichte Botschaft von Unserer Lieben Frau von Fatima enthielt. Der Papst hatte sie auf dem Schreibtisch liegen, als Montefiori zur abendlichen Lagebesprechung hereinkam. Er erkannte sie sofort. »Eure Heiligkeit, wenn Sie möchten, daß ich gehe ...«
»Im Gegenteil, ich möchte Sie als Zeugen hier haben.«
Brauchte der Papst Zuspruch? Es wurde gemunkelt, als seine zwei Vorgänger die Offenbarung lasen, die den portugiesischen Kindern verkündet wurde, waren sie von Angst und Schrecken überwältigt. Doch Patrick schien nicht im mindesten verstört. Das war beunruhigend.

»Es gibt zuviel Aberglauben unter den Katholiken, Giuseppe.«
»Ja-ha.«
»Wie etwa der Atem des heiligen Joseph in einer Flasche.«
Montefiori enthielt sich eines Kommentars zum letzten Atemzug seines Schutzheiligen.
»Wußten Sie, daß in katholischen Reliquienschreinen genug Holz vom echten Kreuz ist, um sechs spanische Galeonen zu bauen, und genug vom Blut des Herrn, um sie darin schwimmen zu lassen? Wußten Sie auch, daß Jesu beschnittene Vorhaut in einem Schrein in Calcate nicht weit von hier ist? Und seine vielen Nabel sind ich weiß nicht wo.«
Montefiori, in dem sich Argwohn rührte, nickte.
»Dann ist da das Blut des heiligen Januarius, das sich auf ein Stichwort hin verflüssigen soll. Das geschah erstmals aber erst tausend Jahre nach dem Tod des Heiligen. Wissenschaftler sagen, dieses Phänomen wird durch eine bestimmte Art von Gallerte ausgelöst, die schmilzt, wenn sie durch Schütteln mit einem Mineral namens Molysit vermischt wird, das auf dem Vesuv vorkommt.«
Montefiori, der aus dem Norden stammte, hielt nicht viel von dem neapolitanischen Wunder, aber er äußerte sich nicht.
»Haben Sie schon mal von dem irischen Heiligen St. Malachias gehört?«
Mißtrauisch: »Ja.«
»Er sagte voraus, Giuseppe: ›Wenn die Zeit kommt, wird die Stadt auf den sieben Hügeln zerstört werden, und der erhabene Richter wird richten das Volk.‹ Unsinn, finden Sie nicht?«
Montefiori erwiderte: »Strenggenommen, Eure Heiligkeit, steht der Vatikan nicht auf einem der sieben Hügel Roms. Es sind Ausläufer von Janiculum und Monte Mario, daher liegt er außerhalb der Stadtgrenzen.«
»Sie haben meine Frage nicht beantwortet.«
Montefiori sagte: »Ja, Eure Heiligkeit, Unsinn. Werden Sie jetzt das Geheimnis von Fatima lesen?«
»Nein, Giuseppe.«

Der Kardinal entspannte sich.
»Ich beabsichtige, es zu vernichten.«
Montefiori, aus dessen großen grauen Augen Blicke in alle Richtungen schossen, richtete sich in seinem Zorn auf wie eine Kobra.
»Das *können* Sie nicht. Manche Dinge kann nicht einmal der Papst tun.«
»Setzen Sie sich, Giuseppe. Danke.« Der Papst hielt eine Bibel in die Höhe. »Gottes Wort an uns. Ist das genug oder nicht?«
»Es ist genug«, sagte Montefiori bestimmt. »Und ... auch wieder nicht.«
»So spricht mein Staatssekretär. Was sagt ein demütiger Jünger Christi?«
Leise: »Das Evangelium ist genug.«
»Gut.«
»Aber –«
Patrick wartete, während Montefiori nach einem Grund suchte, um die Vernichtung dieses altehrwürdigen Dokumentes, das dem Papst zur sicheren Verwahrung anvertraut war, zu verhindern. Vergebens.
»Beruhigen Sie sich, Giuseppe.«
Montefiori versuchte es.
»Die katholische Kirche braucht keinen Aberglauben. Gottes Sohn ist für uns geboren, für uns gestorben, für uns auferstanden. Brauchen wir mehr?«
»Natürlich nicht, Eure Heiligkeit.«
»Es heißt, der Brief in dieser Schachtel prophezeit, daß nach dem gewaltsamen Tod eines amtierenden Papstes die ganze Welt vernichtet wird. So töricht wie die Prophezeiungen des heiligen Malachias. Glauben Sie daran, *wirklich* glauben, meine ich?«
Montefiori schluckte gequält. »Nein.«
Patrick nahm ein zusammengefaltetes gelbes Blatt Papier aus der Schachtel, zündete ein Streichholz an und verbrannte das Papier vor Montefioris weit aufgerissenen Augen.
»Nichts ist verloren, Giuseppe«, sagte der Papst beruhigend. »Die Welt ist erlöst.«

Montefiori fiel auf die Knie. »Das zu wissen genügt, Eure Heiligkeit«, sagte er, während heiße Tränen seine Wangen netzten.

21. Kapitel

Es konnte Frank nicht entgehen, daß der Papst sehr an einem kleinen eisernen Kruzifix hing, das er auf seinem Betschemel verwahrte. Das Antlitz Christi war glatt, nichtssagend. Eines Tages schlug Frank vor, er könne dem Heiligen Vater doch ein neues kaufen.

Patricks Lächeln war wie ein Schmetterling, der seine Flügel ausbreitet. Er wollte nichts davon wissen. Das Kruzifix hatte seinem Vater gehört, der im Laufe der Jahre »das Antlitz Christi geküßt hat bis zur Unkenntlichkeit«, wie er sich ausdrückte. Das ermöglichte es Patrick, im Gekreuzigten das Gesicht jedes Leidenden zu sehen, unabhängig von Geschlecht, Alter, Hautfarbe oder Konfession.

Es könnte das Gesicht von einer islamischen Mutter sein, deren Baby plötzlich und unerwartet in seiner Wiege starb; von einem kleinen Christenjungen, der um seinen Vater weint, den er in einem Kohlenbergwerk oder auf See verloren hat; von einem Hindu, der zu arm ist, um Brot für seine Familie zu kaufen; von einer Jüdin, die verzweifelt ihren krebskranken Mann unerträgliche Schmerzen leiden sieht; von allen Kriegs- und Unfallopfern; von zu Unrecht verurteilten Gefangenen; von einem Priester, der um Christi willen die Frau aufgibt, die er liebt und die ihn liebt.

»Sie sehen, Frank, wie klug der Christus meines Vaters ist. Er hat seine eigenen Gesichtszüge verloren, um das Gesicht leidender Menschen in aller Welt annehmen zu können. Und, sofern es keine Ketzerei ist, dies zu sagen, jedes leidenden Geschöpfes. Vor zwei Jahren ist Charley überfahren worden.«

»O nein!«
»Nun ja, die Wahrheit ist, *ich* habe ihn überfahren, als ich rückwärts aus meiner Garage setzte. Und es hing am seidenen Faden, ob ... jedenfalls, als ich für ihn betete, nahm dieser Christus tatsächlich Charleys Gesicht an. Ich war vielleicht überrascht, das kann ich Ihnen sagen. Statt ›Herr Jesus‹ zu beten, sagte ich ›hi, Charley‹, und er hat mich angestrahlt, und wissen Sie, was er gesagt hat? ›Keine Sorge, es war nicht deine Schuld.‹ *Typisch Charley.*«
»Das stimmt.«
»Jetzt denke ich, Christus ist der Herr, weil er die Gesichter, die Freuden und Kümmernisse nicht nur von Menschen annimmt, sondern auch von Spatzen, Katzen, Hunden, ja sogar Ameisen.« Einen Augenblick später fügte er hinzu: »Manchmal ist sein nichtssagendes Gesicht ein Spiegel ... und der leidende Christus, der demütigste von allen, bin ich.«
»Ihr Vater hat Ihnen dieses Kruzifix vermacht?«
Wehmütig lächelnd sagte der Papst: »O ja. Sehen Sie, er starb, während er es ansah. Sein Tod war sanft, wie ein in Weihwasser getauchter Finger.«
»Darf ich fragen«, wagte Frank sich vor, »worum Sie Gott im Gebet bitten?«
»Nichts.«
Frank wußte nicht recht, was dies zu bedeuten hatte.
»Sehen Sie, Frank, wenn ich bete, komme ich kaum zu Wort. Gott stellt mir andauernd Fragen: ›Warum tust du dies, Brian?‹ fragt er, mir zuliebe mit seinem schönsten irischen Akzent, oder: ›Warum tust du jenes nicht?‹«
Frank sollte sich noch an dieses Gespräch erinnern, als im ersten Frühling von Patricks Pontifikat eine Gruppe Yanomami-Indianer aus dem Dschungel des Amazonas in Brasilien nach Rom kam. Kardinal Gonzales von Rio hatte die Reise arrangiert, damit ein Empfang beim Papst sichergestellt war.
Eines Morgens Anfang März um zehn Uhr hielt auf dem Petersplatz ein Bus, dem dreißig Eingeborene in Lendenschurz und

Stammeskopfputz entstiegen. Die Frauen trugen die glänzenden Haare in Fransen, und sie waren barbusig. Ihre Anwesenheit verursachte einen ziemlichen Rummel.

Der Papst kleidete sich jetzt ständig in eine grobe schwarze Soutane mit hölzernem Brustkreuz und weißem Scheitelkäppchen, sehr zum Verdruß seines *maestro di camera.* Monsignore Giovanni Bertini nahm es mit dem Protokoll sehr genau.

Am Eingang zum Palast begrüßte der Papst seine Pilger herzlich. Dann führte er den Häuptling, der einen riesigen Federkopfschmuck und einen dünnen durch die Nasenlöcher gezogenen Stock trug, eine Treppe hinauf in einen ruhigen, zentralgeheizten Raum.

Nachdem Patrick jeden einzelnen Gast umarmt hatte, berichtete der Häuptling mittels eines Dolmetschers dem Papst von der Not seines Stammes. Währenddessen saß sein Volk im Kreis auf dem Fußboden, mit Charley in der Mitte.

In den 1920er Jahren waren Missionare in ihre Heimat gekommen, eine Insel namens Marajo im weiten Amazonasdelta. Sein Stamm hatte das Christentum begrüßt, hatte ein gutes Leben geführt. Dann waren ab 1984 immer mehr Weiße aus Venezuela herübergekommen, die goldgierigen *garimpeiros.* Durch Bestechung von Beamten hatten sie fruchtbares Land zu einem Spottpreis gekauft. Sie hatten riesige Goldadern und andere kostbare Mineralien ausgebeutet.

Die Eingeborenen konnten nicht mehr fischen. Die Flüsse waren vergiftet von Quecksilber, das fremde Goldwäscher ins Wasser geleitet hatten. Frauen und Kinder paddelten in Kanus zu vorbeiziehenden Schiffen, um zu betteln und ihre einfachen Waren zu verkaufen.

Als alle Bäume gefällt waren, richteten die Männer sich schier zugrunde, indem sie Reis pflanzten, um dann zusehen zu müssen, wie der Arm des mächtigen Flusses anschwoll und alles fortspülte.

Jetzt hatte die Malaria zugeschlagen. In seinem Dorf, in dem zweihundertfünfzig Seelen lebten, waren etwa zweihundert erkrankt.

Der Häuptling streckte die zitternden Hände aus; er war eines der Opfer.
1991 hatte man ihnen gesagt, sie könnten ihr Land behalten, aber das war gelogen. Die *garimpeiros* vernichteten Tausende Morgen mit ihren *queimadas,* den Rodungsfeuern.
Papst Patrick fiel es schwer, seine Gefühle zu beherrschen, als er diesem würdevoll vorgetragenen Bericht lauschte. Er dachte an seine eigene geliebte Heimat während der Hungerjahre im 19. Jahrhundert.
»Zwölf Söhne hat meine Frau mir geboren«, sagte der alte Häuptling mit seiner kratzigen Stimme, »und nur einer hat noch das Salz des Lebens in sich. Er ist ein Krüppel.«
Der Papst weinte hemmungslos für den Häuptling, der mit dem edlen Haupt nickend abseits stand, und Charley, der die Betrübnis spürte, stand auf, um seine Schnauze am nackten Bein des Häuptlings zu reiben.
»Zum Schluß, Eure Heiligkeit, legen wir Ihnen voll Achtung die Sache unseres Volkes zu Füßen, des ärmsten in einem Kontinent der Armen.«
Der Papst blieb volle fünf Minuten in seinem Sessel sitzen, ohne etwas zu sagen. *Herr, sag mir, was ich tun soll. Wie kann ich ihnen helfen?*
Schließlich erhob er sich und sprach durch den Dolmetscher: »Geliebter Häuptling, liebe Schwestern und Brüder aus Marajo in Brasilien, ich, Diener der Diener Gottes, heiße euch willkommen in der Stadt der Heiligen Peter und Paul. Ich möchte die ganze Welt und insbesondere eure Regierung wissen lassen, daß der Papst in Rom euch angehört hat und seine Gebete euren anschließt, auf daß euch die Gerechtigkeit zuteil werde, die euch als Gottes vielgeliebte Kinder gebührt.«
Er erteilte ihnen feierlich seinen Segen.
Monsignore Bertini begann wie eine aufgezogene Puppe die Indianer aus dem Audienzsaal zu bugsieren, als der Papst ihm ein Zeichen machte, daß er noch nicht fertig war.
»Meine Freunde, wir wollen ein Bild machen, von euch und mir.

Aber als Papst möchte ich eure Familien daheim wissen lassen, daß der Häuptling Hirte von ganzem Herzen mit euch fühlt.« Er zupfte am Ärmel seiner schwarzen Soutane. »Bleibt bitte einen Moment hier, während ich mir etwas Passenderes anziehe.«
Bertini entspannte sich. Zum erstenmal seit Wochen würde Patrick sich in Weiß kleiden, wie es sich für einen Papst ziemte.
Der amtliche Fotograf hatte kaum seine Ausrüstung aufgestellt, als Patrick wieder erschien, mit nichts als einem Lendenschurz bekleidet. Oder vielmehr einem Handtuch, das er sich notdürftig um die Mitte geschlungen hatte.
Bertini eilte hinzu, um den Papst vor den Blicken der lächelnden Pilger abzuschirmen. »Heiligkeit«, zischte er, »das ist unwürdig. Es ist unpassend.«
In einer Ecke gab Montefiori sich alle Mühe, das Gesicht nicht zu verziehen.
»Unpassend?« wiederholte der Papst spöttisch mit dem schon vertrauten leicht scheeläugigen Blick. »Wäre es Ihnen lieber, wenn ich mich in Goldbrokat gekleidet mit Gottes Armen fotografieren ließe?«
»Wenigstens Ihre weiße Soutane, Eure Heiligkeit«, erwiderte der *maestro di camera* aufgebracht. »Das hier ist ein *Skandal.*«
»Sie haben recht«, gab Patrick zu. »Schauen Sie.« Er zeigte auf eine Wand, wo ein schlichtes Kruzifix hing. »Ein Skandal. Betrachten Sie Ihren Herrn, nackt wie ein Sklave.«
Bertini blickte erstaunt von der Gestalt am Kreuz zum Papst und dann wieder zum Gekreuzigten. Sie sahen sich tatsächlich sehr ähnlich.
»Giovanni«, flüsterte Papst Patrick demütig, »wollen Sie Christi Stellvertreter sich nicht wenigstens dieses eine Mal kleiden lassen wie sein Herr?«
Als Bertini beiseite trat, nahm der alte Häuptling seinen Kopfputz ab und setzte ihn dem Papst aufs Haupt.

An diesem Abend trug Tommaso, der freundliche, kahlköpfige Diener-Chauffeur, für den Papst, Frank und Kardinal Montefiori

das Essen auf. Patrick meinte: »Heute morgen hatte ich von Giovanni den Eindruck, daß er noch nie ein Kruzifix gesehen hat.«
»Ich glaube«, sagte Montefiori, »er *hat* auch noch nie eins gesehen. Und wir auch nicht.«
Der Papst dankte ihm für die netten Worte.
»Und doch, Eure Heiligkeit, was können Sie oder sonst jemand tun, um diesen Unglücklichen zu helfen?«
»Wenn die Zeit reif ist«, sagte der Papst nachdenklich, »hoffe ich der Klöppel einer Glocke zu werden, so groß wie die Sonne, um Laut zu geben für alle lautlosen Menschen.«
Frank, der bis jetzt geschwiegen hatte, fragte: »Warum haben Sie sich wie die Eingeborenen gekleidet, Eure Heiligkeit?«
»Oh, sicher, ich hätte eine Enzyklika über die Misere der brasilianischen Indianer schreiben können. Von den wenigen, die sie läsen, würde kaum einer sie verstehen. Und von denen, die sie verstünden, wie viele würden sich veranlaßt sehen, etwas dagegen zu tun? Nach ein paar Tagen wären meine Worte vergessen. Diese Bilder, die um die Welt gehen werden, sind mein bleibendes Zeugnis. Von nun an wird niemand mehr daran zweifeln, daß der Papst, wie der gekreuzigte Jesus, der Häuptling der Armen ist.«

22. Kapitel

Nach dem Essen arbeiteten Patrick und Montefiori an amtlichen Papieren, bis Frank ihnen heiße Schokolade und eine Schale Weihwasser für Charley brachte.
Der Papst deutete auf einen Stapel Dokumente, die noch in seinem Eingangskörbchen lagen, und wischte sich über die Stirn. »Die Kurie schickt mir das wohl alles, um mich davor zu bewahren, Unheil anzurichten.«
Frank und der Kardinal lachten.

»Ich kann mir«, erklärte der Papst, »beim besten Willen nicht vorstellen, daß Jesus sich an einen *Schreibtisch* nageln ließe.«
»Ich glaube«, sagte Frank, »Jesus hätte vermutlich einen miserablen Papst abgegeben.«
Herr, dein Sohn hätte einen miserablen Priester abgegeben, Punktum. Erkläre mir, wieso er überwiegend durch eine Gruppe Menschen, wie auch ich einer bin, vertreten wird, mit denen zu verkehren ihm nie eingefallen wäre?
Frank wechselte das Thema. »Ich habe heute einen Anruf von Kardinal Burns erhalten.«
»Wünscht er, daß Sie mir ins Gewissen reden?«
»Er läßt fragen, ob Sie wohl etwas über die moderne sexuelle Freizügigkeit schreiben könnten.«
Dies setzte Montefioris erstaunliches Gedächtnis in Gang. Der glänzende Erzähler berichtete, wie Johannes Paul II., als er auf die fünfundachtzig zuging, zu Ohren gekommen sei, daß die Miss-Universum-Schönheitskonkurrenz ohne Badeanzüge stattfinden sollte, als seien die jungen Teilnehmerinnen Statuen im Vatikanischen Museum. Nach dem Mittagsangelus sprach er sich gegen »vollkommene weibliche Nacktheit in Vorder- und Rückansicht« aus.
»Ich weiß noch, was dann kam«, sagte der Papst, um Frank aufzuklären. »Die Schönheitskonkurrenz wurde über Satellit im Fernsehen ausgestrahlt und hatte die meisten Zuschauer in der Geschichte des Planeten.«
Montefiori bestätigte dies auf seine übliche distanzierte, nahezu orientalische Art. Er fuhr fort: »Bald danach war ich mit Johannes Paul in den Vatikanischen Gärten – er hinkte dahin unter Zuhilfenahme eines Stocks mit silbernem Knauf, der einmal Leo XIII. gehört hatte –, als wir auf Sergio Fantucci stießen. Er war auf den Knien, beim Unkraut jäten. Johannes Paul gab ihm ein kurzes Resümee, wie verrucht doch die Welt würde. Neunzig Minuten später sagte der Papst: ›Die sogenannte Die-Schöne-und-das-Biest-Konkurrenz neulich abends. Haben Sie die gesehen?‹ Fantucci nickte. ›Aber ich hatte es bei Todsündenstrafe verboten.

Warum haben Sie zugeschaut?‹ Der arme Fantucci, müde vom Knien, schlug sich an die Brust. ›Weil ich ein gemeiner Sünder bin, Eure Heiligkeit.‹ Der Papst seufzte. ›Fast eine Milliarde haben die Sendung allein in China gesehen. Wie erklären Sie sich das?‹ ›Die Welt ist voller Sünder?‹ versuchte es Fantucci. Im Begriff, seinen Spaziergang fortzusetzen, fragte Johannes Paul: ›Ihre Frau hat auch zugeschaut?‹ Fantucci nickte. ›Und meine *bambini*, Eure Heiligkeit. Das jüngste ist zweieinhalb.‹ Johannes Paul war fassungslos. ›*Warum?*‹ Fantucci zuckte die Achseln. ›Vielleicht, weil wir uns alle gern mal amüsieren, hm?‹ ›Amüsieren‹, rief Johannes Paul unter Tränen. Er war ratlos. ›*E quello che era, non sarà mai più*‹, seufzte er. ›Die schöne Vergangenheit war für immer dahin.‹«

Frank und Papst Patrick hielten sich förmlich den Bauch angesichts der Brillanz, mit der dieser pfannengesichtige Kardinal seine Geschichte zum besten gab.

Frank sagte: »Die Dinge sind nicht mehr wie früher«, worauf Montefiori ergänzte: »Junger Mann, die Dinge waren nie wie früher.«

Patrick hatte plötzlich Kopfschmerzen, was aber außer Charley keiner merkte. »Ich denke, ich lasse die Freizügigkeit eine Weile auf sich beruhen, Giuseppe. Ich möchte sie nicht noch populärer machen.«

Frank sagte, Kardinal Burns wünsche auch, daß er eine Enzyklika gegen die Scheidung schrieb. »Nach den neuesten Zahlen, Eure Heiligkeit, hat jeder Haushalt in den USA durchschnittlich zwei Autos, zwei Handfeuerwaffen und drei Scheidungen.«

»Wünscht New York, daß ich sie verurteile oder daß ich sie befürworte?«

Patrick benutzte Frank oft als Mittel, um die Wirkung seiner Ansichten zu testen, aber diese Frage war merkwürdiger als die meisten.

»Wie könnten Sie sie nicht verurteilen?«

Kardinal Montefiori lächelte geheimnisvoll, als der Papst erwiderte: »Nein? Und was ist dann die Ehe?«

Frank rief eine Definition aus der Moraltheologie in Erinnerung: »Eine ausschließliche lebenslange Bindung eines Mannes und einer Frau mit dem Zweck, Kinder zu bekommen.«
»Haben die meisten Amerikaner das im Sinn, wenn sie heiraten?«
Frank schüttelte den Kopf. »Lebenslang? Nein. Kinder? Für viele sind sie vollkommen ausgeschlossen.«
»Dann sollte Kardinal Burns froh sein. Diese Leute werden nicht wirklich geschieden, weil sie nie verheiratet waren. Sie annullieren lediglich ihre Ehebrüche.«
»Dann soll ich ihm nein sagen?«
»Ich würde vermutlich mehr für die Kirche tun, Frank, wenn ich etwas sagte, was Kardinal Burns nicht gerne hört. Zu viele Bischöfe erwarten von mir, daß ich ihre Arbeit mache.« Er stieß sich plötzlich in die Brust. »Für wen halten die mich eigentlich?«

Eines Tages bat der Papst Montefiori ohne nähere Erklärung, eine Pressekonferenz einzuberufen. Ausgewählte Journalisten kamen in den Palast und wurden sogleich auf den Dachgarten geführt. Als das Leben Johannes Pauls sich dem Ende zuneigte, war hier oben ein privater Swimmingpool gebaut worden. Er war eine technische Meisterleistung und hatte ein Vermögen gekostet. Montefiori war besorgt. Er erinnerte sich an den schändlichen Vorfall vor einigen Jahren, als Johannes Paul in Badekleidung von *paparazzi* neben dem Schwimmbecken in Castel Gandolfo fotografiert worden war.
Verwunderte Journalisten nahmen mit ihren Fotografen rund um das Becken Aufstellung. Als der Papst erschien, hellte Monsignore Bertinis Miene sich auf. Der Papst war in seine besten Gewänder gekleidet: weiße Soutane, Stola und Mozetta.
Nicht einmal Frank Kerrigan oder Montefiori wußte, was Patrick vorhatte. Nur Bertini, der, zum Ausgleich für den Rest der Welt, sich selbst leidenschaftlich ernst nahm, hatte eine Vermutung über die Absichten des Papstes.
»Meine Damen und Herren«, sagte Patrick zu den Presseleuten,

»zum Wohle der Welt werde ich, der Papst, auf dem Wasser wandeln.«

Die Prälaten hielten den Atem an. Die Reporter, echte Profis, zuckten nicht mit der Wimper. Ein paar Kameramänner kletterten auf einen Orangenbaum, um eine bessere Sicht zu haben. Einige erklommen die Plattformen des Sprungturms.

»Fertig?« fragte Patrick. Bertini hielt sich die Augen zu, als der Papst sich bekreuzigte. »Dann kann's losgehen.«

Herr, wenn es dein Wille ist, befiehl mir, übers Wasser zu dir zu kommen.

Er machte einen Schritt vom Beckenrand am tiefen Ende, und er ging unter wie ein Stein.

Charley bellte wie verrückt. Ein Dutzend Hände streckte sich aus, um zu helfen, als der Papst an die Oberfläche tauchte, sichtlich in Schwierigkeiten. Frank sprang wenige Sekunden nach Charley hinein und fischte Seine Heiligkeit heraus.

»Haben sie ihre Bilder geschossen?« fragte der Papst keuchend.

»Leider ja«, sagte Frank.

Nachdem Dr. Gadda Patrick gründlich untersucht hatte, meinte Frank: »Keine Bange, Eure Heiligkeit. Der heilige Petrus konnte es auch nicht besser.«

»Danke für das Mitgefühl«, sagte der Papst, noch schaudernd. »Aber ich habe nicht versagt.«

»Hm. Sie, äh, sind untergegangen.«

»Allerdings, aber ich habe meinen Standpunkt klargemacht, oder?«

Frank atmete tief ein. »Und der wäre?«

»Daß der Papst selbst in Glaubensfragen seine Grenzen hat.«

»Denken Sie, die Katholiken wüßten das nicht?«

»Frank«, sagte der Papst und faßte ihn am Arm, »nicht einmal mein Vorgänger wußte das, oder, falls er es je wußte, so hat er es irgendwann vergessen.«

Frank erwiderte halbwegs überzeugt, daß dies ein billiger Trick war, bei dem der Papst beinahe seine einzige weiße Soutane ruiniert hätte: »Johannes Paul hat nicht versucht, auf dem Wasser zu wandeln.«

»Was ich meine, ist, daß die früheren Päpste sprachen und handelten, als wären sie allezeit unfehlbar.«

Frank war verwirrt. »Waren sie es nicht? Und sind *Sie* es nicht?«

Der Papst zuckte zusammen. Sein Kopf schmerzte schlimmer als zuvor. »Ein Papst ist kein unfehlbarer Mensch. Nicht in der Weise, wie er ein kleiner, komischer oder kluger Mensch ist. Er ist nur unfehlbar, wenn er den Glauben der Kirche um der Kirche willen zum Ausdruck bringt. Eine Frage an Sie: Wie oft in den ersten tausend Jahren hat ein Papst eine Glaubensfrage entschieden?«

»Ich weiß es nicht.«

»Nicht ein einziges Mal.«

Frank war ehrlich erstaunt.

»Und wann hat ein Papst zuletzt unfehlbar gesprochen?«

»Vor sechzig Jahren. Die Himmelfahrt Mariens.«

»Richtig. Pius XII. hat sie nicht zur Wahrheit erhoben, sondern schlicht erklärt, sie sei ein uralter Glaube der Kirche. Doch die meisten Katholiken und manche Päpste scheinen zu denken, der Papst sei eine Art göttliches Orakel. Als ob er Glaubensfragen jederzeit nach seinem Belieben entscheiden könnte.«

»Kann er das denn nicht?«

»Natürlich nicht. Der Papst ist zuallererst Katholik, nicht der einzige Protestant in der katholischen Kirche. Er kann nicht mehr als jeder andere auf private Auslegungen bauen. Meine Aufgabe ist es schlicht und einfach, amtlich zu machen, woran sich stets jedermann überall gehalten hat.«

Frank, der von einem Schock in den anderen fiel, seit er der Sekretär des Papstes geworden war, sagte: »Sie meinen, keine Überraschungen.«

Patrick lachte laut heraus. »Genau das habe ich *nicht* gemeint. Manchmal vergißt die Kirche die überraschendsten Dinge. Das Evangelium zum Beispiel.«

Frank nickte, aber er war ratlos.

»Sie sind immer noch unzufrieden, Frank, weil Sie wie Kardinal

Burns denken, ich kann alle Probleme in der Kirche lösen, ohne mir die Mühe zu machen zuzuhören. Um solchem Blödsinn ein Ende zu bereiten, bin ich heute baden gegangen.«

23. Kapitel

Eines Nachmittags las der Papst im Garten sein Brevier, als eine neue Freundin aus dem Nichts auftauchte. Er saß gerade auf einer Bank unter einem Orangenbaum, Charley schlief neben ihm, als Patrick spürte, daß sich etwas an seinem Fuß rieb.
Es war eine flauschige weiße Katze. »Schneeflocke« – dies war der Name, der Patrick sogleich über die Lippen kam – bestand darauf, sich auf seinen Schoß zu setzen. Er las sein Brevier zu Ende, während sie auf jede Seite spähte und schnurrte, als bete auch sie für die Kirche und die Welt.
Als Charley aufwachte, begrüßte er die Katze freudig wie eine alte Bekannte. Schneeflocke, mit der Kühle und Unnahbarkeit eines Filmstars, war nicht so leutselig, auch nicht, als Charley sich viel Mühe machte, sie zu putzen. Nachdem sie es sich lustvoll hatte gefallen lassen, hob sie eine Pfote und zerkratzte ihm die feuchte braune Nase. Charley, der vollkommene Christ, zahlte es ihr nicht heim.
Als der Nachmittag zu Ende ging, war die Katze Teil des Teams. Auch ihr wurde gestattet, nach Belieben im Palast ein und aus zu gehen.

Am St.-Patrick-Tag aß der Papst mittags in seinem alten Zuhause, dem irischen Kollegium, als Gast seines Freundes, des Rektors Monsignore McAleer. Er betete in der Kapelle neben der Urne mit dem einbalsamierten Herzen von Daniel O'Connell, dem Befreier.
Am Nachmittag gab er eine Sonderaudienz für Diplomaten und

ihre Familien im Vatikan. Er hatte einen großen Strauß *shamrock*, grünen Klee, das Wahrzeichen Irlands, aufgestellt und sprach davon, welche Rolle dieser in der jüngeren Geschichte Irlands gespielt hatte.

Shamrock stellte für die armen Leute eine Möglichkeit dar, dem Heiligen Respekt zu erweisen, wenn sie es sich nicht leisten konnten, grüne Bänder zu kaufen. Ein würdiges Symbol. Er war im Überfluß vorhanden und lebenspendend wie Manna, denn bei Hungersnot hatten die Iren ihn mit dem Blut ihres Viehs mischen und ihren Kindern zu essen geben müssen. Kein Wunder, daß spöttische Fremde Irland »Shamrockland« nannten.

Nach dieser kurzen Ansprache befaßte sich Patrick eingehend mit Tony O'Kane, dem sechsjährigen Sohn des irischen Botschafters. Der Junge stand auf dem Kopf, um zu beweisen, daß er dazu in der Lage war, bis sein Gesicht apfelrot anlief. Der Papst, den Arm um seine Schulter gelegt, sagte ihm, er könne viel besser auf dem Kopf stehen als er, der Papst.

Montefiori gegenüber meinte er: »Kinder sind so weise. Sie können uns alles lehren, was wir wissen müssen.«

Tonys Eltern lächelten, während Montefiori ohne Überzeugung nickte.

»Es ist wahr«, bekräftigte der Papst. »Wir Erwachsenen haben einfach verlernt, was wir wußten, als wir klein waren. Wäre es nicht so, würden wir ewig Kinder bleiben mit dem Recht, ins Reich Gottes einzugehen. Jesus war selbst wie ein Kind, ist Ihnen das jemals aufgefallen? Nicht nur unschuldig, sondern liebevoll, vertrauensvoll, hoffnungsvoll, verzeihend und vor allem weise. Dieses Kind« – er berührte Tonys Kopf – »weiß, was wichtig ist. Ich hätte gern ein heiliges Kollegium mit Tonys, um mich wegen der Probleme, die die Kirche heimsuchen, zu beraten.«

»Wünschen Sie«, fragte Montefiori gelassen, »daß ich die erforderlichen Vorkehrungen treffe?«

»Wirklich, Giuseppe, wir müssen eine lange Zeit leiden, um wieder Kinder zu werden, um nicht durch Werke zu leben, sondern durch Gnade. Manchmal denke ich, das Alter ist Gottes zweites

Angebot, uns die Weisheit zu schenken, die wir verloren haben, als wir aufhörten, Kinder zu sein. Ob sich Großeltern und Enkelkinder deswegen so gut verstehen?«

Tony schenkte Seiner Heiligkeit ein Bild von sich mit seiner Katze und seinem Hund. Es hatte sich im Diplomatischen Corps herumgesprochen, daß der Papst jetzt Tiere als Freunde hatte und daß Monsignore Bertini in die Katze vernarrt war, weil sie sich in Weiß kleidete, wie es eigentlich der Papst tun sollte.

Der Papst, gerührt über das Geschenk, versprach Tony seinerseits ein Bild.

Er ging noch weiter. Er ließ sich nicht nur mit Charley und Schneeflocke fotografieren, er schrieb dem Jungen zu diesem Anlaß auch ein Gedicht.

In seinem Begleitbrief gab er zu, er sei gewiß kein W. B. Yeats, aber trotz aller Fehler schickte er dem kleinen rothaarigen Tony das Gedicht mit dem Segen eines alten Mannes. Er nannte es: »Mein Hund und meine Katze«.

Ein Hunde- und ein Katzentier
Sind meine besten Freunde hier.
Er knurrt, sie schnurrt, das ist mehr wert
Als gar ein Symphoniekonzert.

Mein Hund tanzt einen Freudentanz
Und wedelt dankbar mit dem Schwanz.
Die Katze platzt vor Eitelkeit:
Sie ist die Schönste weit und breit.

Liegt auf dem Bauch mein froher Hund,
Macht er die Augen kugelrund.
Der Katze Blick ist unverzagt,
Sie kommt nur, wenn die Lust sie packt.

Verschieden wie vom Tag die Nacht,
Ein jedes Tier mir Freude macht,

Und darum möchte ich mitnichten
Auf keins von ihnen je verzichten.

Ach, wie wär *mein* Leben flau
Ohne ihr Bellen und Miau.
Ein Hunde- und ein Katzentier
Sind meine besten Freunde hier.

Eines Tages machte Schneeflocke ihrem Namen alle Ehre und verschwand auf so mysteriöse Weise, wie sie aufgetaucht war. Sie kehrte vermutlich zu ihrem ursprünglichen Domizil zurück, dem kleinen Vogelschutzgebiet im Garten, und weigerte sich zu kommen, mochte der Papst auch noch so oft ihren Namen rufen. Der Papst war enttäuscht, aber nicht überrascht.
Er sagte zu Frank: »Charley ist ein guter Katholik, stets gehorsam. Die Mieze ist Protestantin. Sie will ihren eigenen Weg gehen.«
»Ökumenismus ist niemals leicht«, erwiderte Frank mitfühlend.
»Ich bewundere Schneeflocke für ihre Unabhängigkeit. Manchmal denke ich, Katzen sind, wie wir alle gerne wären, hätten wir nur den Mut dazu.«
»Sie wird wiederkommen.«
»Vielleicht«, sagte Patrick. »Ich werde sie jedenfalls vermissen, das steht fest.«

Wochenlang drängte Kardinal Montefiori Patrick zu Entscheidungen in wichtigen Angelegenheiten. Der Klerus wollte wissen, wie er zum Zölibat stand; die Laien fragten, ob er die offizielle strenge Einstellung zur Empfängnisverhütung überdenken wolle. Der Papst meinte, er sei noch nicht lange genug in der Gnade seines Amtes, um befriedigende Antworten auf solche Schlüsselthemen zu geben.
Ich bin immer noch ein Papstlehrling, Herr, und bedarf des Gebets und der Buße.
Eines Abends, als er an seinem Fenster stand und im Bezirk ge-

genüber die Lichter angehen sah, sagte er zu Frank, es gebe etwas, das Kardinal Burns bestimmt gerne hören würde. »Ich werde bald die erste von nur zwei Auslandsreisen machen, und er kann mich begleiten, wenn er möchte.«

»Wohin, Eure Heiligkeit?«

Patricks Augen nahmen einen abwesenden Blick an. »Zurück zu seinen und meinen Wurzeln. Irland.«

TEIL VIER

Reise in die alte Heimat

24. Kapitel

Zu den VIPs, die an einem nebligen Tag Ende Juli am Flughafen Shannon auf die neueste Boeing 777 des Papstes warteten, zählten die Präsidentin von Irland und der *Taoiseach,* der Premierminister. Der Kardinal von Armagh prunkte in Scharlachrot; er zitterte vor Furcht, daß das Flugzeug des Papstes abstürzen und das Ende der Welt herbeiführen könnte.

Zu den ausländischen Prälaten zählten die Kardinäle Thomas Burns von New York und Kamierz Sapieha von Philadelphia. Sie waren in New Yorks Privatjet eingeflogen, den Burns, süchtig nach Macanudo-Zigarren, vor langer Zeit gekauft hatte, als die amerikanischen Fluggesellschaften sogar Prälaten auf ihren Flügen das Rauchen verboten hatten. Beide waren vorgewarnt worden, daß der Papst als Pilger kommen würde. Das Motto seiner Reise entsprach dem seines Pontifikats: »Frieden durch Buße«.

Burns erzählte Sapieha eine Geschichte, die er direkt aus dem Mund von Präsident Delaney vernommen haben wollte. Der Vatikan hatte Downing Street No. 10 darum gebeten, dem Papst zu gestatten, Armagh in Nordirland zu besuchen. Denise Weaver hatte erwidert: »Wenn der alte Knacker auch nur einen Fuß auf britischen Boden setzt, lasse ich ihn verhaften und ausweisen.«

»Verprockte Zimtzicke«, zischte Sapieha.

Obwohl der Flughafen abgeriegelt war, war die Umgebung schwarz von Menschen, bewaffnet mit Flaggen, einige grün, einige in den päpstlichen Farben gelb und weiß. Nach dem Anschlag auf das Leben des Papstes bei seiner Krönung gingen die Behörden kein Risiko ein. Der erste irische Papst würde nicht in Irland ermordet werden. Sicherheitsleute umringten das Vorfeld; Panzer

und gepanzerte Mannschaftswagen sowie Krankenwagen und Löschfahrzeuge säumten die Rollbahn.
Als die Maschine der Aer Lingus in Sicht kam und zur Landung ansetzte, flüsterte Sapieha: »Was meinst du, Tom, wird er jetzt die alte Erde küssen, wie der letzte Papst?«
Burns nickte, als wolle er sagen: ohne Zweifel.
Ein Raunen ging durch die VIPs, als die Maschine sicher aufsetzte.
Herr, es tut gut, in der Heimat zu sein.
Der Papst fühlte sich augenblicklich fünfzehn Zentimeter größer.
Als er, der Menge mit beiden Händen zuwinkend, das Flugzeug verließ, blickte er auf die in Dunst gehüllten grünen Hügel. *Ich bin Fleisch von ihrem Fleisch, Bein von ihrem Bein.* Er atmete tief ein. *Die Luft selbst riecht nach Irland.*
Unterdessen hatte das Empfangskomitee den ersten Schock erlitten. Wie Burns entrüstet zu Sapieha sagte: »Er sieht aus wie ein Schwan in einer verprockten Ölpfütze.«
Statt in Weiß mit scharlachrotem Umhang war Papst Patrick in einer abgetragenen schwarzen Soutane mit weißem Scheitelkäppchen erschienen.
Fernsehkameras fingen die Bestürzung der Prälaten ein, als diese sich fragten, wie sie einem Papst gegenübertreten konnten, der soviel weniger prächtig gekleidet war als sie selbst.
Als Patrick die Gangway hinunterging, war ihm, als ob das ganze Land von Meer zu Meer – Seen, Berge, Wohnhäuser, heilige Quellen – sich erhöbe, um ihn zu begrüßen und seine Lippen zu küssen.
Dann der zweite Schock: Statt seines Staatssekretärs hatte der Papst seinen irischen Hund mitgebracht. Charley trug einen grüner Überzieher, der über und über mit Kleeblättern bestickt war. Er war es, nicht der Papst, der den Boden küßte.
Nachdem er den Würdenträgern die Hände geschüttelt hatte – auch Charley streckte eine Pfote aus –, bat Patrick die Präsidentin und den *Taoiseach,* gemeinsam mit ihm zu beten.
Sie nickten und senkten die Köpfe in dem naiven Glauben, dies sei alles, was sie zu tun hätten. Der Papst bückte sich und zog

Schuhe und Strümpfe aus. Der ihm am nächsten stehende Prälat war zufällig Burns. In einer Art Reflex nahm er sie ihm ab und reichte sie sofort an Frank Kerrigan weiter, als handle es sich um eine Bombe.

»Jesus«, flüsterte Burns Sapieha zu, »jetzt macht der Kerl auch noch Striptease.«

Ein Mikrophon wurde gesenkt, als der Pontifex, während Charley mit geschlossenen Augen neben ihm saß, sich anschickte, den Rosenkranz zu beten. Er begann mit dem ersten freudenreichen Geheimnis, der Verkündigung.

Einen Ausdruck höchster Mißbilligung im gefurchten Gesicht, sank Richard Spring auf die Knie. Alte Prälaten knieten ebenfalls wankend nieder. Manche kippten beinahe ohnmächtig vornüber. Diejenigen, die genug Weitsicht besaßen, gaben ihren Sekretären zu verstehen, sie möchten ihnen für morgen etwas weniger Auffälliges zum Anziehen besorgen.

Den fünf freudenreichen folgten die fünf schmerzhaften Geheimnisse. Seine Heiligkeit ging bei den Gebeten nicht nach den Gesetzen der Ökonomie vor.

Einen Augenblick herrschte Spannung, als ein Helikopter sich näherte. Der Kontrollbeamte im Tower bat den Piloten, sich zu identifizieren. »Sie haben zehn Sekunden, bevor wir Sie vom Himmel schießen.«

Eine von Amerika ausgeliehene Boden-Luft-Rakete stand bereit, ein zuckender Finger war am Abzug.

Der Pilot funkte schweigend, daß er einen vornehmen Gast an Bord habe, den alten Charles J. Haughey, den ehemaligen *Taoiseach*. Verspätet von seiner Ruhestandsinsel Inishvickillane eintreffend, winkte er der Menge majestätisch durch die Windschutzscheibe des Hubschraubers zu.

»Bitte um Landeerlaubnis.«

»Verweigert!«

Der Papst beendete den Rosenkranz und betete weiter. Dies war Irland, es erforderte das ganze Drum und Dran. Es folgten Gebete für die Kirche, für die Welt, für Bischöfe, Priester, Nonnen,

Laien, Lehrer, Verheiratete, Unverheiratete, solche, die demnächst heiraten würden, solche, die niemals heiraten würden, Omas, Opas, Kinder, Enkelkinder, Urenkel, irische Emigranten, Abkömmlinge von irischen Emigranten, solche, die irischen Emigranten beistanden, solche, die irische Emigranten unfreundlich behandelten, die Sterbenden, solche, die jung starben, solche, die alt starben, für im Glauben Dahingegangene, verstorbene Eltern, verstorbene Brüder und Schwestern, trauernde Besitzer von verstorbenen Haustieren.

Nachdem es lange so weitergegangen war, schließlich: »Wir beten ein Vaterunser und Gegrüßet seist du Maria zu Ehren Gottes und der heiligen Jungfrau für alle armen Seelen, die die Qualen des Fegefeuers erleiden. Wir beten besonders für die Seelen unserer eigenen Verwandten, für alle Seelen, die niemanden haben, der für sie betet, und für alle Seelen in großer Not. Wir beten für die letzte Seele, die von dieser Welt scheidet, und für alle Seelen, die beladen sind mit der Schuld unvollkommener Reue, einer versäumten Messe oder ungetanen Buße. Wir schließen jede einzelne von ihnen in dieses Gebet ein. Möge Gott sie alle heute erlösen.«

Charley öffnete die Augen, bellte und klatschte in die Pfoten. Die Kleriker riefen ein donnerndes, dankbares Amen, das von der Menschenmenge außerhalb der Flughafenumzäumung zurückschallte. Der Papst erhob sich, zog Schuhe und Strümpfe an. Er lächelte sein leicht schiefes Lächeln, wurde bejubelt, lächelte wieder, wurde abermals bejubelt.

Öffentlich sagte er sehr wenig, nur, daß er als Papst die Buße nötiger habe als jeder andere Christ. Seine Reise sei nicht nur eine Rückkehr zu seinen und Charleys Wurzeln, sondern eine Vorbereitung auf seine weiterreichende Mission für Kirche und Welt. Seine einzige Botschaft lautete: Frieden kommt aus Buße. Seine bischöflichen Brüder hätten sich tapfer bereit erklärt, ihn auf seiner Wallfahrt zu begleiten.

Tatsächlich hatten die Bischöfe dank streng geheimgehaltener Planung keine Ahnung, wohin sie gingen und warum.

Nachdem Patrick, Charley neben sich, im Papamobil auf dem

Flughafengelände eine Runde gedreht hatte, setzte sich der Autokonvoi in Richtung Mayo in Bewegung, wo seine Familie zu Hause war.

Mayo! Das Land der Jugend, *Tír na nÓg*. Er rief sich Blind Raffertys Gedicht »The County of Mayo« mit der großartigen letzten Zeile in Erinnerung: »Das Alter würde mich nicht finden, und ich wäre wieder jung.«

Ah, war er nicht wieder jung, als er die sonnigen Mayowinde fühlte, die frische Mayoluft atmete, Wolken träge vorbeiziehen sah wie Gänsefedern auf einem einzigartigen See, die herrliche Landschaft mit Hecken, »ertränkt in einem Meer aus grünem Gras«, und hin und wieder einen brennenden Dornbusch aus roten Mayorosen?

Er konnte sich nicht erinnern, wann er je so stolz gewesen war auf seine Abstammung. Er gehörte zu diesem Volk. Menschenmengen säumten die Straßen. Am dichtesten rund um das Dorf, wo er geboren war. Dort lebte sein älterer Bruder auf einem Hof, der ihm noch gehörte, den er aber an einen jüngeren Mann verpachtet hatte.

Der stämmige, weißhaarige Seamus O'Flynn, die Pfeife im Mund, wartete vor seinem kleinen Cottage. Das schmucke reetgedeckte Dach, das einzige in der Umgebung, wirkte wie frisch gefallener gelber Schnee. Die Mauern waren weiß, aus dem Kamin stieg blauer Rauch von einem Torffeuer.

Patrick wurde sich plötzlich des langen Wehs bewußt, für das es nur ein Heilmittel gibt: Heimat.

Nichts machte ihm die Vergangenheit so lebendig, so gegenwärtig, wie die Erinnerung an seine Mutter, die nach der ganzen Welt roch, nach drinnen und draußen, nach Himbeeren und Pfeffer, feuchtem Holz und Kerzen, Suppe und Seife.

Er war so aufgeregt – *hier war ich ein Junge* –, daß er förmlich aus dem Papamobil sprang. Er rannte zu seinem Bruder, sank auf die Knie, neigte den Kopf, um seinen Segen zu empfangen, und flüsterte beim Aufstehen: »Und wie geht's dir so im großen und ganzen, Seamus?«

»Großartig, Brian«, ohne die Pfeife aus dem Mund zu nehmen. »Und jetzt beeil dich, dein Essen ist fertig.«

Traurig und glücklich zugleich, sprach Patrick kurz zu der Menschenmenge, mit einer Stimme, deren Tonfall stärker als seit Jahren seine westirische Herkunft verriet. Er sagte, wie froh er sei, wieder hier zu sein, eine Art heimgekehrter Papst.

»Charley und ich werden heute nacht hierbleiben. Morgen früh werde ich den Croagh Patrick besteigen. Wer uns Gesellschaft leisten möchte, ist herzlich willkommen.«

Er ging hinaus, die Presseleute blieben zurück und balgten sich um Informationen.

Ein Lokalblatt versorgte sie mit einer alten Ausgabe, die ein Interview enthielt, das Seamus nach der Wahl seines Bruders gegeben hatte.

Heilige Maria, wenn Mr. O'Flynn nicht stolz war wie 'n Storch in Strampelhosen!

Als Pater Donal, der Gemeindepfarrer, ihm höflich mitteilte, die Papstmitra säße elegant auf Brians Kopf, hätte er da nicht beinahe die letzte Ölung gebraucht? Er hatte sich mit einem Glas Whiskey begnügen müssen, das er geziemend auf das Wohl des Papstes leerte.

Zu denken, daß der liebe Gott Brian in Windeseile für das höchste Amt ausersehen hatte. Es gab ein Bild von der Couch vor dem Kamin, wo der Papst schlief, wenn er zu Besuch kam. Und eins von einem Becher voll Hahnenfedern, die dem Papst als Pfeifenreiniger dienten.

Seamus zufolge hatte Gott seinen jüngeren Bruder Brian schrecklich vorgezogen, da er ihm allen Verstand in der Familie verlieh. Der Vater hatte schon immer gesagt, er sei wirklich viel zu schlau für die Lehrer in Maynooth und *überschwemme* sie mit seinem Wissen. Tatsächlich nahm er Fakten schneller auf, als die Lehrer sie vermitteln konnten, so daß sie sich am Ende wunderten, wie er überhaupt den ganzen Krempel in seinen Kopf stopfen konnte.

Gott habe ihm auch Heiligkeit gegeben, denn hielt er nicht stets

früher als früh den Rosenkranz zwischen den Fingern oder kniete stundenlang in der Kapellenbank, um Gott anzubeten?
Tatsächlich erlaube sich Seine Heiligkeit eine päpstliche Ausschweifung: Er kippe sich ab und zu einen hinter die Binde. Keine harten Sachen. Nur Guinness vom Faß oder aus der Dose, weil er den großen Priesterkragen vorne drauf schätze; aber vollaufen lasse er sich nie.
Er, Seamus, sei wie der Papst nach wie vor ein Einzelgänger, ein seltsamer Vogel, denn er wolle keine Frau zwischen seine Pfeife und sein Bier lassen, und krakeelende Hennen könne er sowieso nicht leiden, und Seine Heiligkeit verstünde das, er sagte, wenn die Engländer nicht mehr da seien, was bringe es da noch, sich den *Penal Laws* zu unterwerfen?
In der Küche gab es Drucke vom Heiligen Herzen, der Heiligen Jungfrau, Robert Emmet und Patrick Pearse, den großen irischen Patrioten. Hinten auf dem Feld standen eine Kuh und eine übellaunige Ziege namens Beelzebub.
War Seine Heiligkeit als Junge normal gewesen? Worauf Seamus sagte, tatsächlich hatte unsere Mutter, die gute, *Deo gratias*, erklärt, vom Mutterleib an sei er nicht für den Spaten, sondern für den Talar bestimmt gewesen, und selbst der Hund, ein rechter *Gentleman*, habe dies erkannt. Brian könne die Toten in ihren Gräbern Kirchenlieder singen hören. Wenn er angeln ging, habe er die Schnur ans Ohr gehalten, um so die Forellen belauschen zu können, die sich über ozeanische Theologie unterhielten.
Er hatte stets den Schalk im Blick, und wenn er lächelte, wurde man da nicht von dem Licht fast geblendet? Und so weiter.

Die Kleriker plauderten in Gruppen, bevor sie zu ihren Unterkünften in Bauernhäusern und Pensionen, die in der Nachbarschaft angemietet worden waren, aufbrachen.
Frank Kerrigan hatte sich in dem kleinen Steinhäuschen von Mrs. Hennelly einquartiert, der Dame, die jede heilige Messe im Umkreis von mehreren Meilen besuchte.
Burns und Sapieha hatten einen Wohnwagen gemietet, einen von

der Sorte, wie sie Filmstars am Drehort benutzten. Sie hatten auch Burns' bulligen Sekretär mitgebracht, Harry Tickle, einen Meister der Kochkunst. Während Harry das Mahl bereitete, hatten die Kardinäle etwas zu trinken, zu rauchen und zu murren. Beide gestanden sich ein, daß sie sich im Konklave für den Falschen eingesetzt hatten.

Sapieha besaß einen Reiseführer. Er schlug Croagh Patrick nach. Er war hierzulande als »Reek« bekannt und gottlob nicht weit entfernt. Der heilige Patrick hatte dort auf dem Gipfel vierzig Tage und Nächte gefastet wie Moses.

Burns' Zunge schnellte erschrocken vor und zurück. »Wir sollen doch nicht etwa so verprockt lange dort oben bleiben?«

»Hier steht, es ist ein Tagesausflug.«

Sapieha las weiter. Nach dem Fasten wurde der heilige Patrick von Dämonen in Gestalt von Amseln heimgesucht. Er versuchte, sie zu verscheuchen, indem er Verwünschungspsalmen rezitierte und eine Glocke läutete, die in ganz Irland zu hören war. Als das nichts half, warf er die Glocke nach ihnen; sie zerbrach, erfüllte aber ihren Zweck. Die Amseln ergriffen die Flucht, und Patrick weinte sich die Augen aus. Ein Engel kam, ihn zu trösten, doch der gewitzte Heilige hörte nicht auf, bis ihm Segnungen für Irland versprochen wurden.

Burns, in den Wirtschaftsteil der *New York Times* von gestern vertieft, unterbrach Sapiehas Vorlesung ständig mit Kommentaren zum Dow Jones und wie seine Aktien standen.

Sapieha sagte: »Wie es scheint, entwickelte sich das Besteigen des Croagh Patrick aus dem heidnischen Lugnasa-Fest, das das Ende des Sommers kennzeichnet.« Er schnippte mit den Fingern. »Hier steht, daß im Jahre 1113 dreißig Pilger auf dem Berg ums Leben kamen.«

»Herrgott«, platzte Burns heraus, »ich wußte doch, daß da ein Haken dran ist. Wie hoch ist denn dieser verprockte Berg?«

»*Beruhige* dich«, erwiderte Sapieha. »Nur etwa sechshundert Meter. Die Leute damals sind bei einem Gewitter umgekommen.«

Burns sah aus dem Fenster. Schwarze Wolken ballten sich zusammen.
»Keine Sorge, Tom. Das Unglück geschah am 17. März, und deswegen steigen sie heutzutage im Sommer rauf. Am Garlick- oder Garlandsonntag, dem letzten Sonntag im Juli. Morgen.«

25. Kapitel

Alle waren vor Morgengrauen auf den Beinen. Die meisten Prälaten waren mit schlechtsitzenden schwarzen Soutanen ausgestattet worden. Der Papst, der sich auf der kurzen Fahrt zum Croagh Patrick zu ihnen gesellte, war blendender Laune. Er befand sich in heimischem Terrain.
Trotz des Luxusbusses war die Fahrt holprig. Vielen Klerikern wurde übel. Dem Papst, mit Charley auf dem Sitz hinter dem Fahrer, entging das nicht. »Wir Iren sind ein bußfertiges Volk, meine Herren«, sagte er. »Wir hatten immer drei Fastenzeiten: vor Weihnachten, vor Ostern und nach Pfingsten.«
Burns, der mit Sapieha auf der anderen Seite des Gangs saß und noch unter Jetlag litt, flüsterte: »Die Buße erstreckt sich sogar auf die verprockten Straßen, Kammy. Nichts als beschissene Schlaglöcher, die von schmalen Asphaltstreifen zusammengehalten werden.«
Hinter den Kardinälen genoß Frank Kerrigan die Gesprächsfetzen, die er aufschnappte. Er hatte die Herren falsch eingeschätzt. Trotz ihrer ausgefeilten Geheimsprache war keine Gehässigkeit in ihnen. Für ein paar Tage von der Last des hohen Amtes befreit, entspannt unter ihresgleichen, fielen sie in den Jargon der Jugend zurück, die alles besser weiß und kein Blatt vor den Mund nimmt.
Westport, die Stadt in der Nähe des Berges, war georgianisch und

noch unverdorben, was, wie Burns vermutete, der irische Ausdruck für »seit Jahrhunderten verprockt verlassen« war, während Sapieha sagte, Thomas von Aquin könnte durch diese Stadt wandern, ohne einen Kulturschock zu erleiden.
Zum Entsetzen der Wachmänner stieg der Papst für ein paar Minuten aus, um sich unter das Volk zu mischen. Charley spielte mit den Kindern, und Patrick hörte einer älteren Witwe aufmerksam zu, die ihm vom kürzlichen Tod ihres Mannes erzählte.
»Ich werde eine Messe für seinen Seelenfrieden lesen, meine Liebe.«
Sie angelte sogleich eine Fünf-Pfund-Note aus ihrer Geldbörse.
»Nein, nein, nein.«
»Das bekommt Kanonikus Dwyer auch immer von mir.«
»Dann geben Sie es dem braven Kanonikus mit einer Empfehlung von mir. Sagen Sie ihm, er soll sich die beste Flasche Wein kaufen, die in Dunnes oder Quinnsworth zu haben ist.«
Er erteilte dem Volk seinen Segen. Dann: »Einsteigen, Charley.«
Sie waren kaum weitergefahren, als Patrick freudig ausrief: »Da ist er, Charley! Der heiligste Berg in ganz Irland.«
Der Adlerberg, bekannt als Croagh Patrick, steigt am Südufer der Clew Bay auf und endet in einem blauen Quarzitkegel. Als eine der höchsten Anhöhen in Connaught hebt er das Haupt über eine mächtige Seelandschaft.
Frank Kerrigan erklärte übers Mikrophon, daß um acht auf dem Gipfel eine Messe gelesen würde.
»Früher war es um sechs«, sagte Patrick zu Burns. »Manche Leute sind um Mitternacht mit Taschenlampen aufgestiegen, sobald die Pubs geschlossen hatten. Nicht wenige arme Kerle schafften den Abstieg in zwanzig Sekunden.«
Der Autokonvoi wurde am Rande des Dörfchens Murrisk vom Erzbischof von Tuam empfangen. Der alte Mann mit Koteletten sagte mit hinterlistigem Grinsen, er bedauere nur, daß seine Pumpe es nicht erlaube, mit ihnen den Aufstieg zu machen.
Sie fuhren auf den Parkplatz gleich hinter Campell's, dem Pub mitten in Murrisk. Trotz der Fernsehteams und Dutzender von Satellitenschüsseln herrschte Marktstimmung im Ort.

Rotes Kreuz und Malteserorden waren zahlreich angetreten für den Fall, daß Unfälle passierten. Autos parkten dicht an dicht, Akzente ließen erkennen, daß die Pilger von weit her kamen, aus Dublin, Cork und Belfast. Straßenverkäufer trieben einen lebhaften Handel mit Getränken, Knabberzeug, Bonbons und Schokolade. Kinder boten schulterhohe Eschenstöcke feil, für ein Pfund das Stück.

»Sie brauchen etwas«, riet der Papst Burns, »um sich abzustützen. Hoffentlich haben Sie genug wasserdichtes Zeug dabei.«

Es schien unnötig. Die Sterne waren schon am klaren Himmel verblaßt, und die Morgendämmerung war, wie der Papst bewundernd äußerte, rosa wie ein Katzenmaul von innen.

»Mein Regenschirm genügt mir als Spazierstock«, sagte Burns.

»Wie Sie wollen«, meinte Patrick und zwinkerte Frank Kerrigan zu. Er selbst trug einen knöchellangen schwarzen Plastikregenmantel mit Kapuze, und er hielt den Schwarzdornstock seines Bruders in der Hand.

Der Erzbischof von Tuam erklärte, daß seine Diözese gerade dort oben neue Toiletten baue. Er schlug vor, jeder Pilger möge mithelfen, indem er einen Ziegelstein auf den Gipfel trug.

Der Papst hob einen auf. Burns, der ohnehin keinen Geschmack am Bergsteigen fand, sagte großmütig: »Machen Sie sich nicht die Mühe, Eure Heiligkeit. Ich werde die ganze Fuhre bezahlen.«

»Kommt nicht in Frage«, entgegnete der Papst. »Alle tragen doch gern ihr Scherflein bei. So wurde vor einem Jahrhundert auch die Kapelle gebaut.« Worauf Burns und Sapieha sich je einen Ziegelstein schnappten. Sogar Charley hatte einen auf den Rücken geschnallt, um seinen guten Willen zu zeigen.

Die Wachmänner wurden nervös. Der verantwortliche Kommandant schätzte die Menge auf circa zweihunderttausend. Der Berg könnte unter der Beanspruchung zusammenbrechen, meinte er. Außerdem, wie sollte er den Papst in diesem Gedränge schützen, vor allem, wenn eine Gruppe gewalttätiger Muslime sich verkleidet unter sie mischte?

»Alle fertig?« rief Frank. »Zeit zum Aufbruch.«

Kaum waren sie auf dem Pfad neben dem Pub losgegangen, als Papst Patrick Schuhe und Strümpfe auszog, die Strümpfe in die Schuhe stopfte und sich diese an den Schnürsenkeln um den Hals hängte. Er wollte barfuß klettern, den Stock in der einen Hand, den Rosenkranz seiner Mutter in der anderen.

»Meine Eltern«, erklärte er Burns, »sagten, Schuhe täten ihren Füßen weh. Sie trugen selten welche auf den Feldern. Das gute Leder wäre auf dem Reek nur verschwendet.« Er blickte unschuldig auf. »Aber bitte, tun Sie das nicht, nur weil ich es tue.«

Frank folgte seinem Beispiel, die meisten Prälaten ebenfalls. Einige, wie Burns, hatten ein Problem. Sie trugen keine Schnürschuhe, und weil sie sie nicht um den Hals hängen konnten, mußten sie sie in die Taschen ihrer Soutanen stecken.

Der Papst wurde angespornt von Charley, der voraus tollte, dann zurückgesprungen kam, keuchend, mit dem glatten goldenen Hinterteil wedelnd, als wolle er sagen: Beeil dich!

Anfangs war die Steigung sanft, das Felsgestein mit Lehm und glatten Kieseln bedeckt. So mancher Prälat wimmerte vor Schmerz, wenn er zufällig auf eine weggeworfene Bierdose trat.

Charley war nicht der einzige Hund auf dem Berg. Es sprangen mehrere herum, deren Stammbäume weniger vornehm waren als seiner.

Patrick flüsterte Frank zu: »Falls sich die Versuchung als zu stark erweist, behalten Sie Charley im Auge. Ich möchte nicht, daß er auf dem heiligen Berg seine Unschuld verliert.«

Frank fragte sich, wessen Ruf hier auf dem Spiel stand. Es wäre ein echter Knüller für einen Fotografen, den Hund des Papstes auf frischer Tat zu ertappen.

Plötzlich ertönten von irgendwo oben die Klänge einer Fiedel, die einen irischen Volkstanz spielte. Entzückt blieb der Papst wie angewurzelt stehen. Geschichte wehte auf jedem flinken Ton vorüber.

Herr, ich erinnere mich an Nächte mit Musik und Tanz bei uns zu Hause und an den Wegkreuzungen zur Sommerszeit.

In einem magischen Moment am Berg setzten sich die Bruchstücke der Zeit zusammen. Seit langem verschlossene Türen sprangen auf; die Kuckucksuhren der Erinnerung brachen in Gesang aus.

Er, der nie ein Kind gezeugt hatte, war sein eigener Sohn. In den korallenartigen Verzweigungen seines Gehirns sah dieser Geistersohn Torffeuer, rot wie Kirschen, die sonderbar absonderlichen Formen der aus den Furchen geklaubten Kartoffeln. Er hörte wieder den Schrei des alten, weißen, beinahe menschlichen Esels, zählte die Sicherheitsnadeln, ihre »Medaillen«, an der Schürze seiner Mutter, wußte sogar noch genau, in welchem Winkel sie angebracht waren. O Mutter, Mutter, du, die du Untertassen mit Milch für die Igel hingestellt und Nüsse für die Eichhörnchen geknackt hast und so akkurat warst, daß du die Saatkartoffeln geschält und von Augen befreit hast, bevor du Vater sie aussäen ließest.

Die Jahre, Herr, wo sind sie geblieben?

In diesem gefühlvollen Augenblick des Erinnerns sah er vergessene Gesichter, hörte er verlorene Gespräche, beobachtete längst verstorbene Kinder, ihre Kosenamen und Nachnamen unteilbar verbunden wie Sommer-und-Winter, Tag-und-Nacht, ihre Gesichtszüge, sogar ihre geerbten Kleider so deutlich und detailliert, wie er sie vor sechzig Jahren gesehen hatte, lachend, Fahrrad fahrend oder niesend, wenn sie auf Heuwagen sprangen, die höher als haushoch beladen waren.

Plötzlich schien alles Sterbliche unsterblich und lobenswert.

»Lieber Gott«, sagte er, als die Musik aufhörte, zu niemandem im besonderen, »mein alter Paps hat so flink gefiedelt, wie meine Mutter stricken konnte!« Verse von Yeats fielen ihm ein, die sein Vater oft aus »Der Fiedler von Dooney« rezitierte:

Denn die Guten sind stets fröhlich,
Wenn's böser Zufall nicht verwehrt,
Und die Frohen fiedeln gerne,
Und die Frohen tanzen gern.

Der unmusikalische und unfrohe Burns, ein paar Schritte hinter ihm, trat dauernd in etwas, das er für Hundescheiße hielt, aber vermutlich Lehm war.
»Mir tut's an den Zehen weh«, klagte Sapieha. »Ich habe Blasen so groß wie Monde.«
»Wenn das noch lange so weitergeht, Kammy, geb' ich dem vermaledeiten Köter einen Tritt.«
Einen Moment war der Himmel droben milchig weiß und die Sicht einwandfrei. Im nächsten Augenblick brachte ein Nebel pechschwarze Dunkelheit. Was den ausländischen Klerikern am meisten mißfiel, war der gazegleiche irische Regen. Sanft, dauerhaft durchdrang er alle Kleidungsstücke bis auf die Haut. Zu allem Überfluß kam plötzlich Wind auf und streckte sie alle in seinen kalten Schlund.
Burns versuchte, seinen Regenschirm aufzuspannen. Er hätte womöglich abgehoben wie ein Drachenflieger, wäre der Schirm nicht nach außen umgeknickt. »Um Himmels willen, halten Sie mich fest, Harry«, sagte er mit zusammengebissenen Zähnen zu seinem Sekretär. »Verprockt, was tu' ich nicht alles für die heilige Mutter Kirche.«
Im Nebel rempelte Sapieha ihn andauernd von hinten an. »Verzeihung, aber ich kann deinen Hintern nicht sehen«, was einiges hieß, stellte er doch eigentlich ein gutes Orientierungsmal dar.
»Soll ich vielleicht ein Rücklicht tragen?« zischte Burns, während er heimlich seinen Ziegelstein wegwarf und einen kräftigen Schluck aus seinem Flachmann nahm.
Weiter vorn blieb der Papst stehen. Er war an der ersten von drei Wallfahrtsstationen angekommen. Es handelte sich um Steinkreise, wo die Pilger herumgehen, stehen, knien und beten. Dieser war dem heiligen Benignus geweiht, Patricks getreuem Jünger.
Burns konnte sich nicht erinnern, wann ihm je so unfromm zumute gewesen war.
»Jetzt«, sagte Patrick, »folgt der schwierige Teil. Wir kommen zum Geröll.«

Eine Minute später jammerte Burns: »Ich kann den Weg nicht finden.«
»Es gibt keinen«, versicherte ihm der Papst.
Weiter vorn, auf einem steilen Hang, lag eine Wüste aus kleinen grauen Steinen.
Nicht einmal schwer atmend, meinte der Papst: »Deswegen habe ich Ihnen ja geraten, einen Eschenstock zu kaufen. Damit er Ihnen Halt gibt.«
Als Burns sich auf seinen Regenschirm stützte, löste sich die Stahlspitze. Er mußte krabbeln wie ein Kleinkind. Alles, was er vor sich sehen konnte, waren gespenstische Gestalten, alles, was er fühlte, von den stechenden Schmerzen in seinen Füßen abgesehen, waren Steine, die auf ihn herabrollten.
Als er die Not hinter sich spürte, stimmte der Papst »Leite, gütiges Licht, inmitten der Finsternis«, an. Noch ehe die erste Strophe zu Ende war, schrie Burns auf. Er war über einen Stein gestürzt und hatte sich den Knöchel verrenkt. Der Papst kam ihm zu Hilfe, da ertönte vorne aus der Finsternis ein schreckliches Kreischen.
Burns war überzeugt, der Teufel sei gekommen, ihn zu holen. Aber Kammy sagte, keine Chance. Es war nur ein Esel auf dem Abstieg, nachdem er Proviant zum Gipfel getragen hatte. Harry Tickle, Burns' Sekretär, sprach mit seinem Besitzer, und sie kamen zu einer Einigung.
Kardinal Burns beendete den Aufstieg Arsch auf Esel. »Allmächtiger«, klagte er Sapieha, der sich am Schwanz des Tieres festhielt, »wie das Biest stinkt.«
»Was du nicht sagst«, meinte Sapieha, der fast ohnmächtig wurde, weil er den ungewohnten Gerüchen noch um einiges näher war.
Als ihr Trübsinn am tiefsten war, befanden sie sich unversehens auf dem Gipfel. Er war plan wie der Tabor. Pilger hatten sich schon dort versammelt, manche rauchten, manche knieten und beteten den Familienrosenkranz. Fernsehkameras blinkten rings um St. Patricks Grab, einem Haufen Steine, umgeben von einem Rechteck aus niedrigen Metallpfählen, das wie eine Grabstätte aussah.

Nachdem er die Station erreicht hatte, ging der Papst sich ankleiden für die Messe in der Kapelle, eine Art Glaskasten. Drinnen zelebrierten die Priester vor Wind und Regen geschützt die Messe, ihre Stimmen wurden über Lautsprecher zu den Pilgern übertragen. An einer Pforte zur Linken stand »Beichte«, an einer anderen zur Rechten »Kommunion«. Die Pilger knieten an einem hölzernen Geländer nieder, um die Kommunion zu empfangen, dann gingen sie hinten hinaus.
Wunderbarerweise klärte sich der Himmel während der Predigt auf und gab eine taufrische Sonne frei. Der Papst erzählte einer schweigenden, in Gold getauchten Gemeinde, daß er den heiligen Berg zuletzt mit Mitte Dreißig bestiegen und sich danach gesehnt habe, wiederzukehren. Kein Wunder, daß der Herr die Nacht im Gebet am Berghang verbrachte, bevor er seine Jünger erwählte, und auf einem Berg verklärt wurde. Er sagte, auf dem Croagh Patrick fühle er sich Gott näher als sonst irgendwo auf Erden, das honigfarbene, unsterbliche Rom eingeschossen. »Denn hier streifen Engelsfüße deinen Kopf.«
Im Nordwesten lag im klaren Licht die Clew Bay zum Greifen nah, zahllose Inseln sprenkelten die unendliche See. Weiter nördlich, auf der anderen Seite der Bucht, ging die Landschaft in Gebirge über, von den Achillesklippen bis dorthin, wo rechts der Nephin in einsamer Pracht aufragte wie der Nebo, wo Moses starb. Im Süden, jenseits eines Tales, lag das weite, einsame Gebiet von Südmayo und Connemara of the Twelve Pins, wo eine dünne Erdschicht über Kalkstein gebreitet war. Im Osten erstreckte sich eine große Ebene bis Roscommon. Im Südosten, über den Gewässern Lough Mask und Lough Corrib, befand sich Galway mit seiner berühmten Bucht.
Dies war Gottes eigenes zeitloses Land, braunes Sumpfland und winzige blaue Seen.
»Wenn ich den Glauben hätte, daß ich Berge versetzen kann«, sagte der Papst, »würde ich den Croagh Patrick mit nach Rom nehmen.«
Burns war nicht in der Verfassung, die Szenerie zu bewundern.

Der Ritt auf dem Esel hatte seine Innereien in Wallung gebracht, und er hatte Durchfall bekommen. Er entdeckte, daß die Toiletten dringend erneuert werden mußten. Sie machten Irland keine Ehre. In Begleitung seines Sekretärs wankte er auf diejenige zu, die mit »Nur für Kleriker« gekennzeichnet war.

Als er die Tür probierte, mußte er feststellen, daß sie von innen verriegelt war. Er war schon von Haus aus ungeduldig, und dies war ein besonderer Fall. Er zerrte noch einmal an der Tür. Es half nichts. »Holen Sie den Kerl aus dem Konklave, Harry«, murmelte er.

Harry klopfte an die Tür. »Würden Sie bitte herauskommen?«

Schweigen.

»Kommen Sie raus«, zischte der Sekretär. »Hier ist ein Kardinal, der seinen Platz einzunehmen wünscht.«

»Unmöglich«, ertönte eine stählerne Stimme von innen.

»Wenn Sie nicht rauskommen«, sagte Harry, »gibt es Ärger.«

»Drohen Sie mir nicht«, sagte der Benutzer, »ich bin ein unversetzbarer Gemeindepfarrer.«

Erzürnt darüber, den alten Witz in diesem delikaten Moment zu hören, schob Burns seinen Sekretär beiseite. »Kommen Sie heraus, Pater, und ich sorge dafür, daß Sie zum Monsignore ernannt werden.«

»Ich bin schon Monsignore.«

»Jesus Christus!« stöhnte Burns. »Ich würde den Kerl exkommunizieren, wenn wir nicht auf so verprockt heiligem Boden wären.«

Er trat von einem Bein aufs andere, mußte sich aber noch eine weitere Minute zusammenreißen, bevor er das beseligende Geräusch der Wasserspülung hörte. Er nahm sich nicht mal Zeit, den vorherigen Benutzer zu verfluchen, bevor er hineinstürmte, um sich in einer Explosion zu erleichtern.

Nach ein paar Minuten hörte sein Sekretär, der noch in der Nähe war: »Har-ry?«

»Eminenz?«

»Der Mistkerl hat das letzte Klopapier verbraucht.«

»Ich werde mein Bestes tun, Eminenz.«

Der Sekretär kramte in seinen Taschen, fand aber nichts Brauchbares. Er suchte draußen die Erde ab und hob eine leere Packung mit der Aufschrift »Jacob's Crackers« auf. Die schien durchaus geeignet, nur war sie leider völlig durchnäßt.
»Tut mir leid, ich kann nichts finden.«
»Har-ry, haben Sie zufällig Ihre Brieftasche bei sich?«
Tickle sah sie zögernd durch. Er hatte nur Hundert-Dollar-Scheine. »Jesses«, dachte er, »es wäre billiger, Streifen von meinem neuen Hemd abzureißen.«
Er küßte den Geldschein zum Abschied und schob ihn seufzend unter der Tür durch. »Da wird Benjamin Franklin aber Augen machen.«
»Danke.« Eine Minute später: »Har-ry. Haben Sie zufällig noch einen Hunderter?«

Der Abstieg war noch beschwerlicher. Sie rutschten das Geröll hinab, schürften sich aber nur die Hände auf; denn jetzt ging allein der Papst barfuß.
»Ah«, rief er aus, »dieser heilige Berg macht meine Füße wie neugeboren.«
Auf dem Parkplatz verkauften die Straßenhändler Bilder vom heiligen Patrick in grünen Gewändern mit Krummstab und Mitra, ebenfalls grün. Vor einem Hintergrund mit grünen Hügeln und runden Türmen stand er mit gespreizten Beinen auf einem Felsen, Schlangen zu seinen Füßen.
Die Kleriker interessierten sich mehr für die Imbißstände, wo Hamburger und Pommes verkauft wurden. Burns' Sekretär versorgte ihn mit einem dreistöckigen Hamburger. Er wollte gerade hineinbeißen, als er einen Bengel mit schwarzem Gesicht und schwarzem Lockenkopf gewahrte, der ihn anstieß und bettelnd zu ihm aufsah. Burns tat so, als nähme er einen großen Bissen, doch im letzten Moment gab er den Hamburger dem Jungen. »Für dich, mein Kind.«
Frank Kerrigan kam herüber und flüsterte Burns zu: »Der Schurke hatte seine Hand in Ihrer Tasche, Eminenz.«

»Ist bloß Luft drin, Pater.« Er rief seinen Sekretär. »Harry, sehen Sie das rotznasige Kind? Geben Sie ihm ein paar Dollar.«
Harry hatte soeben das Wechselgeld von dem Hamburgerverkäufer zurückbekommen. Er gab dem Jungen mit den vollgestopften Backen eine Fünf-Pfund-Note.
Burns bückte sich und murmelte dem Jungen ins Ohr: »Bist du katholisch? Schön. Weißt du, wer ich bin? Nein? Schön. Dein Name? Bobby. Schön. Hör zu, Bobby, ich möchte, daß du zur Beichte gehst und sagst, daß du versucht hast, einem heiligen Yankeepriester die Tasche zu leeren, der dir gesagt hat, wenn du so etwas noch einmal tust, Bobbyboy, dann wird er« – Burns schrie plötzlich – »dir die verprockte Rübe runterhauen.«
Der Junge heulte auf und floh wie der Wind.
Harry Tickle gab Burns unterdessen den Hamburger, den er für sich selbst gekauft hatte. Burns wollte gerade zum zweitenmal seine Zähne hineinsenken, als der Papst fragte: »Will mir denn niemand auf meiner restlichen Wallfahrt Gesellschaft leisten?«
Burns hielt mitten im Abbeißen inne wie eine elektrisierte Schlange.
»Nächster Halt«, erklärte der Papst, »ist der Lough Derg.«
»Ich bin dabei«, sagte Burns in seiner Unwissenheit.
»Die Sache ist die, Sie müssen ab Mitternacht fasten.«
Burns sah sehnsüchtig auf sein Brötchen, bevor er es in den nächsten Abfalleimer warf. Die übrigen folgten seinem Beispiel.
»Ah«, sagte der Papst, als er Schuhe und Strümpfe wieder anzog, »das macht eigentlich viel zuviel Spaß, um als Wallfahrt bezeichnet zu werden.«
Die Prälaten stiegen unglücklich in den Bus, der sie an den Stadtrand von Westport brachte, wo schon eine Hubschrauberflotte wartete, um sie zum nächsten Ziel zu bringen.

26. Kapitel

Aus der Luft bot sich den Klerikern ein erster Blick auf den Lough Derg. Der Rote See im Süden der Grafschaft Donegal, etwa fünf mal zwei Kilometer groß, weist eine Halbinsel und mehrere kleine Inseln auf.

Die Hubschrauber setzten sie außerhalb des Dorfes Pettigo ab. Dort warteten Busse, um sie die letzten paar Kilometer zu transportieren.

Im Bus erzählte der Papst unentwegt von den schönen Dingen, die vor ihnen lagen. Weit über den Gang gebeugt erklärte er Burns und Sapieha, daß die Menschen früher dachten, Eden sei dort, wo die Sonne aufging, und der Lough Derg, fern und abgeschieden im Westen, sei dort, wo sie unterging. »Und darum konnte man nirgendwo hingehen als *abwärts*, sozusagen.«

»Dann«, meinte Sapieha gespannt, »ist es also Lough Derg, wo diese und die nächste Welt aufeinandertreffen?«

Der Papst nickte. »Der heilige Patrick selbst ist im Jahre 445 hierhergekommen. Und wußten Sie, daß manche alten Landkarten von Irland nur Patricks Purgatorium verzeichnet haben?«

Burns hatte die Nase in Sapiehas Reiseführer gesteckt, und was er las, gefiel ihm nicht. Ein großer irischer Krieger, Finn McCool, hatte hier einen Drachen besiegt und einen Ritter, den er heruntergeschluckt hatte, in voller Rüstung aus dessen Bauch geschnitten. Die Rippen des Drachen sind die Felsen vor dem Ufer von Station Island. Vom Blut des Drachen hat das Wasser des Sees sein heutiges Rot.

»Jesus!« zischte Burns. *Eine Palme in einem roten See.* »Vergiß das Fegefeuer, mein Freund. Wir werden durch die Hölle gehen.«

»Der Legende nach«, erzählte der Papst weiter, »war es hier, wo St. Pat, der neue Finn McCool, die Schlangen aus Irland vertrieb. Sie werden noch die Fußabdrücke des Heiligen auf den Steinen sehen.«

Er sagte sodann, daß Dante seine Idee zum Purgatorium von dieser Stätte bezogen hatte.
»Auch Geister steigen hier aus der Unterwelt. Denken Sie nur an Hamlet: ›Doch, bei Sankt Patrick ... Was die Erscheinung angeht, Ich sag euch, 's ist ein ehrliches Gespenst.‹«
Burns, der in einen kalten, feuchten Sommertag hinausblickte, mochte gern glauben, daß dieser Ort ans Garstige grenzte.
Der Papst wandte sich an die Allgemeinheit: »Meine Herren, Sie werden bald sehen, warum Fegefeuer und Hölle für die Iren keine heißen Orte sind, sondern kalt, naß und windig.«
Das Gelächter, mit dem dies quittiert wurde, war nicht hysterisch.
Um eine Kurve kam der See in Sicht. Regen sprenkelte die Oberfläche; Nebel, der von den Mooren und umliegenden Hügeln kam, trieb übers Wasser. Ein paar Kleriker, angeführt vom Kardinal von Armagh, klatschten lahm. Ein irischer Bischof sagte: »Heut is so'n richtiger Lough-Derg-Tag, mit allem, was dazugehört.«
Der Papst erzählte ihnen, daß im Jahre 1879 ein Kanonikus O'Connor ein Buch über den Lough geschrieben und Leo XIII. ein Exemplar geschickt habe. »Er konnte nicht Englisch lesen, und um ihm einen Geschmack von dem Ort zu geben, schickte er ihm eine Kostprobe von dem Haferbrot, von dem wir uns ausschließlich ernähren werden, solange wir hier sind.«
Burns' Kinnladen klappte fast bis auf die Erde hinunter. »Ich bin jetzt schon halb verhungert, verprockt noch mal«, murmelte er.
Der Bus hielt. Station Island, die Stätte von Patricks Purgatorium, ragte düster etwa achthundert Meter vor dem Südostufer auf. Sie konnten schwach die Basilika mit ihrer spitzen Kuppel erkennen.
Die Kleriker stiegen aus und wurden von dem Prior begrüßt, Monsignore Ryan, einem kleinen gebückten Mann mit weißem Bart. Nachdem alle sich vorgestellt hatten, deutete er auf einen Anschlag neben dem Landungssteg. Von den Pilgern wurde erwartet, daß sie an allen Andachtsübungen teilnahmen. Er händig-

te den Klerikern graue Metallmarken mit der Aufschrift »Lough Derg Bootsticket« aus. Ein Ausflugsschiff, die *Saint Patrick*, zugelassen für fünfzig Passagiere, knatterte schon neben dem Landungssteg.

»Liebe Pilger«, sagte der Prior durch ein Megaphon, »dieser See trennt uns von der geschäftigen Welt. Bitte respektieren Sie Frieden und Ruhe der Insel.«

»Erinnert dich das an was?« zischte Sapieha, als das Boot ablegte. Burns schüttelte den Kopf. »Charons Fähre über den Styx?«

Burns erinnerte sich nur zu gut an Michelangelos Gemälde vom Jüngsten Gericht, in dessen Schatten er den größten Fehler seines Lebens begangen hatte.

Monsignore Ryan sagte gerade, daß Station Island an der breitesten Stelle nur hundertfünfzehn mal vierzig Meter messe und der Boden dünn und steinig sei. »Büßer kommen seit dem zwölften Jahrhundert hierher, inspiriert vom heiligen Malachias. Seitdem ist es nur einmal geschlossen worden, 1496 von Papst Alexander VI.«

Burns murmelte: »Glück gehabt, der verprockte Borgia.«

»Es wurde sechs Jahre später auf Bitten des Erzbischofs von Armagh unter Pius III. wieder eröffnet.«

Ein paar Sekunden lang überwog Stolz Armaghs Befürchtung, daß das Schiff sinken und sozusagen in seinem eigenen Hinterhof den Weltuntergang herbeiführen könnte.

»1642«, sagte der Monsignore, »schlossen die Engländer Patricks Purgatorium mit der Begründung, es sei ein ›armseliges, kümmerliches Loch‹. Es sei kaum mehr als einen Meter tief, so hieß es, und fasse von der Größe her nur ein halbes Dutzend Menschen. Sie schütteten es also zu. Aber die Wallfahrten rissen nicht ab, auch nicht während der Zeit der *Penal Laws*. Das ganze Gebiet lag nämlich im Zentrum der schottischen Besiedelung, und Pilger wurden mit Geldstrafe belegt oder öffentlich geprügelt. Aber das hielt sie nicht davon ab, hierher zu strömen. Im übrigen Irland wurde Andacht heimlich vollzogen – in Wäldern, unter Hecken, auf Bergen –, nicht so am Lough Derg. Priester und Bischöfe kamen als Kaufleute verkleidet und lasen *offen* die Messe.«

Frank Kerrigan und sogar Burns und Sapieha spürten, daß sie sich dem wahren Irland näherten, dem unbeugsamen Irland, dem armen, gebeutelten, aber duldsamen Irland.

Was Papst Patrick betraf, verlor der sich im Stolz auf die unvorstellbaren Qualen, die so viele halb vergessene Heilige hier einst erlitten hatten.

Christus von den drei Nägeln, wache über dieses mein Land.

»Dieses Gebiet«, fuhr der Prior fort, »gehörte einst der Familie Magrath. Ein Sohn, Miler, war ein Simonist von etwas anderem Schlag. Als der amtierende Papst ihm den Bischofsstuhl von Clogher verweigerte, wurde er, man glaubt es kaum, der erste *protestantische* Bischof von Clogher. Er nahm sich auch eine Frau. Später war er neun Jahre lang katholischer Bischof von Down *und* protestantischer Erzbischof von Cashel. Sein Grabmal befindet sich in Cashel of the Kings, wo er mit hundert Jahren starb.«

Alle kicherten, der Papst inklusive.

Als sie sich der Insel näherten, konnten sie einen grünen Briefkasten sowie wandelnde und betende Pilger sehen. Gras wuchs nur spärlich; es gab nicht einen Strauch und auch keine einzige Blume.

»Die Kirche von St. Patrick, liebe Pilger, ist die einzige Basilika auf diesen Inseln, ein Privileg, das sie mit Lourdes und Montmartre gemeinsam hat.«

Als das Boot an den Landungssteg rumpelte, warnte der Monsignore: »Sie haben alle seit Mitternacht gefastet. Sie werden insgesamt drei Tage fasten, ausgenommen eine Mahlzeit täglich aus schwarzem Tee oder Kaffee und trockenem Toast.«

Der besorgte Dr. Gadda, der die Besteigung des Croagh Patrick mysteriöserweise verpaßt hatte und nun wieder aufgetaucht war, flüsterte dem Papst zu: »Viel zu anstrengend für Sie, Eure Heiligkeit. Allerhöchstens ein halber Fastentag, ja? Ich schreibe Ihnen ein Ausnahmeattest.«

Als sie von Bord gingen, schüttelte der Monsignore jedem von ihnen die Hand und sagte: »Viel Glück und Gottes Segen.«

An der Rezeption gab man ihnen Marken für den Männerschlafsaal. Die des Papstes trug die Aufschrift: »Zelle zehn, Bett A.« Burns' lautete: zehn, Bett B. Er hatte die obere Koje. Es gab einen Haken für ihre Kleider, ein Bord für ihre Habe und eine Waschschüssel mit Seewasser, das Charley bereits aufschlabberte.
Burns, der sich an die Unannehmlichkeiten des Konklaves erinnerte, verlor keine Zeit. Er kletterte auf sein Stockbett, um es auszuprobieren. Die Matratze war hart wie ein Atheistenherz, aber der Croagh Patrick hatte ihn erschöpft.
Kaum war er in der Horizontalen, als der Papst ihn in die Rippen stieß. »*Verboten*«, sagte er auf deutsch. »Kein Schlaf in der ersten Nacht, Eminenz.«
Burns fuhr hoch. »Was?«
»Heute nacht bekommt ein Mann die Koje, der letzte Nacht nicht geschlafen hat.«
Der Papst zog Schuhe und Strümpfe aus. Entsetzt taten Burns und Sapieha es ihm gleich, bevor sie ihm draußen auf den kalten, nassen Steinen Gesellschaft leisteten. Die meisten Tagespilger waren um elf Uhr aufgebrochen. Die Kleriker waren über eine Stunde zu spät gekommen und hatten vor 21.20 Uhr eine Menge aufzuholen.
Nach einem Besuch des Heiligen Sakramentes in der Basilika gingen sie hinaus zum St.-Patrick-Kreuz, wo sie niederknieten, um ein Vaterunser, ein Ave Maria und das Glaubensbekenntnis zu beten. Danach küßten sie das verrostete Eisenkreuz auf den Überresten einer kannelierten Säule.
Sie gingen zum Bridgid-Kreuz an der Außenmauer der Basilika und beteten drei Vaterunser, drei Ave Maria und das Glaubensbekenntnis. Sie standen mit dem Rücken zum Kreuz, die Arme ausgebreitet, als seien sie an die Mauer gekreuzigt, und entsagten dreimal dem Teufel, der Welt und der Fleischeslust.
Burns machte mit, mit einigen inneren Vorbehalten allerdings.

Die nächste Übung war ein Gang um die Basilika, bei dem sie im stillen sieben Abschnitte des Rosenkranzes beteten, gefolgt vom Glaubensbekenntnis. Die Steinplatten waren zwar kalt, aber für die Füße leichter zu ertragen als das Geröll auf dem Croagh Patrick. Ölzeug und Plastikregenmäntel hielten die schlimmste Nässe ab, und die Schreie der Möwen hatten etwas Beruhigendes.

Jetzt war es Zeit für das erste Grab beziehungsweise die Überreste der Zelle oder Kapelle eines alten Mönchs. St. Bridgids Grab lag näher am Glockenturm.

Burns und Sapieha, die seit Jahren nicht mehr für etwas angestanden hatten, stellten sich hinter ein paar langsame alte Damen in die Schlange. Hier waren die Steine spitzer. Bald klagte Burns Sapieha aus dem Mundwinkel, daß seine verprockten Fußballen entzündet seien. Und seine Knie, denn es galt, eine Menge Kniebeugen zu machen.

Der Ablauf sah vor, daß sie dreimal um die Außenseite der Grabstätte zu ihrer Rechten gingen, dabei mehrere Vaterunser, Ave Maria und das Glaubensbekenntnis beteten, am Eingang niederknieten und die Gebete wiederholten, dann dreimal um die Innenseite gingen und die Gebete abermals sprachen. Zum Schluß knieten sie am Kreuz in der Mitte nieder zur letzten Gebetsrunde. Diese erste Station dauerte eine Stunde, und am Ende war Burns fix und fertig.

Das Ganze wurde nun an den Gräbern der Heiligen Brendan, Catherine und Columba wiederholt. Nur der Papst schien den Regen zu schätzen; er behauptete, er sei überaus angenehm, und wäre Irland ohne ihn Irland? Nein.

»Gefällt es Ihnen, Eminenz?« fragte der Papst Burns und atmete einen tiefen Zug frische Luft ein. »Gottes eigenes Land.« Und er rezitierte laut: »›Auf Lough Dergs heil'ger Insel, da wandle ich auf Stein / und bete die Stationen auf den Knien mein.‹«

St. Patricks Grab in der Nähe der Männerunterkunft war größer, und das Beten dauerte entsprechend länger. Anschließend begaben sich alle zu der Grabstätte am Ufer.

Einige Pilger, darunter der Papst, machten einen Schritt in den See, um sich die Füße zu kühlen. Nach einem Rosenkranz für die glorreiche jungfräuliche Mutter kehrten sie zum St.-Patrick-Kreuz zurück. Weitere Gebete. Die Station endete in der Basilika, mit fünf Vaterunser, fünf Ave Maria und dem Glaubensbekenntnis für die Vorhaben des Papstes.

Himmel, ist es zu glauben, daß ich das bin?

»Herrgott«, sagte Burns mit gedämpfter Stimme, »der Parkettboden fühlt sich gut an.«

Nach Sapiehas Zählung hatten sie bereits 99 Vaterunser, 162 Ave Maria, 7 Glorias, 26 Glaubensbekenntnisse gebetet. Wenn sie je mit Lough Derg fertig wurden, würden sie mindestens 891 Vaterunser, 1458 Ave Maria, 63 Gloria und 234 Glaubensbekenntnisse aufgesagt haben. Und zwischendurch mußten sie noch ihr Brevier lesen.

Zeit für Erfrischungen.

In dem hellen Refektorium mit der niedrigen Decke wurde ihnen schwarzer Kaffee aus einer Blechkanne serviert, eine Scheibe matschiger Toast und soviel Lough Derg Suppe, wie sie wollten: heißes Wasser mit Pfeffer und Salz bestreut. Sie ging, wie der ausgehungerte Kardinal Burns sich ausdrückte, runter wie »der Schlachtgesang der Republik«, gesungen vom mormonischen Tabernakelchor.

Es wurde Abend. Die Sonne machte sich auf die Suche nach Amerika. Die Laternen an den zum See hin gelegenen Befestigungen gingen an, und mit der Dämmerung erschienen Fledermäuse. Der Papst saß mit Charley, Dr. Gadda und ein paar Klerikern am Landungssteg auf der Bank und blickte über das Wasser auf die Nadelholzschonung am Ufer.

Um Burns aufzuheitern, sagte der Papst: »Es heißt, der Teufel persönlich spitzt nachts all die Steine an.«

Nach einer viel zu kurzen Pause hinkten sie in die Basilika zu Abendgebeten und -segen. Die Nachtwachenkerze, für die Pilger des Vortages angezündet, war jetzt ein Stummel. Über dem Altar hing ein Bußkreuz, zu dessen Fuß ein Hahn stand. Der Papst erklärte, dies sei der Hahn, der dreimal krähte, als Petrus seinen Herrn verleugnete.

»Am Tag nach Christi Kreuzigung wurde er geschlachtet, doch als Christus auferstand, tat es auch der Hahn, der gerade in einer Kasserolle gebraten wurde. Er flatterte mit den Flügeln und krähte zum Lobe Gottes. Na, ist das nicht eine wunderbare Legende?«

Für Sapieha bestimmt, machte Burns leise: »Gluck, gluck, gluck«, bevor er scheinbar ins Koma sank.

Kirchenlieder wurden gesungen, darunter »Näher, mein Gott, zu dir«, »O glorreicher St. Patrick«, und »Bleibe bei mir«.

Als die Abendgebete gesprochen waren, sagte der Prior zu den Pilgern des zweiten Tages, sie könnten sich jetzt schlafen legen. Sie gingen, zu müde zum Frohlocken.

Die übrigen führte er in die Nachtwache ein. Sie begann mit einer heiligen Stunde, während der die Pforten der Basilika symbolisch geschlossen waren. Danach wurden die Stationen im Innern der Basilika abgehalten.

»Ich brauche euch wohl kaum zu sagen, liebe Pilger, daß ihr euch unter keinen Umständen gehenlassen dürft. Wenn ihr seht, daß jemand eingenickt ist, seid gute Christen und stoßt ihn in die Rippen. Jetzt werde ich eure Nachtwachenkerze anzünden. Möget ihr ebenso getreu brennen.«

Diese Nacht sollte die längste in Kardinal Burns' Leben werden. Er hatte wochenlang nicht an Flick von Boston gedacht, aber jetzt sah er Knifes Herzinfarkt als einen Segen Gottes.

Die Nacht war ein betäubender Wirrwarr aus endlosen Gebeten, andauerndem Knien, an den Bänken entlangrutschen, aufstehen. Er fühlte sich abwechselnd betäubt und berauscht.

Die vierte Station begann um 0.30 Uhr. Um 1.30 Uhr gingen einige hinaus in den Unterstand, um eine zu rauchen. Burns und Sapieha schlichen sich fort zum See, rauchten eine Zigarre und nahmen einen kräftigen Schluck aus Burns' Flachmann. Als Burns nach einem Schwarm Mücken schlug, die ihn bei lebendigem Leibe aufzufressen drohten, rutschte ihm der Flachmann aus der Hand. Wie er ihn auffangen wollte, verlor er das Gleichgewicht und ging baden. Nur der untere Teil von ihm wurde naß, aber das war schon schlimm genug; denn als er zur Unterkunft kam, um sich zu trocknen, fand er sie für die Nacht verschlossen. »Um Himmels willen«, brüllte er, als er vergeblich an die Tür hämmerte, »trauen die hier nicht mal einem Kardinal?«

Die Glocke rief zur fünften Station. Es war zwei Uhr morgens. Burns fror bis zur Pause um drei. Die sechste Station folgte um 3.30 Uhr, eine Stunde später gab es wieder eine Pause.

Der Papst, Frank und Charley gingen hinaus, um die Geburt des Morgens zu sehen. In der knackig frischen Luft huschten die letzten Fledermäuse übers Wasser. Im Westen machte sich der Mond auf den Heimweg, während im Osten über dem Hügelkamm die Sonne ihre Gegenwart verkündete; über Kinnagoe schwebte ein perliges Licht.

Während sie die Szenerie betrachteten, kam Wind auf. Die Wellen brachen sich und schlugen ans Ufer. Doch der Himmel war klar, und Gott erschuf die Welt vor ihren Augen neu. Aus Chaos und dunkler Nacht erstiegen ferne Bergketten, baumlos, abgesehen von wenigen verkümmerten Kiefern auf den tiefer gelegenen Hängen.

Der Papst nahm alles in sich auf, sog die Abgeschiedenheit und Einsamkeit der Stätte in sich ein. Wie liebte er doch die braunen Sümpfe, das Moorland, die nassen grauen Berge, die abgeschiedenen, doch seltsam vertrauten Bauernhäuser.

Frank stöhnte: »Noch siebzehneinhalb Stunden ohne Schlaf.«

Um fünf gingen sie hinein. Das Licht ließ allmählich die Farben der Fenster erkennen. Es war Zeit für die siebte Station. Diese Stunde, die das Morgengrauen überspannte, war die schwerste. Der Papst mußte Dr. Gadda ständig in die Rippen stoßen und Charley davon abhalten, alle mit seinem Schnarchen zu stören. So mancher Bischof behauptete, er sei total am Ende. Einer gestand, er würde seine Seele verkaufen für einen halben Teller Porridge. »Mephisto, wo bist du?«

Zu den Morgengebeten um 6.30 Uhr gesellten sich die anderen Pilger zu ihnen, die nach einer durchschlafenen Nacht aussahen wie Angehörige einer anderen Rasse. Sapieha erklärte, er würde am liebsten eigenhändig ein Streichholz anzünden und jeden einzelnen von denen verbrennen, verprockt noch mal.
Priester saßen auf Stühlen hinter Altargittern, die Pilger stiegen hinauf und knieten sich neben sie, um die Beichte abzulegen, während die Orgel leise spielte.
Der Papst legte ebenfalls die Beichte ab, Charley wie immer neben ihm, hörte zu, war aber nicht überrascht.
Auch Kardinal Burns beichtete; ihm fiel allerdings nur ein, daß er sich selbst einen Haufen Purpurscheiße geschimpft hatte, der es verdient, im Fegefeuer zu schmoren, bis der Laden dichtmacht. Er hatte es nicht so gemeint. Es war nur sein verlorenes, wahres Ich, das gesprochen hatte, wie ein Horn in einem undurchdringlichen Wald.
Der Prior bat den Papst, die Predigt zu halten. Nur er könne bei den erschöpften Pilgern des ersten Tages einen Funken Interesse wecken.
»Meine Schwestern und Brüder in Christo«, sprach er, während aller Augen auf ihm ruhten, »jeder Augenblick, den wir hier verbringen, ist die Frucht eines Jahrtausends. Genug Glauben ist hier geübt worden, genug Schmerzen sind opfermütig aufgestiegen von den Sohlen der Füße, die hier wandelten, um die Welt hundertmal zu heilen.
Meine liebe Mutter hat diese Wallfahrt zwanzigmal gemacht, mein Vater mindestens ein dutzendmal, bevor er, wie er sagte, mit dem Lough Derg abgeschlossen hatte. Nicht ganz, denn als sein Sarg in sein warmes Grab gesenkt wurde, trug er zwei Kieselsteine vom Lough Derg auf der Brust. Mit Millionen anderen, in trüben wie in ungetrübten Zeiten, haben meine Mutter und mein Vater diese Stätte geheiligt und, ihr mögt einem ungeschlachten Iren verzeihen, sie haben mir ihre robusten Füße vererbt.
Ihr seid müde, das war Christus auch. Ihr seid hungrig und dur-

stig, das war Christus auch. Tausend Jahre und mehr ist Christus hungrig und durstig auf den nackten, blutenden Füßen der Gläubigen auf den Pfaden von Lough Derg gewandelt.
Meine Schwestern und Brüder, wir sind privilegiert, hier zu sein. Laßt uns froh sein und frohlocken.«
Als er von der Kanzel stieg, teilten nicht alle seine Freude. Der Lobgesang nach der Wandlung lautete: »Christus ist gestorben, Christus ist auferstanden, Christus wird wiederkommen«, was Burns veranlaßte zu flüstern: »*Christus* soll ruhig wiederkommen, Kammy, *ich* bestimmt nicht.«

In den kostbaren freien Minuten zwischen den Stationen wanderten Burns und Sapieha zusammen herum wie Hänsel und Gretel. Mit einem Blick auf die kärglich bestückten Buden klagte Burns, es gebe nichts zu kaufen außer dem Jesuskind von Prag, Unsere Liebe Frau von Lourdes, Silbermedaillons von Padre Pio und verprockte Gartenzwerge.
Sapieha deutete auf etwas. »*Und* Kruzifixe für einen fröhlichen Tod, Tom. Sechs Pfund das Stück.«
»Ich nehme drei«, sagte der elend aussehende Burns, »dann sterbe ich wenigstens lachend.«
Endlich erhielten sie Zugang zum Trockenraum. Burns konnte seine Strümpfe auswringen und seine Füße wieder christlich machen. Allzubald hieß es zurück in die Basilika zu weiteren Gebeten.
Dort trafen sie den Papst an, der als zusätzliche Buße auf den Händen kniete. Burns verstand unter Selbstverleugnung, sein Gewissen aus diskreter Entfernung zu erforschen, nicht, sich selbst zu prügeln bis zum Umfallen, wie es die Iren gern taten. »Ich hasse die verprockte keltische Düsternis hier«, sagte er zu seinem Freund.
Sapieha erwiderte: »Amen, süßer dickärschiger Engel von New York, Amen, Am-en.«

Mit der nächsten Station außerhalb der Basilika wußten sie, daß der neue Tag angebrochen war.

Mittags erfolgte eine Erneuerung der Taufgelübde. Der tropenfiebrig aussehende Burns behielt wenig von diesem endlosen Tag in Erinnerung, außer daß er ohne erklärte Absicht mit dem Fuß nach Charley stieß. Als Revanche schnappte Charley nach der linken dicken Backe seines Hinterns, und er sagte, man solle diesem vermaledeiten Hund auf der Stelle mit dem Hackebeil den Garaus machen, Wallfahrt hin oder her, und der Papst sagte, er müsse Charley irgendwie geärgert haben, dessen Liebe und Verständnis für die Menschen mit Worten nicht zu beschreiben sei, und Burns sagte, sein verprockter Arsch blute wie eine abgestochene Sau, und der Papst stritt das ab und sagte, Charley könne Fasane apportieren, ohne ihnen eine Feder zu krümmen, und habe in seinem ganzen Leben noch keinen Menschen gebissen, sondern nur mit den Zähnen kleine Warnstüber gegeben, aber Burns exkommunizierte Charley feierlich, bloß weil es ein gutes Gefühl war, bevor er sich flach auf die Erde legte und stöhnte: ich will daß man mir ein Ende macht, während Charley ihm reumütig sein üppig wucherndes nach Zigarren riechendes Mehrfachkinn leckte.
An diesem Abend hatte Burns, dessen Ersuchen um Euthanasie abschlägig beurteilt worden war, gerade noch Zeit festzustellen, daß der Papst nicht in seiner Koje war, bevor er wie ein Sack in die Kissen plumpste.
Patrick kniete am Seeufer, Charley, dessen Exkommunikation von höchster Ebene aufgehoben war, lag in tiefem Schlaf neben ihm. Das Plätschern des Wassers befriedete die Seele des Papstes. Die Sonne, rot wie Blut auf Schnee, war längst hinter Croagh-Breac untergegangen, und der unverhüllte Mond warf einen breiten Silberschein auf den oberen Teil des Sees.
Ich werde traurig sein, wenn ich diesen Ort verlasse, Herr. Hier fühle ich mich geborgen. Hätte ich doch nur die Bürde der Kirche nicht zu tragen.
Ins Dunkel ringsum flüsterte er: »Nicht mein Wille, Vater, sondern dein Wille geschehe.« Er flüsterte es wieder und wieder, bis die taubenäugige Dämmerung den Himmel von Schwarz in blaugraues Porzellan verwandelte.

Burns mußte seine Koje verlassen haben, als die Morgenglocke läutete, aber er erinnerte sich nicht daran. Er sah aus wie einer, der den ganzen Tag in die Sonne geblickt hatte, vom Aufgang bis zum Untergang. Er kam zur letzten Station. Bald würde das Elend vorbei sein. Das hier war schlimmer als sechs Jahre Plackerei in einem Priesterseminar.

Bevor die Pilger das Boot zurück zum Festland bestiegen, sagte der Prior: »Sie sind verpflichtet, das Fasten durchzuhalten bis Mitternacht. Die gute Nachricht ist, Sie können nach Herzenslust trinken, sobald Sie von der Insel abgelegt haben.«

Ah, tat das gut, wieder Schuhe und Strümpfe anzuziehen. Welch unterschätzter Luxus! Laut erschallte das Lachen der Pilger, als sie sich von dem Prior verabschiedeten.

»Dank Ihnen, Monsignore«, sagte der Papst und nahm seine beiden Hände.

»Und Dank *Ihnen,* Eure Heiligkeit.« Der Prior schüttelte auch Charley die ausgestreckte Pfote. Er appellierte an alle, aus Respekt auf der Überfahrt »O glorreicher St. Patrick« zu singen.

In übersprudelnder Stimmung sagte der Papst zu Kardinal Burns: »Haben Sie bemerkt, wieviel Frohsinn am Lough Derg herrschte?«

Burns gab zu, daß es ihm nicht sonderlich aufgefallen sei.

»Das erinnert mich an etwas«, sagte Patrick, »das ein großer irischer Dichter einmal gesagt hat: ›Eine Tragödie ist nur eine unentwickelte Komödie.‹«

Burns, der sich nur wenige Zentimeter von einer Lungenentzündung entfernt fühlte, dachte, daß seiner Tragödie eine schrecklich große Entwicklung bevorstand.

»Ein Wort zur Warnung«, sagte der Papst. »Der Legende nach wird jeder, der nach Station Island zurückblickt, eines Tages wiederkommen.«

Die Kardinäle Burns und Sapieha blickten stoisch geradeaus aufs Ufer. Und dies tat, mit ganz anderen Gefühlsregungen allerdings, auch Papst Patrick.

27. Kapitel

Sie flogen im Hubschrauber nach Kilkenny. Diese Stadt sei eine der Zierden Irlands, versicherte der Papst.

Der erste Besuch galt Norman Castle, der normannischen Burg. Nicht eigentlich der Burg, sondern dem Gelände südlich davon. Ein kurzer Fußweg brachte sie zu einem malerischen Friedhof, von Stechpalmen und Buchen umgeben. Er war 1894 geweiht worden und hatte den Butlers gehört, der berühmtesten Familie in jenem Winkel der Welt.

Außerhalb der Friedhofsmauern lag ein Hund namens Sandy begraben. Charleys Gebell ließ erkennen, daß er sich in Gegenwart eines verwandten Geistes wußte.

Burns war fassungslos. Sie hätten die Klippen von Moher oder den Felsen von Cashel besuchen können. Er fragte Sapieha, warum sie diesen ganzen Weg von dreihundert Metern zurückgelegt hätten, nur um nach den Knochen eines verprockten Köters zu sehen. Doch Frank Kerrigan spürte, daß der Papst vorausdachte bis zu dem Tag, an dem er und Charley voneinander scheiden mußten.

Sandys Grabstein war in Richtung Friedhof zu dem Grab hin ausgerichtet, wo sein Herrchen später beigesetzt worden war, James Edward Theobald Butler, einundzwanzigster Earl und dritter Marquis von Ormond, verstorben am 26. Oktober 1919. Auf den Grabstein des Hundes hatte sein Herrchen die Inschrift gesetzt:

Im liebenden Gedenken an
SANDY
Der 17 Jahre lang
Der treueste und innig geliebte
Kleine Freund und Gefährte war
Geboren bei Loch More im April 1895
Gestorben am 4. Juni 1912

Manche Menschen, gut und weise,
Glauben, daß in Zeiten fern,
Geschöpfe, die geliebt auf Erden,
Uns, wenn zu Ende geht die Reise
Am Himmelstor begrüßen werden.
Gott gib, daß dies die Wahrheit sei!

Der Marquis, der in seinem Schloß in Kilkenny zwei Monarchen bewirtet hatte, Edward VII. und Georg V., der mit ihnen auf seinen ausgedehnten Besitzungen geschossen, bei Cowes gesegelt, sie bei staatlichen Obliegenheiten beraten hatte, mußte seinen kleinen Hund innig geliebt haben.

Nachdem er zum Gebet niedergekniet war, sagte der Papst: »Seltsam, daß Sandy nicht näher bei seinem Herrchen begraben ist.«

Der hiesige Bischof der Kirche von Irland, der den Papst begrüßt hatte, fragte: »Sie meinen *innerhalb* des Friedhofes?«

»Warum nicht?« Der Papst wies auf Charley, der offensichtlich keinem Betretungsverbot zuwiderhandelte. »Geweihte Erde bedeutet, daß ein getaufter Mensch das Recht hat, dort beerdigt zu werden. Nicht, daß einem ungetauften Geschöpf dieses Vorrecht versagt bleiben muß.«

»Aber«, sagte der Bischof unglücklich, »ich dachte, Hunde hätten keine Seele, Eure Heiligkeit.«

»Vielleicht keine wie unsere.« Im stillen: Vielleicht eine bessere.

Als Patrick sich bückte, um seinem Hund den edlen Kopf zu streicheln, erinnerte sich Frank, daß der Papst einmal die Gestalt des Gekreuzigten mit Charleys Gesicht gesehen hatte.

»Aber sicher«, fuhr der Papst laut fort, »kann der Gott, der Tiere erschafft, sie auch beseelen, wenn es ihm gefällt? Er ist allmächtig, nicht?«

Nach ein paar Sekunden sagte der Bischof: »Ich werde mich darum kümmern.«

Die Kirche von Irland gestattete dem Papst, in der schönen Kathedrale von St. Canice die Messe zu zelebrieren. Kilkenny war nach der Kill (das heißt Kirche) von St. Canice benannt. Es war dies die erste katholische Messe in der Kathedrale seit der Reformation. Seit vielen Jahren bestanden zwischen Anglikanern und Katholiken in der Stadt herzliche ökumenische Beziehungen. Dieser Anlaß zementierte sie.

Nach der Messe war der Papst zum Essen in die lange Galerie von Schloß Kilkenny geladen. In einem der schönsten Räume Irlands spielte das irische Jugendorchester Mozart und Brahms. Burns genoß das Essen, den Wein und – er saß der Präsidentin von Irland gegenüber – die glänzende Gesellschaft. Seine Reue, an der Wallfahrt teilgenommen zu haben, war fast überwunden. Die Präsidentin, eine irische Schönheit in einem grünen Kleid, erhob sich und sagte, unterstrichen von vielen ausdrucksvollen Gebärden, die Wahl Seiner Heiligkeit, der eine Hoffnung für die ganze Welt darstelle, sei eine Ehre für ihn, aber auch für alle irischen Männer und Frauen, die den Glauben in die Welt getragen hatten. Sie fühle, diese Wahl sei ein Symbol für jenes neue Irland, das sie der Welt zu präsentieren wünsche. Sie sprach flüssig zwanzig Minuten ohne Notizen, was mit Notizen vielleicht zwei Minuten gedauert hätte.

Der Papst lehnte es ab, eine Rede zu halten. Er hatte für diese Reise nur eine einzige Ansprache vorbereitet, und die wollte er in Dublin halten.

Seufzer der Enttäuschung wurden laut, bis er sagte: »Aber wenn Sie einem alten Iren, der in seine Heimat zurückkehrt, nostalgische Gefühle nachsehen wollen, rezitiere ich für Sie ein paar Strophen aus einem meiner Lieblingsgedichte.«

Alle saßen still, als Papst Patrick leise und mit patriotischer Gefühlstiefe »Dark Rosaleen« rezitierte bis zur letzten Strophe:

Ach, rot des Adlers Gefieder klebt
Von einem Überfluß an Blut,
Von unserem Tritt die Erde bebt,
Den Wald verzehrt des Feuers Wut.
Und Kriegsgeschrei und Schüsseknall

Erschüttern manches heitre Tal.
Hier sterben sollst du, hier vergehn,
Meine Dark Rosaleen!
O meine Rosaleen!
Das Jüngste Gericht ist nun nicht mehr fern.
Hier sterben kannst du, hier vergehn,
Meine Dark Rosaleen!

Als der Papst geendet hatte, gab es keinen Beifall. Es dauerte eine Weile, bis die Unterhaltung wieder in Gang kam.

Am nächsten Morgen fuhr der Papst im Papamobil über Land von Kilkenny ostwärts nach Glendalough. Auch dies war ein Alptraum für die Sicherheitsleute. Die Gegend war berüchtigtes Banditenland. Die schmalen Wege waren von üppigen Bäumen und dichten Hecken gesäumt.
Außerhalb des Dorfes Rathdrum, im Garten von Irland, bestand der Papst auf einem kurzen, ungeplanten Besuch Avondales. Es war der Familiensitz und Geburtsort des »Stolzen Adlers« Charles Stewart Parnell.
Als sie das Gelände betraten, stand Frank Kerrigan nah genug da, um den Papst flüstern zu hören: »Oh, warst du je in Avondale / und weiltest dort im stillen Tal, wo hohe Bäume leise flüstern / vom Stolzen Adler Avondales?«
Das graue Haus lag idyllisch zwischen fünfhundertfünfzig Morgen prächtiger alter irischer und exotischer ausländischer Bäume. Manche Leute sagten, Parnell, ein Protestant, sei der größte aller Iren gewesen. Der Klerus hatte seinen Sturz betrieben, als er Kathleen O'Shea heiratete, eine geschiedene Frau.
Patrick stieg vor dem vornehmen georgianischen Gebäude aus dem Papamobil. Er fiel auf die Knie, breitete die Arme weit aus und betete fünf Minuten.
Die irischen Prälaten waren verwundert. Betete er, um zu sühnen, was Parnell getan hatte? Oder was der Klerus ihm angetan hatte? Den einzigen Hinweis gab Patrick, als er sich beim Gehen in das

Gästebuch in der Eingangshalle eintrug. Unter »Bemerkungen« zitierte er einfach Parnell:
»Kein Mensch hat das Recht, eine Grenze für den Marsch einer Nation festzusetzen. Kein Mensch hat das Recht zu sagen: ›Bis hierhin und nicht weiter.‹«

Es waren nur wenige Kilometer vom bewaldeten Avondale bis Laragh. Bald kam Glendalough in Sicht, das Tal der zwei Seen, mitten im Herzen von Wicklow.
Wegen der Menschenmenge brauchte das Papamobil eine halbe Stunde, um die letzten paar hundert Meter zum Royal Hotel und auf der schmalen Brücke über den rasch dahinplätschernden braunen Fluß Glendasan zurückzulegen. Der Papst stieg aus seinem Vehikel und ging durch die ekstatische Menge unter dem alten Torbogen hindurch in die ehemalige episkopalische Stadt der Sieben Kirchen.
Alles wurde von dem tausend Jahre alten Runden Turm überragt. Stufen führten zum Durchlaß in drei Meter Höhe. Der Papst stieg eine eigens konstruierte Treppe hinauf. Aus dreißig Meter Höhe hatte er von vier Fenstern, die nach den vier Winden ausgerichtet waren, eine ungestörte Sicht auf eine der schönsten Sehenswürdigkeiten der Schöpfung. Instinktiv erteilte er seinen Segen *urbi et orbi*.
Im Westen lag der kräuselnd murmelnde Obersee. An einem Hang in neun Meter Höhe hatte der sanfte barfüßige St. Kevin sein »Bett« bereitet. Um ihn hatten sich zahlreiche Legenden gerankt.
Eine handelte von einer Amsel, die in seiner ausgestreckten Hand nistete. Eine andere erzählte, daß die Männer, die an der Kathedrale arbeiteten, mit den Lerchen aufstehen mußten, die sich, zu ihrem Leidwesen, früher in die Lüfte erhoben und sangen als alle anderen ihrer Art im ganzen Land. Aus Mitleid gebot Kevin ihnen Schweigen. Leider singen seither keine Lerchen mehr über den Wassern des Sees.
Der Westsee war von dem kleineren Ostsee durch einen Streifen

Land getrennt, das durch Schlick entstanden war, den der große jadegrüne Poulannas-Wasserfall abgelagert hatte. Dieser Streifen Gras war jetzt unter einem riesigen Menschenauflauf auf beiden Seiten des Flusses Dosan verschwunden. Berge, grün vom Gipfel bis zum Fuß, umringten die Landschaft in einer mächtigen Kolonnade, erstaunlicher als alles, was Bernini sich je hätte erträumen lassen. Eine große Vielfalt von Bäumen war zu sehen: Silberbirken, Ebereschen, Haselnüsse, Kiefern, Erlen, Weißdorn.

Am herrlichsten war die Welt unterhalb, eine Geisterstadt der Mönche und Heiligen.

Kevin war im Alter von hundertzwanzig Jahren gestorben. Er hatte darum gebeten, man möge eine der Gottesmutter geweihte Kirche bauen, die seine sterblichen Überreste beherbergen sollte. »Meine Söhne«, sagte er, »schneidet die Dornen und Disteln um ein Hirtengrab fort und errichtet dort eine schöne Stätte.« In der St.-Marien-Kirche wartet er auf seine Auferstehung. Laurence O'Toole, Irlands erster kanonisierter Heiliger, war dort Abt gewesen, bevor er Erzbischof von Dublin wurde.

Doch die alte Klosterstadt schnürte Papst Patrick aus einem anderen Grund das Herz ab. Sie wurde verwüstet, als die normannischen Engländer Anfang des 13. Jahrhunderts gewaltsam in Irland einfielen. Die Kirchen hatten keine Dächer mehr. Die Grabsteine großer irischer Köpfe, der O'Tooles und der O'Byrnes, waren zu Zielscheiben gemacht und zerstört worden. Die dicken Steinmauern waren zerschlagen und durchlöchert. Doch selbst in ihrer Trostlosigkeit kündete die Stätte noch beredter von Gott als jede moderne Stadt.

Papst Patrick zelebrierte die heilige Messe an einem provisorischen Altar unter dem blauen Himmelsdach einer Kathedrale, die den Heiligen Peter und Paul geweiht war. Die Messe, die erste, die hier seit Jahrhunderten gefeiert wurde, übertrug man per Fernsehen für die Abertausende rings um die Stadtmauern und auf dem Rasen zwischen den Seen.

Frank Kerrigan, der als Zeremonienmeister fungierte, vermutete,

daß der Papst hier glücklicher war als sonst irgendwo. Als Patrick die Messegebete sprach, hatte Frank das Gefühl, als renne er, einen starken Wind im Rücken, neben ihm her.
Kardinal Burns las das Evangelium mit ungewohnter Rührung. Die Lesung handelte davon, wie Jesus über den See segelte, um dem großen Andrang zu entgehen, und die Menschen am Ende mit ein paar Broten und Fischen speiste.
Und dann predigte zum Entzücken aller der Papst. Es war die kürzeste Predigt, die viele von ihnen je gehört hatten.
»Schwestern und Brüder von Irland, als ich vor langer Zeit diese überaus heilige Stätte besuchte, war ich beeindruckt von einer Inschrift auf dem alten Grabstein von Luke Toole von Annamoe. Da stand zu lesen: ›Er war ein Freund der Ungetrösteten, ein Vater der Waisen. Seine Tür stand den Armen offen.‹ Das ist eine Zusammenfassung des Evangeliums Jesu Christi. Ich, euer Papst, euer stolzer und doch demütiger Landsmann, habe dem nichts hinzuzufügen als: Möge Gott euch alle segnen und behüten.«
Der Applaus drohte eine neue Spalte in die Berge zu reißen.
Nach der Messe pflanzte der Papst im Schatten der Kathedrale eine Eibe, bevor er sich zur Hauptstadt aufmachte.

28. Kapitel

Der Papst besuchte nicht die Dubliner Burg. Auch nicht das Dáil, das irische Parlament. Nicht das Trinity College, die alte Universität von Irland. Nicht den Präsidentensitz im Phoenix Park. Nur noch ein einziger Ort stand auf seinem Reiseplan.
Das Kilmainham-Gefängnis im Westen der Stadt mit dem Bild der gefesselten Schlangen über dem Eingang machte nach wie vor einen grimmigen Eindruck. Dem Papst wurde eine Führung ge-

boten, die die selten gesehene Folterkammer im Keller mit einschloß, doch schien er den Ort genauso gut zu kennen wie der Gefängnisdirektor.
Er interessierte sich besonders für die mit dem Osteraufstand 1916 verbundenen Stätten. Er betete in der Kapelle, wo der junge Joe Plunkett, einer der Anführer des Aufstands, sich wenige Stunden vor seiner Exekution mit Grace Gifford vermählt hatte. Er besuchte und segnete nacheinander die Zellen von Patrick Pearse, Thomas MacDonagh, Tom Clarke und all ihren Kameraden, die im Mai 1916 durch britische Hand ihr Leben ließen.
Er ging Eisenstufen hinunter, durch graue Korridore mit verrosteten Gasrohren und vom Zahn der Zeit beschädigten Türen zum Stonebreakers' Yard. In diesem ellipsenförmigen, von hohen Mauern umgebenen Hof, der stark an eine Kathedralenruine erinnerte, waren die Männer 1916 exekutiert worden.
Während kirchliche und weltliche Würdenträger den Hof säumten, zog der Papst abermals Schuhe und Strümpfe aus. Er pflanzte einen roten Rosenstrauch in die Erde, die durch das Entfernen einer Steinplatte freigelegt worden war. Er kniete nieder und betete den Rosenkranz neben einem Kreuz, das die Stelle bezeichnete, wo alle Anführer bis auf einen von einem Erschießungskommando getötet worden waren. Er sprach den letzten Abschnitt, die Auferstehung, auf einem geradlehnigen Holzstuhl neben dem Kreuz beim Tor am anderen Ende sitzend. Dort war James Connolly, ein Marxist, der seinen Frieden mit Gott gemacht hatte, angebunden im Sitzen erschossen worden, weil sein verwundetes Bein es ihm unmöglich machte zu stehen.
Die winzige Gestalt des Papstes, seine bloßen, übel zerschundenen blutigen Füße erzeugten einen unvergeßlichen Eindruck. Frank Kerrigan fand, daß der schlichte Stuhl besser zu ihm paßte als der päpstliche Thron im Petersdom.
Patrick gab dem Gefängnisdirektor den Rosenkranz zurück, den er benutzt hatte. Thomas MacDonagh hatte ihn um den Hals getragen, als er vor dem Erschießungskommando stand. Er hatte seiner Mutter gehört.

Patrick stand auf und wandte sich den Kameras zu. Und hielt seine einzige öffentliche Rede, ohne Notizen.

»Meine Damen und Herren, auch Päpste machen schlimme Fehler.«

Frank Kerrigan sah zu Kardinal Burns, der ein Gesicht machte, als stünde *er* vor dem Erschießungskommando.

»Ich spreche von einem Schreiben eines meiner Vorgänger. Das sogenannte ›Laudabiliter‹ wurde 1156 von dem einzigen englischen Papst, Adrian IV., verfaßt. Der bislang einzige irische Papst möchte sich, fast tausend Jahre zu spät, dafür entschuldigen.

Johannes, Bischof von Salisbury, flüsterte seinem guten Freund Adrian IV. etwas ins Ohr. Er überredete den Papst, Irland auf ewig zum Erbe des normannischen englischen Königs Heinrich II. zu machen.

Heinrich gab vor, in Irland einmarschieren zu wollen, um es vom Heidentum zu befreien und der heiligen katholischen Kirche treu ergeben zu machen.

So sprach er von einem Land, das fünfzehnhundert Jahre früher Söhne wie den jungen St. Ciarán von Clonmacnoise und St. Kevin von Glendalough hervorgebracht hatte. Das Missionare wie Columba und Aidan in die Fremde gesandt hatte. Das ein Hort der Zivilisation war, als Rom von barbarischen Horden überrannt wurde. Das eine keltische christliche Kultur hatte, als die Engländer nichts als Tierfelle trugen. Dr. Johnson sagte zu Recht: ›Irland war die Schule des Westens, die stille Wohnstatt von Heiligkeit und Literatur.‹

Johannes von Salisbury ging zum Papst in Benevento und fragte ihn, ob Irland englisch sein könne. Der Papst sagte ja und gab ihm einen goldenen Ring mit einem prächtigen Smaragd. Mit diesem Ring wurde dem König das erklärte Recht verliehen, über Irland zu herrschen.

Im ›Laudabiliter‹ schrieb Papst Adrian an Heinrich: ›Es ist sonder Zweifel, daß Irland und alle Inseln, auf welche Christus, die Sonne der Gerechtigkeit, herabschien und welche Kenntnis des christlichen Glaubens erlangten, St. Peter und der allerheiligsten

römisch katholischen Kirche untertan sind ... Hierfür werdet ihr einen Pfennig (einen Denar) für jeden Haushalt als althergebrachten Tribut an St. Peter abgeben und die gesamten und unverletzlichen Rechte der Kirchen des Landes wahren.‹
So kam es, daß ein Engländer, Papst Adrian IV., zugunsten eines anderen Engländers, König Heinrich II., auf Drängen eines weiteren Engländers, Johannes, Bischof von Salisbury, eine Bulle verfaßte.«
Der britische Botschafter Sir Geoffrey Smith-Burlington, mit zusammengebissenen Zähnen und flatternden Augenlidern, hielt es nicht mehr aus. Fernsehkameras folgten ihm, als er zum Ausgang strebte, wobei er murmelte: »Verdammte Impertinenz von diesem Kerl.« Er hielt einen Moment inne, um zu hören:
»Als Papst sage ich Ihnen im vollen Ernst, dies war ein massives englisches Unrecht. Die Konstantinische Schenkung, auf welche Papst Adrian das Recht gründete, Inseln zu vergeben, war eine Fälschung. Auf alle Fälle verstießen die Könige von England gegen die Bedingungen der Bulle: Sie haben die Rechte der Kirchen nicht gewahrt. Im Gegenteil, indem sie den Iren Land stahlen und es an ihre Kumpane verteilten, setzten sie das große Rad der Gewalt in Gang, das dieses arme Land noch heute zermalmt. Nicht alle *Angli* waren *Angeli*.
Kein Wunder, daß die großen Kathedralen und Kirchen in Irland dem Ruin anheimfielen, daß ihre Schätze gestohlen, ihre Manuskripte in alle vier Winde zerstreut wurden. Kein Wunder, daß Glendalough, die heilige Stätte, wo ich heute morgen die Messe las, einst als ›Rom der westlichen Welt‹ bekannt, heute Wind und Regen anheimfällt.
Im Laufe der Zeit haben die Fremden, nachdem sie ihren eigenen geistlichen Reichtum verschwendet hatten, den Iren ihr kostbares Erbe zu rauben versucht: den katholischen Glauben. Auf grausame Weise trachteten sie danach, dem Papst und der Kirche im allgemeinen, über die der Pontifex maximus in Liebe präsidiert, die Treue zu brechen.
Zum Glück ist es ihnen mißlungen.

Ich, der erste irische Papst, der dieses mein Land besucht, zögere nicht zu erklären, daß die Urkunde, auf welcher Johannes, John Bull, sein Recht auf Irland gründete, null und nichtig ist. Die Engländer haben kein Recht, haben es nie gehabt und werden es niemals haben, auf nur *einen einzigen Zentimeter* irischen Boden. Sie kamen als Usurpatoren; wo sie auf irischem Boden bleiben, tun sie das als Usurpatoren.
Dieser Stonebrakers' Yard ist der bitterste Ort in einem bitteren Land. Es ist der Altar von Irland, wo die Tapfersten der Tapferen ehrenvoll und in Uniform, wie es sich für Soldaten ziemt, gestorben sind, um Irland wieder irisch zu machen. Hier widerrufe ich das ›Laudabiliter‹ feierlich. Und hier segne, segne und segne ich abermals die heilige Stätte, wo sie ihr Leben lassen mußten.
Requiescant in pace. Grün seien ihre Gräber.«
Der Papst zog Strümpfe und Schuhe an, verneigte sich vor beiden Kreuzen im Hof und sprach auf seiner Reise in der alten Heimat kein weiteres offizielles Wort mehr.

Zurück im Vatikan, wurde ihm bewußt, daß er, solange er fort war, kein einziges Mal Kopfschmerzen gehabt hatte. Und in dieser Nacht schlief er in seinem eisernen Bettgestell im päpstlichen Palast friedlicher als seit langem.

TEIL FÜNF

Aussagen über Sex

29. Kapitel

Die Kopfschmerzen des Papstes kehrten wieder. Er konnte sich nach wie vor nicht an die Vorgänge bei seiner Wahl erinnern. Zu Dr. Gadda, der ständig auf dem Posten war, sagte er, manchmal habe er das Gefühl, in einem Traum zu leben.
Er besuchte regelmäßig die Pfarrbezirke von Rom, um Kinder zu firmen. Danach zog er Bonbons und Schokolade aus den Taschen seiner Soutane und verteilte sie. Diese Ausflüge hoben seine Stimmung.
Charley, der seinen festen Platz im Papamobil hatte, war der Liebling der Kinder. Sie fütterten ihn immerzu mit ungesunden Sachen, und so wurde er trotz seines Lough-Derg-Fastens ziemlich dick.
Das gute Einvernehmen des Papstes mit seiner Diözese hielt an, zumal er wieder Touristen in die Stadt lockte. Und wenn er predigte, spürten die Leute, daß er Verteidiger war, nicht Kläger.

Eines Tages sagte Kardinal Montefiori zu Seiner Heiligkeit, daß die Präfekten der Kongregationen ihn wieder arg bedrängten. »Die Frage des Priesterzölibats erfordert, daß Sie sich unverzüglich damit befassen.«
Er erläuterte ausführlich, welche Einstellung Johannes Paul in seinen späteren Jahren vertreten hatte. Er hielt nichts von Priesterehen. Darum hatte er sich auch Jahre Zeit gelassen, all denen einen Dispens vom Zölibat zu erteilen, die darum ersuchten. Das hatte viele von ihnen so erbittert, daß sie ihre Ämter aufgaben, um zivil zu heiraten.
»In letzter Zeit«, sagte Montefiori, »haben wir eine Flut von Anträgen auf Versetzung in den Laienstand erhalten.«

»Hunderte?«
»Zweitausend, seit Sie im Amt sind.«
»Sie hören sich an, als sei das meine Schuld, Giuseppe.«
Der Kardinal sah zu Boden. »Es könnte sein, daß sie denken, Sie wären ... gnädiger.«
»Was denken *Sie*?«
Montefiori wählte seine Worte sorgsam. »Wenn Sie zu leicht dispensieren, könnten viele Priester, junge vor allem, bei der ersten Versuchung ihr geistliches Amt niederlegen.«
Patrick sah nachdenklich aus dem Fenster auf den belebten Platz, über die vielen Türme und Kuppeln der Stadt, wo Mauersegler in den Sonnenstrahlen hin und her stoben. »Ich weiß, wie das bei mir war, als junger Priester. Ich war oft verliebt.«
Montefiori hüstelte verlegen.
»Keine Sorge, Giuseppe. Ich hatte nicht den Mut, etwas richtig Schlimmes zu tun.«
»Mut?«
»Ich hatte nie lüsterne Träume wie der heilige Hieronymus in der Wüste. Ich habe mir auch nicht mehrere Mätressen genommen wie der heilige Augustinus.« Er legte seinem Staatssekretär beruhigend die Hand auf den Arm. »Ich vermute, daß ich wohl nicht für die Höhen der Heiligkeit bestimmt war.«
»Nein, Eure Heiligkeit.«
»Noch heute muß ich mir die Augen zuhalten und sozusagen meine Phantasie mit einem Feigenblatt bedecken, wenn ich durch die Galerien wandere und Bilder von Venus und den Nereiden sehe, alle nackt und –«
»Wirklich, Heiligkeit.«
Patrick wurde ernst. »Wenn die Angelegenheit so dringend ist, werde ich Wege aufzeigen. Doch zuerst muß ich die Kirche anhören.«
Montefiori faxte Schreiben an die Erzbischöfe in aller Welt mit der Bitte, sich mit ihren Hierarchien zu beraten. Die wiederum sollten sich mit Priestern und Laien beraten. Alle Ergebnisse sollten ihm rechtzeitig geschickt werden, bevor die Bischofssynode in Rom zusammentrat.

30. Kapitel

Patrick hatte indirekt die Live-Übertragung einer Debatte zwischen Präsident Delaney und Ayatollah Hourani von der Föderation Islamischer Republiken zu verantworten.

Es herrschte Hochspannung. Ein Doppeldecker-Superjumbo der USA war mit achthundert Passagieren an Bord über dem Persischen Golf von einer Rakete abgeschossen worden. Es gab keine Überlebenden. Niemand bekannte sich zu dem Anschlag, doch die NATO machte die FIR dafür verantwortlich.

Als aus dem Pentagon kriegerische Töne zu vernehmen waren, bedrängte der Papst beide Seiten, vom Abgrund zurückzutreten und miteinander zu reden.

Seit Delaney in der vierten Klasse den Katechismuspreis gewonnen hatte, hielt er sich für einen Religionsexperten. Und als der UN-Generalsekretär ihn und den Ayatollah aufforderte, über ihre Differenzen zu diskutieren, sagte er zu. Er hatte zu Hause niedrige Einschaltquoten und hielt diese Debatte für eine Gelegenheit, sie in die Höhe schnellen zu lassen.

Er rief Kardinal Burns an und bat um Gebete. Burns riet ihm, in der Debatte zu betonen, daß Christen – zivilisiert, wie sie waren – gegen jede Form der Folter seien. »Trotzdem«, so witzelte er, und es kam aus tiefem Herzen, »wäre es nicht schlecht, Gaunern im Gefängnis einen täglichen Einlauf zu verpassen.«

»Habe ich richtig verstanden?«

»Ja. Fünf Liter Zuckersirup mit Zitronensaft. Das würde das Verbrechen über Nacht ausrotten.«

»Verdammt, Tom«, sagte Delaney, »sie würden sich alle auf den achten Zusatzartikel berufen und für den elektrischen Stuhl votieren.«

Der Präsident bat den Papst, seinen bevorstehenden Fernsehauftritt zu segnen, was dieser wider Montefioris bessere Einsicht tat.

Die halbe Welt schaltete die Debatte ein. In den USA, wo Hourani das beliebteste Objekt amerikanischen Hasses war, betrug die Zuschauerquote mehr als achtzig Prozent. Die Menschen hatten ihn als den Mann in Erinnerung, der drei von seinen Söhnen die Hände abgehackt hatte.
Patrick, der den »Papst des Islam«, wie die Medien ihn nannten, nie gesehen hatte, blieb bis drei Uhr morgens auf, um mit Frank und Montefiori zuzuschauen.
Delaney wurde im Oval Office sitzend gezeigt, die *Stars and Stripes* auf seinem Schreibtisch, die Kugel, die den Papst beinahe das Leben gekostet hätte, gerahmt hinter seinem Kopf.
Der Ayatollah sprach aus der heiligen iranischen Stadt Qom. In einem Zelt, das kahl war bis auf die rot-schwarz-gelbe Trikolore der FIR, ließ er sich ausschließlich im Profil ablichten.
In einem Genfer Studio befand sich ein unsichtbarer zweisprachiger Moderator. Nach dem Abspielen der zwei Nationalhymnen forderte er den Ayatollah auf, seine Einführung zu geben.
Statt der erwarteten flammenden Rede sagte Hourani nur: »Allah gebührt aller Ruhm, dem Herrn aller Welten.«
Früher als erwartet gebeten, seine Ansprache zu halten, winkte Delaney zunächst den Zuschauern mit einem Stück Pergamentpapier zu. Er dankte Seiner Heiligkeit Papst Patrick, dem anerkannten geistlichen Oberhaupt des Westens, dafür, daß er ihm seinen Segen gesandt hatte.
In den folgenden zwanzig Minuten griff er in einer von seinen Beratern hervorragend konzipierten Rede die FIR erbittert an. Sie stehe hinter den meisten Terroranschlägen auf der Welt, wie neulich der Zerstörung eines amerikanischen Superjumbos. Sie schüre Rebellionen gegen rechtmäßige Regierungen. Auf ihr Geheiß hätten Militärs die Regierungen in Iran, Algerien, Türkei, Irak, Libyen, Ägypten sowie das Königshaus von Saudi-Arabien gestürzt – um nur einige zu nennen.
Der schwarzgekleidete Hourani hörte sich die Übersetzung über Kopfhörer ungerührt an. Dann mit seiner vollen, tiefen Stimme: »Ist nicht Ihre eigene Nation, Herr Präsident, durch eine bewaff-

nete Rebellion gegen einen tyrannischen König eine Republik geworden? Sie antworten mir nicht. War nicht George Washington ein Rebell, und war Ihre berühmte Unabhängigkeitserklärung von 1776 nicht ein verräterischer Akt?«
Papst Patrick flüsterte Montefiori zu: »Kluger Kopf, dieser Hourani.«
Hourani fuhr fort: »Ich erinnere mich, was ein weiser Mann einmal gesagt hat: ›Eine kleine Rebellion ab und zu ist eine gute Sache.‹«
»Das nennen Sie *weise*«, brauste Delaney auf.
»Worte von Thomas Jefferson. Und Abraham Lincoln, kein militanter Muslim, sagte in seiner Antrittsrede: ›Wo immer das Volk der bestehenden Regierung überdrüssig wird, kann es sein in der Verfassung verbrieftes Recht ausüben, sie auszuwechseln –‹«
Delaney warf ein: »Durch die Wahlurne.«
»›Oder‹«, fuhr Hourani gleichmütig fort, immer noch Lincoln zitierend, »›das Volk kann sein revolutionäres Recht ausüben, sie zu stürzen.‹«
Delaney wußte, daß er sich auf ein heißes Pflaster begeben hatte. Er erwiderte ausführlich, daß die amerikanische Verfassung Gleichheit für alle fördere.
»Verzeihen Sie«, unterbrach Hourani ihn leise. »Heißt es nicht in Ihrer Unabhängigkeitserklärung, ›alle Menschen sind gleich‹?«
»Verdammt richtig.«
»*Alle?* Auch die Indianer?«
»Ja.«
»Die Sie massakriert und von ihrem Land vertrieben haben?«
»Sie *sind* amerikanische Staatsbürger.«
»Seit 1924, ja. Auch finde ich in Ihrer Unabhängigkeitserklärung keine Frauen erwähnt.«
»›Menschen‹, wie Papst Johannes Paul zu sagen pflegte, ›schließt Frauen ein.‹«
»Aber das Wahlrecht haben sie erst 1920 bekommen.«
Nach einem raschen Blick auf seine Berater im Off stimmte Delaney zu.

»Und Sklaven, schließt ›Menschen‹ die auch ein? Sie wissen natürlich, daß in einem früheren Entwurf der Unabhängigkeitserklärung die Sklaverei verurteilt wurde und daß Jefferson diese Verurteilung als unannehmbar gestrichen hat.«
Ein weiterer Blick Delaneys zu seinen Beratern, dann ein zweites widerwilliges Nicken.
»Anders als in der FIR«, brauste er auf, »gibt es in den Vereinigten Staaten heute keine Sklaverei.«
»Das bezweifle ich. Wie dem auch sei, haben Sie nicht die meisten Bewohner der Dritten Welt zu Sklaven gemacht?«
Papst Patrick flüsterte: »Ja, ja, ja.«
»Bleiben wir bei den Vereinigten Staaten«, sagte Delaney.
»Sehr gern. Wie können alle Amerikaner gleich sein, wenn Millionen von ihnen arm und Hunderte von ihnen Multimillionäre sind?«
»Wenigstens haben wir eine freie Presse, von der unsere Gründer sagten, sie sei für uns gleichsam eine zweite Regierung.«
»Wer«, fragte Hourani, »steht dieser zweiten Regierung vor? Zaren, denen jede Zeitung, jede Filmgesellschaft und jeder Fernsehsender gehört. Kann eine Presse frei sein, wenn sie im Besitz von ein paar reichen Tyrannen ist?«
»Ich weise Sie darauf hin, daß unsere Presse, anders als Ihre, drucken kann, was sie will.«
»Wird von mir, einem gläubigen Muslim, erwartet, daß ich die Freiheit dieser Presse gutheiße, Lügen zu erzählen, Irrtümer zu verbreiten, Gott zu lästern?«
»Wenigstens sitzt hier niemand wegen seiner Religion im Gefängnis.«
»Selbst wenn seine Religion Gott beleidigt?«
Delaney hielt einen langen Vortrag über die Vorteile der Trennung von Kirche und Staat, die Demokratie, ordentliche Gerichtsverfahren, Geschworenengerichte und die Ächtung von grausamen oder ungewöhnlichen Strafmaßnahmen in Amerika, wie sie im Islam an der Tagesordnung sind.
Worauf der Ayatollah trocken erwiderte: »Ich weiß, wären frühe-

re amerikanische Präsidenten wegen Ehebruchs mit Exekution bedroht worden, wie im Islam, dann wären nur wenige in ihren Betten gestorben.«

»Das weise ich zurück«, sagte Delaney hitzig.

»Wenn Ihr Oberster Gerichtshof nur 1878 nicht beschlossen hätte, daß Polygamie gottlos ist und gegen die christliche Ethik verstößt, wenn er nur unsere vernünftige Sitte, vier Frauen zu haben, übernommen hätte, dann ...«

»Dann?«

»Hätten einige Ihrer Präsidenten vielleicht nicht mit Huren schlafen müssen.«

Delaney verwahrte sich heftig gegen eine derartige selbstherrliche Verleumdung seiner, nun ja, Vorgänger. Dann war Hourani an der Reihe, sich über das Thema Demokratie auszulassen.

Sie sei die Erfindung des Teufels. Der Islam habe nichts als Verachtung übrig für Mehrheiten, für diejenigen, die Unfähigen Ehre erweisen und sich der Unfehlbarkeit der Ignoranz beugen.

»Wo gibt es in islamischen Ländern«, wandte Delaney ein, »eine Oppositionsregierung?«

»Gegen wen wollte sie denn opponieren? Gegen Allah? Sollen wir vielleicht aus bloßem Vergnügen dem Koran eine Opposition entgegensetzen?«

Die Christen, fuhr Hourani fort, verachteten die Muslime, weil sie Dieben Hände und Füße abhacken, weil sie Ehebrecherinnen steinigen, die die *'ird,* die Ehre ihrer Männer, beleidigt haben.

»Aber, Herr Präsident, in unseren Ländern sind Diebstahl, Ehebruch und Drogenkonsum praktisch nicht existent. Warum? Weil wir die Gottlosen bestrafen. In Ihrem Land dagegen können sich die Bürger nicht ohne Angst auf die Straße trauen. Als Ihnen die Büffel ausgingen, haben Sie begonnen, sich gegenseitig zu erschießen. Sie haben Krawalle, Brandstiftung, Vergewaltigungen, Raubüberfälle, Schlachthäuser für Babys –«

»Ich *muß* doch sehr bitten«, rief Delaney hitzig.

»Ich meine Ihre Abtreibungskliniken. In den letzten Jahren hat Amerika mehr Babys geschlachtet als Adolf Hitler.«

Noch einmal sagte der Papst traurig: »Ja.«
»Ihre schwangeren Mütter«, fuhr Hourani fort, »vergiften ihre ungeborenen Kinder mit Alkohol und Drogen. Kinder bekommen Kinder. Kinder ermorden Kinder. Wenn ein paar abgetrennte Hände dieses Chaos abstellen können, ist es das nicht wert?«
Frank meinte: »Das wird bei der Law-and-order-Lobby in Amerika gut ankommen.«
In die Enge getrieben, sagte Delaney: »Ein täglicher Einlauf ...«, dann besann er sich.
Papst Patrick lachte. »Was halten Sie davon, wenn wir den Rest aufzeichnen und schlafen gehen?«
Montefiori sah auf seine Uhr und stimmte zu. In ein paar Stunden würde die Bischofssynode beginnen.
Als Frank den Fernseher ausschaltete, sagte der Kardinal gequält: »Sie hätten auf meinen Rat hören sollen, Eure Heiligkeit.«
»Ich habe ihm nur den Segen für einen glücklichen Tod gesandt.«
Frank sagte: »Den wird er jetzt auch brauchen.«
»Es wird nur beweisen«, erklärte Patrick, »wie unberechenbar so ein päpstlicher Segen sein kann.« Er kicherte. »Ich hätte es wissen sollen. Johannes Paul hat mir seinen erteilt, und sehen Sie nur, wohin mich das gebracht hat.«

31. Kapitel

Patrick hörte aufmerksam zu, als zweihundert Bischöfe die Probleme ihrer Diözesen erläuterten. Immer wieder war von »Berufungskrise« die Rede.
Der Priestermangel bereitete den Bischöfen der Dritten Welt Sorgen. Viele Geistliche hatten ihren Beruf aufgegeben, um zu heiraten. Es gab keinen Ersatz.
Die meisten Bischöfe aus dem Westen saßen im selben Boot, aber

sie legten dar, daß, wenn Priester zu leicht in den Laienstand versetzt werden könnten, dies schließlich zu einem noch größeren Exodus führen würde.
Nachdem sie eine Woche diskutiert hatten, ordnete der Papst eine dreitägige Pause an. Er brauchte Zeit, um zu beten.

Eines Abends, nachdem Tommaso das Essen aufgetragen hatte, brach Patrick sein Schweigen, um Frank Kerrigan zu fragen, was er vom Priesterzölibat halte.
»Ich finde, es sollte freiwillig sein.«
»Würden *Sie* heiraten?«
»Nein.«
Der Papst war überrascht und erfreut über die prompte Reaktion.
Frank ließ eine geraume Zeit verstreichen, bevor er erklärte: »Vor einigen Jahren sind meine Eltern, beide unter fünfzig, bei einem Flugzeugunglück ums Leben gekommen. Ich war ein Einzelkind und bin dadurch sehr einsam geworden.«
»Das verstehe ich gut«, murmelte der Papst. »Wir waren ein ganzes Haus voll bei uns.«
»Unter den Papieren meiner Mutter fand ich einen Brief, den mein Vater ihr anläßlich ihrer Silberhochzeit geschrieben hatte. Seine Worte haben sich in mein Gedächtnis eingegraben: ›Wenn ich hundert Leben hätte, ich würde Dich in jedem einzelnen bitten, mich zu heiraten.‹ Darunter hatte sie geschrieben: ›Ich sage hundertmal ja.‹«
Patrick hob beifällig die Hände.
»Das, Eure Heiligkeit«, sagte Frank, als hätte er viel darüber nachgedacht, »ist alles, worum es bei der Liebe geht, oder? Nicht bis zum Tod, sondern über den Tod hinaus, jenseits aller Tode, für immer und ewig. So war die Liebe meiner Eltern. Ich habe sie beneidet und mich gefragt, wie ich ohne diese Liebe leben, wie ich die lange Einsamkeit, die vor mir lag, ertragen könnte.«
»Es ist nicht gut, daß der Mensch –«

»Ein Jahr später, kurz vor meiner Priesterweihe, verliebte ich mich in ein Mädchen aus Ohio. Sie war sehr schön. Fand ich jedenfalls.«

Patrick erwiderte sein gequältes Grinsen, bevor er fragte: »Wer hat wen verlassen?«

»Es war gegenseitig. Jody sagte, sie könne die Verantwortung nicht tragen, mich Gott wegzunehmen.«

»Und jetzt wissen Sie, daß Sie nie –«

Zur Überraschung des Papstes verließ Frank unvermittelt das Zimmer. Eine Minute später kam er mit einer kleinen weißen Pappschachtel zurück, um die eine rosa Schleife gebunden war.

»Eine Hochzeitstorte, Frank? Ich verstehe. Wann –?«

»Sie kam vor ein paar Tagen. Seitdem versuche ich den Mut aufzubringen, sie in den Tiber zu werfen.«

Ein langes, freundschaftliches Schweigen entstand zwischen ihnen, bevor der Papst seine Hand auf die seines Sekretärs legte. »Wenn ich das nur gewußt hätte. Ich hätte wenigstens –« Er faltete die Hände zum Gebet.

Frank blinzelte den Tränenschleier fort. »Es ist vorbei. Wirklich. Ich weiß jetzt, wenn ich hundert Leben hätte, ich würde in jedem einzelnen das Zölibat wählen um der Liebe Christi willen.«

Der Papst warf den Kopf zurück, als wollte er sagen, sogar er würde vielleicht in einem oder zwei von hundert Leben gern ein bißchen experimentieren. Dann: »Danke, Frank, Sie haben mir geholfen, die Sache mit dem Zölibat viel klarer zu sehen. Jetzt hätte ich nichts gegen ein Stückchen Kuchen. Nur einen kleinen Happen, um ihn vor dem Tiber zu retten.«

Der Papst rief die Bischöfe wieder zusammen. Montefiori verkündete: »Seit Beginn dieser Synode haben weitere fünfzehnhundert Priester an den Heiligen Stuhl geschrieben und um Versetzung in den Laienstand gebeten.«

Der Papst blickte ernst in die Runde. »Ein unglücklicher, schwankender Priester wird die Glückseligkeit des Heiligen Geistes nicht verbreiten.«

Alle murmelten zustimmend.
»Es wäre leicht für mich, die Regeln zu beugen, die mein Vorgänger erlassen hat. Aber dafür ist die Misere der Kirche viel zu kritisch.«
Kardinal Burns und die übrigen Konservativen atmeten auf.
Der Papst fuhr fort: »Das Zwangszölibat ist kein Dogma, sondern eine Disziplin. Niemals ganz erfolgreich. Im Mittelalter und auch danach haben Priester und sogar Päpste, Kardinäle und Bischöfe sich Mätressen gehalten.«
Viele Prälaten, denen dies bestens bekannt war, zeigten sich empört, weil der Papst so öffentlich davon sprach.
»Und wie sieht es heute aus, meine Brüder? Ich habe Hunderte von Briefen erhalten von Priestern, die, mit ihren eigenen befremdlichen Worten, gezwungen sind, in Sünde zu leben.
Manche schreiben, ihre Haushälterin sei ihre Frau, und sie hätten Kinder, die sie lieben.
Manche gestehen, daß sie ihren Geliebten, als diese schwanger wurden, Geld für eine Abtreibung gegeben haben, so traurig das ist. Viele Frauen haben sich gefügt, um die Schande des Priesters zu verbergen.
Manche schrieben mir von Priesterkollegen, die, außerstande, mit ihrer Berufung und ihrer Liebe zu einer Frau fertig zu werden, Selbstmord begingen.
Manche berichteten mir von Mitbrüdern, die aufgrund des Zwangszölibats in ihrem Geschlechtsleben nie erwachsen wurden. Das führte dazu, daß sie junge Knaben und Mädchen verführten, zuweilen an die hundert Opfer.
Sie haben von Diözesen in der Neuen Welt gelesen, die bankrott gingen, nachdem sie Abfindungen an arme kleine Kinder zahlten, deren Leben ruiniert war. Viele Priester haben Angst, ihren Priesterkragen auf der Straße zu tragen, wegen des Stigmas, das ihm anhaftet.«
Erschrockenes Schweigen herrschte im Raum, während der Papst offen über Vergehen sprach, die viele Bischöfe über Jahre hinweg unter großen Mühen bemäntelt hatten.

»Das Merkwürdige ist«, fuhr Patrick fort, »obwohl diese Priester und ja, eine beträchtliche Anzahl Bischöfe sich so verhielten, sahen sie keinen Anlaß, von ihrem Amt zurückzutreten. Doch so merkwürdig ist das auch wieder nicht. Das kanonische Recht verlangt, daß ein Priester ehelos ist, aber es verpflichtet ihn nicht gleichermaßen, zurückzutreten, wenn er unkeusch ist. Tatsächlich nutzen viele Priester ihre privilegierte Stellung, um zu leben wie Casanova. Sie haben zahllose Affären, zeugen viele Kinder, die sie vernachlässigen, und treten trotzdem nicht zurück.« Er blickte trübselig in die Runde. »Was stimmt nicht mit unserer Erziehung, daß solche Männer sich benehmen wie Gossenkatzen?«

Kein Bischof mochte ihm antworten.

»Was sollen wir tun?«

Ein Gewoge von Rot, doch keiner sprach.

»Sollen wir das kanonische Recht dahingehend ändern, daß jeder Priester, der unkeusch ist, und sei es nur ein einziges Mal, zurücktreten muß?«

Ein tapferer philippinischer Bischof erhob sich und meinte: »Wenn wir das tun, werden wir keine Priester für unsere Diözesen mehr haben.«

»Sehr richtig«, sagte der Papst. »Viele Bischöfe haben mir gestanden, daß jeder ihrer Priester eine Liaison mit einer Frau hat. Ist das nicht scheinheilig? Und ein absoluter Widerspruch zum Evangelium?«

Viele Bischöfe waren gezwungen, ihm in diesem Punkt beizupflichten.

»Ich frage Sie, meine Brüder, wie viele Male sollen wir einem Kollegen gestatten, sein Christus gegebenes Gelübde zu brechen? Wie viele Kinder zu zeugen oder mörderisch abzutreiben ist ihm gestattet, bevor wir sagen, genug ist genug?«

Niemand antwortete ihm.

»Sollen wir«, fragte er herausfordend, »einem Priester ein Kind zugestehen, zwei, zehn, sechzehn?«

Schweigen.

»Ich habe von einem Priester gehört, einem lautstarken Verfechter des Zölibats, der neun Kinder von neun verschiedenen Frauen hat und jetzt mit einer zehnten schläft. Ein anderer hatte Affären mit siebenunddreißig Frauen. Keiner hat je seinen Rücktritt eingereicht. Ich frage noch einmal, wie sollen wir das kanonische Recht ändern, um dieses Verhalten zu unterbinden?«
Wieder sahen die Bischöfe dies als rein rhetorische Frage und verharrten in eisigem Schweigen.
»Ich habe gesagt, ich werde ändern, was möglich und nötig ist. Doch trotz all dieser Vergehen schlage ich nicht vor, mit der klerikalen Disziplin herumzuexperimentieren.«
»Gut«, murmelte Kardinal Ragno von der Kongregation für die Sakramente, der voll und ganz für den Status quo war.
»Ich beabsichtige eine Rückänderung zum Ursprünglichen. Von nun an werden Priester heiraten dürfen, wenn sie es wünschen, und im Amt bleiben können.«
Plötzlich war ein Tumult im Saal. Der Papst beabsichtigte, ein tausend Jahre altes Gesetz umzustoßen.
Jemand brüllte: »Ein Eheloser dient Gott mit ungeteiltem Herzen.«
»Das sagt der heilige Paulus«, erwiderte der Papst, »und ich sage es auch. Der Apostel sprach von *allen* Christen, nicht von Priestern. Aber wenn nun das Herz eines Priesters, dem die Ehelosigkeit nicht in die Wiege gelegt wurde, durch den Wunsch zu heiraten grausam geteilt ist?«
Kardinal Burns kreischte: »Sogar in der orthodoxen Kirche dürfen Männer nicht heiraten, *nachdem* sie geweiht wurden.« Konstant, ein großer, glatzköpfiger englischer Bischof, sagte: »Heiligkeit, die bereits geweihten Priester müssen auf alle Fälle ehelos bleiben. Jegliche Veränderungen können sich doch nur auf künftige Kandidaten beziehen?«
»Das scheint logisch«, räumte der Papst ein, »doch es führt zu sonderbaren Konsequenzen. Wir würden Priester nicht heiraten und im Amt bleiben lassen. Andererseits würden wir bereits verheiratete Männer zu Priestern weihen. Wir tun dies bereits im

Hinblick auf konvertierte Kleriker. Aber wenn ein verheirateter Mann Priester werden kann, warum sollte ein Priester dann nicht heiraten? Wenn man Whiskey mit Wasser trinken kann, warum dann nicht Wasser mit Whiskey?«

Als das Stimmengewirr erstarb, fügte Patrick hinzu: »Ich versichere Ihnen, meine Brüder, jedem Bischof wird es freigestellt sein, ausschließlich lebenslange Ehelosigkeit zu akzeptieren. Wer von seinen Priestern heiraten möchte, kann sich in eine andere Diözese versetzen lassen.«

Schon erklärten die Bischöfe unfehlbar, ob sie verheiratete Priester akzeptieren würden oder nicht.

»Als ich zu diesem Entschluß kam«, erklärte Patrick, »war ich betroffen von folgender Tatsache: In den vergangenen fünfundvierzig Jahren hat sich die Anzahl der Katholiken mehr als verdoppelt, während die Zahl der Priester zurückgegangen ist. Nun kann das Zölibat, wie wir alle wissen, für die einzelne Seele Wunder wirken. Aber wenn es nun der Gemeinschaft schadet?«

»Schaden«, rief Kardinal Ragno. »Wie kann das Zölibat der Kirche *schaden*?«

Der Papst sagte, er bedauere das Wort nicht.

»Ich möchte Euer Eminenz daran erinnern, daß das Zwangszölibat Menschenwerk ist, wogegen das Recht zu heiraten Teil des Naturgesetzes ist. Das Zölibat ist eine freie Entscheidung für die Kirche, die Eucharistie nicht. Ohne die heilige Messe hungert unser Volk. Wann hätten unsere Armen sich je für einen eucharistischen Hungerstreik bis zum Tod entschieden? Angenommen, es gäbe eine Hungersnot in Italien und große Mengen Nahrungsmittel müßten importiert werden. Was würden die Italiener denken, wenn nur Ehelose sie verteilen könnten? Und wenn infolgedessen Millionen stürben, würde ich dann nicht verantwortlich gemacht? Dieselbe Sünde lastet auf mir, wenn in der Kirche eine geistliche Hungersnot herrscht, ein Mangel am Brot des Lebens, und ich nichts unternehme.«

Der Papst bat Montefiori um Statistiken über Priesterweihen.

Der Kardinal erklärte, daß in Holland letztes Jahr nur ein einziger Mann ordiniert wurde; in Deutschland waren es fünf, in Irland sieben, in den Vereinigten Staaten vierzig und so weiter.
Schließlich sagte Patrick: »Als Oberhirte kann ich nicht müßig dabeistehen und nichts tun. Eines ist sicher: Das Zentrum unseres Glaubens ist die Messe, nicht das Priesterzölibat.«

32. Kapitel

Eine Pause wurde eingelegt, damit die Bischöfe die Worte des Papstes in sich aufnehmen konnten. Einige waren hocherfreut. Andere, wie Kardinal Ragno und Erzbischof Rossi, der stellvertretende Staatssekretär, waren wütend.
Frank konnte Patrick zuflüstern: »Wären Sie doch nur schon vor fünf Jahren Papst gewesen.«
Als die Bischöfe sich wieder versammelten, gratulierte Kardinal Gonzales von Rio dem Papst zu seiner mutigen und bedeutsamen Entscheidung.
»Wenn ich richtig verstehe, Eure Heiligkeit, dürfen wir jetzt qualifizierte verheiratete Diakone zu Priestern weihen?«
Kardinal Rottweiler, der alte Präfekt vom Heiligen Offizium, erhob sich und brummte: »Dies ist ein gefährlicher Weg.«
»Eminenz, der gute Herr selbst hat den Menschen auf den gefährlichsten aller Wege geschickt, als er ihm den freien Willen gab.«
Kardinal Burns stand auf und fragte verstimmt: »Wie sollen Missionsgebiete diesen verheirateten Männern die richtige Schulung bieten können?«
»Die Apostel«, antwortete der Papst, »haben kein Seminar besucht. Nehmen Sie Petrus. Ein verheirateter Mann übrigens, der

wie die anderen Apostel auch seine Frau auf Missionsreisen mitnahm. Lesen Sie den ersten Korintherbrief, 9,5. Obwohl er ein Fischer war, besaß Petrus Geist genug, um über den gekreuzigten Christus zu predigen. Ich vermute, der heilige Paulus selbst hätte die komplizierte scholastische Theologie nicht begriffen. Aber ich bin mir nicht sicher, ob Priester sie in Elendsquartieren und Barackensiedlungen überhaupt brauchen.«

Kardinal Gonzales von Rio trampelte mit den Füßen, die einzige Möglichkeit, über das Getöse hinweg seinen Beifall zu bekunden. Ein Dominikanerbischof sprang aufgeregt auf und fragte, ob Ordenspriester – Dominikaner, Franziskaner, Benediktiner – auch vom Zölibat entbunden würden.

»Warum nicht?«

»Weil wir Ordensleute ein Gelübde der Armut, Keuschheit und des Gehorsams ablegen. Ein *Gelübde* aufzuheben ist etwas ganz anderes, als ein Gesetz zu ändern.«

»Ich verstehe, was Sie meinen«, sagte der Papst. »Aber ich nehme an, daß viele Männer Mönche und Brüder werden, um in einer Gemeinschaft zu leben, wo sie das allen Priestern auferlegte Zölibat schützen können. Wenn sie heiraten möchten, würde ich nicht zögern, sie von ihren Ordensgelübden zu entbinden.«

»Aber«, jammerte der Bischof, »das wird unsere Ordenshäuser dezimieren.«

»Wenn dem so ist, Bruder«, meinte der Papst bestimmt, »beweist das nur, daß mit Ihren Häusern etwas nicht stimmt. Wenn Ordensleute sich mit ungeteiltem Herzen Gott weihen, wie wollte selbst eine päpstliche Entscheidung sie beeinträchtigen? Ich gestatte ihnen zu heiraten, ich zwinge sie nicht.«

»Aber, Heiligkeit –«

»Bruder«, sagte der Papst sanft, »sehen Sie nicht, daß Priester, die nicht ehelos sein können, eine Gefährtin brauchen, eine, der sie ihre tiefsten Ängste und Sorgen anvertrauen können, eine, die sie hält und streichelt in der Nacht? Es ist nicht Sex, sondern Trost, was diese Priester am meisten brauchen.« Mit einem Blick auf Frank Kerrigan: »Ein Priester, der eine Heirat auch nur erwägt, hat nie aus tiefstem Herzen gesagt: ›Ich will für immer ehelos bleiben.‹«

»Die Kirche wird sterben«, jammerte O'Halloran, der neue Erzbischof von Boston.

»Das will ich hoffen«, sagte der Papst.

»Ich dachte, sie sei für das ewige Leben geschaffen«, entgegnete O'Halloran erschüttert.

»Nein, Eminenz. Sie ist dazu geschaffen, zu sterben und aufzuerstehen, immer und immer wieder.«

Die Gemüter erhitzten sich noch mehr, als der Bischof von Vancouver fragte, ob Seine Heiligkeit an die Ordination von Frauen gedacht habe.

Patrick antwortete mit einem Lächeln: »Ich habe nie einen theologischen Grund dagegen gefunden.«

Mehrere Bischöfe sprangen auf, die Gesichter gerötet. Sie waren erst zufrieden, als Burns sich in ihrem Sinne äußerte: »Es waren keine Frauen unter den Zwölfen.«

»Auch keine Nichtjuden«, erwiderte Patrick gelassen. »Die Zeit war nur reif für Männer, jüdische Männer. Alle beschnitten.«

Mehrere Bischöfe wanden sich unwillkürlich, als sie eine der ursprünglichen Qualifikationen für das Priestertum hörten.

Kardinal Ragno sagte: »Johannes Paul hat 1996 erklärt, daß die Priesterweihe für Frauen gegen unsere gesamte Tradition verstößt.«

»Das tut sie keineswegs«, meinte Patrick gelassen. »Nur, weil wir etwas nie getan haben, ist es nicht untraditionell. Nur die Dinge, von denen wir immer sagten, daß wir sie nie tun könnten, sind untraditionell. Warum, Bruder, kann die Kirche eigentlich keine Frauen weihen?«

»Weil«, sagte Ragno mit schriller Stimme, »ein Priester unseren Herrn verkörpern muß, Christus war ein Mann, keine Frau.«

Rio mischte sich ein, um den Papst zu unterstützen. »Wollen Sie damit sagen, Eminenz, daß die Geschlechtsteile eines Priesters ihn dazu befähigen, die Messe zu lesen?«

Ragno war zu erzürnt, um zu antworten.

»Fest steht eines«, fuhr Rio fort. »Jesus hat uns erlöst, weil er ein

Mensch war wie wir alle, nicht weil er ein Mann war wie nur die Hälfte von uns.«

Der Papst sagte: »Richtig. Übrigens, Kardinal Ragnos Argument würde zuviel beweisen. Wenn Jesus uns nur erlöst hat, weil er ein Mann war, und unser großer Oberpriester ist, weil er ein Mann ist, dann ist Christentum, wie wir es verstehen, unmöglich. Wie könnte ein Mädchen oder eine Frau Christus in der Taufe annehmen, ein Glied des Leibes Christi werden?«

»Das ist genau meine Meinung, Eure Heiligkeit«, stimmte Rio zu. »Als unser Herr sagte, ›ich bin hungrig und durstig, nackt und allein‹, hat er damit nur ›in allen notleidenden Männern‹ gemeint?«

»Jeder Mensch«, sprang ein schwarzer Bischof Rio bei, »kann ein neuer Christus werden und ihn zu jeder Sekunde eines jeden Tages verkörpern. Warum kann ihn dann eine Frau nicht am Altar verkörpern?«

»Heiligkeit«, sagte der Bischof von Vancouver sichtlich erfreut, »können Sie voraussehen, daß Frauen bald zum Priesteramt zugelassen werden?«

»Wir leben im dritten Jahrtausend, Bruder. Es ist traurig, daß die Kirche, Gewährerin der Freiheit Christi, die letzte große Gesellschaft ist, die die Frauen wie eine Kaste von Unberührbaren behandelt.«

»Abgesehen vom Islam«, korrigierte Rottweiler.

»Ich weiß wirklich nicht«, meinte der Papst lachend, »ob Sie das nicht mit Zustimmung äußern?«

Rottweiler klärte ihn nicht auf.

Der Papst fuhr fort: »Es gab Premierministerinnen und Präsidentinnen in England, Irland, Island, Kanada, den skandinavischen Ländern, auch in Sri Lanka, Indien, Pakistan, der Türkei, bevor Ayatollah Hourani einschritt. Es gab Oberste Richterinnen in fast jedem Land der Welt. Jetzt frage ich Sie, wenn die Kirche hungert aus Mangel an Eucharistie, wie können wir da weiterhin die Hälfte, einige würden sagen, die heiligere Hälfte, der Menschheit davon ausschließen, der Kirche als Priester zu dienen?«

»*Verheiratete* Frauen?« fragte ein Konservativer beißend.
»Ich bin kein Prophet«, sagte der Papst, »aber ich sehe den Tag voraus, an dem eine schwarze Frau, verheiratet und Mutter, auf dem Stuhl Petri sein wird. Immerhin, wer von Ihnen hätte je gedacht, einen irischen Papst zu erleben?«
Der Erzbischof von Dublin mußte hinausgetragen werden.
Nach einer fünfminütigen Unterbrechung, die dazu diente, daß einige Prälaten sich erleichtern konnten, fuhr der Papst fort: »Was mich anbelangt, ich meine, jeder katholische Mensch hat grundsätzlich ein Anrecht auf alle sieben Sakramente. Aber die Entscheidung über Frauen als Priester überlasse ich Ihnen. In manchen Ländern haben die Frauen noch nicht die gesellschaftliche Gleichberechtigung erlangt. Anderswo werden sie gewiß das Opfer bringen und sich zur Priesterweihe darbieten. Ganz besonders die Ordensschwestern, von denen viele eine weit größere akademische Bildung haben als ich.«
Ein gebrechlicher, älterer Kardinal mit herabhängender lila Unterlippe fragte sich laut mit pfeifender Stimme, ob Frauen den Strapazen der Aufgabe überhaupt gewachsen seien.
Der Papst war nicht der einzige, der lächelte.
»Frauen ertragen die Schmerzen der Mutterschaft. Ich nehme an, sie werden auch imstande sein, es mit den Anstrengungen des Priestertums aufzunehmen. Aus meiner Sicht braucht die Kirche Frauen, verheiratete und unverheiratete. Jahrhundertelang war dem Priesteramt der größte Teil menschlicher Erfahrung versagt. Verheirateten war es nicht gestattet, der Kirche ihre Kenntnisse von Familienleben zugänglich zu machen. Ehelose haben alle Regeln aufgestellt, was eigenartig ist, müssen sie doch natürlicherweise in Geschlechtsdingen unwissend sein. Jeder verheiratete Mensch versteht mehr vom Eheleben als wir Kleriker alle zusammen.«
»Eines macht mir Sorgen«, sagte Buenos Aires. »Können unsere ärmeren Kirchen einen Priester mit Ehefrau und Kindern überhaupt unterhalten?«
»Wenn eine Gemeinde verzweifelt Priester braucht, Eminenz, wird sie die Mittel finden. Neue Priester werden sich freilich

durch körperliche Arbeit etwas dazuverdienen müssen. Wie Jesus und der heilige Paulus.«

»Aber«, fuhr der Kardinal fort, »wird man verheiratete Priester nicht als zweitklassig ansehen?«

»Das habe ich mir auch überlegt«, erwiderte Patrick. »Deswegen denke ich an eine Massentrauung in Rom. Ich werde die Eheschließungen aller Priester vornehmen, die zu diesem Zweck hierherkommen. Auf diese Weise wird die ganze Welt erfahren, daß verheiratete Kleriker ins kirchliche Leben integriert sind.«

33. Kapitel

Seit Jahrhunderten hatte keine päpstliche Entscheidung soviel Aufregung verursacht. Die Kirche, die während des letzten Pontifikats dem Tode geweiht schien, spürte das Regen eines zweiten Frühlings.

Dennoch zog man gegen den Papst zu Felde, insbesondere in einigen Ämtern der Kurie. Frauenfeinde erklärten, allein schon der Gedanke, daß Frauen die Beichte hörten, sei obszön; das schwache Geschlecht werde durch Klatsch und Tratsch oder das Heben eines geschminkten Augenlids das Beichtgeheimnis für immer auslöschen. Das wäre das Ende der Ohrenbeichte.

Rom, die größte Gerüchteküche der Welt, wußte zu melden, daß eine kleine Gruppe Kardinäle in einem teuren Restaurant an der Piazza del Popolo zu einem geheimen Konklave zusammengetroffen war.

Zuerst spielten sie mit dem Gedanken, ein Konzil einzuberufen, um den Papst abzusetzen. Dies wurde für unmöglich befunden, da nach kanonischem Recht nur ein Papst ein

Konzil einberufen und seinen Dekreten Gesetzeskraft verleihen kann.

Als nächstes äußerte Ragno die Vermutung, der Schlag auf den Kopf des Papstes habe einen irreparablen Gehirnschaden verursacht. Der Leibarzt möge ihn untersuchen und – hoffentlich – Geisteskrankheit diagnostizieren.

Der Rest der Welt sah die Dinge anders. Fernsehanstalten planten Mittel für die Übertragung der Trauungszeremonie im Petersdom ein. Als was für eine Sorte Damen würden sich die Priestergattinnen erweisen? Und wie viele sexy Kleriker würden den Mut haben, aus der Sakristei zu kommen und sich zu outen?

Briefe für und wider die Entscheidung des Papstes strömten in den Vatikan.

Die protestantischen Kirchen priesen den Papst, weil er nach fünf Jahrhunderten eingestand, daß ihr Aufstand gegen das Priesterzölibat berechtigt war.

Die orthodoxen Kirchen dagegen mißbilligten den Beschluß aufs schärfste. Rom hatte es ihnen erschwert, ordinierten Priestern die Ehe zu verweigern.

Die katholischen Laien akzeptierten die Änderung klaglos in der Überzeugung, sie gehe einer aufgeschlosseneren päpstlichen Haltung zur Empfängnisverhütung voraus. In den Missionsländern herrschte Jubel darüber, daß heilige Messe und Sakramente bald allen zugänglich sein würden.

Die Mehrzahl der westlichen Prälaten flog nach der Synode mißgestimmt nach Hause. Sie wußten, mit verheirateten Priestern würde nicht so leicht auszukommen sein wie mit geistlichen Eunuchen.

Einigen Bischöfen waren die Schlafgewohnheiten ihrer Priester schnurzpiepegal, vorausgesetzt, sie akzeptierten Verfügungen vom Bischofssitz als gottgegeben.

Der Erzbischof von Dublin machte auf dem Rollfeld klar, daß er, egal, was die anderen taten, verheiratete Priester niemals dulden würde.

Schade, kommentierte der *Sunday Independent.* Die Lockerung der Zölibatsvorschrift könnte die Arbeitslosigkeit in Irland um mindestens fünfzigtausend reduzieren.
Die Reaktion des Klerus auf Negativtöne von Bischöfen ließ nicht auf sich warten. Priesterkonferenzen warnten die hohen Herren, wenn sie nicht mitspielten, würde es in ihrer Nachbarschaft noch mehr priesterlose Pfarrbezirke geben.
In New York, wo Burns seine Abgeneigtheit kundtat, verheiratete Priester zu beschäftigen, ersuchten zweihundert Priester unverzüglich um ihre Versetzung.

34. Kapitel

Bei der ersten Besprechung nach der Synode unterbreitete Montefiori Seiner Heiligkeit, daß er sich allmählich den Ruf eines Liberalen einhandle.
Patrick war außer sich. Ein solches Etikett redete dem Parteigeist das Wort. Nach Johannes Pauls Spaltungspolitik wollte er, Patrick, die Kirche einen.
»Ich, ein Liberaler?« fragte er. »Aber ich bin doch nur zu einer älteren Tradition zurückgekehrt. Außerdem steht fest, daß wir Priester nötiger haben als Ehelose.«
»Das stimmt, aber Sie machen sich die Konservativen zum Feind. Kardinal Ragno vom Heiligen Offizium zum Beispiel ist sehr besorgt, ebenso Erzbischof Rossi, mein Stellvertreter.«
Montefiori schlug Patrick vor, sich mit zwei Männern von gegensätzlichen Flügeln zu beraten. Der erste war der kompromißlose ehemalige Präfekt für die Glaubenslehre, Josef Rottweiler. Der zweite war Francesco Frangipani von Venedig, bekannt für seine fortschrittlichen Ansichten und einer der ursprünglichen Favoriten für die Nachfolge Johannes Pauls II.

Patrick sagte der Gedanke zu, deshalb setzte er ihn sogleich in die Tat um.
Gegen Ende eines Treffens im privaten Arbeitszimmer des Papstes meinte Kardinal Frangipani: »Es ist Ihnen doch klar, Eure Heiligkeit, daß die gesamte katholische Welt auf ein Wort von Ihnen zur Geburtenkontrolle wartet.«
»Darüber ist vor vierzig Jahren ein für allemal entschieden worden«, sagte Rottweiler gereizt.
Rottweiler, über achtzig, mit schütterem weißem Haar und eingesunkenen Augen, klopfte verärgert mit den Fingern auf die Armlehne seines Stuhls. Er hatte kein Vertrauen zu diesem Papst, seit sein Beschluß zum Zölibat ergangen war.
»Ein für allemal entschieden?« fragte der Papst. »Sie berufen sich doch, Josef, auf die ›Humanae Vitae‹ Pauls VI.?«
Rottweiler nickte.
»Paul VI. hat klipp und klar erklärt, daß er diese Enzyklika nicht als unfehlbar erlassen hat.«
»Sehr richtig, Heiliger Vater«, bestätigte Frangipani energisch.
»Wie«, fragte der Papst, »kann die Sache dann ein für allemal festgelegt sein?«
»Weil die Tradition der Kirche in dieser Angelegenheit unveränderlich ist«, erwiderte Rottweiler. »Nicht einmal ein Papst kann sie bestreiten.«
»Die Umstände ändern sich«, sagte Frangipani. »Und die Reaktion der Kirche kann sich gleichermaßen ändern.«
»Unsinn«, fauchte Rottweiler. »Nicht bei einer universellen Lehre. Nennen Sie mir ein Beispiel, wo die Kirche Empfängnisverhütung erlaubt hat.«
»Wie kommt es dann«, konterte Frangipani, »daß die Diskussion im heiligen Kollegium noch weitergeht?« Er wandte sich an Patrick. »Und zählt die Praxis der Gläubigen denn gar nicht? Umfragen zeigen, daß die meisten Katholiken künstliche Methoden zur Geburtenkontrolle anwenden.«
»Die meisten Menschen lügen«, sagte Patrick sanft. »Werden Lügen dadurch gerechtfertigt?«

Frangipani schüttelte den Kopf. »Die Sache ist die, daß die Laien an dieser Art Geburtenkontrolle nichts Unrechtes sehen.«

»Wenige Lügner scheinen sich für ihre Lügen zu schämen. Aber bitte fahren Sie fort.«

»Vor vierzig Jahren, Eure Heiligkeit, hat das zweite Vatikanische Konzil festgestellt, daß Ehepaare das Recht und die Pflicht haben, die Zahl ihrer Familienmitglieder zu begrenzen.«

»Die haben sie allerdings«, pflichtete der Papst bei, »da die Welt von Übervölkerung bedroht ist.«

»Aber wie *können* sie die Zahl ihrer Familienmitglieder begrenzen, wenn ihnen nur die sogenannte Rhythmusmethode erlaubt ist, die ›Vatikanisches Roulette‹ getauft wurde?«

»Die neuesten natürlichen Methoden sind sehr zuverlässig«, sagte Rottweiler.

»Wie«, fragte Frangipani hitzig, »können Frauen, die mit einem Dutzend Kindern in einer Bruchbude leben, Thermometer, Kalender und Temperaturtabellen benutzen? Manche können nicht lesen und haben kein elektrisches Licht.«

Der Papst nickte. »Das ist ein starkes Argument.«

Rottweiler war entsetzt. Nachdem man das Juwel des Zölibats über Bord geworfen hatte, wollte er jetzt etwa auch die unabänderliche Lehre zur Empfängnisverhütung fallenlassen?

»Wissen Sie«, sagte Patrick, »Johannes Paul hat, vermutlich auf Ihr Anraten, Josef, etwas gesagt, das mich erschreckt hat.«

Worauf Rottweiler selbst erschrocken dreinsah. »Ja, Eure Heiligkeit?«

»Er sagte, ein Mann mit Aids habe das Recht auf Geschlechtsverkehr mit seiner Frau, vorausgesetzt, er benutze kein Kondom.«

Rottweiler war verblüfft. »Wie hätte Johannes Paul die Verwendung eines Kondoms gestatten können?«

»Wie konnte er Mord gestatten?«

»Heiligkeit«, brauste Rottweiler auf, »ich glaube wirklich –«

»Meine lieben Freunde«, sagte der Papst, der einen Pferdegalopp im Kopf fühlte, »vielleicht wollen wir es fürs erste hierbei belassen?«

Kardinal Rottweiler ging und tippte sogleich ein Rücktrittsgesuch vom heiligen Kollegium für den Fall, daß er davon Gebrauch machen müßte.

35. Kapitel

Die Medien bekamen als erste Wind von der Invasion. Als die Reporter anriefen, um im normalerweise ruhigen Oktober Zimmer in Rom zu reservieren, hatten die Hotels nichts frei. Sie versuchten es in Pensionen, Seminaren, Klöstern. Auch die waren voll. Viele bedeutende Journalisten mußten Zimmer mit Frühstück in Privatquartieren buchen. Der Andrang der Priester, die sich vom Papst trauen lassen wollten, mußte enorm sein.

Und so war es auch. Nach der Synode hagelte es förmlich Anträge von Priestern auf Dispensierung vom Zölibat. Viele Geistliche verkündeten ihr eigenes Aufgebot von der Kanzel, oft unter donnerndem Applaus.

Was alte Kurienpräfekten wie Rottweiler fassungslos machte, war die Anzahl hochrangiger Prälaten, die um Dispens ersuchten. »Johannes Paul«, dachte Rottweiler, »muß sich im Grabe umdrehen.«

Die endgültige Zählung derer, die sich auf den Weg nach Rom machten, ergab zweiundzwanzigtausend, darunter vier Kardinäle, zwanzig Erzbischöfe und zweihundertfünfundzwanzig Bischöfe. Viele wünschten, juristisch gesprochen, langjährige Verbindungen zu legalisieren.

Der Papst war enttäuscht, aber nicht entsetzt. »Ich hatte recht«, sagte er zu Montefiori. »Viele Priester sind ganz versessen aufs Heiraten. Das Zölibat hat *nicht* funktioniert.«

Montefiori gab keinen Kommentar dazu ab, sondern sagte nur:

»Eine zusätzliche Erschwernis, Eure Heiligkeit. Unter den von Priestern erwählten Bräuten ist eine große Zahl von ...«
»Ja?«
»Bräuten Christi.«
»Das war zu erwarten«, meinte Patrick ruhig. »Schließlich haben Kleriker einen engen Kontakt zu den braven Schwestern.«
»In Zukunft gibt es vielleicht gemeinsame geistliche Ämter für Mann und Frau«, bemerkte Montefiori. »Gewänder im Partnerlook und so.«
»Das ist gut möglich, Giuseppe. Meiner Erfahrung nach sind Nonnen ausgezeichnete Katholikinnen.«

Die Priester brachten nicht nur ihre zukünftigen Ehefrauen mit, sondern in vielen Fällen auch ein großes Gefolge von Familienangehörigen und Anhängern.
Hunderte von philippinischen und lateinamerikanischen Pfarreien hatten Kollekten veranstaltet, um ihre Priester nebst Angehörigen nach Rom zu schicken. Das war schließlich Ehrensache.
Ein heiliger alter Klosterbruder als Sizilien, bekannt für die Kreuzmale auf seinem Körper, erschien stolz mit seiner Geliebten, seinen neun Kindern und siebenundzwanzig Enkelkindern. Von seinem verdatterten Klostervorsteher wurde berichtet, er habe geäußert, daß Fra Antonio seine Stigmata reichlich verdient habe.
Als Patrick die Liste – dick wie ein Telefonbuch – durchblätterte, sagte er augenzwinkernd zu seinem Staatssekretär: »Denken Sie an Martin Luther. Als er frisch verheiratet war, war er beim Aufwachen überrascht, zwei Zöpfe auf dem Kissen neben sich zu sehen.«
»Ich vermute«, meinte Montefiori, »daß die meisten Priester auf dieser Liste längst über ihre Überraschung hinweg sind.«
»Hm, Giuseppe, Sie kennen doch den alten Limerick:

›Ein alter Mönch aus Sibirien
Geriet vor Frust in Delirien,

Raste raus aus der Zelle
Und schrie wie die Hölle
Und entführt' Frau Äbtissin nach Illyrien.‹

Ob aus Mißbilligung dieser Geisteshaltung oder weil seine Sprachkenntnisse nicht ausreichten – der Papst hatte den Limerick auf englisch zitiert –, Montefiori fand das nicht komisch.

Wegen der ungeheuren Zahl der Anwärter empfahl der Staatssekretär drei Trauungszeremonien: die erste für Kardinäle, Erzbischöfe, Bischöfe, Äbte und Ordensvorsteher. Die zweite für Monsignori, Ordenspriester und Superintendenten. Die dritte für den niederen Klerus.

An mehreren Tagen vor den großen Hochzeiten wurde in drei römischen Kirchen die Beichte gehört: im Petersdom, in San Giovanni in Laterano und Santa Maria Maggiore. Die Beichtväter waren vom Papst eigens ermächtigt worden, Priester und Ordensbrüder von ihren Verpflichtungen und Verfehlungen loszusprechen.

So manchen altehrwürdigen Beichtvater sah man nach einer Dreistundenschicht aus seinem Beichtstuhl kommen, wahnsinnig schwitzend und sich ungläubig an den Kopf fassend. Das Handauflegen hatte eine neue Bedeutung erlangt.

Mancher Priester, dem die Absolution bereits erteilt worden war, sauste in den Beichtstuhl zurück, im Streben nach neuerlicher Lossprechung, weil er abermals allzu schnell das Ehebett gewärmt hatte.

In der ersten Brautmesse im Petersdom las ein einundachtzigjähriger Kardinal, der eine achtzig Jahre alte Äbtissin heiratete, vor einer Gemeinde von fünfzigtausend Menschen das Evangelium.

Für den Text seiner kurzen, liebevollen Ansprache hatte Papst Patrick Paulus' Worte an Timotheus gewählt: »Es soll aber ein Bischof unsträflich sein, *eines* Weibes Mann, der seinem eigenen

Hause wohl vorstehe, der gehorsame Kinder habe mit aller Ehrbarkeit. So aber jemand seinem eigenen Hause nicht weiß vorzustehen, wie wird er die Gemeinde Gottes versorgen?«

Er gratulierte allen anwesenden Paaren dazu, von Gott zu etwas berufen zu sein, das ihm und anderen Ehelosen versagt bleiben würde. Die Ehe sei die Wiege und Kinderstube von Liebe und Menschlichkeit. Sie sei eine gnadenvolle Berufung, die auch dem ersten Papst – Patrick wies nach links, wo die berühmte Bronzestatue des heiligen Petrus stand – und vermutlich den übrigen Aposteln zuteil geworden sei.

Er lobte alle Paare dafür, daß sie einem Ruf folgten, der eine solche Selbstaufopferung erforderte. Doch, versicherte er ihnen, es liege viel Trost in der dauerhaften Gemeinschaft von Mann und Frau, die Gott ursprünglich für die Menschheit vorgesehen hatte. Sie würden einander die besten Freunde sein.

»Hört aufeinander«, so riet er ihnen, »als würdet ihr neben einem Fluß sitzen und auf seine Strömung lauschen. Wie gut ist es für Mann und Frau, miteinander zu schlafen, gemeinsam aufzuwachen, gemeinsam zu arbeiten im Dienste des Herrn, von Tagesanbruch bis Sonnenuntergang. Ich vertraue darauf« – er ließ seinen Blick über die zu Vermählenden schweifen – »daß ihr Priester und eure aufopfernden künftigen Ehefrauen täglich jener Liebe Ausdruck verleihen werdet, die Christus und seine geliebte Braut, die Kirche, einander auf ewig entgegenbringen.«

Mit Worten, die in der riesigen Gemeinde Aufsehen erregten, betonte er, daß es in dieser Zeit massiver Überbevölkerung den Partnern im zeugungs- beziehungsweise gebärfähigen Alter freigestellt sei zu entscheiden, wie viele Kinder sie vor Gott anstreben wollten.

An dieser Stelle fand Kardinal Ragno einen Vorwand, aus der Basilika zu stürmen.

Manche, sagte der Papst, würden beschließen, keine Kinder zu haben, manche würden sich für eins oder zwei entscheiden; manche würden, den reichen Segnungen Gottes vertrauend, vielleicht ein Dutzend wollen.

»Wichtig ist, daß jedes Ehepaar in geistiger Freiheit gemeinsam über sein zukünftiges Leben entscheidet und auf Gottes Fügung vertraut.«

Er schloß mit den Worten: »Fürchtet euch nicht. Gehet fest Hand in Hand von diesem Altar als vollkommen Gleichberechtigte, nehmt Freude und Schmerz bereitwillig an, habt keine Schuldgefühle oder Schwermut, sondern nur Liebe im Herzen, und hofft auf euer gemeinsames Morgen.«

Die wenigen Protestler, die aufmuckten, weil der Papst die Kirche verrate, wurden von den Hochrufen der übrigen Gemeinde überstimmt. Nie hatte St. Peter Szenen von solch altmodischer Romantik erlebt.

Jedes Paar wurde am Altar beim Ablegen des Ehegelübdes fotografiert. Die Bräutigame in ihren normalen Priestergewändern sahen noch prächtiger aus als ihre meistens etwas ältlichen Bräute. So mancher ältere Sohn, darunter zwölf Mitglieder des italienischen Parlaments, führte seine Mutter seinem bischöflichen Vater zu. So mancher Bischof trug zwei Ringe, als er vom Altar kam.

In dieser Nacht und den folgenden zwei Nächten erlebte das Rom von »La Dolce Vita« Festlichkeiten und Feuerwerke, die unvergeßlich bleiben sollten. Im Ausland herrschte der Eindruck, daß Rom, nachdem es Eros zweitausend Jahre lang Gift zu trinken gegeben hatte, sich endlich mit Liebe und Sexualität ausgesöhnt hatte.

Ein betrunkener alter ausgelassen Feiernder wurde festgenommen, weil er in der Fontana Trevi tanzte, bevor er dem Brunnen seinen eigenen gewaltigen flüssigen Beitrag spendete. Die Behörden nahmen erst dann von einer Anklage Abstand, als der Mann als der frischvermählte Kardinal Angelo Pavese identifiziert wurde, dessen Zustand ärztliche Behandlung erforderte.

Poggi, der sozialistische Bürgermeister von Rom, brachte beim Vatikan eine formelle Klage wegen dieser Ruhestörungen ein. Verbitterung, lautete das allgemeine Urteil. Er sei verärgert über die gute Presse, die die Kirche bekam.

Und die hatte sie. Dank Papst Patrick stand die katholische Kirche auf dem Höhepunkt ihrer Popularität.

36. Kapitel

Als Rottweiler, der sich die Ansprachen des Papstes im Petersdom zitternd angehört hatte, mit Frangipani wieder ins Arbeitszimmer des Papstes kam, hatte er sein Rücktrittsgesuch in der Tasche.
»Das letzte Mal«, begann der Papst, »haben wir über Empfängnisverhütung gesprochen, insbesondere über die unfruchtbaren Tage.«
Rottweiler nickte verdrießlich. Im deutschen Kollegium nahe der Piazza Navona waren seine Koffer schon für den Heimflug nach München gepackt.
»Ist es nicht seltsam, Josef«, sagte der Papst, »daß Frauen Thermometer und Kalender verwenden, um eine Empfängnis zu verhindern, wenn eine Pille oder ein Stück Gummi doch denselben Effekt hätte? Warum läßt man sie Mathematik benutzen und nicht Chemie und Physik?«
Rottweiler war zu verletzt, um zu antworten. Der Papst deutete an, daß es keinen Unterschied gebe zwischen natürlichen und unnatürlichen Methoden der Geburtenkontrolle. War er ein theologischer Einfaltspinsel?
Frangipani dagegen sprudelte vor Aufregung. Das Verbot der Empfängnisverhütung habe in den Kirchen des Westens zu Massenaustritten geführt. Es habe zur Bevölkerungsexplosion, zu weitverbreiteter Sterilisation, Abtreibung und quälender Armut in den unterentwickelten Ländern beigetragen.
Rottweiler fand schließlich die Sprache wieder. »Sie behaupten doch wohl nicht, Eure Heiligkeit, daß unsere Lehre ergänzt werden muß?«

»Doch, durchaus. Prinzipien können sich nicht ändern, aber wir müssen sie im Lichte der modernen Wissenschaft und Medizin anwenden.«

»Genau«, sagte Frangipani.

»Aber«, rief Rottweiler, den Tränen nahe, da er alle Errungenschaften seines langen Lebens dahinschwinden sah, »die Kirche kann sich doch nicht selbst zuwiderhandeln, gegen eine Lehre wenden, die zwei Jahrtausende alt ist.«

»Ich stimme Ihnen beiden zu«, erklärte der Papst.

Die Kardinäle sahen sich mit großen Augen und offenen Mündern an.

»Josef«, sagte Patrick, »als ehemaliger Präfekt für die Glaubenslehre haben Sie oft das Recht von Ehepaaren verteidigt, die empfängnisfreien Tage zu nutzen.«

Rottweiler nickte. »So hat es Pius XII. gelehrt. Und Paul VI. desgleichen, 1968 in der ›Humanae Vitae‹. Johannes Paul hat wiederholt dasselbe gesagt.«

»Jetzt, Josef, seien Sie bitte einmal ganz offen. Fanden Sie es nicht eigenartig, Geschlechtsverkehr während der empfängnisfreien Tage zu gestatten?«

»Nun …« Rottweiler hielt inne. »Ehrlich gesagt, ja.«

»Ah.« Frangipani genoß das Unbehagen seines Rivalen.

»Erklären Sie das, Josef.«

»Nun, Eure Heiligkeit, über Jahrhunderte lehrte die Kirche, daß es eine Sünde sei, Geschlechtsverkehr und Fortpflanzung zu trennen.«

»Das wäre *wann* der Fall?«

»Beim *coitus interruptus,* wenn der Mann sich herauszieht und seinen Samen außerhalb des Körpers der Frau ergießt. Dies war Onans Sünde, für die Gott ihn mit dem Tode bestraft hat.«

»Wann, sagte die Kirche, ist Geschlechtsverkehr noch Unrecht?«

»Wenn die Frau schon schwanger ist.«

»Warum war das eine Sünde?«

»Weil«, erklärte der alte Theologieprofessor mit eintöniger Stimme, »wenn sie schwanger ist, der Same ihres Mannes vergeudet ist, wie es bei Onan der Fall war. Es ist, als würde man guten Samen auf ein Feld streuen, auf dem schon gesät wurde.«

»Wer hat das gelehrt?«

»Alle Kirchenväter, alle Päpste und geachteten Theologen.«

»Wie steht es mit Frauen, die steril oder über das gebärfähige Alter hinaus sind?«

Rottweiler sagte: »Alle haben gesagt, daß Geschlechtsverkehr in solchen Fällen eine Sünde ist, weil er rein um des Vergnügens willen erfolgt und nicht, um ein Kind zu bekommen.«

»Warum ist das eine Sünde?«

»Weil der einzige Zweck des Geschlechtsverkehrs das Kind ist.«

Der Papst lächelte. »Sagten Sie, der *einzige* Zweck?«

Rottweiler nickte. »Die Kirche hat nicht gesagt, daß das Kind der hauptsächliche Zweck des Geschlechtsverkehrs ist, sondern der einzige.«

Der Papst fragte: »Mit Kirche meinen Sie ...?«

»Alle Kirchenväter, einschließlich Klemens von Alexandria, Justin, Hieronymus, Ambrosius und Augustinus. Alle Päpste, einschließlich Leo der Große, Gregor der Große, Innozenz III. Alle Theologen, einschließlich Thomas von Aquin und Bonaventura.«

Frangipani war verärgert. Wozu dieses ganze antiquierte Zeug wiederkäuen?

Patrick sagte: »Ich stimme Ihnen zu, Josef. Meine Dissertation ›Sexualität im Mittelalter‹ hat aufgezeigt, daß kein Kirchenmann *jemals* gesagt hat, es sei richtig, Geschlechtsverkehr und Fortpflanzung zu trennen, weil Geschlechtsverkehr nur *ein* gottgegebenes Ziel hat, das Kind.«

Wieder sahen die zwei Kardinäle sich an. Auf wessen Seite stand der Papst eigentlich?

»Ein Problem für Sie, Josef. Die Kirche hat immer gesagt: Niemals, und ich meine *niemals, aus welchem Grund auch immer,* sollen Geschlechtsverkehr und Fortpflanzung getrennt werden. Geschieht nicht genau dies, wenn Ehepaare die unfruchtbaren Tage nutzen?«

Rottweiler preßte ein »Ja« hervor.

»Es wird vorsätzlich gemacht?«
»Das ist der ganze Zweck der Übung.«
»Was«, fragte Patrick, »halten Sie von so einer *Übung?*«
»Nun, hm, ich bin nicht allzu unglücklich damit. Auch nicht allzu glücklich. Sogar der heilige Augustinus besaß ein primitives Wissen von den empfängnisfreien Tagen.«
»Was hat er darüber gesagt?«
Rottweiler zuckte verzweifelt die Achseln. »Er hat die Methode verurteilt. Uneingeschränkt. Als Todsünde der Begierde. Er sagte, es könne niemals richtig sein, sexuelles Vergnügen vom Kinderzeugen zu trennen. Das mache den Ehemann zum Ehebrecher, die Ehefrau zur Hure, und das Ehebett sei nichts Besseres als ein Bordell.«
»Und St. Gregor der Große?«
»Er hat gesagt: ›Geschlechtsverkehr in der Ehe ist nur ohne Sünde, wenn das Kind beabsichtigt ist.‹«
»Und der heilige Thomas von Aquin?«
»›Das einzige Ziel der Ehe ist die Fortpflanzung‹ und: ›Verkehr nur um des Vergnügens willen ist eine schwere Sünde‹.«
Der Papst bekräftigte dies: »Sie meinen, unsere größten Lehrer haben gesagt, die Nutzung der unfruchtbaren Tage sei *immer* eine schwere Sünde?«
Rottweiler murmelte vor sich hin, daß diese Männer vor langer Zeit gelebt hätten.
»Um so wichtiger für das Zeugnis der Kirche, Josef. Ich vermute, Sie sind unglücklich, weil die katholische Lehre, von Johannes Paul immer und immer wiederholt, besagt: *Jeder* Geschlechtsakt muß der Zeugung von Leben dienen.«
Rottweiler nickte kläglich.
»Und Geschlechtsverkehr in der empfängnisfreien Zeit zielt darauf ab, die Zeugung von Leben zu unterbinden.«
»Aber«, warf Rottweiler ein, »es geschieht nichts Unnatürliches.«
»Nein? Betont nicht unsere ganze Tradition, daß alle Methoden, die das einzige erlaubte Ziel des Geschlechtsverkehrs unterlaufen, gleich sind? Daß die Nutzung der unfruchtbaren Tage *faktisch*

und von der *Absicht* her unnatürlich ist, obwohl kein mechanischer Eingriff stattfindet?«

»Ja«, sagte Rottweiler. »Als meine Eltern geheiratet haben, wurde ihnen gesagt, es sei eine große Sünde, die unfruchtbaren Tage zu nutzen. Die Kirche hat sich anscheinend –«

»Geändert«, warf Frangipani triumphierend ein.

Nach einigem Nachdenken nickte Rottweiler entschieden. »Ein Geschlechtsakt kann kaum der Zeugung von Leben dienen, wenn Paare ihn vorsätzlich auf Zeiten beschränken, wenn die Zeugung von Leben definitiv unmöglich ist.«

»Bravo«, sagte der Papst herzlich. »Das ist so widersinnig, als würde man es einem Mann freistellen, von einem leeren Teller zu essen oder ein Gefäß mit Wasser zu füllen, das durchlöchert ist.«

Wieder bekundete Rottweiler Zustimmung.

Als Patrick seine Qual sah, meinte er freundlich: »Ich weise Sie darauf hin, daß die Nutzung der unfruchtbaren Tage viele Katholiken zu dem Schluß geführt hat: ›Wenn wir uns schon diese ganze Mühe machen, um ein Kind zu verhindern, und es klappt doch nicht, warum dann nicht einfachere Methoden anwenden, sagen wir, die Pille oder das Kondom, die funktionieren?«

Rottweiler sagte: »Ich glaube, viele haben so argumentiert.«

»Und warum nicht, Josef? Sie vergeuden sowieso vorsätzlich Samen, indem sie während der empfängnisfreien Zeit kopulieren.«

Rottweiler nickte.

»Und sie haben Vergnügen am Geschlechtsverkehr, während sie sichergehen, daß eine Fortpflanzung nicht stattfinden kann.«

»Ja, Eure Heiligkeit.«

»Und verwandeln den heiligsten aller Akte in ein billiges Vabanquespiel?«

»Ja, ja, ja. Eine so *heftige Liebe*« – er sagte dies auf deutsch – »ist Unrecht.«

»Und die fruchtbaren Tage, die einzige Zeit, wo der Geschlechtsverkehr seinen Zweck, Leben zu schaffen, erfüllen kann, werden von Moralisten seltsamerweise als ›gefährlich‹ oder ›unsicher‹ bezeichnet?«

Rottweiler meinte: »Das ist merkwürdig, zugegeben.«
»So merkwürdig, daß es jeglicher katholischen Tradition zuwiderläuft.«
Rottweiler, der einen Konflikt der Lehrmeinungen sah, war ganz durcheinander. »Drei Päpste haben in jüngster Vergangenheit die Nutzung der unfruchtbaren Tage erlaubt.«
»Das leugne ich nicht. Aber haben sie recht daran getan?«
»Das hielt ich für selbstverständlich.«
»Begreiflich, weil alles, was ein Papst seit dem Ersten Vatikanischen Konzil 1870 gesagt hat, eine Art unfehlbaren Nimbus besitzt.«
»Es gab noch einen anderen Grund«, sagte Rottweiler. »Die Methode der unfruchtbaren Tage, so unzulänglich sie auch sein mag, hat so manchen Paaren geholfen, die ihre Kinderzahl begrenzen mußten.«
Patrick holte seine Pfeife hervor, zündete sie aber nicht an. Dr. Gadda hatte ihn gewarnt, daß Nikotin und Kaffee seine Kopfschmerzen verschlimmern würden.
»Sagen Sie mir, Josef, was denken Sie heute?«
Rottweiler befingerte das Rücktrittsgesuch in seiner Tasche, nicht sicher, was er damit anfangen sollte. »Vielleicht ist die Nutzung der unfruchtbaren Tage auch eine Form von Freizügigkeit.«
Frangipani, der es genoß, Rottweiler schmoren zu sehen, lachte laut. Statt zuzugeben, daß die gegenwärtige Lehre zur Geburtenkontrolle Unsinn war und radikal reformiert werden mußte, zog es der alte Erzkonservative vor zu sagen, daß in jüngster Zeit Päpste, sogar der grimmige alte Johannes Paul II., zu *Freizügigkeit* ermutigt hatten!
»Heiligkeit«, sagte Frangipani, »sagten Sie nicht soeben, daß es keinen moralischen Unterschied gibt zwischen den sogenannten künstlichen Methoden der Geburtenkontrolle und der sogenannten natürlichen Methode der unfruchtbaren Tage?«
»Richtig.«
»Dann«, fragte Frangipani hoffnungsvoll, »sind beide Methoden statthaft?«

»Genau das habe ich *nicht* gesagt.«
»Sie meinen nicht –«
»Beide Methoden trennen vorsätzlich Geschlechtsakt und Zeugungsakt, aber die Nutzung der unfruchtbaren Tage ist die erniedrigende. Stellen Sie sich vor, die Frauen nehmen all die Mühe auf sich, ertragen all die Ängste, und wofür?«
»Um die Empfängnis zu verhindern«, sagte Rottweiler benommen.
»Sehr richtig, Josef. Um zu tun, was die Kirche immer verboten hat. Wie anti-christlich. Kein Wunder, daß die orthodoxe Kirche diese Methode nie anerkannt hat.«
»O mein Gott«, flüsterte Frangipani.
Der Papst sagte: »Angenommen, mein Vater, Gott gebe ihm die ewige Ruhe, hätte gewartet, bis der erste Frost kommt oder bis fünfzehn Zentimeter Schnee gefallen sind, bevor er Weizen, Gerste, Kartoffeln säte. Wir, seine Kinder, hätten ihn gefragt: ›Warum, Vater?‹ ›Oh, damit ich keine Ernte habe.‹ Wir hätten ihn für verrückt gehalten. Warum seine kostbare Saat verschwenden? Und der menschliche Same ist noch viel heiliger, da er für die Ernte von Gottes Kindern gedacht ist. Können Sie sich vorstellen, Gott will, daß ein katholisches Ehepaar vorsätzlich die Zeiten wählt, wo die göttliche Saat keine Frucht tragen kann, wo sie in der Erde verrotten wird, sozusagen? Können Sie sich vorstellen, er will, daß Verheiratete den Fortpflanzungsakt eigens anwenden, um sich *nicht* fortzupflanzen? Ist dies nicht die schlimmste Form der Bagatellisierung des Geschlechtsaktes?«
Frangipani sagte: »Dann denken Sie also nur daran, die Methode der unfruchtbaren Tage zu verbieten, die heutzutage ohnehin nur wenige anwenden?«
»Nur!« meinte Rottweiler mürrisch. »Selbst das würde an einigen Orten noch als großer Wandel gelten.«
»Sie irren sich beide«, sagte Patrick, womit er ihre Bestürzung noch vermehrte. »Sie vergessen etwas.«
Sie sahen ihn fragend an.

»Wir müssen unsere unabänderlichen Prinzipien im Lichte der modernen wissenschaftlichen Auffassung anwenden.«
»Auffassung *wovon?*« wollte Rottweiler wissen.
»Von den empfängnisfreien Tagen.«
»Aber«, sagte Rottweiler, der vor Aufgebrachtheit rot angelaufen war, »Sie sagten doch, es ist erniedrigend, von den unfruchtbaren Tagen Gebrauch zu machen.«
»Um die Empfängnis zu *verhindern.* Nicht, um sie zu *erlangen.*«
Beide Kardinäle zuckten die Achseln, da sie immer noch nichts verstanden.
»Warum, Josef, hat die Wissenschaft die empfängnisfreie Zeit überhaupt entdeckt?«
Rottweiler sagte: »Um Frauen zu helfen, die nicht empfangen haben. Wenn sie ihre empfängnisfreie Zeit kannten, konnten sie diese vermeiden und nur während der fruchtbaren Tage Geschlechtsverkehr haben.«
Patrick schlug auf den Schreibtisch. »Genau. Das heilige Ziel der Forschung war es, die Genauigkeit und Fruchtbarkeit des Geschlechtaktes zu erhöhen.«
Frangipani bekam am ganzen Körper eine Gänsehaut. »Sie beabsichtigen zu erklären, daß Geschlechtsverkehr während der unfruchtbaren Tage *verboten* ist.«
Rottweiler war es, der das volle Ausmaß des Schreckens erfaßte. »Sie meinen, Eure Heiligkeit, Geschlechtsverkehr ist *nur* erlaubt, wenn die Frau *nicht* unfruchtbar ist?«
Der Papst entspannte sich schließlich. »Wie langsam sind doch zwei meiner besten Männer, bis sie die Auswirkungen der katholischen Lehre im Lichte moderner Erkenntnisse erfassen.«

37. Kapitel

Papst Patricks erste Enzyklika »Splendor Vitae« war nur sechs Seiten lang, doch sie erschütterte Kirche und Welt. Kardinal Montefiori inklusive.

Nach einer geheimen Vorbesprechung hatte er unverblümt gesagt: »Damit werden Sie sich nicht beliebt machen. Wie es bei uns Italienern so schön heißt: ›Das Bett ist die Oper des kleinen Mannes.‹«

Der Papst hatte erwidert: »Ich veranstalte keinen Beliebtheitswettbewerb. Sie können nicht von mir erwarten, daß ich als Papst der Neun Gebote in die Geschichte eingehe.«

Als Montefiori meinte, er verlange zuviel von der menschlichen Natur, sagte Patrick: »Jeder Mensch hält einen Reichtum an Glanz und Größe in sich verschlossen«, worauf Montefiori trocken gestand, das sei ihm noch nicht aufgefallen.

»Also dann, haben Sie vielleicht irgendwelche Vorschläge, Giuseppe?«

»Ja, Eure Heiligkeit. Heute abend nach dem Dunkelwerden könnte ich Sie in einem Korb an der Vatikanmauer hinunterlassen.«

Eine Zeitlang kursierten Gerüchte über eine veränderte Einstellung zur Geburtenkontrolle. Nach der Ansprache des Papstes bei den großen Hochzeiten hofften die Liberalen, der Papst würde wenigstens Verhütungsmittel erlauben, wie es die anglikanische Kirche schon vor achtzig Jahren getan hatte. Die Konservativen machten sich auf eine Art »Ergänzung« zur traditionellen Lehre durch einen anscheinend reformistischen Papst gefaßt.

Doch was dann kam, war so überraschend, als sähe man Zigarren rauchende Engel Leitern hinauf- und hinabsteigen.

»Splendor Vitae« begann mit dem Eingeständnis, daß die Menschheit ihre Zahl unbedingt drosseln müsse. Der einzige moralische Weg zur Geburtenkontrolle sei Selbstkontrolle.

Es gebe tausend Arten der Liebe, doch Geschlechtsverkehr, während man das Leben vorsätzlich ablehne, gehöre nicht dazu. Geschlechtsverkehr müsse stets allein und ausschließlich im Dienst des Lebens stehen, andernfalls sei es kein Liebesakt im eigentlichen Sinne mehr, sondern werde dessen schwarzer Schatten, nämlich: Begierde.

Dies bedeute sowohl ein Verbot *aller* Formen der Empfängnisverhütung als auch ein Verbot des Geschlechtsverkehrs, wann immer Ehepaare wüßten oder vermuteten, daß dem Akt kein neues Leben entspringen könne.

»Geschlechtsverkehr«, hieß es weiter in der Enzyklika, »muß auf die fruchtbaren Tage begrenzt werden. Nur dann ist der Akt offen für die Fortpflanzung, die der einzige gottgewollte Zweck des Geschlechtsverkehrs ist.

Denn beim Geschlechtsverkehr geht es nicht um Lust, sondern um Liebe. Es geht um selbstlose Liebe, eine selbstlose Liebe zu Gott, zum Partner und zur nächsten Generation.

Geschlechtsverkehr, sagt uns die gesamte katholische Tradition, ist nur heilig und von Liebe erfüllt, wenn sein Ziel einzig und allein die Zeugung ist, das heißt, wenn ein hingebungsvolles Paar vor Gott beabsichtigt, ein Kind Gottes hervorzubringen, das sich des Ebenbildes Gottes auf immer erfreuen wird.«

Er befahl ein Ende der unreifen und oft hektischen Suche nach unnatürlichen Methoden der Empfängnisverhütung, sei es durch Pillen, Präservative, Pessare oder die Verwendung von Computern zur Aufspürung von Lücken in der Fruchtbarkeit der Frau, um zu keinem anderen Zweck als sexueller Lust zu kopulieren.

»Der einzige reife und moralische Weg, die Empfängnis zu verhindern, ist für Verheiratete wie Unverheiratete derselbe: vollkommene Keuschheit und Achtung vor dem Partner. Maria, die mit Recht als die vollkommene Mutter gilt, ist auch, wie Hieronymus und Augustinus lehrten, das Muster der vollkommenen

Ehefrau. Da sie kein zweites Kind wollten, blieben sie und Joseph, ihr Gatte, heilig und enthaltsam.«
Er betete, daß die wissenschaftliche Forschung die Zeit des Eisprungs bald auf den Punkt genau bestimmen werde.
»Dann wird es zur moralischen Pflicht werden, den Verkehr auf einen festgesetzten Tag, vielleicht gar eine festgesetzte Stunde dieses Tages zu beschränken. Nur dann wird der Geschlechtsakt vollkommen menschenwürdig sein, im Einklang mit dem glorreichen Plan des Schöpfers.«
Mit wirklich aufrichtigem Bedauern sehe er sich gezwungen, Pius XII. zurechtzuweisen, den ersten Papst, der 1951 in seiner Ansprache an die Hebammen die Nutzung der unfruchtbaren Tage für den Geschlechtsverkehr gebilligt hatte. Er habe der unabänderlichen Lehre der Kirche zum kritischen Thema der Moral widersprochen.
Viele Päpste und Generalkongregationen hatten bestimmte Inhaber des Heiligen Stuhls als »Ketzer« verurteilt. Patrick fühlte sich verpflichtet, ihnen zu folgen und Pius XII. zum Ketzer zu erklären.
Paul VI. und Johannes Paul II., die seinen Irrtum gedankenlos wiederholt hatten, konnten der Zurechtweisung nicht entgehen, wenngleich Patrick davon Abstand nahm, sie zu exkommunizieren. Wenigstens hatte Paul VI. in »Humanae Vitae« und Johannes Paul II. in »Veritatis Splendor« klargemacht, daß sie nicht *ex cathedra* sprachen, das heißt unfehlbar.
Den letzten Stachel hob Patrick bis zum Schluß auf. »Diese Lehre steht so eindeutig im Einklang mit tausend Jahren unerschütterlicher Tradition, daß ich nicht zögere, sie zu definieren als die wahre, unreformierbare katholische Doktrin.«

38. Kapitel

Die Weltpresse, von »Splendor Vitae« zunächst wie betäubt, mußte nach einigem Nachdenken zugeben, daß die Beweisführung des Papstes schlüssig war. Wenn Ehepaare keine Kinder wollten, gab es bei den Methoden keinen moralischen Unterschied. Katholiken hatten diese Beweisführung bereits millionenfach akzeptiert, indem sie sich reinen Gewissens für zuverlässigere Techniken entschieden als die sogenannte Methode der unfruchtbaren Tage.

Die Londoner *Times* schrieb: »Seit Papst Patrick die römische Doktrin, daß der Geschlechtsakt einzig der Fortpflanzung dient, bestätigt hat, wären alle Katholiken gut beraten, die Pille zu nehmen. Lieber völlige Sicherheit als Reue.«

Die *Chicago Tribune* kommentierte in ihrem Leitartikel: »Plinius sagte, Elefanten sind keusch, weil sie sich nur paaren, wenn sie Nachkommen haben müssen, und sich hinterher waschen. Dieser Pontifex möchte, daß Katholiken es den Elefanten gleichtun.«

Der *Spiegel* sagte einen Massenaustritt aus der katholischen Kirche voraus. »Glaubt der Papst in seinem Elfenbeinturm wirklich, katholische Ehepaare werden leben wie Adam und Eva vor dem Sündenfall? Erwartet er von ihnen, daß sie den Geschlechtsverkehr auf ein paar Wochen oder Tage ihres Ehelebens beschränken?«

Die englische Tageszeitung *Sun* brachte auf Seite drei ein Bild von einer großbusigen Nackten in einem riesigen Kondom. In einem Leitartikel stand, neben dem Papst sehe Ayatollah Hourani wie ein Feminist aus. Es wurde unverfroren daran erinnert, was passiert war, nachdem Johannes Paul im Petersdom aufgebahrt lag. Die Putzkolonne hatte in der Bodenvertiefung vor dem Hochaltar so viele bunte Benetton-Kondome gefunden, wie an einem Sommertag in die Fontana di Trevi geworfen werden, wenngleich der Vatikan gerne behauptete, dies sei ein Zeichen der Reue.

Linksgerichtete Zeitungen in Italien warfen Patrick vor, von der italienischen Art nichts zu verstehen, die mit Bestechung und Korruption spielend fertig werde. »Warum beißt sich dieser unflexible alte Ire nicht in den Hintern?« Man müsse sich ein bißchen beugen, erklärten sie, selbst vor Bruder Satan.
In ganz Rom zeigten Plakate mit digital gefälschten Fotos Papst Patrick in den Armen einer schönen nackten Blondine.
Feministinnen gingen mit dem Papst scharf ins Gericht. Sie hatten in letzter Zeit mit ausgefallenen Slogans gekämpft. Sie mißbilligten die Ehe, sagten sie, als Kur gegen Jungfräulichkeit. Die Ehe sei gut und schön für Menschen mit derartigen Neigungen, aber Heirat vor phantastischem vergnüglichem Sex, nein danke.
Eine katholische feministische Publikation in Kalifornien schrieb über den Papst: »Was weiß denn dieser geschlechtslose Nichtbegatter von der *Liebe?* Er hat nie etwas in den Armen gehalten, das weicher war als ein Telefon. Und diese zölibatäre Witzfigur sagt uns Frauen, wie wir unser Leben zu führen haben. Ebensogut könnte ein Bär den Bienen beibringen, wie man Honig macht.«
Universe, ein englisches katholisches Wochenblatt, ließ sich nicht erschüttern.

> *Roma locuta est, causa finita est.* Mit Unschlüssigkeit schadet sich die Kirche, seit das Zweite Vatikanische Konzil vor fünfzig Jahren zu Ende ging. Loyale Katholiken haben lange auf eine definitive Erklärung bezüglich der Haltung der Kirche zur Empfängnisverhütung gewartet. Papst Patrick hat sie geliefert. Diese rückständige Enzyklika wird die Böcke von den Schafen trennen. Wir versichern Seine Heiligkeit demütig unserer Loyalität.

Und dies von einem Bock von Redakteur, dessen Ehefrau und diverse Geliebte seit Jahren die Pille nahmen.
Das holländische Wochenblatt *De Tijd* verkündete, es werde sein Erscheinen einstellen.

> Der Papst hat seine engstirnige, männlich ausgerichtete Perversion des Sex zu einem Dogma gemacht, und jeder, der es in Abrede stellt, ist ein Ketzer. Theologen werden ihr Bestes tun, um die Auswirkungen von »Splendor Vitae« abzumildern. Wenn die Vergangenheit etwas Vergängliches ist, werden sie ihre Ämter nicht niederlegen. Hätte der Papst bestimmt, daß es keinen Gott gibt und Jesus eine Legende ist, sie hätten es dennoch fertiggebracht, diese »unfehlbaren Wahrheiten« mit ihrem persönlichen Glauben in Einklang zu bringen. Ich für mein Teil bin froh, daß ich abtrete.

Die Theologen erwiesen sich als so wendisch wie der Wetterbericht. Sie gingen auf die Enzyklika los wie zehn Torreros und gaben am Ende einer müden alten Kuh den Gnadenstoß.
Die irischen Bischöfe, die jahrelang die Methode der unfruchtbaren Tage gerühmt hatten, lobten die tiefe Weisheit der Enzyklika. In *Intercom* schrieb der Bischof von Kerry, es gebe nun endlich einen unumstößlichen medizinischen Beweis, daß die Beschränkung des Geschlechtsverkehrs auf die empfängnisfreien Tage Übelkeit und schwere geistige Schäden verursache. Die Methode sei erniedrigend für die Frauen und bei weitem nicht wirklich sicher.

> Es läßt sich nicht leugnen, daß jedes Kind, das aus der Nutzung der unfruchtbaren Tage entsteht, ein *ungewolltes* Kind ist. Kann es etwas Verwerflicheres geben? Danke, Heiliger Vater.

Viele Theologen sahen in »Splendor Vitae« auch ein Zeichen der Hoffnung. Patrick hatte nicht gesagt, es sei eine Todsünde, Geschlechtsverkehr und Fortpflanzung zu trennen. Der Gebrauch von Pillen und Kondomen, bislang als Todsünde angesehen, könne jetzt als nur »wahrscheinliche Todsünde« betrachtet werden. Einige wagemutige Gelehrte meinten sogar, es sei jetzt »wahrscheinlich nur eine läßliche Sünde«, wie Notlügen oder Pfennigdiebstahl. Empfängnisverhütung blieb eine Sünde, andernfalls würde die Kirche sich selbst in Abrede stellen, was sie niemals tun könnte. Aber Empfängnisverhütung schloß Katholiken – wahrscheinlich – nicht mehr von der Kommunion aus.

39. Kapitel

Harry Tickle von der Erzdiözese New York trat im »Today«-Frühstücksfernsehen auf. Burns hatte vor kurzem aus Dankbarkeit für erwiesene Dienste auf dem Männerklo am Croagh Patrick seine Ernennung zum Monsignore veranlaßt. Der Riese mit dem schütteren Haar bildete einen ziemlich kläglichen Kontrast zum Interviewer, dem blonden Adonis George Dole.

Tickle war kein großes theologisches Licht. Er hatte jedoch an der Jesuitenuniversität Fordham in der Bronx eine vielbeachtete Doktorarbeit verfaßt, in der er bewies, daß ein Vergewaltiger, der ein Präservativ benutzt, schwerer sündigt als einer, der keins benutzt. Tickle war jetzt das Aushängeschild für die katholische Priesterschaft, wenn die Bischöfe keinen Mumm für den Job hatten.

Als Darsteller war er gewandt. Tap-tip-tap. Er hätte Fred Astaire an die Wand tanzen können.

Dole begann mit der Frage, wie es denn möglich sei, daß ein Papst, Patrick, einen anderen, Pius XII., als Ketzer verurteile.

Dies war auch für Tickle neu gewesen, vor der Lektüre der Enzyklika. Wie es schien, hatten mehrere Päpste sich der Ketzerei schuldig gemacht und waren nach ihrem Tod dafür verurteilt worden, aber damit prahlte die katholische Kirche nicht.

»Was ich nicht verstehe«, meinte Dole, »wie kann ein *unfehlbarer* Papst einen anderen *unfehlbaren* Papst verurteilen?«

»Ganz einfach«, sagte Tickle und strich über den Ärmel seiner Jacke. »Der ketzerische Papst hat nicht unfehlbar gesprochen.«

»Der Papst, der ihn verurteilte, schon.«

»Sie haben mich verstanden.«

»Gerade bekomme ich die Meldung herein«, sagte Dole, »daß der Leichnam von Pius XII. aus dem Petersdom entfernt wird, um anderswo beigesetzt zu werden. Wissen Sie, wo dieses Anderswo ist, Monsignore?«

»Ganz bestimmt in ungeweihter Erde. Man kann einen Ketzer, einen toten Ketzer, schließlich nicht in der Gruft von St. Peter ruhen lassen.«

»Ich meine, irgendwo gelesen zu haben, Monsignore, daß Sie sich letztes Jahr für die Heiligsprechung von Pius XII. eingesetzt haben.«

»In keiner Weise. Ich habe dem Heiligen Stuhl seinen Namen zur Entscheidung vorgelegt. Sie wäre eindeutig negativ ausgefallen.«

»Eindeutig?«

»Für mich war es eindeutig. Der Kerl stank.«

»Vor oder nach dem Tod?«

»Als er starb, bevor man ihn beerdigte. Sein Gesicht färbte sich grün. Sein Körper quoll auf, und er bekam Blähungen, und im Sarg gab er Geräusche von sich wie ein Feuerwerkskörper. Wie könnte die heilige katholische Kirche *das* heiligsprechen?«

»Aber sagten Sie nicht einmal, Monsignore, er hätte die Heiligsprechung verdient, weil er die Juden vor den Nazis geschützt hat?«

»Pius XII. hat die Juden niemals vor den Nazis geschützt.«

»Aber Sie haben so argumentiert. Sie sagten, er hätte die Juden durch Nichtschützen geschützt.«

»Wenn er sie geschützt hätte, hätten die Nazis sie noch mehr verfolgt.«

»Aber sechs Millionen Juden sind umgekommen. Wie hätten die Nazis sie noch mehr verfolgen können?«

»Bitte versuchen Sie nicht, mich auf ein anderes Gleis zu schieben, Mr. Dole, indem Sie über meine jüdischen Freunde reden.«

»Wirklich, ich habe nicht –«
»Der eigentlich springende Punkt dieser Enzyklika ist derjenige, den der Papst nicht genannt hat.«
»Wirklich«, sagte der gutaussehende, nun aber zunehmend nervöse Dole. »Dann bestand ihr Hauptzweck darin, etwas auszulassen?«
»Sie kapieren schnell, mein Sohn«, sagte der Monsignore leutselig. »Es erfordert einen Experten, um zu sehen, was nicht da ist, so wie es einen Sherlock Holmes erforderte, um die Bedeutung des Hundes zu erfassen, der in ›Der Hund von Baskerville‹ nicht gebellt hat.«
»Was wurde in ›Splendor Vitae‹ ausgelassen?«
»Daß Empfängnisverhütung keine Todsünde *sein muß* – ich sage nicht, *ist.*«
Dole legte eine Pause ein, um bei den Zuschauern den Eindruck zu erwecken, daß er nachdachte: Ist das nicht eine zu wichtige Sache, um sie auszulassen?
»Bingo.«
Dole mußte jetzt *wirklich* denken. »Nehmen Sie einmal an, daß Papst Patrick eines Tages eine Enzyklika über Sex schreiben und *hinein*setzen wird, was er von seiner Kirche am meisten verstanden haben will?«
»Unwahrscheinlich.«
»Ich sehe nicht, warum.«
»Sie sind kein Theologe, mein Sohn. Wissen Sie, Päpste ziehen nicht durch das Aussprechen von wichtigen Dingen besondere Aufmerksamkeit auf sich.«
»Ist das eine Eigentümlichkeit Ihrer Kirche, Monsignore?«
»Ei-gen-tüm-lich-keit.« Tickles großes Hängebackengesicht wurde noch schwärzer. »Ich verwahre mich gegen das antikatholische Vorurteil hinter dieser Bemerkung.«
Dole zitterte. Mit seiner trockenen Zunge, den verzerrten Gesichtszügen und der verrutschten Krawatte sah er aus, als hänge er am Mikrophonkran.
»Tut mir leid, wenn ich Sie beleidigt habe.«

»Es geht nicht um mich, Sir. Ihre fünfundsechzig Millionen katholischen Zuschauer sind es, die mir leid tun.«
»Ich wollte wirklich nicht antikatholisch sein.«
»Das, Sir, ist das heimtückischste aller antikatholischen Vorurteile: das unausgesprochene. Indem Sie es *nicht* sagen, haben Sie aller Aufmerksamkeit darauf gelenkt und damit bewiesen, daß ich recht hatte.«
»Nun gut, Monsignore«, meinte der Interviewer, der jetzt noch mehr zitterte. »Ihre Kirche ist nicht eigentümlich. Andere sind es durchaus.«
»Ich nehme Ihre Entschuldigung an. Ich kann allerdings nicht für die Nichtkatholiken sprechen, die uns zusehen. Übrigens, sind Sie Jude?«
»Ganz sicher nicht«, sagte der blauäugige, goldlockige Dole.
Tickles Miene drückte Entsetzen aus. »Sie sind *Anti*semit!«
»Bin ich Antisemit, nur weil ich verneine, Jude zu sein?«
»Sie haben es nicht nur verneint, mein Sohn. Sie waren beleidigt.«
»Wie würden *Sie* denn reagieren, wenn jemand Ihnen vorhielte – ich meine, Sie fragte, ja, *fragte* – ob Sie Jude sind?«
»Ich würde als erstes fragen: ›Sie?‹«
»Und wenn er ja sagte?«
»Würde ich sagen: ›Nett, daß Sie fragen, aber leider, nein.‹«
»Und wenn er sagte, daß er *kein* Jude ist?«
»Würde ich ihm die Hand schütteln.«
»Das ist scheinheilig«, meinte Dole, der merkte, daß er rasch die Ruhe und womöglich seinen Job verlor.
»Sie mit Ihrer antisemitischen Einstellung nehmen an, daß ich ihm durch das Händeschütteln *gratuliere*. In Wahrheit *bemitleide* ich ihn.«
Dole wandte sich verzweifelt der Kamera zu. »Ich möchte den jüdischen Zuschauern versichern, daß ich keinesfalls Antisemit bin.«
»Wieder ein Beweis, daß ich recht habe«, knurrte Tickle. »Sie wollen jüdische Menschen nicht eine Minute lang, nicht einmal in einer Frühstückssendung wie dieser, vergessen lassen, daß sie

Juden sind. Ich will damit sagen, da draußen sind Bolivier, Ukrainer, Türken. Sagen Sie je zu ihnen: ›Ich möchte euch versichern, Leute, daß ich nicht anti-bolivisch, anti-ukrainisch, anti-türkisch bin‹? *Nein,* nur zu Juden. Sie beweisen, daß Sie Antisemit sind, indem Sie leugnen, Antisemit zu sein.«

»Aber –«

»Ein Wort noch, mein Sohn. Ich wette, Sie murmeln den ganzen Tag vor sich hin: ›Dem großen Jehovah sei Dank, ich bin *kein* Jude.‹«

»Das ist lächerlich«, brüllte Dole. »Ich verschwende nie einen verprockten Gedanken darauf, daß ich kein Jude bin.«

»Passen Sie auf, was Sie sagen, vor den Kindern, *Junge*. Aber im Ernst. Erwarten Sie, daß irgend jemand glaubt, daß Sie kein Antisemit sind, wenn Sie mir an die Kehle springen, nur weil ich Sie höflich gefragt habe, ob Sie Jude sind?«

»Bitte –«

»Sie und Ihresgleichen erzeugen von Juden, normalen, netten, liebenswerten Juden in New York, San Francisco und sonstwo, dieses Image eines irgendwie eigentümlichen Volkes, mit dem Sie nichts zu tun haben wollen. So, und lassen Sie sich eines von mir gesagt sein, Mr. Klugscheißer Dole: Schmutzige Tricks wie dieser waren es, die zu den Nazi-Konzentrationslagern und zum Holocaust geführt haben, wie es der große, große Jude Steven Spielberg der Welt vor ein paar Jahren enthüllt hat.«

»Würden Sie bitte –?«

Monsignore Tickle fuhr aus seinem Sessel und riß sein Halsmikro herunter. »Ich weigere mich, hier zu sitzen«, sagte er mit großer Würde, »und mir anzuhören, wie Sie Juden, Nichtjuden und alle anderen Menschen auf Gottes Erde anfeinden. Sie haben mit den Katholiken angefangen, dann waren es die Juden. Als nächstes werden Sie Polen, Deutsche oder alle Iren beschimpfen, nur weil sie Iren sind wie unser geliebter Papst Patrick. Alle diese Menschen sind zufällig meine Freunde.«

Die Kamera folgte seinem breiten Rücken, als er vom Set stampfte.

In seiner Garderobe nahm Tickle eine Flut von Anrufen von dankbaren Juden, Katholiken, Polen, Deutschen, Ukrainern, Bolivianern, Türken und Iren entgegen. Besonders gerührt war er über die sechzehn Bischöfe, die anriefen, um ihm zu gratulieren.
»Danke, Harry«, sagte Kardinal Burns, »daß Sie den Dampf aus dieser verprockten Enzyklika abgelassen haben.«
»Was für eine verprockte Enzyklika?« wollte Tickle wissen.

40. Kapitel

Kardinal Burns rief seinen alten Kumpel Kamierz Sapieha in Philadelphia an. »Bin ich froh, daß du nicht zum heiligen Heiratsrummel geflogen bist, Kammy.«
»Dran gedacht hatte ich schon, Tom«, erwiderte Philadelphia. »Aber ich glaube, ich bin zu alt zum Abheben. Außerdem ist meine Lieblings-Oberin mit einem verprockten Bischof aus Tennessee durchgebrannt.«
Sie diskutierten kurz über »Splendor Vitae«, befanden sie für Schrott, worauf es aber sowieso nicht ankomme. Der Papst könne ebensogut versuchen, orthodoxen Juden Schweinekoteletts zu verkaufen oder ein Loch zu graben.
»Die Leute haben nicht auf die polnische Wurst gehört«, sagte Burns, »warum sollten sie auf den irischen Kobold hören?«
Sapieha hatte gelesen, daß nur einer von zweihundert Geschlechtsakten zur Empfängnis führt, und doch war die Welt total übervölkert.
»Und der Papst will, daß sie hundertprozentig fruchtbar sind. Er hat seinen klitzekleinen Verstand verloren.«
Sie waren sich einig, daß hier etwas unternommen werden mußte, und deswegen ermächtigten sie einen Zusammenschluß von Seelsorgern, den Papst voll und ganz zu unterstützen.

Eine erstaunliche Anzahl wohlwollender Briefe traf im Vatikan ein. Der allgemeine Tenor lautete: Wurde aber auch Zeit, daß die Kirche endlich eine klare Position zum Thema Sex bezieht. Sex ist widerwärtig, *punktum.* Die päpstliche Lehre hat den schönen Gehalt der Wahrheit auf ihrer Seite. Der Papst ist ohne Frage der moralische Befehlshaber der Menschheit in einem Kreuzzug gegen den zeitgenössischen allgegenwärtigen Schmutz.
Das Durchschnittsalter der Briefeschreiber war fünfundsiebzig.

Der Papst las einige Briefe und sagte zu Frank: »Ich mußte es tun. Drei frühere Päpste haben heimlich einen fundamentalen Wandel in der Tradition eingeführt und es nicht zugegeben. Sie nicht zu korrigieren wäre scheinheilig gewesen.«
Nicht alle Briefe waren zustimmend. Viele Geistliche, vor kurzem vom Zölibat dispensiert, fragten sich, warum sie sich überhaupt darum bemüht hatten. Dem Erzbischof von Glasgow zufolge richtete »Splendor Vitae« bereits seine Ehe zugrunde. Schließlich hatte er nicht nur wegen häuslicher Umarmungen und höflichem Bettgeflüster eine Nonne geheiratet, die die Wechseljahre schon lange hinter sich hatte.

Als Denise Weaver vom Präsidenten der Vereinigten Staaten einen Anruf zum Thema Rüstungskontrolle erhielt, kam sie auf die Enzyklika zu sprechen.
»Bin ich froh, daß ich kein heißblütiger Jüngling mehr bin«, witzelte Delaney in der Annahme, daß der Ministerpräsidentin die Ironie in seiner Stimme nicht entging. »Stellen Sie sich vor, die First Lady meint, diese ›Splendor Vitae‹ sei ein Freibrief für Frauen.«
»Habe ich Ihnen nicht gesagt, Roone«, zischte Weaver, »daß der Alte verrückter ist als ein pensionierter General.«
»Machen Sie sich wegen dem keine Sorgen.«
»Keine *Sorgen*? Herrgott, das Monster ist ein Lamm mit Löwenzähnen. Denken Sie bloß an den Krawall, den er in Belfast mit

seiner ›Irland den Iren‹-Rede im Kilmainham-Gefängnis ausgelöst hat.«

»Tja, das war schlimm, Denise. Ich bete nur zu Gott, daß er den Vereinigten Staaten fernbleibt.«

Er konnte nicht wissen, daß ein Brief von Patrick, geschrieben in seiner Eigenschaft als Oberhaupt des Vatikanstaates, bereits per Diplomatenpost an ihn unterwegs war. Darin wurde er gebeten, Vorkehrungen zu treffen, auf daß der Papst vor den Vereinten Nationen eine kleine Ansprache halten könne.

TEIL SECHS

Schnöder Mammon

41. Kapitel

In Rom schwirrte das Gerücht, der Papst beabsichtige, die *Pietà* zu verkaufen, die einzige von Michelangelos Statuen, in die er seinen Namen geritzt hatte. Galt sie auch nicht als die beste – der Leib Jesu war im Vergleich mit Marias viel zu klein –, so war sie doch die meistgeliebte Skulptur in der Stadt. Diese Veräußerung, zusammen mit Patricks Lehre zum Geschlechtsverkehr, markierte das Ende seines guten Einvernehmens mit den Römern.

Seine Bilder in den Vestibülen der Kirchen wurden heruntergerissen und manchmal gar verbrannt. Ein Fußballweltmeisterschaftsspiel zwischen Irland und Italien, das in Rom ausgetragen werden sollte, wurde abgesagt, weil die Polizei nicht für die Sicherheit der irischen Mannschaft garantieren konnte.

Sogar der für seinen irischen Charakter bekannte Charley litt. Er fragte sich verwirrt, warum ihn niemand mehr streichelte. Wann immer er seine Nase zeigte, wurde er ausgebuht.

Eines Sonntagnachmittags war Kardinal Montefiori beim Papst, als der rote Teppich gerade durch rote Farbe ersetzt wurde.

»Die Römer lieben Blut sogar in ihren Orangen«, sagte der Kardinal. Er ignorierte die Farbe in seinen Haaren und wischte die Flecken von Patricks Soutane. »Denken Sie daran, Eure Heiligkeit, Gott erkor diese Stadt zur Diözese der Päpste, auf daß sie demütig blieben.«

»Ich habe ihnen nur die Wahrheit gesagt, Giuseppe.«

»Die Wahrheit?« rief der Kardinal mit gespieltem Entsetzen. »In dieser Stadt interessiert die Wahrheit nicht. Die Leute würden eine Enzyklika nur akzeptieren, wenn sie den Stempel ›Freie Fahrt in den Zügen für Priester und Nonnen‹ trüge, womit Mussolini einst die Kirche für sich geködert hat.«

In New York erhielt Kardinal Burns Anrufe von einem Dutzend Galeriedirektoren, darunter drei aus Japan. Sollte die *Pietà* je auf den Markt kommen, seien sie sehr interessiert.
Burns rief Frank Kerrigan an und fragte ihn, was zum Teufel da gespielt werde. Frank blieb verschlossen, selbst als ihm für seine Kooperation der Rang eines Hilfsbischofs versprochen wurde.

Die Gerüchte waren aufgekommen, nachdem Papst Patrick dem Istituto per le Opere di Religione (IOR), besser als Vatikanbank bekannt, einen überraschenden Besuch abgestattet hatte.
Pius XII. hatte das IOR 1942 mit einer handschriftlichen Urkunde gegründet. Bischof Paul Marcinkus war 1969 beigetreten. Er hatte 1982 die Leitung, als zur Verlegenheit des Vatikans die Banco Ambrosiano, die mit dem IOR eng verbunden war, mit Schulden in Höhe von 1,2 Milliarden Dollar pleite ging. Bald danach wurde Roberto Calvin, der Ambrosiano-Präsident, unter der Blackfriar's Bridge in London erhängt aufgefunden.
In den 1990er Jahren hatte das IOR Staatsanleihen im Wert von sechzig Millionen Dollar verkauft, die führenden Politikern als Bestechungsgelder gegeben worden waren, und sich geweigert, die zehn Prozent Provision zurückzuzahlen.
Begleitet von Charley und Montefiori, ging der Papst zum neuen IOR-Bau, einem monumentalen Wolkenkratzer aus Stahl und Glas, der das aus dem 16. Jahrhundert stammende Gebäude im Sixtus-V.-Hof neben der Porta Sant'Anna abgelöst hatte. Der jetzige Präsident war Bischof Pawel Radowski, ein silberhaariger Pole, der an der Stanford-Universität studiert hatte.
Unterwegs versuchte Montefiori, den Papst mit seinen spaßigen Geschichten zu unterhalten. Er erzählte, wie Johannes Paul nach seiner Blinddarmoperation eine Leidenschaft für Heiligsprechungen entwickelt hatte, darunter dreitausend Polen.
Er hatte Lucia de Santos zur Heiligen gemacht, eine Karmeliternonne und letztes von den drei Hirtenkindern, denen 1917 Unsere Liebe Frau von Fatima erschienen war. Dagegen war nichts

einzuwenden, bloß hatte er, da sein Gedächtnis ihn im Stich ließ, sie gleich dreimal heiligsprechen wollen.
Montefiori hatte ihn mit Mühe davon abhalten können, die Heiligsprechung von zwei Frauen, Brigitte von Schweden und Katharina von Siena, rückgängig zu machen, weil sie es gewagt hatten, Päpsten im Exil in Avignon mit Rat und Tat zur Seite zu stehen.
Johannes Pauls umstrittenste Entscheidung betraf Paul Kasimir Marcinkus. Über Jahre hatte das italienische Kassationsgericht sich um Marcinkus' Auslieferung aus den Staaten bemüht, um ihn wegen Steuerhinterziehung zu belangen.
»Johannes Paul«, sagte Montefiori, »zeigte seine Verachtung, indem er Marcinkus zum Kardinal ernannte. Als Marcinkus dann, Eure Heiligkeit, außerhalb von Chicago gerade Golf spielte, hat er zum erstenmal im Leben mit einem einzigen Schlag eingelocht. Das führte zu einem schweren Herzanfall. Als ich es Johannes Paul erzählte, sprach er ihn augenblicklich heilig, um Marcinkus' litauische Landsleute zu ermutigen. Der frischgebackene Heilige blieb noch drei Tage am Leben. Da aber niemand vor seinem Tod heiliggesprochen werden kann, ist es zweifelhaft, ob die Heiligsprechung gültig war. Dies mag erklären, warum keine Statue zu seinen Ehren errichtet wurde, nicht einmal in Litauen.«
Normalerweise hätte Patrick herzlich über Montefiori gelacht, der ein hochbegabter Geschichtenerzähler war. Heute lachte er nicht. Er war grimmig gestimmt, als sie von einem uniformierten Bediensteten in eine prachtvolle Halle aus weißen Carraramarmor geführt wurden.
Binnen Sekunden brachte ein Aufzug sie in den zwölften Stock, wo Marcinkus' Nachfolger *das* Büro der Zukunft hatte. Die neuesten elektronischen Gerätschaften verbanden es mit allen Finanzinstituten der Welt.
Als sie es sich bequem gemacht hatten, schnurrte Radowski: »Was möchten Sie wissen, Euere Heiligkeit?«
»Alles, Pawel.«
Radowski drückte einen Knopf, und ein Wandbildschirm zeigte

Fakten und Zahlen: Einlagen, Kredite, Nettoeinkommen, Aktienbesitz.
»Sie sehen, wir sind mehrere Milliarden Dollar wert.«
»Und unsere Investitionen, Pawel?«
»Solide«, sagte Radowski stolz.
»Das bezweifle ich nicht. Aber in was haben wir investiert?«
Radowski drückte einen anderen Knopf.
»Mir scheint«, meinte der Papst, »wir haben Anteile an Kasinos.«
Radowski räusperte sich. »Las Vegas und Atlantic City.«
»Ach ja? Und wir haben in Elektronik investiert.«
»Die Firma, an der wir den Hauptanteil haben, Eure Heiligkeit, ist ein Subunternehmen von Boeing, USA.«
»Was stellt sie her, unsere Elektronikfirma?«
»Ich glaube, hm, Raketensteuerungssysteme.«
»Wirklich? Wie ich sehe, haben wir auch Pharmazieanteile. Medikamente?«
»Pillen, ja, gewiß«, sagte Radowski ausweichend. »Wir sind Hauptaktionär des Istituto Farmacologico Serafico.«
»Was für Pillen?«
Radowski errötete. »Kopfschmerztabletten.« Papst Patricks Miene hellte sich auf. »Und, hm, Pillen zur Geburtenkontrolle.«
»Wozu, Pawel?«
»Hm, um Geburten zu kontrollieren, nehme ich an, Eure Heiligkeit. Ich habe nicht so genau nachgefragt. Tatsache ist, daß wir fünf Prozent aller an der italienischen Börse notierten Aktien besitzen, und wir haben die besten ausgewählt.«
»Die besten?«
»Die mit den höchsten Erträgen. Wir verwalten Treuhandgelder für unsere Gläubiger und Aktionäre, verstehen Sie.«
»Keine Abtreibungspillen?«
»Bestimmt *nicht*, Heiligkeit.«
Der Papst überlegte einen Augenblick. »Man sagt mir, Pawel, daß viele Kunden ihre Gelder hier deponieren, um keine italienische Einkommensteuer zahlen zu müssen.«

Radowski zuckte die Achseln. »Ich fülle ihre Erklärungen nicht aus.«
»Aber sie *könnten* zu diesem Zweck bei uns investieren?«
»Es ist denkbar.«
Der Papst winkte lässig zum Bildschirm hin. »Was halten die Aktionäre von diesen ... Investitionen?«
»Das sagen sie nicht, Heiligkeit.«
»Sie kommen zu den Versammlungen und machen den Mund nicht auf?«
»Ich meine, wir, äh, halten keine Aktionärsversammlungen ab.«
»Aber sie fragen doch sicher manchmal nach der Bilanz?«
Radowski hustete, um sich von einem Kratzen im Hals zu befreien. »Wir veröffentlichen keine Bilanz, Eure Heiligkeit. Wir sind nie danach gefragt worden.«
Er ratterte Statistiken über Goldreserven in Fort Knox und der Bank von England herunter. Das IOR unterhielt überaus freundschaftliche Beziehungen zu großen ausländischen Banken wie Barclay von England, Sumitomo von Japan, der Unionsbank der Schweiz. »Ich vertrete Sie auch, Eure Heiligkeit, im Vorstand von zwanzig italienischen Banken.«
»Mich?« Patrick war erstaunt, und sogar Charley schien zu blinzeln. »Warum?«
»Weil Sie dort beträchtliche Beteiligungen haben.«
Der Papst hob überrascht die Hände, womit er Charley in seinen Betrachtungen störte. »Entschuldigen Sie, daß ich frage, aber woher habe ich das ganze Geld, das Sie für mich investieren?«
»Abgesehen von Anteilen an Wertpapiermärkten in aller Welt bieten wir auch gewisse, nun ja, Dienstleistungen an.«
»Erzählen Sie mir mehr darüber.«
Der Papst hat den Verstand eines Seminaristen, dachte Radowski, der seine Fragen schon peinlich fand. Wie der heilige Paul Marcinkus so weise sagte: »Man kann die Kirche nicht mit Ave Marias leiten.«
»Nun, Heiligkeit, wir lenken Geld in Steueroasen mit harter Währung.«

»Nämlich?«
»In die Schweiz hauptsächlich.«
»Und es kommt aus ...«
Radowski schluckte. »Es wird uns oft telegrafisch aus dem Ausland überwiesen.«
»Woher im einzelnen?«
»Es kann von überall her kommen, von allem möglichen.«
»Spielkasinos, Pawel, Rennbahnen?«
»Vielleicht. Nun ... ja.«
»Ich *verstehe*. Dieses Geld aus dem Ausland, ist es –?« Patrick machte eine Handbewegung.
»Heiß?«
»Was immer heiß bedeuten mag, ja.«
»Es ist Geld, Eure Heiligkeit, das, sagen wir mal, auf nicht näher bezeichnete Art erworben wurde und von dem seine Besitzer nicht wünschen, daß seine Herkunft verfolgt wird.«
»Mit ›nicht näher bezeichnet‹ meinen Sie unehrlich?«
»Nein, nein, nein, Heiligkeit. Ich meine, ich kenne seinen Ursprung wirklich nicht, und ich bin nicht berechtigt zu fragen.«
Der Papst machte ein verblüfftes Gesicht. »Aber ... aber, Pawel, es könnte von Gangstern kommen, von Spitzeln, illegalen Glücksspielern, Einbrechern, Kidnappern, Rauschgiftschmugglern, Waffenhändlern – und Sie helfen ihnen womöglich, die Erträge in legale Geschäfte zu stecken. *Wollen* Sie denn nichts wissen über dieses Geld, das Sie transferieren?«
Radowski verkniff sich die Bemerkung, Banker seien keine Beichtväter.
»Ich versichere Ihnen«, stammelte er, »wir tun nichts Illegales.«
Er drückte hastig einen anderen Knopf. »Wie Sie diesem Schaubild entnehmen, hat das IOR annähernd die Größe der Bank von Montreal und –«
Patrick blickte auf das Kruzifix über Radowskis Kopf.
Herr, vergib uns, denn wir wissen nicht, was wir tun.
Plötzlich: »Schließen, Pawel.«
»Den Computer?«

»Die Bank.«
»Für wie lange, Heiligkeit?«
»Für immer«, sagte der Papst.

42. Kapitel

In seine Residenz zurückgekehrt, konnte Patrick Montefiori seinen Abscheu über die Vorgänge unter dem Patronat des Heiligen Stuhls nicht verheimlichen.
»Es dürfte nicht so einfach sein, die Bank zu schließen, Eure Heiligkeit. Die Gewinne helfen, das Defizit des Vatikans zu verringern, das sich auf mehrere Millionen Dollar beläuft. Sie werden vielleicht bemerkt haben, daß die Vatikanstadt allmählich eher aussieht wie Jericho nach dem Trompetenstoß.«
»Was ist mit dem Peterspfennig?«
»Ist in Johannes Pauls letzten Jahren ausgeblieben, sogar aus Köln und Boston. Von den Kollekten hier in Italien könnten Sie sich nicht mal mehr ein Tutti-Frutti-Eis kaufen.« Der Kardinal schniefte. »Ehrlich gesagt, viele Prälaten sehnen sich nach der guten alten Mafiazeit zurück, als die Kirche ›Protektionen‹ verkaufte.«
»Wie bitte?«
»Gefälligkeiten«, seufzte Montefiori. »War das ein System! Hohe Preise, Forderungen ohne Ende, grenzenloser Bestand und keine nennenswerten Ausgaben.«
»Ihre Vorschläge.«
»Sie könnten auf Generalaudienzen Lose verkaufen. Oder Werbung für alkoholfreie Getränke machen. ›Der Papst trinkt Pepsi‹, etwas in der Art.«
»Jetzt mal im Ernst, Giuseppe.«
»Sehr wohl, Eure Heiligkeit. Kurz gesagt, die Vatikanbank dürfte ein Liquiditätsproblem haben.«

»Dann«, sagte der Papst unverblümt, »stoßen wir eben unsere Aktivposten ab.«

»Das reicht nicht, um die Gläubiger zu bezahlen. Radowski sagt, das meiste Geld steckt in langfristigen Krediten.«

»Dann werden wir das Geld eben auf andere Weise aufbringen.«

»Wie?« fragte Montefiori mit finsterem Blick. »Indem wir den Petersdom an die Amerikaner verkaufen, damit sie ihn Stein für Stein nach Hause transportieren können?«

Und hier kam die *Pietà* ins Gespräch.

»Wir werden Kunstwerke verkaufen müssen, Giuseppe.«

»Das ist nicht so einfach«, sagte Montefiori so ruhig, wie es ihm möglich war. »Verkaufen wir zu viele auf einmal, purzeln auf dem Weltmarkt die Preise.«

Der Papst erinnerte sich an einen Artikel, der vor kurzem in der *Time* stand. Turners lange vermißtes Bild »Julia und ihre Amme«, das zur Hinterlassenschaft einer alten Dame aus Buenos Aires gehörte, hatte auf einer Versteigerung in New York die Rekordsumme von zweihundertfünfzig Millionen Dollar erzielt. Die Ironie des Schicksals wollte es, daß es zwei Tage später bei einem Brand zerstört wurde, bevor die Versicherungsbedingungen noch unterzeichnet waren.

»Zählt die *Pietà* zu dieser Kategorie, Giuseppe?«

Montefiori blähte die Brust. »Besser.«

»Finden Sie bitte heraus, wieviel sie wert ist.«

Bei so einem Gegenstand konnte keine Auskunft, die der Staatssekretär einholte, als diskret bezeichnet werden. Er kam zurück mit der Meldung: »Wenigstens vierhundert Millionen Dollar.«

Der Papst war verblüfft. Das war fünfmal soviel, wie der Vatikan 1929 als Entschädigung für seinen Besitz erhalten hatte, der konfisziert worden war, als Italien im 19. Jahrhundert vereinigt wurde.

Montefiori sagte überheblich: »Die *Pietà* ist ganz sicher mehrere Düsenverkehrsflugzeuge wert. Schließlich hat sie schon fünf Jahrhunderte überdauert, das sind ungefähr vierhundertachtzig Jahre mehr als die alten Jumbo-Jets.«

»Aber wer könnte sie sich leisten, Giuseppe?«
»Ein Konsortium, möchte ich meinen. Aber das kann nicht Ihr Ernst sein. Das würde man Ihnen nie verzeihen.«
»Wird Gott mir verzeihen, wenn ich die Vatikanbank offenlasse? Er hat mir den Auftrag gegeben, das Evangelium zu predigen, nicht den Museumsdirektor zu spielen.«
»Wenn Sie knapp bei Kasse sind, könnten Sie jederzeit die Bildergalerie plündern.«
Das war sarkastisch gemeint, doch wenige Minuten später stand er an der Seite des Papstes, als dieser fragte: »Der Pinturrichio, was schätzen Sie, Giuseppe?«
Montefiori ging weiter, ohne zu antworten, und blieb vor Raffaels »Madonna di Foligno« stehen. Er betrachtete sie ein paar Sekunden ohne Kommentar, dann schritt er weiter zur »Verklärung«.
»Raffaels letztes Werk, Eure Heiligkeit. Er war siebenunddreißig Jahre alt und lag im Sterben. Für Sir Joshua Reynolds galt es als das größte Gemälde aller Zeiten.«
Montefiori hielt sich tapfer. Schließlich war es noch nicht lange her, daß er der Verbrennung des letzten Geheimnisses Unserer Lieben Frau von Fatima beigewohnt hatte.
»Die *Pietà,* zusammen mit diesen zwei Meisterwerken, Heiligkeit, dürfte für Ihr augenblickliches Vorhaben genügen.«

43. Kapitel

Der Papst erhielt Besuch von drei südamerikanischen Kardinälen: den Erzbischöfen von Brasilien, Mexiko und Argentinien. Es hieß, sie seien als Gruppe gekommen, um sich über »Splendor Vitae« zu beschweren.
Als Ayatollah Hourani durch seinen Außenminister von dieser Reise erfuhr, wurde er schwarz vor Zorn.

Als Washington es durch den in Rom stationierten CIA-Posten erfuhr, grenzte das Interesse an Erschütterung. Was, wenn die Kardinäle nicht gekommen waren, um über Geschlechtsverkehr und Geburtenkontrolle zu diskutieren, sondern über etwas anderes?
Präsident Delaney entging der Hinweis. Er hatte woanders genug Sorgen. Sein neuester Kandidat für den Obersten Gerichtshof, Theobald Boyce, von dem er sagte, er sei so anständig und zuverlässig, wie man es nur wünschen könne, bekannte in einer Anhörung vor dem Senat, sich einer Geschlechtsumwandlung von Sie zu Er unterzogen zu haben, als sie/er fünfunddreißig war, nach der Geburt von zwei Kindern. Er war zudem Kleptomane, was dadurch bewiesen wurde, daß er im Oval Office vor Delaneys Nase zwei goldene Bücherstützen in Adlergestalt gestohlen hatte. Die Erschütterung des CIA in bezug auf den Papst war mehr als gerechtfertigt.

Die drei Kardinäle waren auf Patricks Ersuchen nach Rom geflogen, und die Enzyklika wurde gar nicht erwähnt. Während ihres viertägigen Aufenthalts schloß sich der Papst mit ihnen ein. Selbst Montefiori durfte nicht zugegen sein.
Gonzales von Rio, Brasilien, vertrat zweihundert Millionen Katholiken, Ernesto von Mexiko hundert Millionen, Fonseca von Argentinien achtundvierzig Millionen.
Auf Videos zeigten sie dem Papst, wie ihr Volk massenweise in Slums und Barackensiedlungen hauste, ohne das Notwendigste zum Leben. Kein Brot, kein Trinkwasser. Die Luft, nicht länger gesund und unsichtbar, war von tödlicher gelber Farbe. Zehntausende von Kindern hatten Masern, Gastroenteritis, Cholera.
In einem Film sah der Papst eine meilenlange Reihe von verlassenen Säuglingen. Auf den Straßen von São Paulo versuchten zwei Millionen Knirpse, ihren Lebensunterhalt zusammenzukratzen. Elfjährige Mädchen waren bereits ausgelaugt durch Prostitution.
»Warum, meine Freunde?« fragte der Papst, während er zum Trost Charleys harten Kopf streichelte.

Die Kardinäle verfolgten das Elend zurück bis in die 1970er Jahre. Die internationalen Banken waren durch OPEC-Einlagen gut bei Kasse. Sie verliehen ihre Gelder vorzüglich an Länder, die als »Evergreens« bekannt waren; anders als Privatgesellschaften konnten sie ihre Schulden aber nicht Schulden sein lassen oder über Nacht verschwinden. Milliarden von Dollars flossen nach Mittel- und Lateinamerika.
»Mein Land«, erklärte Mexiko, »hat 1982 dreizehn Milliarden aufgenommen. Wir hatten gute Sicherheiten. Öl, Silber und Kupfer.«
Brasilien und Argentinien sagten, auch ihre Länder hätten riesengroße Kredite erhalten. Es war eine Katastrophe. Es gab drei Weltrezessionen, die Ölpreise sanken. Die Kreditaufnahme führte zu einer starken Inflation. Bald konnten die Entwicklungsländer ihre Kredite nicht mehr tilgen. Schlimmer noch, sie konnten nicht einmal die Zinsen dafür aufbringen.
So werteten sie ständig ab und nahmen noch mehr auf, um ihre Kredite abzahlen zu können. Infolgedessen wuchsen die Schuldenberge zu Schuldengebirgen.
Sie ersuchten um einen zweiten Kredit, nur um die Zinsen für den ersten bezahlen zu können. Sie liehen sich Geld auf Papier, nur um es dem Darlehensgeber sogleich auf Papier wieder zurückzugeben. Sie kürzten Sozialleistungen, machten Einsparungen bei Schulen und Krankenhäusern. Sie erhöhten die Steuern himmelhoch. Es half nichts.
»Wie sehr unser Volk auch schwitzte und hungerte«, sagte Rio, »die Schulden wuchsen. Unsere Zivilregierung war erst zwanzig Jahre alt, als sie von den Militärs abgesetzt wurde. Unsere hungernden Millionen protestierten nicht. Was ist schon Freiheit ohne Brot? Außerdem konnte nur eine faschistische Diktatur sie davon abhalten, gegen unmögliche Lebensbedingungen zu rebellieren.«
Trotz der bitteren Armut riet der Internationale Währungsfonds unentwegt: »Kürzen! Kürzt Importe, Staatshaushalte, Wohnbeihilfen, Sozialleistungen. Erhöhen! Erhöht die Steuern, die Benzin- und Strompreise.«

»Warum, meine Freunde?« fragte der Papst mit gesteigerter Qual.
»Um den Gringos ihr Geld zurückzuzahlen, Eure Heiligkeit.«
»Den Bankern?«
Sie nickten. »Aus Deutschland, Japan, England, doch hauptsächlich aus den USA.«
»In den 1980er Jahren hatten wir neunundvierzig Milliarden Dollar Schulden«, sagte Argentinien.
Mexiko war mit fünfundneunzig Milliarden Dollar verschuldet, und Brasilien übertraf sie alle mit Schulden in Höhe von einhundertzwei Milliarden Dollar.
Nach zehn Jahren Wirtschaftswunder, nachdem es die eigenen Armen fast drei Jahrzehnte lang ausgepreßt hatte, war Lateinamerika um durchschnittlich achtzig Prozent *höher* verschuldet als zu Beginn.
»Unser Volk«, klagte Argentinien, »ist das am besten ausgebildete auf dem ganzen Kontinent. Wir sind unabhängig von fremdem Öl und der drittgrößte Getreideexporteur der Welt. Jahr für Jahr exportieren wir viel mehr, als wir importieren, und doch werden wir ständig ärmer.«
»Wie sieht es bei Ihnen aus?« fragte der Papst Mexiko. »Ist Ihr Land nicht am Nordamerikanischen Freihandelsabkommen beteiligt?«
»Eine Katastrophe«, sagte der Kardinal. »Ja, auch wir haben Öl im Überfluß, einen Vorrat von 64,5 Milliarden Barrel. PEMEX, unsere staatliche Erdölgesellschaft, verdient jedes Jahr ein Vermögen. Für ausländische Banken. Jetzt spricht die Regierung davon, sie zusammen mit unserer staatlichen Elektrizitätsgesellschaft ans Ausland zu verkaufen, unter Verletzung von Artikel siebenundzwanzig unserer Verfassung.«
Rio sagte mit bleichem Gesicht: »Heiligkeit, Sie kennen mein Land gut. Wir exportieren Stahl, Kaffee, Getreide, Sojabohnen. Wir haben jedes Jahr einen Handelsüberschuß von Milliarden von US-Dollars. Trotzdem hungern unsere Kleinen.«
»Furchtbar«, meinte der Papst mehrmals, und Charley, der jeden

Stimmungsumschwung von Patrick spürte, schüttelte ungläubig den Kopf.
Die Inflation in den drei Ländern bewegte sich zwischen sechshundert und zweitausend Prozent.
»Mein Land«, sagte Brasilien, »war das letzte in der Welt, das die Sklaverei abschaffte, und jetzt sind wir schlimmer versklavt denn je.«
»Niemand spart in meinem Land einen Centaro«, erklärte Argentinien. »Nachdem Präsident Menem die Inflation gebremst hatte, ist sie auf zweitausend Prozent zurückgegangen. Topmanager legen zusammen, so daß von ihren vereinten Gehältern der eine in diesem Monat ein Fernsehgerät bekommt, ein anderer im nächsten und so weiter.«
»Wieder und wieder«, sagte Mexiko, »haben wir unsere Verbindlichkeiten neu kalkuliert. Die Konditionen sind sehr hart, Eure Heiligkeit. Während der Pesokrise 1994/95 haben wir weitere sechsundzwanzig Milliarden Dollar aufgenommen. Wir konnten sie nicht zurückzahlen, also stockten wir auf.«
»Warum versuchen Sie denn, sie zurückzuzahlen?« erkundigte sich der Papst.
Argentinien antwortete ihm. »Unser Finanzminister hat einmal im Fernsehen erklärt: ›Wir werden nicht mehr zahlen.‹ Vor Ablauf einer Stunde erhielt er einen Anruf des amerikanischen Finanzministers Donald Wilks. Er sagte: ›Sicher, Miguel, Öl und Getreide habt ihr genug. Aber was ist, wenn eure Krebspatienten nach Morphium schreien, eure Diabetiker wegen Insulinmangel ins Koma fallen? Wenn ihr keine künstlichen Nieren habt, keine Narkosemittel, um Zähne zu ziehen oder Kindern den Blinddarm zu entfernen? Wenn eure Währung auf dem Weltmarkt nicht mehr notiert wird, wenn niemand auch nur ein Weizenkorn von euch kaufen will, eure Schiffe in keinem Hafen willkommen sind und niemand euch Panzer oder Flugzeuge, Traktoren oder Autos verkaufen will? Miguel, wie wollen Sie *das* Ihrem Volk erklären?‹ Deswegen, Eure Heiligkeit, versuchen wir zu zahlen.«
Papst Patrick hörte vier Tage zu und dachte in jeder langen Nacht

über das nach, was er erfahren hatte. Er betete mit den Kardinälen und las die Messe mit ihnen. Danach erklärte er ihnen, was er zu tun gedachte.

Newsweek schrieb: »Die drei lateinamerikanischen Kardinäle haben den Vatikan bleich und sprachlos vor Wut verlassen. Es ist ihnen nicht gelungen, Patrick bezüglich des Inhalts von ›Splendor Vitae‹ umzustimmen.«
In Wahrheit waren sie niedergekniet, hatten ihm die Hand geküßt und gesagt: »Nur Sie können uns helfen, Heiligkeit.« Sie hatten ihn ihrer ungeteilten Loyalität versichert.

44. Kapitel

Rottweiler und Frangipani waren mißtrauischer denn je, als der Papst sie zu einer weiteren Besprechung zu sich rief.
»Geschäftsmoral, meine Herren«, sagte er.
Frangipani, der naive Liberale, war erleichtert. Ein langweiliges Thema, aber weit weniger brisant als Sex.
Auf des Papstes Frage: »Was ist Wucher?« erwiderten sie unisono: »Geld gegen Zinsen zu verleihen.«
»Und was sagt die Bibel dazu?«
Rottweiler, der Sündenexperte, erklärte: »Daß es unrecht ist.«
»Sie erinnern sich, wie Aristoteles Wucher nannte, Josef?«
»Die Geburt von Geld aus Geld.«
»Ja, ökonomischer Inzest«, sagte Patrick. »Sogar die Heiden wußten, daß es ein Verbrechen ist, Zinsen für ein Darlehen zu nehmen.«
»Stimmt«, sagte Frangipani, dem das Thema völlig schnuppe war.
»Jesus hat gesagt: ›Leiht, wo ihr *nichts* dafür zu bekommen

hofft.‹ Wer gab die Erlaubnis für etwas, das der Herr verboten hat? Nicht die Kirche. Sie hat seine Lehre von Zeitalter zu Zeitalter befolgt. Was geschah mit einem Christen, der Zinsen für ein Darlehen nahm?«

»Er wurde geächtet«, antwortete Frangipani, nach wie vor uninteressiert. »Ihm wurden die Absolution und ein christliches Begräbnis verweigert, bis er Wiedergutmachung leistete.«

Patrick nahm ein dickes gelbes Schriftstück aus einer Schublade und knallte es auf seinen Schreibtisch. Beide Kardinäle beäugten es mißtrauisch.

»Meine Dissertation über Wucher«, erklärte der Papst. »Jeder Pater und große Theologe, auch jedes Konzil, jedes einzelne päpstliche Dokument, das sich mit dem Erheben von Zinsen befaßte, besagte, daß es *unrecht* ist. Und Dante –«

»Er schickte Geldverleiher an den heißesten Platz der Hölle.«

»Genau, Francesco. Sie waren die einzige Sorte Menschen, gegen die der Herr gewaltsam vorging, als er sie aus dem Tempel trieb.«

Patrick sah ernst von einem Kardinal zum anderen. »Ohne Ausnahme, ohne Einschränkung hat die Kirche in jedem Zeitalter Wucher für unrecht erklärt.«

Die Kardinäle wechselten von Langeweile zu Gespanntheit. Rottweiler stieß seine Kaffeetasse um.

»Wer war der erste, Josef, der es für rechtens erklärte, Zinsen auf ein Darlehen zu erheben?«

»Calvin.«

»Genau. Einer der ersten Protestanten in der nach wie vor protestantischsten Stadt der Welt, Genf. So, und warum haben *wir* unsere große Tradition verraten?«

»Doch nicht *verraten*«, wandte Frangipani ein. »Wir haben sie *entwickelt.*«

Der Papst erwiderte hitzig: »War es denn kein Verrat von uns, zweitausend Jahren christlicher Lehre den Rücken zu kehren?«

»Es ist wirklich *viel* komplizierter«, setzte Frangipani an. »Erst nach dem Mittelalter haben die Menschen erkannt, daß Geld tatsächlich Geld verdiente. Warum soll sein Geld dem Darlehensge-

ber nichts einbringen, wenn der Kaufmann, dem er es leiht, Profit macht?«
»Hier«, brauste der Papst auf, »redet die Vernunft, auch wenn es der ganzen Bibel widerspricht, einschließlich den Evangelien.«
Frangipani war verblüfft über die grimmige Reaktion des Papstes.
»Nennen Sie mir, Francesco, Ihre Berechtigung, den Herrn zu verleugnen.«
»Sie meinen, die Verlautbarung eines Papstes oder Konzils?«
Patrick nickte.
Frangipani zuckte die Achseln. »Ich habe keine.«
»Wie denn auch? Benedikt XIV. hat 1745 in seiner Enzyklika ›Vix Pervenit‹ Wucher mit genau denselben Worten verurteilt, mit denen Paul VI. 1968 in ›Humanae Vitae‹ die Empfängnisverhütung verurteilte. Benedikt sagte, wer Zinsen für ein Darlehen nimmt, gleichgültig, wie hoch der Zinssatz, gleichgültig, welche Gründe er für das Erheben von Zinsen nennt, versündigt sich gegen die Gerechtigkeit und muß sie dem Darlehensnehmer zurückzahlen. Ausnahmen jeder Art sind undenkbar.«
Frangipani war verwirrt. »Wann hat sich dieser Wandel vollzogen? Denn die Kirche hat sich ja wohl offenkundig verändert.«
Rottweiler erklärte: »1830 hat das Heilige Offizium mit der Zustimmung Pius' VIII. gesagt, wer einen festen Zinssatz auf ein Darlehen erhebt, dem soll es nicht verwehrt werden.«
»Wirklich!« sagte der Papst. »Ein *fester* Zinssatz. Das heißt ja wohl, wenn der Zinssatz festgelegt und nicht zu hoch ist, ist er rechtens.«
Die Kardinäle nickten.
»Pius VIII. hätte ebensogut sagen können«, fuhr Patrick fort, »daß jedem, der gelegentlich lügt oder nur dann und wann einmal mit einer Prostituierten schläft, dies nicht verwehrt werden soll.«
Abermals sahen sich die Kardinäle besorgt an.
»Die Kirche, meine Freunde, ist mit dem Wucherer stets härter

verfahren als mit Lügnern und Hurern. Kein christliches Begräbnis für *ihn.* Er war sogar schlimmer als ein ehebrecherischer Papst.«

Rottweiler mußte zugeben, daß die Kirche nie gesagt hatte, das Erheben von Zinsen sei rechtens. Im Gegenteil, sie hatte stets offiziell gesagt, daß Wucher, wie Empfängnisverhütung, *prinzipiell* unrecht sei.

Patrick bemühte sich, ruhig zu bleiben. Dr. Gadda warnte ihn fortwährend, daß zuviel Aufregung seine Kopfschmerzen unerträglich machen würde. Er senkte die Stimme, als er fortfuhr: »Die Kirche konnte kaum etwas anderes sagen, nicht wahr, Josef, angesichts ihrer Tradition? Nein, 1830 wurde die Saat für die gegenwärtige Tragödie der Kirche gesät. Von da an ging es stetig bergab. Pius IX. vertraute den Rothschilds das Kirchenvermögen an und befahl seinen Nuntien, bei ausländischen Banken in Vatikanfonds zum höchsten Zinssatz zu investieren.«

»Ich muß protestieren«, sagte Frangipani.

»Mit welcher Begründung, Francesco? Können Sie nicht die traurigen Konsequenzen sehen, wenn man Bankern ein ruhiges Gewissen läßt? Wir hatten ja sogar eine Vatikanbank, was so ziemlich dasselbe ist wie ein vatikanisches Bordell oder eine vatikanische Abtreibungsklinik.«

Frangipani suchte ihn zu unterbrechen: »Heiligkeit –«

»Warten Sie! Päpste und Bischöfe haben sich selbst als Banker betätigt und Zinsen auf Kredite erhoben. Hundert Jahre, bevor Marcinkus sich mit Gaunern wie Sindona und Calvi einließ, hat Leo XIII. nicht nur an der Börse spekuliert, er wollte auch die Union Général gründen, eine internationale katholische Bank. Unglaublich! Gott sei Dank ist sie mit Schulden von einer Million Lire pleite gegangen.«

»Entschuldigen Sie, wenn ich widerspreche«, sagte Frangipani, »aber wo wären wir ohne Banken?«

»Ich will Ihnen ja gerade zeigen, wo wir *mit* ihnen sind.«

Der Papst spielte ihnen die Videos vor, die ihm die lateinamerikanischen Kardinäle dagelassen hatten.

»Dies«, sagte der Papst schließlich, »sind die Resultate von Wucher in der modernen Welt. Ich habe mit Radowski gesprochen. Banker fragen nicht: ›Wie kann ich den Armen helfen?‹, sondern: ›Wie kann ich sie weiter ausquetschen, und zwar rücksichtslos?‹ An ihren Früchten sollt ihr sie erkennen. Dies« – er deutete auf die Videobänder – »sind die Früchte des Bankenwesens.«
Ein langes, gequältes Schweigen folgte. Die Kardinäle teilten den großen Gram des Papstes, während Charley gefühlvoll zu ihm aufsah. Schließlich: »Die furchtbare Wahrheit ist, meine Freunde, wir, besonders die letzten Päpste, haben durch unser Schweigen die größte aller Sünden vergeben. Aber das Christentum ist die Religion eines armen Mannes, der zu den Schwachen und Hungrigen hielt. Hätten doch wir, seine Jünger, Christus in den Armen so klar gesehen, wie wir ihn in der Eucharistie sehen! Hätte doch unser Glaube ihn im Brotmangel so klar gesehen, wie wir ihn in der Hostie sehen!«
Rottweiler dachte gerade, er habe noch nie eine derartige theologische Vorlesung gehört, als der Papst hinzufügte: »Damit wir uns nicht mißverstehen, es ist dringender für uns, auf seiten der Armen zu sein, als die Messe zu lesen oder die Sakramente zu feiern.« Er legte die Hände an seine brennende Stirn. »Ich und meine Vorgänger haben die Empfängnisverhütung verurteilt, aber im Angesicht der Großen Sünde, der Unterdrückung der Armen, geschwiegen.«
»Es ist wahr«, sagte Rottweiler nachdenklich. »Wir haben endlos attackiert, was die Menschen im Bett tun, und fast nichts darüber gesagt, was gottlose Geschäftsleute auf dem Markt tun.«
»Seien Sie vorsichtig, Eure Heiligkeit«, warnte Frangipani. »Wenn Sie die Banken angreifen, erscheinen Sie als der Feind des Kapitalismus schlechthin.«
»Und mit Recht«, erwiderte Patrick, bis zur Weißglut erzürnt. »Ob Jesus Sozialist war, darüber läßt sich streiten. Eines ist jedenfalls sicher: Er war kein Kapitalist. Was ist Kapitalismus? Maynard Keynes nannte ihn einen grenzenlosen Hunger nach Reichtümern. Ja, er ist absolut unreligiös.«

»Aber, Heiligkeit.« Frangipani winselte beinahe. Er konnte nicht fortfahren. Die Konsequenzen aus den Ansichten des Papstes waren zu schrecklich, um darüber nachzudenken.
»Kapitalismus, Francesco, setzt nicht Gott und seine Armen an die erste Stelle, sondern den Mammon. Er verbreitet die abgöttische Verehrung des Wohlstands. Selig sind die Habgierigen, denn sie werden die Erde besitzen. Selig sind die Gewalttätigen, die Stolzen, solche mit Seelen wie Besenstiele. Gott segne den reichen Mann, und gnade Gott dem hungrigen, verlausten Lazarus an seinem Tor.«
Er machte eine kurze Pause.
»Das Merkwürdige ist, Kapitalisten sehen überhaupt keine Verbindung zwischen Religion und Wirtschaft. *So* merkwürdig vielleicht auch wieder nicht. Wir, die Kirche, haben die Wirtschaft Satan überlassen. Als gebe es ein Naturgesetz für Sex, aber nicht für Kommerz, außer auf jede beliebige Weise möglichst viel Geld zu verdienen. Auch wenn infolgedessen Millionen hungern.«
Frangipani war versucht einzuwenden, die Ansichten des Papstes seien mit den gotischen Kathedralen aus der Mode gekommen, aber vor seinem inneren Auge sah er noch das Video von schwarzen und braunen Kindern mit leeren aufgetriebenen Bäuchen und spindeldürren Beinen.
»Kapitalismus«, sagte Patrick nachdenklich, »ist die perfekte Form des Kolonialismus. Er ist *die* Methode, ein Land einzunehmen. Kein Grund für eine Invasion, die viel zuviel Geld und Menschenleben kostet. Man leihe einem Land nur genug Geld, erhebe einen ausreichend hohen Zinssatz, und die Ururenkel derjenigen, die dumm oder bedürftig genug waren, Geld aufzunehmen, werden es immer und ewig zurückzahlen.«
»Und kein Amen.« Montefiori war hereingeschlichen und hatte das Ende der Diskussion gehört. »Was gedenken Sie dagegen zu unternehmen, Eure Heiligkeit?«
Herr, habe ich nicht einen Lendenschurz angezogen und mich zum Häuptling der Armen ernannt? Hilf mir, meinen Freunden

aus Marajó und ihresgleichen in den Kontinenten der Armen zu helfen.

»Heiligkeit?« wiederholte Montefiori.

»Ich schreibe eine Enzyklika, die ›Verteidiger der Armen‹ heißen wird. Außerdem beabsichtige ich, auch wenn Präsident Delaney es zu vereiteln versucht, vor den Vereinten Nationen eine Rede zu halten.«

45. Kapitel

»Sie sehen verstimmt aus, Heiligkeit.«

Frank und der Papst gönnten sich eine seltene Stunde der Entspannung am Billardtisch.

»Das bin ich auch, Frank.«

Er verlieh seinem Unmut Ausdruck, daß Banker, Schreibtischmörder, Tyrannen in Nadelstreifen, die Macht hatten, das Leben weit entfernter Menschen zu ruinieren. Sie würden noch einem Toten in die Taschen greifen. Sie erinnerten ihn an die abwesenden englischen Grundbesitzer, die seine Landsleute ausgeblutet und während der großen Hungersnöte in den 1840er Jahren ihre gesamten Erzeugnisse konfisziert hatten.

»Das Allerschlimmste ist, Frank, daß die Billigung von Zinsen sich irgendwie in die Kirche eingeschlichen hat, wie die Methode der unfruchtbaren Tage zur Empfängnisverhütung. Nicht ein Protestwinseln, von niemand. Nicht einmal, als die Reichen sich der Mathematik bemächtigten, indem sie Subtraktion und Division den Armen überließen und Addition und Multiplikation für sich behielten.«

Frank, der eine einfache Rote verpatzte, sagte: »Paul VI. hat in ›Populorum Progressio‹ über den Imperialismus des Geldes geschrieben. Hat er nicht gesagt, der Kapitalismus läßt die

Armen arm bleiben und die Reichen reich? Und hat Johannes Paul II. nicht von brutalen Formen des Kapitalismus gesprochen?«
»Richtig. Aber keiner hat das Problem an der Wurzel gepackt: das Übel der Zinsen, das viel schlimmer ist als die Empfängnisverhütung; die Wahrheit, daß *alle* Formen des Kapitalismus brutal sind. Ich habe in Südamerika gearbeitet, ich habe die Resultate aus nächster Nähe kennengelernt. Einstmals schöne Länder taugen nicht mehr für Menschen. Kinder spielen in der Gosse und ernähren sich von Abfall wie Ratten. Gemeinden leben in Städten aus Pappkartons. Ganze Nationen, regelrecht gekidnappt, werden als Geiseln gehalten.«
Der Papst schüttelte Frank, um seinen Stoß zu unterbrechen und ihn zu fragen: »Wie *können* Menschen reich sein, ohne damit eine Todsünde zu begehen?«
»Wie meinen Sie das, Eure Heiligkeit?«
»Sie haben das Evangelium gelesen. Es ist schwerer für einen Reichen, in den Himmel zu kommen, als für ein Kamel, sich durch ein Nadelöhr zu quetschen.«
»Mein Vater war Multimillionär.«
Patrick verzog das Gesicht zu einem Grinsen. »Bei Gott ist das Unmögliche möglich. Mit einem Sohn wie Sie, wie könnten Ihre Eltern da nicht in den Himmel kommen?«
Frank lächelte und dachte zärtlich an seine Eltern.
Nach einer gelungenen Karambolage fügte der Papst hinzu: »Ich wußte, daß Ihre Familie reich war.«
Frank blinzelte.
»Ich habe auch gehört, daß Sie Ihr gesamtes Geld verschenkt haben. Das hat mich nicht überrascht.«
Frank machte eine Geste, als wolle er sagen, wie kann ein Papst sogar das wissen?
»Was mich bekümmert, Frank, ist, daß ein Börsenhändler in New York einen Knopf drücken und durch Spekulationen auf dem Geldmarkt in wenigen Sekunden mehr verdient, als die meisten Menschen es im Schweiße ihres Angesichts je könnten, und

wenn sie hundert Leben hätten. Manche reden, als sei es der Insiderhandel, der verwerflich ist. Nein. Alles, was in solch harscher Ungerechtigkeit endet, muß verwerflich sein.«

»Amerikanisches Unternehmertum«, kicherte Frank.

»Mißverstehen Sie mich nicht. Ich liebe die Staaten. Sie waren die Zuflucht meines Volkes in den finsteren alten Zeiten des Auszugs nach Amerika. Doch die Bibel hat recht, wenn sie sagt: ›*Geldgier* ist die Wurzel allen Übels.‹«

»Mein Vater war Börsenmakler«, bekannte Frank. »Er liebte die Vorstellung, im Schlaf reich zu werden. Wenn der Nikkei oder Dow Jones um ein, zwei Prozentpunkte fiel, war das wie ein Todesfall in der Familie.«

Das Lachen des Papstes ließ ihn zusammenzucken.

»In den Staaten gibt es eine halbe Million Menschen mit über zwei Millionen Dollar, und vierzig Millionen, die von Sozialhilfe leben. Wann haben Ihre Bischöfe dazu einen Hirtenbrief geschrieben?«

»Kardinal Burns nie.« Frank zögerte, bevor er hinzufügte: »Bei Ihnen hört sich das an, als wäre der Kapitalismus schlimmer als einst der Kommunismus.«

Der Papst verfehlte seinen nächsten Stoß. »Beides gottlos. Doch ehrlich gesagt, ich habe das Gefühl, der Kapitalismus ist noch gottloser. Er hat mehr Leben zerstört als Stalin. Er hat Millionen Menschen in der Dritten Welt in eine Sklaverei getrieben, die schlimmer ist als alles, was Abraham Lincoln je auf den alten Baumwollplantagen angeprangert hat. Wenn Kapitalisten das Gummiband vermarkten könnten, aus dem ihr Gewissen besteht, würden sie wiederum ein Vermögen verdienen.«

»Wollen Sie damit sagen, Sie bedauern den Untergang des Kommunismus, Eure Heiligkeit?«

Der Papst spähte halbwegs in die Ferne. »Wissen Sie, manchmal frage ich mich, ob die Kirche nicht ihre große Chance verpaßt hat, als Lenin auf Marx zurückgriff, bevor wir es taten.«

Frank sagte: »Von jedem nach seinem Vermögen, für jeden nach seiner Not.«

»Wer hat das zuerst gesagt?«
»Lenin?«
»Nein, Frank. St. Lukas im zweiten Kapitel der Apostelgeschichte. Die ersten Christen verkauften alles und verteilten den Erlös an die Armen, je nach Not des einzelnen. Und im vierten Kapitel steht geschrieben: ›Es war auch keiner unter ihnen, der Mangel hatte; denn wieviel ihrer waren, die da Äcker und Häuser hatten, die verkauften sie und brachten das Geld des verkauften Guts und legten es zu der Apostel Füßen; und man gab einem jeglichen, was ihm not war.‹«
»Christlicher Kommunismus«, sagte Frank.
»Sehr richtig. Der einzige Kommunismus, der auf der Welt noch übrig ist. Wissen Sie, die Kirchenväter hatten dieselbe Vorstellung wie Ihre amerikanischen Ureinwohner. Die Erde, die Luft, die Flüsse, das Land sind Gottes Gaben an alle seine Kinder. Es ist unanständig zu denken, daß einige wenige sich alles schnappen können, was sie für sich begehren.«
Der Papst sprach nun von einem Gedicht, das ein irischer Kommunist, Liam MacGabhann, vor Jahren geschrieben hatte. Er stammte von der Insel Valentia vor der Küste der Grafschaft Kerry. Die Inselbewohner hatten seine Bücher wegen ihrer unchristlichen Geisteshaltung verbrannt.
»Ach ja, Frank, andere Zeiten, andere Werte. Sein Gedicht zeigt, wie gutherzig der Mensch von Natur aus ist.«
Auf sein Queue gestützt, rezitierte Patrick mit seinem sanften Mayo-Akzent:

Ich sah die Reichen tafeln mit lautem Getös',
Ich sah in ihre Häuser, so reich und pompös.
Und ich wollt, ihr Wohlstand würd' wirbeln im Wind
Für die Armen der Welt, die Armen der Welt,
o Christuskind.

Sie drücken an der Reichen Fenster die Nasen platt,
Ihre Herzen tanzen an deren Musik sich satt.

Oh, ich wollt', daß Gold und Wein auf der Straße sind,
Für die Armen, der Welt, die Armen der Welt,
o Christuskind.

O Kind, du bist gut, doch all dein Lohn
Ist ein Zepter aus Stroh und aus Dornen die Kron'.
Hast Lanzen du nicht, keine Flagge im Wind
Für die Armen der Welt, die Armen der Welt,
o Christuskind?

Gern möcht' ich die Fenster der Reichen sprengen,
der Armen Geschrei mit ihrem Getös' vermengen.
Doch ich bet' nur beim Stroh von Kind, Esel und Rind
Für die Armen der Welt, die Armen der Welt,
o Christuskind.

»Gefällt mir«, sagte Frank, aufrichtig beeindruckt. »Eine unblutige Revolution nach Christi Art.«

»Wahrhaftig. Ich habe im Konklave aus diesem Gedicht zitiert. Ich glaube nicht, daß sie wirklich begriffen haben, worum es mir ging.«

Dieses Mißverständnis sollte bald korrigiert werden.

46. Kapitel

Am Ende drang es bis zu Roone Delaney durch, daß der Papst nichts Gutes im Schilde führte. Geheimdienstliche Quellen unterrichteten ihn, daß die Vatikanbank *sine die* geschlossen hatte und ihre Aktivposten abstieß. Die Direktoren aller großen US-Banken baten das Weiße Haus um eine Erklärung. Abe Cornberg von Citicorp rief den Präsidenten persönlich an.

»Roone, siehst du nicht, daß das Versagen einer Bank, egal welcher, egal wo, ein verprockter Scheiß ist in diesen unruhigen Zeiten?«

Nach dem Anruf brauchte Delaney etwas, um seine Gedanken abzulenken. Er war kein großes Licht. Tatsächlich war er zu nichts zu gebrauchen, außer als Präsident der Vereinigten Staaten. Er schaltete das Band mit der »Schweißperlendebatte« ein. Er war selbst sein größter Fan.

»Herrgott.« Er stieß einen Pfiff aus. »Stallone sieht aus, als würde er mit einer Hand mit seinen Eiern jonglieren und mit der anderen Zahnpasta in die Tube zurückdrücken.«

Stallone hatte soeben bewiesen, daß er nicht genug Mark für einen Knochen hatte, geschweige denn für die Präsidentschaft; hatte er doch tatsächlich gezögert, einhundertfünfzig Millionen Muslims abzuknallen, wogegen ihm, »Bomber« Delaney, die Aussicht, sie alle vom Erdboden verschwinden zu lassen, das Wasser im Munde zusammenlaufen ließ.

»Immerhin«, sagte der Fernseh-Delaney, »sind sie alle dafür, Hände und Beine abzuhacken, nicht?«

Seine Betrachtung wurde von Bill Huggard unterbrochen, der das dritte Ersuchen des Papstes überbrachte, eine Rede vor den Vereinten Nationen halten zu dürfen.

Delaney war sowohl von seinen Beratern als auch von Premierministerin Weaver nahegelegt worden, dem kleinen Kerl aus dem Vatikan die Einreise in das Land der Freien zu verweigern. Er setzte sogleich eine Antwort an den Papst auf.

Leider, so schrieb er ihm, habe er mehr versprochen, als er halten könne. Die UN widersetze sich neuerdings dem Druck der einzigen Supermacht. Der Präsident bedauere, usw.

Es half nichts. Der UN-Generalsekretär war Brasilianer. Ein Wörtchen von Kardinal Gonzales, und schon wurde ein Termin für die zweite Auslandsreise des Papstes vereinbart, diesmal also, um vor der Generalversammlung in New York zu sprechen.

Er plante nicht, wie Kardinal Burns gehofft hatte, St. Patrick zu besuchen, die pseudogotische Kathedrale zwischen Fifth und Madison Avenue. Der Papst wollte auch keine Messe im Yankee-Stadion lesen. Er lehnte ein Treffen mit Präsident Delaney ab, der sich erbot, für einen Plausch und einen Fototermin im Waldorf-Astoria von Washington herüberzufliegen.

Der Pontifex schickte kein Manuskript vorab. Ohne Aufsehen, nur von Kardinal Montefiori, Frank Kerrigan und seinem Arzt begleitet, verließ er, bekleidet mit seiner weißen Soutane und dem scharlachroten Umhang, am Mittag den römischen Fiumicino-Flughafen. Vom Kennedy-Flughafen in New York wurde er sogleich in einer Limousine durch Straßen befördert, die nicht belebter waren als sonst.

Kardinal Burns, der alles im Fernsehen mitverfolgte, sagte zu seinem Sekretär: »Haben Sie das gesehen, Harry? Er zieht an jedem gottverdammten Ort die Schuhe aus, als wäre er Japaner, aber nicht in New York. Er hat nicht mal soviel Anstand, mich aufzufordern, in der UN-Versammlung neben ihm zu sitzen. Verprockt noch mal, haben wir *das* verdient?«

Der Autokonvoi hielt vor dem UN-Gebäude in Manhattan. Patrick wurde vom Generalsekretär empfangen. Er betete kurz in dem nicht konfessionsgebundenen Meditationsraum, bevor er in das achtunddreißigste Stockwerk entschwebte, um ein Mineralwasser zu sich zu nehmen.

Es sollte kein Brimborium geben, keine Ablenkung von der Rede, die er halten wollte.

Zur vereinbarten Stunde geleitete der Generalsekretär ihn durch den Mittelgang zum Podium. Der Saal war bis auf den letzten Platz gefüllt mit dreitausend Abgeordneten und auserlesenen VIPs. Der Papst saß in einem großen beigen Ledersessel, während er vom Generalsekretär offiziell begrüßt wurde.

Jetzt war er an der Reihe. *Herr, sei in meinem Herzen und auf meinen Lippen.*

Er hielt nicht die erwartete geschliffene einstündige Ansprache, sondern eine kurze, schlichte Predigt in stark akzentuiertem Französisch, die simultan in zweiundvierzig Sprachen übersetzt und via Satellit in der ganzen Welt ausgestrahlt wurde.

Am Rednerpult aus grünem Marmor stehend, begann der Papst, der nicht ein einziges Mal die Stimme hob, mit seinem Text: »Gib dem, der dich bittet, und wende dich nicht von dem, der dir abborgen will.

Meine Schwestern und Brüder, ich spreche für die Armen, wie Jesus es tat. Ich spreche auch gegen die Reichen, wie Jesus es tat. Denn die Reichen sind reich geworden auf Kosten der Armen.

In der Dritten Welt – einst Entwicklungsländer genannt, aber es entwickelt sich dort nichts mehr – wird ein Land nach dem anderen von ein paar reichen westlichen Staaten systematisch ausgebeutet.

Besonders verurteile ich die Banker dieser Nationen. Die Kirche hat zu lange geschwiegen. Sie hat den Habgierigen gestattet, von den Armen der Welt hohe Kreditzinsen zu erheben.

Diese Banker zwingen Männer, Frauen und Kinder, in Slums und auf Bürgersteigen zu hausen, sich von Abfall zu ernähren, damit sie selbst in New York und London, Paris und Berlin, Tokio und Zürich im Luxus leben können.

Um mit dem großen Abraham Lincoln zu sprechen: ›Sie pressen ihr Brot aus dem Schweiß der Gesichter anderer.‹

Viele dieser Traumzerstörer nennen sich Christen. Sie sind keine Christen. Sondern Barbaren, Sklavenhändler, Freiheitsdiebe, Zivilisationsverwüster. Sie sind Räuber am Mahle des Herrn, und ihr Glaubensbekenntnis heißt Habgier.

Selbst ein Christ kann keine Nachsicht üben gegenüber Habsucht oder Duldung von Brutalität. Die Bergpredigt lobt keine Kredithaie oder Blutsauger. Es kann nicht christlich sein, Kinder aus Profitgier hungern zu lassen.

Ohne Bitterkeit, vielmehr mit tiefem Erbarmen für die Menschen am Abgrund der Hölle, und um sie zur Vernunft zu bringen, nenne ich sie vor der ganzen Welt *Feinde und Kreuziger Christi*. Zwei Generationen lang sind sie über Afrika und Südamerika hergefallen wie Heuschreckenplagen. Sie haben Länder geplündert und mit eisernen Kinnbacken Völker dezimiert. Wenn sie könnten, würden sie den Armen Miete für ihre Körper abverlangen, Abgaben auf ihren Atem erheben und ihre Tränen besteuern. Zu meiner Schande gestehe ich, daß der Vatikan über Jahre eine eigene Bank hatte. Ich habe ihre Schließung verfügt. Der gesamte Erlös wird als Entschädigung an die Armen gehen.

Den Katholiken, die in dieser Hinsicht gefehlt haben, rufe ich zu: Nehmt eure gierigen Hände aus den Taschen der Armen und eure Füße von ihren Nacken. Nehmt eure großen Löffel aus den Suppenschüsseln der Waisenkinder.

Wie Martin Luther King sagte, hört auf, Millionen für die Lagerung von Nahrungsmittelüberschüssen auszugeben und lagert sie gebührenfrei in den geschrumpften Mägen der Bedürftigen.

Mit Jesu Worten: ›Bereut und tut Gutes.‹

Ihr habt Milliarden gestohlen; ihr müßt Milliarden zurückzahlen. Baut zur Buße Straßen, Schulen, Krankenhäuser, Kläranlagen, Fabriken.

Wenn ihr euch weigert, weise ich den katholischen Klerus an, wie in alter Zeit, euch Absolution, Kommunion und christliches Begräbnis zu verweigern. Es wäre eine Verleugnung des Evangeliums, euch solche Segnungen zu gewähren, wenn ihr fortfahrt, Jesus in Gestalt seiner Armen zu martern.

Den Schuldnernationen rufe ich zu: *Tut euch zusammen, dann seid ihr unbesiegbar.* Duldet nicht stillschweigend die Ungerechtigkeiten, die man euch angetan hat. Ihr habt mehr als genug bezahlt. Ich, der Papst, verbiete euch zu sündigen, indem ihr noch einen Pfennig mehr bezahlt.

Statt dessen verlange ich Entschädigung von den Räubern, die euch kolonisiert und eure einst stolzen Länder in die Armut getrieben haben. Macht dieser Versklavung eures Volkes ein Ende. Werft die Finanz-*conquistadores* hinaus.

Jamais plus l'injustice aux pauvres! L'injustice aux pauvres, jamais plus!

Den Regierungen der mit Füßen Getretenen rufe ich zu, entscheidet euch: Entweder bezahlt die internationalen Räuberbanker,

oder gebt eurem hungernden Volk zu essen. Wo liegt eure Pflicht? Fürchtet euch nicht. Denkt an die Heilige Schrift: Gott schuf den Drachen, auf daß er über ihn lache.«
Der Papst hob die Hand, als hielte er vor einem goldenen Tor eine Lampe der Hoffnung über die leidende Welt.
»Denkt schließlich daran, ihr Armen, ihr mit Füßen Getretenen, ihr zusammengedrängten Massen, daß der arme Mann von Nazareth, der starb und wiederauferstand, euch zur Seite steht auf blutenden Füßen, seine durchbohrten Arbeiterhände um eure Schultern gelegt.
Gott segne und behüte euch und gewähre euch die Freiheit der Kinder Gottes.«

Die Rede, fesselnd durch ihre Ruhe, war zu kurz, zu zwingend gewesen, als daß jemand sie hätte unterbrechen können. Plötzlich brandete von der brasilianischen Delegation Beifall auf, gefolgt von Klatschen und Stampfen der Abgeordneten von Mexiko, Argentinien, Chile, Venezuela, Nigeria, Haiti. Der kubanische Abgesandte steckte die Finger in den Mund und pfiff. Die Delegation aus Nicaragua durchbrach einen Sicherheitskordon, um dem Papst die Hand zu schütteln.
Der US-Gesandte, der während der Ansprache mit verkniffener Miene dagesessen hatte, und sein britischer Kollege steckten die Köpfe zusammen.
Zum erstenmal seit Monaten sah man die sowjetischen und chinesischen Abgeordneten miteinander im Gespräch vertieft.
Die Gesandten der islamischen Nationen verließen den Saal mit versteinertem Blick und ließen sich nichts anmerken.

Delaney hatte alles im Fernsehen verfolgt. Er fühlte sich vom Glück verlassen, als wäre er von einem Meteoriten getroffen worden. Während der Rede hatte er mehrmals den Namen seines Herrn herausgeschrien. Hinterher biß er ein Blatt von seinem irischen Efeu ab und verschluckte dabei ein paar rote Spinnmilben.

Kaum war die Rede beendet, als sein Telefon klingelte. Und klingelte.

»SCHLIESST DIE BANKEN« lautete die Schlagzeile im *Wall Street Journal*. »PAPST SAGT: STOPPT DIE TOTENGRÄBER-BANKER«, schrieb die *New York Times*.
Die Medien warfen Patrick vor, sich in Angelegenheiten einzumischen, die außerhalb seines Zuständigkeitsbereiches lagen. Sie nannten ihn einen ökonomischen Pygmäen und einen Geheim-Marxisten. Die *Los Angeles Times* bezeichnete die UN-Rede mit einem einzigen Wort: »Stuß.«
Der Londoner *Economist* schrieb:

> Des Papstes ökonomischer Unverstand ist geradezu genial. Ist ihm nicht klar, daß die Armen die ersten Opfer sein werden, wenn westliche Finanzinstitute der Dritten Welt nichts mehr leihen? Und wenn die Finanzinstitute bankrott gehen, wie es der Papst zu wünschen scheint, was wird dann aus den Milliarden, die weltweit investiert wurden von Renten- und Versicherungsfonds, die die Beiträge gewöhnlicher arbeitender Männer und Frauen als Treuhänder verwalten? Hat Seine Heiligkeit denn keine Angst vor den schrecklichen Konsequenzen seiner Naivität?

Einige Publikationen waren vorsichtiger. In Leitartikeln wurden tiefschürfende Fragen gestellt: Ist die westliche Gesellschaft so christlich, wie sie es sich einbildet? Tragen die Banken nicht Mitverantwortung dafür, daß die Armen in ihrer Armut verharren? Ist es nicht an der Zeit, daß die Kirche ihre Aufmerksamkeit sozialen und wirtschaftlichen Problemen zuwendet, anstatt sich auf persönliche Moral und Festivals der Nostalgie zu konzentrieren? Vielleicht ist der Papst ja das Gewissen unserer Zeit.
Bischöfe und Theologen dankten dem Papst für die Erneuerung der Kirchentradition – während sie ihr Bestes taten, um deren

Auswirkungen zu mildern. Schließlich konnten die Kirchenfinanzen durch diese UN-Rede und die Enzyklika »Defensor Pauperum«, die ihr bald folgte, erheblich in Mitleidenschaft gezogen werden.

Die Enzyklika plädierte unparteilich für Gerechtigkeit für gemarterte Völker: die Aborigines von Australien, die Maori von Neuseeland, die Nationalisten von Nordirland, die indianischen Ureinwohner von Nordamerika. Ihre Misere war eine Sünde, die nach himmlischer Rache schrie.

Patrick appellierte an jeden reichen Pfarrbezirk, eine Pfarrei in der Dritten Welt zu adoptieren. »Das Leben ist so kurz, um Gutes zu tun, um gut zueinander zu sein.«

Die große Überraschung war seine Verdammung von Pius IX. und Leo XIII., weil sie an der Börse spekuliert und Geld gegen Zinsen verliehen hatten. Pius XII. wurde erneut wegen der Gründung der Vatikanbank kritisiert.

Selbst Johannes Paul II. wurde heftig als ein A-la-carte-Katholik gerügt. Entgegen jeder katholischen Tradition hatte er nicht nur die Methode der unfruchtbaren Tage gutgeheißen, er war auch der erste Papst in der Geschichte, der in seiner Enzyklika von 1991, »Centesimus Annus«, sogar den Kapitalismus – wenn auch widerwillig – anerkannt hatte.

Papst Patrick versprach, seinen Einfluß geltend zu machen, damit alle Finanzinstitute geschlossen würden, einschließlich jener Banken und Bausparkassen, die Geld nicht gebührenfrei verliehen. Er verbot den Katholiken, Zinsen für Kredite zu bezahlen. Dies ermutige Kredithaie, in ihren Sünden zu verharren.

Die Exkommunikation bedeutete für katholische Banker, daß ihnen die Segnungen der Kirche versagt bleiben würden, einschließlich des Rechts auf eine Totenmesse und ein christliches Begräbnis.

In Sitzungssälen und Büros auf dem ganzen Erdball waren mörderische Diskussionen im Gang: in Finanzgesellschaften, Aktienbörsen, vor allem aber in Banken.

Der Papst hatte gesagt, sie seien Barbaren? Himmel, sie hatten Picassos und Renoirs an ihren Bürowänden hängen, und manchmal warfen sie sogar einen Blick darauf.
Leihen ohne Zinsen? Das war so widersprüchlich wie gekochter Schnee.
Schon machten einige US-Banker wilde Voraussagen über die ruinösen Auswirkungen der Einmischung des Papstes.
Die Voraussagen waren nicht annähernd wild genug.

47. Kapitel

»Herrgott im Himmel!« sagte Abe Cornberg von Citicorp.
Man hatte ihm einen Platz im Vorzimmer des Weißen Hauses zugewiesen, aber er konnte nicht stillsitzen. Er ging auf und ab, kaute grimmig an seiner Corona Corona, während er darauf wartete, den Präsidenten zu sprechen.
Ein Dutzend Manager, Vertreter der größten Banken in Amerika, drängten sich mit harten Mienen, weißen Knöcheln und acht Magengeschwüren in dem verrauchten Raum. Verdrahtet wie Marionetten, trugen sie Kopfhörer und ein Mikrophon im Revers, um Verbindung mit ihren Zentralen zu halten. Mit Kraftausdrücken nur so um sich werfend, versuchten sie, sich gegenseitig mit Beschimpfungen zu übertreffen.
»Dieser verschrobene irische vertrottelte Furz von einem Papst.«
»Mieser bescheuerter Drecksack, nennt *uns* Kredithaie.«
»Beknackter Ire.«
»Leckmich, Scheißkerl, Wanze, Hofnarr, Spinner, Sklavenbefreier, Tommi, *Schmock* von einem Scheißkommunisten.«
»Judas Ischariot, der will uns ans Eingemachte.«
Sie sprachen in vollem Ernst. Die Erde würde sich nicht drehen ohne sie. *Sie* waren die Zivilisation.

»Ich habe Sie schon lange gewarnt, stimmt's?« Der Sprecher war Tom Williams, der bärenhafte, aber liebenswerte Präsident des Zentralbankrats. Zu Cornberg: »Ich sagte Ihnen doch, geben Sie Brasilien keine langfristigen Kredite. Wie sieht's aus, immer noch fünfundvierzig Prozent vom Eigenkapital?«

Goldie Grubb, Direktor der Chase Bank, stand unter Schock und hielt seinen dicken Bauch wie einen Medizinball. »Wir haben neunundvierzig Prozent offene Positionen in Mexiko, neunundvierzig verprockte Prozent, kapiert? Man sollte diesen Volltrottel von einem Papst vor seiner Kathedrale aufhängen, mit dem Kopf nach unten wie Mussolini.«

Er griff nach seinem Telefon, um bei einem Schnellimbiß ein Sandwich zu bestellen, doch dann besann er sich, wo er war.

Tom Williams hatte immer wieder betont, daß die etwa sechzehn führenden US-Banken alle Regeln verletzt hatten, indem sie Gelder langfristig verliehen und kurzfristig aufnahmen. Noch dümmer war es gewesen, daß sie Gelder bei einigen wenigen großen Verleihern aufnahmen, die ihr Geld praktisch innerhalb einer Minute entnehmen konnten.

»So überzeugend ist der Papst auch wieder nicht«, sagte ein schielender bärtiger Banker, aus dessen Nasenlöchern Haare hervorstanden wie durchtrennte Elektrokabel. »Wann hätte er Katholiken dazu gebracht, keine Verhütungsmittel mehr zu benutzen?«

»Ich vermute«, warf Cornberg ein, »er könnte selbst Atheisten dazu überreden, ihre Rechnungen nicht mehr zu bezahlen. Ich kann mir sogar vorstellen, daß Millionen Juden über Nacht konvertieren und finanzielles Asyl beantragen.«

Bill Huggard öffnete die Tür. Der griesgrämige Mann, dessen Nase röter war als ein Absperrhütchen von einem Straßenbautrupp, trug einen feuchten dünnen Schnurrbart, der aussah, als hätte er etwas gegen seinen Standort.

»Der Präsident läßt jetzt bitten.«

Die wütenden Banker hasteten durch den Flur ins Oval Office, wo die Sonne durch die Glastüren hereinschien. Der Gartenbauexperte des Weißen Hauses brachte unterdessen den irischen Efeu nach draußen.

Delaney stand neben Finanzminister Donald Wilks, der ein Gesicht machte, als sei er soeben gestorben und der Geist seines früheren Ich geworden.

»Meine Herren«, begann der Präsident munter, nachdem er jeden mit einem schlaffen Händedruck bedacht hatte, »Sie haben also etwas zu sagen.«

»Ja«, erwiderte Cornberg. »Glückwunsch, Roone, Sie sind der letzte katholische Präsident der Vereinigten Staaten.«

»Reden Sie den Präsidenten mit Herr Präsident an«, befahl Chefberater Bill Huggard pingelig. In seinem gestärkten Hemd sah er aus wie eine Schildkröte mit Durchfall.

»Meine Herren, soll das ein Witz sein?« fragte Delaney, der so ungefähr dem witzlosesten Meer von Gesichtern seit seinem ersten und einzigen Gipfel mit russischen Staatsoberhäuptern gegenüberstand.

Cornberg fungierte als Sprecher. »Herr Präsident, seit der Papst vor den Vereinten Nationen seine Scheißschau abgezogen hat, stecken die Vereinigten Staaten im Schlamassel. Das könnte schlimmer werden als 1929.«

»Immer mit der Ruhe, Abe«, sagte der Präsident, der aussah wie eine Fächertänzerin ohne Fächer. »Ich bin kein Herbert Hoover.«

»Hören Sie«, fuhr Cornberg fort, um Beherrschung bemüht, »Ihr irischer Knabe –«

»Er ist nicht *meiner*«, unterbrach Delaney, als wäre der Papst ein uneheliches Kind. Mit einem Blick auf die goldgerahmte Kugel, die den Papst leider knapp verfehlt hatte, würgte er hervor: »Auf dem Dollarschein ist immer noch Washington drauf. Oder etwa nicht?«

Erst an diesem Morgen hatte die *Post* ihre Leserschaft an die berüchtigten Worte Pius' IX. erinnert, Amerika sei das einzige Land der Welt, wo er König sein könnte.

Cornberg setzte seinen Angriff hitzig fort. »Das Wort ›bankrott‹ erhält eine ganz neue Bedeutung, wenn man es auf *Banken* bezieht. Wir handeln mit Vertrauen. Jedesmal, wenn dieser Kerl in Rom den Mund aufmacht, kriegen wir den Hauch zu spüren.« Sein heißer Atem traf Delaney zwischen den Augen. »Ich sage Ihnen«, fuhr Cornberg fort, »dieser verprockte Papst läßt uns alle hopsgehen, wenn die Schuldnernationen alle auf einmal abspringen.«

»›Verprockt‹ ist gestrichen«, sagte Huggard.

»Drum, Abe, werden wir sie ausschalten.«

Cornberg schrie beinahe: »Wir können doch nicht die gesamte Dritte Welt ausschalten!«

Jenkins, der Präsident der Bank of America, der vergessen hatte, sein Haarteil aufzusetzen, so daß er aussah wie sein eigener Großvater, warf ein: »Der Papst hat allein in Lateinamerika sechshundert Millionen Anhänger, denen hat er gesagt, es ist eine Sünde, Schulden zu bezahlen.«

»Er empfiehlt ein Schuldnerkartell«, erklärte Cornberg. »Es brauchen nur drei von den großen, sagen wir, Brasilien, Mexiko und Argentinien, gleichzeitig die Zahlungen einzustellen, und –«

»Das ganze amerikanische Bankensystem«, schloß Jenkins, »geht den Bach runter. Dito alle Staaten und Städte in der Union, die Geld schulden. Wir würden uns nicht mal mehr Öl leisten können.«

»Meine Herren«, beschwor sie der Präsident, in dessen Rücken sich Knoten zu bilden schienen, »das sind Unkenrufe. Wir kriegen diesen Quatsch seit mehr als fünfunddreißig Jahren zu hören.«

»Das passiert *jetzt*«, sagte Cornberg. »Fast alle Nationen drohen, Fonds aus den USA abzuziehen und nach Frankfurt, London, Paris und Genf zu transferieren.«

»Warum gerade dorthin?« fragte Delaney, der so weiß wurde wie das Washington-Monument.

»Weil das gute protestantische Orte sind wie Westvirginia«, sagte Cronberg, »und der Papst ein verprockter Katholik ist. Wie *Sie*, Roone.«

»Herr *Präsident*«, beharrte Huggard.

Cornberg ignorierte ihn. »Seien wir ehrlich, Sie reden mehr von Jesus und Gott als irgendein Bischof. Den Kanzler in Berlin oder die Premierministerin in London hört man nicht diesen endlosen Scheiß über Gott quatschen.«

»›Scheiß‹ ist gestrichen«, sagte Huggard.

»Ich hab' bloß gesagt: ›Gott segne Amerika!‹«

»Tja, da hat er wohl nicht hingehört«, knurrte Grubb von der Chase Bank, Goldie genannt, weil er den Mund voller Gold hatte.

»Roone«, sagte Cornberg, »die Araber sind nicht so hintergründig wie wir. Wenn Sie über Ihren Glauben an Jesus Christus sabbern, meinen sie, daß es Ihnen ernst damit ist. Woher sollen sie wissen, daß Sie noch gottloser sind als Jack Kennedy oder Richard Nixon, dieser Mühlstein um Amerikas Hals?«

»Ein Wort von Präsident Hourani, und die gesamte islamische Welt wird uns den Laufpaß geben«, sagte Grubb.

Cornberg klopfte an seinen Kopfhörer. Er konnte nachts nicht schlafen, ohne etwas im Ohr zu haben; es fühlte sich nicht richtig an. Er hatte eine Nachricht empfangen.

»Ich hatte mich schon gefragt, warum Hailey von J. P. Morgan nicht hier ist. Er ist soeben zurückgetreten.«

»Nein!« kam es aus einem Dutzend Kehlen, als hätte der achtzigjährige Hailey soeben die First Lady auf dem Rasen des Weißen Hauses vergewaltigt.

»Der Spinner hat in einer Pressekonferenz gesagt, als aufrechter Katholik und Kolumbusritter könne er nach der Rede des Papstes vor den Vereinten Nationen keine Bankgeschäfte mehr machen.«

»Ich bin auch katholisch«, wandte der Präsident ein, »aber hindert mich das daran, zu tun, was richtig ist?«

»Verprockter Papst Patrick«, sagte der schielende Banker, »schlimmer, als Gaddafi je war.«

»Ich muß doch sehr *bitten*«, warf der Präsident ein, und seine Stimme klang wie Mückensurren, »Sie sprechen hier vom Heiligen Vater.«

»Heiliger Vater?« rief Cornberg. »Heiliger Scheiß!«

»›Heiliger Scheiß‹ ist gestrichen«, sagte Huggard.

»Schauen Sie, Roone«, fuhr Cornberg fort, »die Araber wissen, es gibt fünfundsechzig Millionen Katholiken in den USA, und Sie sind der oberste Laie. Die könnten wirklich meinen, Sie würden die Banken schließen wollen, und sie haben ihre ganzen Petrodollars da drin. Oder Sie könnten nachgiebig sein gegenüber den Schuldnernationen, überwiegend Katholiken, die ihre Schulden nicht anerkennen.«

»Geld ist wirklich knapp, Herr Präsident«, erklärte Jenkins von der Bank of America. »Wenn die Araber uns das Wasser abgraben –«

»Der Goldpreis steht bei fünfundsiebzig Dollar die Unze«. Cornberg gab eine Information aus dem Chefbüro weiter. »Und ja, warten Sie eine Sekunde, der Run auf den Dollar hat begonnen. Telegrafische Überweisungen nach den Cayman Inseln, Singapur, den Bahamas, Luxemburg, sogar nach dem verprockten Liberia. In der letzten halben Stunde haben Ausländer zwei Milliarden zu Bargeld gemacht, die sie kurzfristig investiert hatten.«

»So?« fragte Delaney, dessen geschäftliche Erfahrung sich auf die Kugellagerfabrik seines Vaters beschränkte.

»Wenn sie als nächstes ihre wöchentlichen, monatlichen und dreimonatlichen Termingelder flüssig machen, haben wir keine Fonds mehr. Viel zuviel steckt in langfristigen Krediten an die Dritte Welt, und jetzt blechen sie vielleicht nicht mal die verprockten Zinsen.«

»›Zinsen‹ ist gestrichen«, sagte der verwirrte Bill Huggard.

»Ich habe die Nase gestrichen voll von diesem verprockten Arschloch von Assistent«, knurrte Cornberg.

Das Gebrabbel verstummte, während man auf weitere Nachrichten wartete.

Diese Spitzenfinanziers, die sich einbildeten, die USA und über die USA die ganze Welt zu kontrollieren, merkten plötzlich, daß jemand *sie* unter Kontrolle hatte. Sie waren sich allerdings nicht ganz sicher, wer es war, die feudalen Araber oder die mit Armut geschlagenen Südamerikaner.

Was machte das auch für einen Unterschied? Die scheinbar unan-

greifbare Festung der US-Finanz hatte sich nach einer einzigen kurzen Predigt eines kranken alten irischen Priesters als Kartenhaus erwiesen.
Cornberg verkündete, daß die Gebäude der Weltbank und des Internationalen Währungsfonds in der Washingtoner Innenstadt in Brand gesteckt worden seien und daß es nicht die Tat militanter islamischer Fundamentalisten war. »Der Papst hat diese Institute verteufelt«, murrte er, »da ist es kein Wunder.«
»Und die Devisen?« flüsterte Delaney.
»Der Dollar ist seit Eröffnung des Handels um fünf Punkte gefallen«, erwiderte Cornberg. Nachdem er an seinem Kopfhörer gedreht hatte: »Ich berichtige. Es sind jetzt sechseinhalb.«
Donald Wilks vom Finanzministerium, der bisher geschwiegen und Tabletten geschluckt hatte, als sei es seine Religion, kreischte plötzlich los: »Sie setzen Staatsanleihen ab. Millionenweise. Alle Ausländer liquidieren. Wir bleiben auf einem Papierberg sitzen!«
Noch ehe sie die Bedeutung dieser Nachricht erfaßt hatten, kam die Meldung, daß kleine Anleger in allen Staaten der Union ihre Ersparnisse abhoben.
Schlangen standen in Panik vor allen Banken, von New York bis zum weit entfernten Los Angeles, wo die Banken noch nicht geöffnet hatten und die Menschen im Dunkeln auf dem Bürgersteig kampierten. Der Sender NBC ermittelte, daß siebzig Prozent der Schlangestehenden sagten, sie seien loyale Katholiken und gehorchten dem Papst.
»Denken Sie an den Schlamassel in den achtziger Jahren«, grummelte Goldie Grubb. »Continental Illinois, Ohio, Bausparkasse. Jesses, wir werden völlig blank sein.«
»Wo liegt hier das Problem?«
Cornberg war erschüttert, daß selbst der Präsident der Vereinigten Staaten derart mit Unwissen geschlagen war.
»Lassen Sie es mich so darlegen, daß Sie mir folgen können, Roone. Nehmen Sie eine andere Art Run. Angenommen, alle Männer, Frauen und Kinder in Amerika hätten den unbeherrschbaren Drang, gleichzeitig zu scheißen –«

»Kein Mann würde einer Dame seinen Platz überlassen, das steht fest«, warf Grubb ein.
»Im Gegenteil«, meinte Cornberg, »die Männer würden die Damentoiletten mit Gewalt stürmen.«
»Sie übertreiben«, sagte Delaney, der Damen immer den Vortritt ließ.
»*Nein,* Roone. Nehmen Sie einmal an, dieser Notfall tritt zur Hauptverkehrszeit ein. Der Fahrer und sämtliche Passagiere in der New Yorker U-Bahn wollen *jetzt* scheißen, und zwar dringend.«
Huggard wollte »scheißen« streichen, merkte aber, daß rundum viel zuviel Scheiße war.
»Der Fahrer würde den Zug anhalten, Roone, und alle würden wie die Wilden zu den Klos rasen. Mehr Kacke auf den Straßen von New York als in ganz Kalkutta. Limousinenbesitzer würden ihrem Chauffeur sagen, er soll Gas geben, hundert Dollar, ach was, er kann jeden Preis nennen, wenn er bloß rechtzeitig einen Lokus für sie findet – und dabei muß der Chauffeur selbst genauso nötig. In den Gerichtsgebäuden stürmen Richter, Geschworene und alle anderen plötzlich die Toiletten. Auf dem Capitol verschiebt der Kongreß eine Sitzung zugunsten einer anderen. Im nordamerikanischen Raumfahrtkommando läßt das Personal Amerika wehrlos sitzen, während sich alle um den Donnerbalken raufen. In Privathäusern, Büros, Restaurants, sogar Kernwaffenfabriken schlagen alle Leute Türen ein, um einen Platz auf einem gesegneten Wasserklosett zu ergattern.«
»Was *soll* dieser ganze Scheiß-Scheiß?« wollte der verdatterte Präsident wissen. »Das könnte ja wohl kaum passieren, oder?«
»Nach dem Gesetz des Durchschnitts nicht. Die Startzeiten sind gestaffelt. Deswegen haben wir ja in Privathäusern, Schulen und Arbeitsplätzen nicht pro Person eine Toilette. Das wäre fast eine Milliarde zusätzlich in Amerika. Aber angenommen, nur eine einzige Stadt oder ein einziger Staat wäre verseucht, das gäbe höllische Unkosten, alle Menschen würden auf der Stelle eine eigene Toilette fordern und praktisch morden, um sie zu kriegen.«
»Kommen Sie zur Sache, Abe.«

»Die Sache ist die, das gesamte amerikanische Bankensystem wurde von diesem kleinen Prock von einem Papst verseucht. Alle scheißen sich in die Hosen, um ihr Geld zu kriegen. Banken funktionieren nach dem Prinzip, daß das nicht passieren *kann*, daß es schon eine *Katastrophe* ist, wenn nur fünf Prozent des Geldes entnommen werden. Wenn alle Anleger ihr Geld auf einmal abheben wollen, etwa wenn Gerüchte von einem Bankenkollaps kursieren oder wenn, wie jetzt, *sämtliche* Banken kurz vor dem Zusammenbruch zu stehen scheinen, das verkraftet das System nicht. Es gibt nicht genug Schalterbeamte oder Bargeld, um die Leute auszuzahlen. Mit einem Wort, es ist einfach zuviel Scheiße los. Können Sie mir folgen?«

Delaney nickte kläglich. Er mußte aufs Klo, fürchtete aber, er würde einen Massenansturm auslösen.

Was als nächstes auf den Handgelenk-Fernsehern der Banker erschien, kam nicht unerwartet. Der Dow Jones hatte fünfhundertachtzehn Punkte im freien Fall verloren. Das war eine Schätzung. Die Wallstreet-Computer waren mit Tausenden noch nicht verarbeiteter Transaktionen überfordert und spielten verrückt.

Erstklassige Wertpapiere, darunter Boeing, General Motors und IBM, wurden massenhaft abgestoßen. Die Börsen spürten, daß die großen Gesellschaften bald knapp an Rücklagen sein würden. Hundert große Firmen kauften ihre eigenen Aktien auf in dem Versuch, den Markt zu stabilisieren. Eine berühmte Straßenschlucht in New York war zu einem Tal der Tränen geworden.

Während der ganzen Zeit saß Willows von der US-Notenbank stumm und ausdruckslos da. Als er zu sich kam, sah er aller Augen auf sich gerichtet.

Er lächelte, zog die breiten Schultern hoch und rückte seine Brille zurecht, die so klobig war wie eine Fliegerbrille.

Diese Situation habe sich nicht angeschlichen wie ein Stealth Bomber. Eines Tages, das hatte er vor diversen Senatsausschüssen schon gesagt, werde die Welt die Kreditkarte der USA zerreißen. Trotz Newt Gingrich betrug das Haushaltsdefizit zweieinhalb Billionen Dollar. Der Tag der Abrechnung war gekommen.

»Los, Tom«, ermunterte Delaney, der sich auf seinem Drehstuhl wand, »sagen Sie uns, was wir tun sollen.«

Das war eine ironische Wende. Das Gesetz untersagte es dem Präsidenten nämlich, der US-Notenbank vorzuschreiben, was sie zu tun oder zu lassen hatte. Außerdem bürgte die Notenbank nur für einen Teil der Kredite von privaten Anlegern; die Banken selbst versicherte sie nicht.

»Okay. Dies ist keine Krise, Herr Präsident.«

»Großartig, Tom!« rief der erstaunte Delaney. Das Anzünden der vielen Kerzen letzte Nacht zu Ehren der Jungfrau hatte geholfen.

»Nein, Sir. Eine Krise kann man bewältigen. Das hier ist ein Super-Gau.«

»Wo liegt die Lösung?«

»Manche Probleme haben keine.«

»Irgendwas *müssen* wir aber tun.«

»Nun, ich an Ihrer Stelle, Herr Präsident«, säuselte Willows, »würde meinen amerikanischen Mitmenschen sofort übers Fernsehen sagen, daß alles gut wird –«

»Wirklich?« fragte Delaney.

»Weil Sie aus Ihrer Kirche ausgetreten und ein frommer Kapitalist geworden sind.«

»Um Himmels willen, Tom, machen Sie keine Witze.«

Tom Willows setzte seine Brille ab und wieder auf. »Ich weiß nicht, Herr Präsident, welcher Vorschlag von mir akzeptabler wäre. Der Dollar steht unter Druck. Unsere Notfonds können mit der Ausblutung in diesem Ausmaß nicht Schritt halten.«

»Nennen Sie uns die Möglichkeiten«, befahl Delaney.

»Okay. Die Zinsen verdoppeln, die sowieso schon vier Prozent zu hoch sind – das würde keine Käufer anlocken, sondern nur das Vertrauen der heimischen Geschäftsleute erschüttern.«

»Vergessen Sie's.«

»Okay. Sie entscheiden sich für eine rasche Steuersenkung, die der Kongreß nicht rechtzeitig genehmigt, falls überhaupt.«

»Sie sagen es.«

»Okay. Sie drucken Geld, um die kleinen Anleger auszuzahlen –«
Delaney versuchte, beifällig mit den verschwitzten Fingern zu schnippen.
»Aber wenn wir das tun«, warnte Willows, »braucht einer ein Taxi voller Dollars, bloß um eine Dose Cola zu kaufen. Andere Länder werden den Dollar meiden wie eine alte Nutte mit Tripper. Niemand würde mehr mit uns Geschäfte machen.«
»Sie können nicht ohne Amerika existieren.« Der erste Glaubensartikel des Präsidenten kam nur zögernd heraus.
Ein Nachrichtenflimmern. Die Staatsoberhäupter von Brasilien, Mexiko, Chile, Panama und Argentinien waren übereingekommen, sich in Brasília zu treffen.
Willows bemerkte: »*Die* scheinen schon zu denken, sie können ohne uns existieren.«
»Wenn diese verprockten Mexikaner versuchen, ihren Kreditverpflichtungen nicht nachzukommen«, sagte Jenkins, der den Umfang des Wertpapierbestandes seiner Bank südlich der Grenze kannte, »werden wir sie einfach übernehmen. Das haben wir mit Texas und Kalifornien schließlich für weniger gemacht, oder?«
»Okay, wir könnten alle ausländischen Vermögen einfrieren«, überlegte Willows laut. »So sind wir vor ein paar Jahren mit Iran und Irak verfahren.«
Cornberg fiel ein: »Wer würde dann je wieder mit uns Geschäfte machen?«
»Richtig«, sagte Willows, und der Finanzminister fügte hinzu, das verstoße auch gegen das Bundesgesetz.
Wieder ein Nachrichtenflimmern. Michelangelos *Pietà* war für siebenhundertfünfzig Millionen Dollar verkauft worden.
»Er hätte Gold verlangen sollen«, grunzte Grubb. »Morgen um diese Zeit kriegt man dafür nicht mal mehr eine Eintrittskarte für Disneyland.«
»Verkauft an einen Araber«, teilte Cornberg ihnen mit.
»Er gibt ihr vermutlich einen Ehrenplatz in seinem Harem«, murmelte Jenkins angewidert.

»Oder«, sagte Cornberg, »er schlägt sie seiner Religion gehorchend in Stücke.«
»Sie meinen also, Tom«, nahm der Präsident den Faden wieder auf, »wenn wir mehr Geld drucken –«
»Werden wir hier eine Inflation à la Dritte Welt haben«, sagte Willows. »Und unsere Kinder werden sich aus Mülleimern ernähren.«
»Das würde den Papst freuen«, sagte Cornberg durch seine gelben Zähne. »Dieser verprockte Scheißkommunist will doch, daß wir Dreck fressen, oder?«

48. Kapitel

Nachdem Delaney sich mit seinem Verteidigungsminister, dem Außenminister und dem Chef des CIA beraten hatte, telefonierte er mit New York.
»Sind Sie allein, Tom?«
»Vollkommen.« Thomas Kardinal Burns sah sich mit finsterem Blick um. »Selbst mein Schutzengel hat mich verlassen.«
Er hatte – privat – an einem einzigen Tag zweihundertfünfundzwanzigtausend Dollar an der Börse verloren.
»Ein Wort, Tom. Tyrannenmord.«
Burns erstickte fast an seiner Macanudo. »Was?«
»Sie sind der Theologe, Tom. Sie haben sogar meine Frau bekehrt.«
»Machen Sie *mir* keinen Vorwurf, Roone.«
»Als Ihr Oberbefehlshaber verlange ich zu wissen, *wann* ein Tyrann beseitigt werden darf und *von wem*.«
»Dachten Sie an jemand Bestimmten, Roone?«

Ein paar Minuten später erhielt Frank Kerrigan einen Anruf von Kardinal Burns. »Hören Sie gut zu, mein Sohn. Ich habe Infor-

mationen, daß ein Anschlag – sind Sie sicher, daß niemand sonst in der Leitung ist? – auf das Leben des Papstes geplant ist.«
»Aber, Eminenz«, keuchte Frank, »wie ... warum ...?«
»Der CIA macht keine Fehler, mein Sohn. Der Anschlag könnte auf einer Privat- oder Generalaudienz, beim Pontifikalhochamt erfolgen. Er könnte sogar aus dem Vatikan selbst kommen.«
»Aber das ist doch nicht –«
»Johannes Paul I. wurde ermordet, nicht?«
»Das weiß ich wirklich nicht.«
»Glauben Sie mir, mein Sohn, er wurde ermordet. Wie so viele Päpste vor ihm. Erstochen, erwürgt, erstickt, vergiftet.«
Frank schluckte. »Ich sage Kardinal Montefiori Bescheid.«
»Tun Sie das. Und erinnern Sie ihn an Jesu Worte: Eines Mannes Feinde mögen aus seinem eigenen Hause sein.«
»Sie meinen doch nicht –«
»Doch, das meine ich. Es könnte ein Erzbischof sein, sogar ein Kardinal.«
»Wurden Namen erwähnt?«
»Kennen Sie einen Kardinal Ragno? Und einen Erzbischof Rossi?«
»Eminenz, bitte –«
»Sie müssen die Augen offenhalten, mein Sohn. Ob unser Heiliger Vater lebt oder stirbt, kann von Ihnen abhängen. Aber lassen Sie bloß meinen Namen da raus, hören Sie?«
Nachdem Frank aufgelegt hatte, schaltete er seinen Computer ein. Er hatte das gesamte *Annuario Pontificio* gespeichert. Fast dreiviertel der tausend Seiten verzeichneten die Mitglieder der Kongregationen und Kommissionen.
Eine Überkreuzprüfung ergab zu seinem Schrecken, daß Ragno und Rossi in exakt denselben zwanzig Kommissionen saßen. Ihm fiel ein, daß Charley, dessen Nase mit einer perfekten Intuition ausgestattet war, keinen der beiden leiden konnte und er ihn in ihrer Gegenwart immer zurückhalten mußte.
Er eilte nach unten, um diese neueste Information mit Montefiori zu besprechen.

Unterdessen hatte Delaney mit Paris, Tokio, Genf und Berlin telefoniert. Den letzten Anruf hatte er für Denise Weaver in London aufgespart.

»Ja«, bestätigte sie, »hier passiert genau dasselbe.«

Sie hatte sich an diesem Tag mit dem Finanzminister, dem Präsidenten der Bank von England und dem Börsenvorsitzenden getroffen.

»Die Bank«, sagte sie zum Präsidenten, »bleibt erst das dritte Mal in ihrer Geschichte am Wochenende geöffnet.«

»Wem sagen Sie das.«

»Auf den Geldmärkten ist die Hölle los. Wie Sie wissen, ist der Goldpreis ins Unendliche gestiegen. Der Yen ist in den Himmel geklettert, was die Chinesen veranlaßte, die Japaner fast so sehr zu hassen wie die Russen. Die europäische Währung hat einen alarmierend hohen Wert, als hätten wir alle riesige neue Erdölfelder entdeckt. Wir werden nicht imstande sein, außerhalb der EU auch nur irgendein Scheißding zu verkaufen. Wir haben die Zinsen um drei Prozent gesenkt, und immer noch strömt Geld herein.«

»Ich weiß, woher«, sagte Delaney seufzend.

»Ich habe den Eindruck, Sie sehen grün aus, Roone.« Sie sehnte sich nach den alten Zeiten zurück, wo man die Menschen, die man an der Strippe hatte, nicht auch sehen mußte. »Warten Sie einen Moment.«

Die Premierministerin erhielt eine Meldung von einem Assistenten.«

»Verstanden. Roone, Hourani hat für morgen eine OPEC-Konferenz in Riad einberufen.«

»Wozu, zum Geier?«

»Entweder, um den Ölpreis zu vervierfachen und so den Dollarverfall auszugleichen, oder, was wahrscheinlicher ist, um zu einer neuen Währung für Öl zu wechseln, vielleicht die europäische.«

»Jes-ses!«

»Und Sie haben von dem Treffen der Schuldnernationen gehört.«

»Ja. In Brasília.«

»Nein, eine neue Entwicklung. Die Südamerikaner treffen sich mit den anderen in Lagos. Polen wird dort sein, Rumänien, ebenso Rußland, Peru und der Rest der Kanaken.«
»Die Araber könnten nicht erfreuter sein, wenn Mohammed von den Toten auferstünde.«
»Ist er vielleicht, Roone.«
»Stimmt. Wie ließ sich sonst der Schlamassel erklären, in dem wir stecken?«
»Oh, noch was, Roone, dieser Hammer von Papst hat Sex und Geld den Krieg erklärt, was kommt als nächstes?«
»O mein Gott.«
Der Präsident klatschte sich so fest an die Stirn, daß er sich beinahe selbst k.o. schlug. Er hatte es soeben erraten.

TEIL SIEBEN

Bald, bald, Harmageddon

49. Kapitel

Dr. Gadda war so besorgt um die schwindende Gesundheit des Papstes, daß er seine Luxuswohnung in der Nähe der Spanischen Treppe aufgab und mehr oder weniger dauerhaft in einem Zimmer wohnte, das im Vatikanischen Palast für ihn reserviert war. Aufgrund von Burns' Anruf bei Frank hatte Montefiori das gesamte Personal wegen der möglichen Gefahren in Alarmbereitschaft versetzt.

Gadda, aufmerksamer denn je, machte es sich zur Gewohnheit, den Papst rasch zu untersuchen, sobald er um sechs Uhr morgens aufstand. Er erhielt auch von Frank die Erlaubnis, dem Papst bei der Messe zu dienen. Zur Vorsorge. Nur Gadda mit seinem professionellen Blick konnte einer Kalamität vorbeugen.

Eines Morgens – er hatte bei der Opferung gerade den Wein in den Kelch geschenkt – riß er das Gefäß zu Patricks, der Nonnen und Charleys Überraschung dem Papst aus der Hand. Nach gründlicher Prüfung des Inhalts erklärte er: »Eure Heiligkeit, Sie laufen Gefahr, aus einem vergifteten Kelch zu trinken.«

Kardinal Montefiori wurde geholt. Gadda teilte ihm seinen Verdacht mit, daß der Wein mit Zyanid vergiftet sein könnte. Der grießige Inhalt von Meßkännchen und Weinflasche wurde zur Analyse geschickt, die sich als positiv erwies.

Dr. Gadda mußte aus reiner Intuition gehandelt haben, da weißes Arsenik keinen Geschmack oder Geruch hat. Dies war, wie er zornig sagte, ein Rückfall in das Zeitalter der Borgias. Schlimmer noch, es war ein liturgisches Sakrileg. Der Papst war im Begriff gewesen, vergifteten Wein in das Blut Christi zu verwandeln, das ihm anstatt Erlösung den sofortigen Tod gebracht hätte.

Kardinal Montefiori bot dem Papst sogleich seinen Rücktritt an.

»Ich habe von Anfang an gesagt, Eure Heiligkeit, Sie dürfen niemandem in der Kurie trauen, nicht einmal mir.«
Als Patrick ihm barsch gebot, nicht so albern zu sein, bestand der Kardinal auf Anraten des Sicherheitsdienstes darauf, daß die Familie Christini, die Räume in der Suite des Papstes bewohnte, auszog. Zudem mußten mehrere Mitarbeiter des Papstes an andere Stellen im Vatikan versetzt werden, darunter der Diener-Chauffeur Tommaso und die irischen Aufwarteschwestern.
Niemand nahm an, daß diese wissentlich etwas Unrechtes getan hatten. Aber eine von ihnen hätte eine Flasche Wein hinstellen können, die von einem Mörder, der sich als frommer Katholik ausgab, vergiftet worden war.
Montefiori verbot auch sämtlichen Mitgliedern der Kurie, in Zukunft die Suite des Papstes zu betreten, einschließlich Kardinal Ragno und Erzbischof Rossi, seinem Stellvertreter.
Selbst dem Beichtvater des Papstes wurde erklärt, daß seine Dienste vorübergehend nicht gebraucht würden.
»Immerhin, Heiligkeit«, sagte der Kardinal, »kommt Don Virgilio aus Palermo, Mafiaterritorium. Und er hat Ihnen in der Nacht vor der Freveltat in Ihrer Privatkapelle die Beichte abgenommen.«
Der Staatssekretär wollte die Gemächer des Papstes vom Sicherheitsdienst auf Wanzen untersuchen lassen, doch Patrick lehnte ab. Wer konnte sicher sein, daß sie nicht statt dessen Wanzen *installierten*? Nicht lange, und Experten würden seine Seife, sein Rasierwasser, die Luftreiniger, das Trinkwasser überprüfen. Sie würden alle in einem Irrgarten aus Spiegeln enden, mit Wahnsinn als einzigem Ausweg.
Tagelange Ermittlungen führten zu nichts. Die fragliche Weinflasche war die dritte in einer Kiste, die drei Wochen vor der beinahe tödlichen Messe geliefert worden war. Es waren keine Fingerabdrücke auf der Flasche außer denen der Mesnerin, der achtundsiebzig Jahre alten Schwester Moribunda, die seit Jahren keinen Kontakt mit der Öffentlichkeit gehabt hatte. Es war ein Rätsel, warum weißes Arsenik benutzt wurde, da es ähnliche tödliche Gifte gab, die keinerlei Spur hinterließen.

Frank war froh, daß der »Mörder«, wer immer er war, seinen ersten Versuch verpatzt hatte. Er rief Kardinal Burns an, der ihn bat, Gadda in seinem Namen zu beglückwünschen.
»Und, mein Sohn, bringen Sie Montefiori dazu, die Sicherheitskräfte zu verdoppeln. Wie der CIA erklärte, wird der Mörder jetzt nicht aufgeben.«
Charley, der stets ein Gespür für Stimmungen hatte, winselte jämmerlich an Schwester Moribundas Rock, als sie ins Arbeitszimmer des Papstes kam, um sich zu verabschieden. Tommaso wurde dieselbe mitfühlende Behandlung zuteil. Als sie fort waren, kuschelte sich Charley an Patrick und sah mit verschleierten Augen zu ihm auf, um ihn seiner Unterstützung zu versichern.
Frank sagte: »Wenn Sie wünschen, Eure Heiligkeit, trete ich auch zurück. Ich hatte die Gelegenheit und –«
»Die hatte Charley auch«, sagte der Papst. Er wollte nichts davon hören, daß sein treuer Sekretär sich auf diese Weise nutzlos opferte.

Der zweite Anschlag auf das Leben des Papstes schmerzte weit mehr.
Nachdem er im überfüllten Petersdom über die Übel des Wuchers gepredigt hatte, trat ein wie ein Kapuziner gekleideter Mann mit dunkler Brille und einem fast bis zur Taille reichenden weißen Bart vor, um den Segen des Papstes zu empfangen. Plötzlich hob er seinen weißen Stock, aus dessen Ende eine zwanzig Zentimeter lange Klinge schnellte.
Charley, ein paar Schritte vor seinem Herrchen, mußte Stahl aufblitzen gesehen oder etwas an der Haut des Mannes gerochen haben, das anders war als bei den Hunderten frommen Menschen in der Nachbarschaft.
Als der falsche Bruder sich auf den Papst stürzte, sprang Charley ihm in den Weg. Die Klinge, deren Spitze vergiftet war, drang direkt durch sein Herz und tötete ihn auf der Stelle. Eine Sekunde später spaltete die Hellebarde eines Schweizergardisten den Kopf des Attentäters mitten entzwei.

Ein Pilger machte ein Foto vom Papst, als er, die weiße Soutane blutbefleckt, in Qualen niederkniete. Den linken Arm hatte er um den schlaffen Hals des Hundes gelegt – *O Gott, o Charley* –, und seine rechte Hand war über seinem Möchtegern-Mörder zur Absolution erhoben.

Der Bart des Kapuziners war falsch. Der Mann war glattrasiert und hatte einen Bürstenschnitt. Unter der braunen Kutte trug er die Uniform eines italienischen Matrosen. In seiner Tasche fanden sich gefälschte Ausweispapiere und fünftausend Dollar in kleinen Scheinen.

Die italienischen Behörden konnten nicht verstehen, wie der Kapuziner seine Waffe durch die neuen Metalldetektoren am Eingang von St. Peter geschmuggelt hatte. Sie gaben der Affäre Vorrang und versprachen dem Vatikan, daß der Polizeibericht binnen vier Jahren komplett vorliegen werde.

Die arabischen Gesichtszüge des toten Mörders veranlaßten die Amerikaner, die FIR zu beschuldigen, hinter diesem Anschlag zu stehen. Unabhängige Berichterstatter meinten, dies sei ein Tarnmanöver, und der CIA sei der führende Kopf gewesen.

Tatsächlich *war* es ein FIR-Komplott. Im Gegensatz zu dem, was Denise Weaver zu Roone Delaney gesagt hatte, waren die islamischen Fundamentalisten nämlich alles andere als erfreut über die Mätzchen des Papstes. Es lag nicht in ihrem Interesse, daß das Gleichgewicht zwischen den Supermächten in einem entscheidenden Moment der Geschichte durcheinandergeriet.

Die USA gaben fünfzehn Prozent des Bruttosozialprodukts für Waffensysteme aus, ein Prozent mehr als während des Koreakrieges. Ihre Satelliten konnten nicht nur U-Boote der FIR unter Wasser aufspüren, sie konnten kleine Bomben, Granaten und Raketen direkt ans Ziel lenken.

Sie hatten atomgetriebene Senkrechtstarterraketen entwickelt, die einen Adler im Flug abfangen konnten. Sie hatten sämtliche B-1-Bomber durch fünfundneunzig B-2-Stealth-Bomber ersetzt. Der letzte Schub MX-Missiles war an Ort und Stelle. Ein Anruf von

Delaney zum Auslösen der Atom-Codes, ein paar Schlüssel, gleichzeitig in unterirdischen Silos herumgedreht, und von Arkansas bis Arizona würde Amerika Tod in beispiellosem Ausmaß speien.

Dasselbe auf den Meeren. Sieben Neunzigtausend-Tonnen-Träger der Nimitz-Klasse waren zu Wasser gelassen. Poseidon-U-Boote hatten zwanzig Trident-Raketen mit den neuesten D-5 an Bord, die auf neuneinhalbtausend Kilometer genau trafen.

Europa, einschließlich Deutschland, starrte wieder einmal von Boden-Boden-Cruise-Missiles, und die neuesten Pershing-3-Raketen waren mit Mehrfachsprengköpfen ausgestattet. Allein in sechs europäischen Ländern gab es genug Sprengstoff, um mehrere Welten in die Luft zu jagen.

Weit beunruhigender war für die FIR die Tatsache, daß die USA im Weltraum um Jahre voraus waren. Das hatte Amerika Unsummen gekostet und es zur ärmsten Supermacht gemacht, die die Welt wahrscheinlich je zu sehen bekommen würde. Doch der Aufwand hatte sich gelohnt.

Der FIR-Geheimdienst berichtete grimmig von Amerikas lasergestütztem Röntgenstrahl-*Star-Wars*-Programm. Entgegen allen Waffenkontrollabkommen wurde die Technik bereits getestet; sie sollte binnen Wochen einsatzfähig sein.

Die islamischen Staaten aber benötigten ein *stabiles* Amerika, um sich selbst sicher zu fühlen.

Wirtschaftlich stabil: Die islamischen Staaten brauchten die USA für ihre technische Ausrüstung. Auch um ihre Petrodollars zu parken. Europa und Japan konnten die finanziellen Dienstleistungen nicht erbringen, die erforderlich waren.

Ferner, wenn die USA nicht mehr produzierten, wer würde dann Öl kaufen? Und wenn der Dollar seinen Sturz ins Bodenlose fortsetzte, würde das den Islam Milliarden an verlorenen Zinsen und den Realwert der Öleinnahmen kosten. Einige muslimische Länder würden vielleicht verarmen, wie Rußland und seine ehemaligen Satellitenstaaten.

Politisch stabil: Würden die USA durch die frommen Phrasendreschereien des Papstes destabilisiert, könnten sie sich zu einem atomaren Erstschlag versucht sehen. Delaney, dieser Narrenkappenkatholik, war zu allem imstande.
Hourani hatte sich noch nie so bedroht gefühlt.

Der Rat der FIR versammelte sich in der berühmten Moschee von 'Amr in der Kairoer Altstadt. Darin stehen dicht beieinander zwei Säulen. Die Legende sagt, daß sich nur wahre Gläubige zwischen sie zwängen können. Die Männer waren erleichtert, als sich selbst der dickste von ihnen zwischen den Säulen hindurchfädeln konnte; denn sie hatten eine heilige Pflicht zu erfüllen.
Hierzu zogen sie sich in ihren elektronisch operierenden unterirdischen Bunker in der Nähe der Universität zurück. Es war Mitte November, doch das Wetter war noch sehr warm.
Hourani ließ sich unter einem gewaltigen Porträt von Khomeini nieder. Die zwölf nahmen ihre übliche formelle Positur ein, ernst und aufrecht, während er, ein Habicht unter Bussarden, den Vorsitz führte.
Der Außenminister, Scheich Hamed es-Safy, verlieh seiner Sorge über den Schaden Ausdruck, der Kapitalisten und Neokolonialisten in den USA durch die Äußerungen des Papstes zugefügt wurde.
»Brüder«, sagte Hourani, »das ist in der Tat schlecht für uns. Dieser Papst, der über eine Milliarde herrscht, wird beherrscht von seiner eigenen Zunge.«
Hamed es-Safy fügte hinzu: »Einer Zunge, länger und tödlicher als die einer Eidechse.«
Er war es, der für Übel um Übel plädiert hatte, nämlich die Beseitigung des Papstes, »bevor er unser aller Bärte weiß werden läßt«.
Hourani schloß die Augen und sagte: »Punkt eins: der Papst. Ich schlage vor, daß dieser reaktionäre, unreligiöse Schädling auf der Stelle liquidiert wird. *Fatwa.*« Und alle sprachen ihm nach: *»Fatwa.«*

Ohne Pause: »Punkt zwei: Methode der Liquidierung.«
Der Verteidigungsminister, Scheich Rashid Helim Mahmud, schlug Plan 3-B vor. Dazu gehörte die Aktivierung eines palästinensischen Agenten, der in Gaddafis Glanzzeit in Libyen ausgebildet worden war und verdienstvoll in Afghanistan gekämpft hatte.
»Seine Herkunft ist nicht auszumachen. Er spricht mehrere Sprachen. Er ist ein Meister der Verkleidung und ein skrupelloser Mörder.«
»Einstimmig angenommen.«
Dieser Superspezialagent hatte sich vergebens auf Papst Patrick gestürzt, als eine superaltmodische Hellebarde seinen Kopf in zwei Hälften spaltete.
Charley war es gewesen, der starb.
Charley war ein Hund, doch nicht bloß ein Hund. Patrick, müde aussehend und alt, Opfer immer stärkerer Kopfschmerzen, schwer schreitend in Schuhen, die belastet waren vom Alter, begrub seinen Freund und Schutzengel im Vatikanischen Garten – *ich habe dich wirklich geliebt, Charley*. Frank Kerrigan und Kardinal Montefiori leisteten ihm Beistand.
Frank wußte, für den Papst nahm nicht nur der gekreuzigte Christus manchmal Charleys Gesicht an; Charley nahm auch manchmal Christi Gesicht an.
Der Fichtensarg wurde in die Vatikanische Flagge mit den gekreuzten Schlüsseln gehüllt. Das schlichte Holzkruzifix aus grüner Weide am Kopfende des Grabes trug die Worte: »Keine Liebe ist größer denn diese.«
Ich danke dir, Herr, für meinen treuen, empfindsamen, gefühlvollen Freund. Ganz ungeniert zeigte er seine Zuneigung. Er hat mir das Gute dieses Lebens geschenkt. Doch ich bin so müde, Herr. Nichts ist geblieben.
Frank erinnerte sich mit einem schmerzhaften Stich an das Hundegrab in Kilkenny, für das sich der Papst so interessiert hatte.
Am Ende der Zeremonie der Dankbarkeit, als der Papst die

Erde ins Grab warf und fühlte, daß sein Herz da unten bei Charley war, geschah ein Wunder. Etwas rieb sich an seinem linken Bein.

Schneeflocke, die irgendwie spürte, daß ihr Rivale tot war, war zurückgekommen. Mit ihr kehrten auch die Kräfte des Papstes wieder. Er lächelte. Er war bereit für eine weitere Wegstrecke.

Deine Gnade kommt in seltsamen Gestalten, Herr. Aus tiefstem Grund meines armen, schwachen, schwankenden Herzens danke ich dir.

Besitzer von Friedhöfen für Tiergefährten in aller Welt sandten Beileidsbekundungen; mehrere tausend ältere Tierfreunde ersuchten um Aufnahme in die katholische Kirche.

50. Kapitel

Die allwöchentlichen Ermahnungen des Papstes, die jetzt live im Fernsehen ausgestrahlt wurden, konzentrierten sich auf die Frevelhaftigkeit von Kernwaffen.

»Würde nur ein Zwanzigstel der Gelder, die für Waffen ausgegeben werden, für Ackerbau aufgewendet werden, könnten Hungersnöte auf diesem schönen Planeten für immer ausgerottet werden.«

Die FIR, bemerkte er, habe sich, wie vor ihr die alte UdSSR, verpflichtet, nie, niemals als erste Kernwaffen einzusetzen. Die NATO hingegen habe wiederholt erklärt, daß sie nicht zögern würde, »taktische« Kernwaffen zu verwenden, sollte die FIR eine Ölblockade im Mittleren Osten auch nur in Betracht ziehen. Solche taktischen Waffen würden eine umfassende atomare Reaktion seitens der FIR auslösen.

»Was würden wir sagen«, fragte der Papst, »wenn eine Nation oder eine Gruppe von Nationen, die von einem Angreifer bedroht würde, in Aussicht stellte, eine Million Babys mit dem Bajonett zu erstechen? Ein Atomkrieg wird viel mehr Babys auf viel schrecklichere Weise töten.«

Nach jeder Sitzung in der Nervihalle kehrte der Papst erschöpft in sein Arbeitszimmer zurück, und er ging wie auf Eis. Er war spindeldürr und hustete unaufhörlich. Wenn er schluckte, hob und senkte sich sein Adamsapfel wie eine Möwe auf einer Welle. Dr. Gadda, der getreue Leibarzt, wich jetzt kaum noch von seiner Seite. Für jede päpstliche Zeremonie mit Soutane und Chorrock angetan, überprüfte er, ob Kohlen und Weihrauch in den Gefäßen giftiger Gerüche von sich gaben. Er nötigte den Papst, dicke Unterwäsche zu tragen, angeblich, um ihn warm zu halten, aber es war eine schußsichere Weste eingenäht, um die Kugel eines Heckenschützen von ihm abzuhalten. Er überredete die Domherren von St. Peter, Besuchern den Zutritt zur Kuppel zu verbieten, damit nicht jemand vom Balkon in hundertzwanzig Metern Höhe hinterhältig auf Patrick schoß, wenn er im Garten spazierenging.

Seit er aus Irland zurück war, hatte der Papst nichts gegessen als gekochte Kartoffeln, vermischt mit Butter und Milch. *»Vive la pomme de terre«*, sagte er immer.

Gadda bewog ihn, Traubenzucker zu trinken, und wusch ihm persönlich jeden Abend die Füße in warmem Wasser und Eisensalz. Er beriet sich ständig telefonisch mit den besten Ärzten, die eine andere medikamentöse Behandlung empfahlen. Sie nützte wenig bis nichts. Er bat Frank Kerrigan, auf den Papst einzuwirken, sich zu einer gründlichen Untersuchung in die Gemelli-Klinik zu begeben.

Herr, wie kann ich ins Krankenhaus gehen und mich untersuchen lassen, wenn du mir so viel zu tun gegeben hast?

»Danke«, sagte er jeden Abend zu Gadda, wenn der Arzt ihn mit Medikamenten und rosa Tabletten versorgte, damit er schlafen konnte. »Danke, daß Sie mich einen weiteren Tag am Leben gehalten haben.«

Gaddas Augen trübten sich von Tränen. »Das ist nicht mein Verdienst, sondern Gottes Werk, Eure Heiligkeit.«

Die Ermahnungen zeigten Wirkung. Desertionen von den US-Streitkräften überstiegen die Fälle von Fahnenflucht im Vietnamkrieg. Es fanden gewaltige Friedensmärsche nach Washington statt.

NATO-Fabriken in Deutschland und Holland standen unter Belagerung, Gewalt war an der Tagesordnung. Greenham Common in Berkshire, England, war wieder ein amerikanischer Luftwaffenstützpunkt. Amerikanische Militärpolizisten verletzten alle Richtlinien, als sie siebenundzwanzig Protestler erschossen, die auf den Umgrenzungszaun geklettert waren, um Blumen auf einen Cruise-Missile-Standort zu streuen. Der Vorfall zog Aufstände in einem Dutzend englischer Städte nach sich.

Frank Kerrigan, ein loyaler Amerikaner, fragte den Papst einmal: »Warum kritisieren Sie nie die FIR wegen *ihrer* Aufrüstung?«

»Würden Muslime auf den Papst hören, Frank, wenn ich für sie ein Ungläubiger bin? Außerdem ist es die NATO, die sich zum Erstschlagprinzip bekannt hat.«

»Aber Heiligkeit, das ist bloß eine Drohung. Wir Amerikaner würden niemals einen Erstschlag führen.«

»Verzeihen Sie mir, Frank«, sagte der Papst, »das haben sie schon.«

Im Oval Office fanden häufig hektische Treffen des Präsidenten mit seinem Nationalen Sicherheitsrat statt, der ihn über die schrecklichen Folgen der Reden des Papstes unterrichtete. Die Männer informierten ihn, daß sie sich vor dem Hintergrund einer zunehmend verfallenden Ökonomie für alle Eventualitäten rüsteten.

Dollar und reales Wachstum hatten ein nie dagewesenes Tief erreicht. Die US-Banken hatten seit der Rede des Papstes vor den Vereinten Nationen von den Schuldnernationen nicht einen Cent

Zinsen erhalten, und achttausend von den fünfzehntausend Banken des Landes steckten in Schwierigkeiten.

Börsenmakler, die der Erschießung durch bankrotte Kunden entgingen, sprangen aus dem Fenster, und ihre Gehirne fusionierten auf dem Gehsteig.

An den Tankstellen bildeten sich acht Kilometer lange Schlangen. Schulen und Krankenhäuser schlossen aus Mangel an Brennstoff. Die Gesundheitsfürsorge war zusammengebrochen. Die Verbrechensraten waren so hoch wie zur Zeit der Prohibition. Die Anzahl der Morde im Central Park vervierfachte sich. Die Arbeitslosigkeit lag bei siebzehn Prozent und stieg weiter an. Die NASA wurde wegen Mangels an Mitteln geschlossen. Exxon entließ zwanzigtausend Arbeitskräfte, ohne Händedruck, vergoldet oder nicht. General Motors war zahlungsunfähig. Der Absatz von Coca-Cola war um sechzig Prozent zurückgegangen. Die Farmpreise waren auf dem tiefsten Stand seit dem Bürgerkrieg.

US-Düsenflugzeugen wurde auf ausländischen Flughäfen das Auftanken verweigert, wenn die Fluggesellschaften nicht bar bezahlten. Las Vegas glich einer Geisterstadt. Die Top-Ten-Liste bestand ausschließlich aus Liedern aus der Zeit der Depression. Kinos, sogar die Broadway-Theater, spielten vor fast leeren Häusern. Die Fernsehsender zeigten nichts als Schwarzweiß-Wiederholungen.

Die Lichter im Weißen Haus waren nur sechs Stunden täglich eingeschaltet, um der Nation mit gutem Beispiel voranzugehen. Es war davon die Rede, den Präsidenten unter Amtsanklage zu stellen.

Haß- und Drohbriefe überschwemmten das Weiße Haus. Die Männer vom Geheimdienst orteten im Internet stündlich tausend Gefahren für das Leben des Präsidenten; die schlechte Orthographie bewies, daß sie nicht von Muslimen stammten. Als Delaney aus Mangel an Gesellschaft nach einem Telefon griff, war die Leitung mausetot.

Das Gras im Vorgarten stand dreißig Zentimeter hoch; Delaney dachte daran, dort eine Kuh zu halten wie Mrs. Abe Lincoln während des Bürgerkriegs, aber wer würde sie melken?

Er lud führende Kongreßmitglieder zum Frühstück um Viertel

nach sieben ein und bekam zu hören, daß ihre Terminkalender voll seien. Selbst republikanische Senatoren liefen meilenweit, um ihm nicht die Hand schütteln zu müssen. Er war so gut wie der einzige in Washington, der das nicht wußte.

Er versuchte, während einer Sondersitzung des Kongresses zu sprechen, bei der es um Maßnahmen zur Bewältigung der Krise ging, doch man verweigerte ihm den Zutritt.

Er erbot sich zu einem im Fernsehen übertragenen Kamingespräch, doch kein Sender wollte ihm Sendezeit geben, und ohnehin war niemand im Weißen Haus bereit, den Kamin anzuzünden.

In ihrer dienstfreien Zeit engagierten seine Leibwächter zu ihrem Schutz eigene Leibwächter. Karikaturen in den Zeitungen und auf Reklametafeln zeigten ihn mit nach außen gestülpten Taschen, wie er seinen Rosenkranz befingerte, während er aus einem Wasserhahn trank, der mit »Lourdeswasser: Wunder garantiert« bezeichnet war.

Die First Lady, ständig in Schwarz gekleidet bis hin zu ihrer seidenen Reizwäsche, lackierte sogar die Zehennägel schwarz. Ihre Füße glichen fleckigen Kartoffeln. Sie kaufte sich eine Einzelgrabstätte und machte Andeutungen über eine Scheidung, indem sie vor dem Präsidenten durch die Türen stürmte und rief: »Attacke!«

Das Land brach auseinander. Hawaii machte den Anfang, dann lamentierten Kalifornien und Texas wie einst die Baltischen Staaten. Sie wollten die Union verlassen, um eine Armee aufstellen und ihr eigenes stabiles Geld drucken zu können. Das würde nicht nur einen neuen Bürgerkrieg bedeuten, sondern deren viele. Delaney war Patriot. Es gab nichts, was er nicht für sein Land tun würde, von seinem Rücktritt abgesehen. Aber der war auch nicht nötig. Kein anderer wollte den Job haben.

Als Denise Weaver anrief und sagte, der Papst müsse mit allen Mitteln zum Schweigen gebracht werden, wiederholte Delaney seine Beteuerungen, daß man sich schon um den verprockten Iren kümmere.

Der CIA rief seinen römischen Posten wieder an und fragte, warum der Papst immer noch funktionstüchtig sei.

Tag für Tag meldete sich der Papst zu Wort, leidenschaftlich wie Tolstoi, entschlossen wie Gandhi. Der Kampf für den Frieden, so sagte er, sei wie Vergewaltigung für Jungfräulichkeit. Jesus, durch und durch Pazifist, habe gesagt, es sei besser zu sterben als zu töten, und die durch das Schwert leben, würden durch das Schwert umkommen. Aber die Menschheit habe nichts gelernt. Durch die Bombe lebend, würde sie durch die Bombe umkommen.

In der Stratosphäre detonierte Vorrichtungen hatten zweihundert Millionen Tonnen radioaktive Abfälle hinterlassen, die auf die brüchige Erde herabsickerten. Die Ende des Zweiten Weltkriegs über Japan abgeworfenen Bomben hatten bewiesen, daß Atomwaffen nicht zwischen militärischen Zielen und unschuldigen Zivilisten zu unterscheiden vermochten.

»Ich bin einmal in Hiroschima gewesen«, sagte er. »In dieser Stadt hat ein von Menschen geschaffenes Erdbeben eine von Menschen geschaffene Wüste hinterlassen. Menschen, in Schatten verwandelt, wurden in die Oberflächen flacher Steine eingebrannt. Sogar die Steine in Hiroschima haben geweint nach dem *pika-don*, wie die Japaner sagen, dem Blitz-Donner, ein Schrei, lauter als alles, was die Welt je zuvor gehört hatte.

In meinen Nächten habe ich Visionen von meinen Mitmenschen, auch kleinen Kindern, die Blut erbrechen, denen die Haare ausfallen, deren Augen sich in Wasser verwandeln, purpurrote Flecken überall auf ihren federleichten Körpern, die Knochen so dünn wie die Rippen von Herbstblättern.

Oh, meine Schwestern und Brüder, ich habe von roten Bergblumen gehört, wie Trompeten geformt, die in den verwüsteten Straßen von Hiroschima aus den Mauern sprießen. Samen, lange begraben in dem Berglehm, aus dem die Mauern gemacht sind, waren von der Hitze und den Strahlen der Bombe freigesetzt und zu neuem Leben erweckt worden. Laßt dies ein Sinnbild der Auferstehung sein. Aber laßt keine Tode mehr folgen. Denn das nächste Mal wird es nicht ein Auschwitz geben, sondern deren hunderttausend auf der ganzen Welt.«

In einem Atomkrieg, sagte er, sei ein Sieg unmöglich; der garantierte Effekt sei die gegenseitige Vernichtung. Hatte nicht Einstein erklärt, in einem solchen Krieg werde die menschliche Gesellschaft in einem neuen und schrecklichen Mittelalter der Menschheit verschwinden, vielleicht für immer?

Er zitierte auch die Klage von Dick Diamond, dem amerikanischen Verteidigungsminister. »Hätte Gott doch nur eine größere Welt geschaffen. Diese hier ist viel zu klein für unsere Bomben.«

Newsweek fragte den Papst, ob es unrecht sei, mit Kernwaffen zu drohen.

»Wenn es unrecht ist, sie einzusetzen«, erwiderte er, »muß es auch unrecht sein, mit ihrem Einsatz zu drohen. Ebenso muß es unrecht sein, sie zu testen, herzustellen und zu unterhalten.«

»Und die vorhandenen?«

»Sie müssen vernichtet werden.«

»Einseitig?«

»Selbstverständlich. Genau wie die Christen einseitig beschließen müssen, auf Ehebruch oder Mord zu verzichten.«

»Aber wenn dadurch die atomare Feuersbrunst ausgelöst wird, die die Supermächte zu vermeiden trachten?«

»Mein Freund, wir dürfen niemals Böses tun, selbst wenn Gutes daraus hervorgehen könnte; wir müssen immer das Gute tun, auch wenn es böse Folgen hat.«

»Sie meinen also«, sagte der Interviewer, »Sie werden auf einseitiger Abrüstung bestehen, auch wenn sie zur Katastrophe führt?«

»Unsere Aufgabe ist es, zu tun, was rechtens ist«, sagte der Papst. »Der Rest liegt bei Gott.«

Der Rat der FIR war hierüber noch beunruhigter als Washington. Die weiße Krähe im Vatikan störte das im Laufe der Jahre mühsam errungene Machtgleichgewicht.

Trotz seiner sich rapide verschlechternden Gesundheit gönnte sich der Papst keine Pause.
Herr, erhalte mich bei Kräften, bis mein Werk vollbracht ist. Ich habe versucht, deine Armen vor Ausbeutung zu schützen. Hilf mir, die Welt vor Harmageddon zu bewahren.
»Die atomare Katastrophe«, sagte er einmal zu Montefiori, »könnte durch eine Fehleinschätzung ausgelöst werden, durch die Funktionsstörung eines elektronischen Teils, durch Sabotage. Ein betrunkener oder schläfriger Mensch könnte ein Piepen auf einem Radarschirm falsch deuten und einen Test für einen Angriff halten, mit unvorstellbaren Folgen.«
Wissenschaftliche Neuerungen auf dem Nuklearsektor hatten die Informationstechnologie überholt. In einer Ansprache sagte er: »Ein falscher Schritt, und siehe, es herrscht atomarer Winter. Die Sonne ist erloschen, Ernten verrotten auf den Feldern, Menschen schmelzen, Strahlungskrankheiten grassieren, Hurrikanwinde fegen über die dürre Erde, Genschäden bei den wenigen unglücklichen Überlebenden.«
In einer anderen Ansprache warf er folgende Frage auf: »Wenn eine mächtige Nation durch ein abscheuliches Experiment die Vernichtung aller Rosen der Welt oder aller Katzen und Hunde riskierte, was würden wir davon halten? Und was sollen wir von Nationen halten, die die Vernichtung von *allem* Leben auf diesem Planeten riskieren, *für immer und ewig*?«
Er offenbarte, daß er an einer Enzyklika arbeitete, die sich mit Kernwaffen befaßte. »Wenn Gott mich verschont, wird sie in wenigen Tagen fertig sein.«

»Roone«, kreischte Denise Weaver, »Sie haben nur noch ein paar *Tage*.«
»Herrgott im Himmel«, sagte der Präsident, »der Kerl muß einen Pakt mit dem Teufel geschlossen haben. Sonst hätte er sich längst das Genick gebrochen.«

51. Kapitel

»Muoio e non posso morire«, sagte Patrick mit leiser Stimme. »Ich sterbe und kann doch nicht sterben.«

Frank Kerrigan wußte, dies war keine Klage, vielmehr ein Aufschrei des Widerstands.

Der Papst, der fühlte, daß er, wie er sich ausdrückte, bereits am Rande ritt, arbeitete Tag für Tag noch lange, nachdem die Sonne ihre letzte Kniebeuge gemacht hatte. Er arbeitete bis in die frühen Morgenstunden, bis der sich lichtende Himmel über dem Janiculum sich jadegrün färbte. Dies war der Höhepunkt seines Pontifikats, sein letzter Dienst an der Menschheit.

Ich muß es zu Ende bringen, Herr, und sei es nur um Charleys willen. Ach, aber ich bin müde.

Seine Sehkraft war fast geschwunden, und mehrere Zähne saßen locker. Das Leben glich ein paar zitternden Schmetterlingen in seiner dürren Gestalt. Seine Vergangenheit sah er als konturlosen Rahmen. Der Berg vor ihm, zehnmal höher als der Croagh Patrick, sog seine Gedanken auf. Und die Jahre vergingen wie Nächte, geschwinder als ein Weberschiffchen, voll von unerinnerten Dingen. Er *mußte* steigen und steigen.

Einmal, als er in den frühen Morgenstunden einen Moment einnickte, hatte er einen Traum. Rom war wie das alte Pompeji. Alle Menschen waren tot. Im Palast, alle tot. In der großen goldenen Höhle von St. Peter, eine riesige Gemeinde, tot.

O Gott, was ist, wenn ich an alledem schuld bin?

Den Platz überquerend, der in einem elektrischen, doch schattenlosen Gleißen lag, sah er fassungslos den Obelisken stürzen wie ein gewichtsloser Baumstamm. Dann tauchten die hundertzweiundachtzig Statuen, eine jede über drei Meter hoch, von Berninis Kolonnade hinab wie Schwimmer in ein Becken und landeten mit tonlosem Spritzen.

In einer Stille, lauter als der Donner, wandelte er im Mondschein durch die wimmelnden Straßen der Stadt. Auf die belebte Piazza Navona mit ihren sprudelnden Fontänen, wo die großen Hunde die Köpfe hoben und stumm zum Himmel hinauf heulten. Am übervollen braun überzogenen Tiber entlang. Über die Via del Corso, wo nichts, nicht einmal weggeworfene Zigarettenschachteln, sich rührte, und alle Menschen, einschließlich der diensttuenden Verkehrspolizisten, tot waren.

Zittrig wie Goyas Pferd auf einem Drahtseil begab er sich zur Piazza Venezia und zwang sein müdes Gestell die weißen Marmorstufen des zu Ehren von Viktor Emmanuel II. errichteten »Hochzeitstortenmonuments« hinauf, nur um das Gebäude vor seinen Augen sich braun färben und schrumpfen zu sehen.

Er blickte nach Westen zum Vatikan und sah einen grünen Blitzstrahl, *pika-don*, in die Kuppel einschlagen, die ohne Knall platzte wie eine Seifenblase.

Weiter zum augenlosen Kolosseum, wo er sich der Worte des Beda Venerabilis aus dem 8. Jahrhundert erinnerte: »*Quamdiu stat Colisaeus* ... Solange das Kolosseum steht, steht Rom; wenn es fällt, fällt Rom; wenn Rom fällt, fällt die Welt.«

Ein Erzengel stieg vom Himmel herab und blies mit vorquellenden Augen und geblähten Backen auf einem zwanzig Meter langen Messinginstrument die Posaune des Jüngsten Gerichts, wobei er nicht mehr Lärm machte als ein Glasbläser.

Auschwitz! Hiroschima! *Otonawa-baku*, wir verdammten Narren, alle wie Schatten in Steine gebrannt.

O Gott, sollte er Gottes letzter Diener sein, dazu bestimmt, *urbi et orbi*, der Stadt und der Welt, nicht seinen Segen zu erteilen, sondern die Sterbesakramente?

Patrick beobachtete voll Entsetzen, wie die Travertinblöcke zu weinen begannen, bevor sie einstürzten und still wie Blätter zu Staub zerfielen.

Er faßte sich an die Wange, und seine Finger stießen direkt auf den Knochen. Da merkte er inmitten der Verwüstung, daß *er* tot war. Alles war tot für ihn.

Doch, Herr, ich kann nicht sterben.

Er brauchte noch ein paar Millionen Herzschläge über die drei Milliarden einer durchschnittlichen Lebensspanne hinaus. Er mußte den Berg weiter hinaufsteigen, weiter und weiter, weiter, weiter. »*Veni Sancte Spiritus.*«

Endlich war »Mundi Holocaustum« vollendet.
Zu Franks Verwunderung sagte Patrick, er wolle eine Tiara. Er hatte nicht einmal bei seiner Krönung eine getragen.
»Diejenige, die einem Ihrer Vorgänger von Napoleon geschenkt wurde?«
Der Papst lächelte. »Basteln Sie eine aus Pappe, wenn Sie können, und überziehen Sie sie mit Goldpapier.«
Frank tat sein Bestes. Als er sie Patrick überreichte, drückte sein Gebaren aus: wozu?
»Innozenz III.«, sagte der Papst unter Schmerzen blinzelnd, »bezeichnete die Tiara als Symbol der Weltherrschaft.«
Er hielt die Enzyklika in die Höhe und sprach wie in einem Tagtraum Worte, die Frank als Teil des uralten Ritus der Papstkrönung erkannte: »Wisse, daß Du bist der Vater der Fürsten und Könige, der Lenker des Erdkreises, hienieden der Stellvertreter Jesu Christi über die gesamte Kirche.«
Nachdem Patrick sich mit hämmerndem Kopf und heftigem Nasenbluten ins Bett zurückgezogen hatte, warf Frank einen Blick in die Enzyklika. Der erste Teil enthielt keine Überraschungen.
»Wer Kernwaffen herstellt, unterhält oder andere damit bedroht, ist kein geringerer Verbrecher als die völkermordenden Gestalten der Vergangenheit: Dschingis Khan, Josif Stalin, Adolf Hitler. Einen Atomkrieg kann man nicht gewinnen. Massenvernichtungswaffen widersprechen in allen Punkten der Gewaltlosigkeit des Evangeliums, welches sagt: ›Alles, was ihr wollt, das euch die Leute tun sollen, das tut ihr ihnen auch.‹ Es läßt sich nichts Gutes denken, das das unermeßliche Übel solcher Waffen überwiegen könnte.«
Der Papst räumte entschlossen auf mit dem Argument, daß sie mehr als siebzig Jahre lang den Frieden zwischen den Supermächten gewahrt hatten.

»Man kann kleine Buben vom Äpfelstehlen abhalten, indem man ihnen die Finger abschneidet. Aber ist das moralisch?«

Was das Wahren des Friedens betraf: wofür? Um den Supermächten die Lizenz zu geben, den Rest der Welt aufzuteilen und militärisch, ökonomisch oder religionsmäßig zu kolonisieren. Selbst dies war nicht mehr möglich, nachdem mehrere kleine Staaten im Besitz von Kernwaffen waren.

Frank las: »Der Besitz von Kernwaffen ist keine Sicherheitsmaßnahme, sondern das wahnsinnigste Hasardspiel, das je gespielt wurde. Angenommen, diese Waffen bewahren den Frieden weitere zweihundert Jahre, und danach kommt es zum Atomkrieg. Könnte die Abschreckung dann als Erfolg gewertet werden?«

Die letzten Absätze von »Mundi Holocaustum« waren es, die Frank die Haare zu Berge stehen ließen. Es war eine Geschichtslektion, die die Papstkrone erklärte.

Papst Patrick erinnerte die Katholiken daran, daß Gregor VII. im 11. Jahrhundert sein Recht proklamiert hatte, Kaiser und Könige abzusetzen.

Im 13. Jahrhundert war Bonifaz VIII. noch weiter gegangen: »Der Papst hat volle Autorität und Macht über Völker und Königreiche.«

Zwölf Jahre später hatte Pius V. dann seinen Einfluß benutzt, um Elisabeth I. von England zu exkommunizieren. Er setzte sie auch als Königin ab und entband ihre Untertanen von ihrer Pflicht zum Gehorsam.

Die Enzyklika schloß: »Da es das gemeinste vorstellbare Verbrechen ist, Kernwaffen herzustellen, zu unterhalten, einzusetzen oder mit ihrem Einsatz zu drohen, sehe ich mich in der traurigen Pflicht, meine oberste Autorität als Pontifex von Rom auszuüben. Wenn die katholischen Staatsoberhäupter – und dies schließt die Regierungsspitzen in Berlin, Paris, London und Washington ein – nicht unverzüglich und einseitig ihre Kernwaffenarsenale vernichten, exkommuniziere ich sie und spreche alle Katholiken von ihrer Untertanenpflicht frei. Sie werden faktisch abgesetzt sein.«

In Rom war es drei Uhr morgens. Frank rief Kardinal Burns in New York wie versprochen an und berichtete ihm die Neuigkeit. Um 22.15 Uhr Ortszeit telefonierte Burns mit dem Weißen Haus.

»Mundi Holocaustum« spaltete die freie Welt. Einige bejubelten den Papst als Friedensstifter und Heiligen. Die übrigen hielten ihn für komplett übergeschnappt.

Nach dem größten Friedensmarsch zum Pentagon seit 1963 während des Vietnamkriegs trat Präsident Delaney im Fernsehen auf, um mit Nachdruck sein Gelöbnis zu wiederholen, ohne zu zögern eine Milliarde Muslime abzuknallen, wenn es denn sein müsse.

Die katholischen Staatsoberhäupter trafen sich eilends in Washington. Einmütig und vorbehaltlos verurteilten sie den Papst wegen seiner Einmischung in die Politik. Ungeachtet ihrer religiösen Überzeugungen, sagten sie, würden sie nicht ein Jota von ihren militärischen Angriffszielen abweichen. Um ihre Völker zu verteidigen, würden sie, wenn es sein müsse, alle Staaten auslöschen, die der FIR angehörten.

Es war in der Föderation Islamischer Republiken, wo sich der größte Wechsel in der Strategie vollzog.

52. Kapitel

Die Ratsmitglieder aus den Ländern der muslimischen Welt flogen nach Riad. »Wie steht es mit der Gesundheit, und wie mit der Reise?« fragte Hourani förmlich jeden einzelnen, als er ihn umarmte. Und sie erwiderten: »Es steht gut. Allah sei gepriesen.«

Nach der rituellen Waschung gingen sie barfuß in die weiträumige Moschee, die kühl war wie die Wüste im Morgengrauen. Sie streckten sich auf ihren Teppichen aus und beteten, sogen Leben und Kraft aus Allah, so wie Eidechsen, die nach einer frostigen Nacht aus ihren Sandhöhlen kommen, langsam wieder zum Leben erwachen, indem sie die Sonne suchen.
Als Hourani, nachdem sie ihre Gebete beendet hatten, die neuesten schlimmen Nachrichten aus Rom und Washington hörte, tat er einen ungewöhnlichen Schritt und verlegte die Versammlung nach Mekka.
Sein Herz erschauderte, als er aus seiner von einem Chauffeur gelenkten Limousine heraus das steile Gefälle zur Stadt hin sah. Er bewunderte wieder einmal die erhabene *Kaaba* mit ihren von Zwiebelkuppeln gekrönten Minaretten. Von oben sah er direkt durch das offene Portal in das Innere der Großen Moschee. Er grüßte die goldene Kuppel über *Zemzen*, dem sprudelnden Wasserquell. Dieses Wüstenwunder hatte der Engel Hagar gezeigt, um ihren Säugling Ismael vor dem Tod durch Verdursten zu bewahren. Alle Muslime waren seinen Lenden entsprossen.
Der Rat trat in einem Gebäude zusammen, dessen Inneres so ausgeschmückt war, daß es einem blaßgoldenen, klimatisierten *mudhif* glich, einem Zelt. Es hatte ein geripptes Dach und Maßwerkfenster. Es gab einen Brunnen und einen Wasserfall, Rosen, so rot wie lodernde Fackeln, exotische Bäume, die auf jene im Paradies hindeuteten, deren Blätter singende Vögel sind. Droben in den Emporen flogen weiße irakische Haustauben.
Auf Kissen aus besticktem Satin ruhend, verzehrten die Männer stumm ein schnelles Mahl aus Reis und Hammelfleisch, nach Beduinenart aus einer einzigen Schüssel, in die sie die rechten Hände tauchten. Hourani als Gastgeber – »Sei Allahs Gast« – aß zuletzt.
Nach Datteln und Limonentee nahm Hourani eine Melone, die Schale honigfarben wie der Herbstmond, und zerteilte sie mit seinem Dolch, so daß jeder ein triefendes Stück erhielt. Nachdem sie

es verzehrt hatten, blieb in ihren Händen ein Halbmond zurück gleich jenem, der den Fastenmonat Ramadan beendet.
Anschließend zogen sie die gespreizten Finger durch Wasser, das in einen silbernen Krug gegossen worden war.
Zum Schluß nahmen sie starken, bitteren Kaffee in einer Laube zu sich, deren Fußboden bedeckt war mit Bagdad-Teppichen, über die Rosenblüten gestreut waren.
Danach verneigten sich die Ratsmitglieder vor Hourani: »Der Herr sei dir gnädig«, und er erwiderte: »Gehet im Frieden des Herrn.«

Während sie im *mudhif* am Konferenztisch saßen, unterzog ihr oberster *ulim*, der Cheftheologe, die päpstliche Enzyklika einer kurzen Analyse.
»Bei der Milch meiner Mutter«, schloß er, »dieser Heide, der Norden nicht von Süden unterscheiden kann, setzt den Mann im Schwarzen Haus schrecklich unter Druck.«
Außenminister Scheich Hamed es-Safy faßte zusammen: »Brüder, dies ist so willkommen wie die Nachricht, daß ein Ayatollah um die Taufe bittet.«
Hourani pflichtete ihm bei. »Der Satan aller Satane ist jetzt äußerst destabilisiert. Ich kenne diesen ungläubigen Präsidenten der Vereinigten Staaten wie meinen eigenen Hengst. Rom und Washington leugnen, daß sie eine Theokratie sind, doch wollen sie zusammen die Welt kolonisieren. Sein religiöser Wahn macht es Delaney unmöglich, sein Land zu regieren.«
Die Ratsmitglieder am Tisch nickten.
»Für uns ist die Lage kritisch.«
Noch einmal erklärte Hourani, wie gefährdet die Finanzen der FIR waren, wenn die internationalen Banken zusammenbrachen und niemand sich den Kauf von Öl leisten konnte.
Schlimmer noch, der Islam hatte mehr als tausend Jahre gewartet, um den Traum des Propheten wahr werden zu lassen. Jetzt, da sie die Erfüllung mit Händen greifen konnten, hatte der Papst sie untergraben, indem er die USA und alle ihre Verbündeten in

Verwirrung stürzte. Wenn er so weitermachte, würde auf seinen Handlanger Delaney ein unwiderstehlicher Druck ausgeübt werden, einen Erstschlag auszuführen, bevor er politisch machtlos wurde.

»Tyrannen halten sich zu Hause nur an der Macht, indem sie im Ausland Krieg führen.«

»Und«, sagte der Außenminister, »nachdem er uns mit Kernwaffen angegriffen hat, werden die Schuldnernationen den USA ihre Rechnungen bezahlen, das steht fest. Zwei Fliegen mit einer Bombe, sozusagen.«

Hourani drückte auf einen Summer, und der Chefstratege kam herein, Amir Stebelkow, ein ehemaliger Sowjetgeneral aus Kasachstan, der zum Islam übergetreten war.

»Berichten Sie uns von ihrem *Star-Wars*-Projekt.«

Anhand von Modellen erklärte Stebelkow, wie das amerikanische Projekt namens *Brilliant Pebbles* funktionierte. Das System bestand aus tausend Präzisionsraketen, die sich sechsunddreißigtausend Kilometer über der Erde auf einer ständigen Umlaufbahn bewegten. An der Außenfläche befanden sich riesige Spiegel.

»Laserstrahlen aus Elektronenpartikeln«, sagte der General, »prallen von diesen Spiegeln ab, *so*. Diese Strahlen haben einen sehr hohen Energiepegel. Sie können unsere Flugkörper einfangen und neutralisieren, die leider immer noch alle mit konventionellem Treibstoff gestartet werden und nur dreihundert Kilometer über der Erde fliegen. Sobald unsere Flugkörper in der Auftriebsphase sind, machen sie –« Er breitete schwungvoll die Arme aus.

»Als würde man Granatäpfel an eine Wand werfen«, sagte Hourani.

»Ja, Herr Präsident. Wir sind im Vergleich schwach wie Wasser. Unsere eigenen Bomben würden unsere eigenen Länder vernichten.« Stebelkow sah ernst in die Tischrunde. »Der Geheimdienst sagt uns, wir haben höchstens noch ein paar Wochen.«

Der Präsident nickte. »*Weysh aad*, wie stehen unsere Chancen, diesen Abwehrschirm der Ungläubigen auszuschalten?«

»Ganz gut«, meinte Stebelkow. »Es sei denn, unsere Manöver würden von US-Satelliten entdeckt. Sie würden einen Erstschlag ausführen. Wir würden zurückschlagen.«
»Und?«
»Dann wird es keinen Vierten Weltkrieg mehr geben, Herr Präsident.«
Hourani sagte: »Das wäre wie die zwei Wölfe in der Sage, die miteinander kämpfen und sich gegenseitig fressen, bis nichts mehr von ihnen übrig ist.«
Als der General sich verneigt hatte und hinausgegangen war, seufzte der Präsident. »*Eigh! Eigh!* Dieser päpstliche Sohn des Unheils, der beißt wie ein tollwütiger Hund, hat uns Sand in die Augen gestreut.«
Jemand sagte: »Allah verfluche den Vater und die Mutter dieses *mesquin*, dieses erbärmlichen Menschen.«
Hourani nickte ernst. »Die Amerikaner werden zweifellos als erstes auf Mekka und Medina zielen.«
Alle am Tisch rührten sich und runzelten die Stirn. Einer erklärte: »Das ist *harram*«, verboten, und ein anderer sang: »All unsere Rosen sind nun Dornen, und unsere Nachtigallen singen nicht süßer denn Falken.«
»Wir müssen«, sagte Hourani, »den letzten Plan auf unserer Liste mit dem Code-Namen Hedschra zur Ausführung bringen.« Er legte eine Hand vors Gesicht und blickte durch das Gitter seiner Finger. »Sieht einer meiner Brüder eine Alternative?«
Einer nach dem anderen schüttelte zögernd den Kopf.
Hourani zitierte den Dichter Zuhair: »Wie ein blindes Kamel trampelt unser Schicksal uns in den Staub.« Dann: »Schreibt dies, meine Brüder, mit einem Adlerkiel, wir sind geschlagen.«
Die Brüder nickten.
Hourani mit einem tiefen, tiefen Atemzug: »Ich erinnere euch, gemäß Plan Hedschra werden wir in die Hauptstädte des Westens fliegen und erklären, warum die FIR um der Menschheit willen beschlossen hat, einseitig ihre Kernwaffenarsenale zu vernichten. Die Tage des Bluffens sind vorüber.«

Einen Moment lang war kein Laut im Gemach außer dem Gurren der Tauben.
Die Ratsmitglieder gaben ihre formelle Positur auf und beäugten ihre Nebenmänner. Sie sahen ihre Gesichter gipsweiß werden. Sie wußten, ihr Volk würde sich beklagen, daß der Stolz des Islam wieder einmal durch den westlichen Kolonialismus erniedrigt worden sei.
Die Tischrunde erging sich in ein paar Flüchen und ein paar Koranzitaten, und einer sagte: »Ich wünschte, ich könnte diesen Papst mit einem Kastrationsmesser zum Muslim machen.« Und ein anderer fügte hinzu: »Dann würde er quieken: ›Es gibt keinen Gott außer Allah.‹«
Der Präsident erklärte dem Rat, daß alle Geheimagenten im Ausland sofort ihre Befehle ausführen müßten, ohne zu fragen.
Der Geheimdienstchef versprach es. Dafür erhielt er vom Präsidenten das feierliche Gelöbnis, was auch immer geschehe, der Papst werde Zielscheibe Nummer eins bleiben.
Hourani nickte. Sein kalter Blick schweifte in die Tischrunde.
»Es schmerzt, ach, es schmerzt, das weiß ich«, sagte er, und ein Seufzer kam aus seiner großen hohlen Kehle.
Scheich Hamed es-Safy, der an seiner verkümmerten Nase knibbelte, fragte klagend. »Müssen wir unseren Süßblattabak in der Fremde rauchen? Die Hand des Heiden ergreifen? Oh, wieviel leichter ist es, mich in mein Schwert zu stürzen, als Brot und Salz in den Zelten Satans zu mir zu nehmen.«
»Wir müssen unsere Misere bis zur Neige austrinken«, sagte Hourani, »denn wenn wir *jetzt* nicht handeln, werden die Kolonistenhunde uns zuvorkommen. Entweder sofort, oder wahrscheinlicher in ein paar Wochen, wenn ihr *Star-Wars*-Programm ihnen Immunität verleiht. Wir würden vernichtet, und alle großen Errungenschaften des Islam seit den Tagen des Propheten wären verloren.«
Alle pflichteten ihm bei. Dies war Allahs Wille. Es stand geschrieben.
Eine Taube flog herab und setzte sich auf Houranis Schulter. Er entfernte sie sanft, streichelte sie – »*Salam*, meine Freundin« –

und warf sie leichthin zurück in Richtung Empore. Er ging um den Tisch herum und schenkte persönlich jedem ein Glas starke grüne Flüssigkeit mit Pfefferminzgeschmack ein.

Er sagte: »Ihr werdet binnen Tagen die Vorkehrungen treffen, die Plan Hedschra erfordert. Nehmt eure ältesten Söhne mit, wenngleich ich aus Gründen, die euch bekannt sind, meinen Ali hierlassen muß.«

»Und unseren *harem*?« fragte der Außenminister.

»Wenn ihr wollt.« Houranis dunkles Gesicht wurde noch dunkler. »Wenn diese elende Zeit vorüber ist, wird die *Islamic Daily News* unseren Völkern erklären, daß wir nur so gehandelt haben, um den Traum des Propheten wahr werden zu lassen.«

»Bücher über Bücher werden geschrieben werden über uns als die Erretter des Islam«, sagte Scheich Hamed es-Safy.

»Ja«, pflichtete Hourani bei. »Sie werden an uns erinnern in Ewigkeit. Sie werden allen Zeitaltern berichten, wie wir den Ungläubigen wie ein Kamel vor uns niederknien ließen und wie wir ein irdisches Paradies gegründet haben für unsere Kinder und Kindeskinder.«

Die zwölf Ratsmitglieder verneigten sich und dröhnten im Chor: »*Allahu Akbar*, Allah ist groß.«

Nachdem sie sich in weiße Kattungewänder gekleidet hatten, zogen sich die Männer barhäuptig und halbnackt in die Große Moschee zurück, reinigten sich und betraten den heiligen Schrein. Schlank waren die Säulen, Wände und Boden bedeckt mit erlesensten Mosaiken. An der Decke hingen Hunderte von kristallenen Kronleuchtern.

Weiter schritten sie zum Heiligtum im Freien. Dort gesellten sie sich, obwohl sie nicht fasteten, zu Tausenden von *hajjis*, Pilgern aus den fernsten Winkeln der Welt. Sie umschwirrten den Schwarzen Stein, den Meteoriten, den der Prophet selbst in den Schrein der *Kaaba* eingemauert hatte. Der Schrein war mit schwarzem persischen Tuch verkleidet, das über und über mit dem Großen Glaubensbekenntnis bestickt war.

Diese Pilger wurden zu einem riesigen weißen Strudel, als sie die Stätte siebenmal gegen den Uhrzeigersinn umschritten, wie um zu symbolisieren, daß sie die Zeitenuhr zurückdrehten, sich bemühten, zurückzureichen in das goldene Zeitalter, als Mohammed auf Erden wandelte.
Siebenmal küßten sie den heiligen Stein, der in die Mauer eingelassen war und einen goldenen Kern hatte. All dies geschah unter dem strengen Blick eines rotbärtigen Aufsehers. Seine glänzende Haut war so schwarz wie der Stein, und an den rechten Arm hatte er einen spitzen Dolch geschnallt. Andere ebenholzschwarze Aufseher reinigten den goldenen Ring von Zeit zu Zeit mit Rosenöl.
Anschließend, als alle Ratsmitglieder sich erfrischt hatten, sagte Hourani zu ihnen: »Dies wird, o meine Freunde, unser Hedschra sein, das Jahr der zweiten Auswanderung, die der ersten von 622 der christlichen Zeitrechnung entspricht, als der Prophet von Mekka nach Medina floh.«
Sie verstanden nur zu gut, was er meinte, als er hinzufügte: »Der Halbmond wird bald abermals das Kreuz besiegen, *'in scha'Allah* – so Gott will.«

Eine Stunde später brachte eine Flotte von überlangen Luxuslimousinen mit schwarzen Vorhängen sie, in jedem Wagen einer, an den Rand der Glückseligen Stadt. Dort brachen sie, in schwere Umhänge gehüllt, paarweise auf, nicht stolz aufgerichtet, sondern demütig und barfuß wie die Propheten des Islam, und ein jeder führte ein kostspieliges weißes Pilgerkamel mit sich.
Der Sonne entgegen gingen sie, hin zu einer sich am Horizont abzeichnenden Bergkette, stets nah, doch niemals näher. Dem Roten Meer entgegen gingen sie schweigend; nichts als die schlurfenden Schritte, das schwere Atmen und Keckern der Kamele war zu vernehmen.
Sie gingen vorbei an der letzten ockergelben Obstgartenmauer mit einer Gazelle dahinter und an dem letzten Garten mit seinen

schlanken staubigen weiblichen Palmen. Vorbei an unermeßlichen Opferherden von Schafen und Ziegen, Lämmern und Kitzen, die alle blökten. Vorbei an schwarzen Ziegenfellzelten, aus denen Tamburin- und Trommelklang zu hören waren, das Zerkleinern von grünen Kaffeebohnen und die Piepsstimmen von Kindern. Vorbei an einer Frau, die nahe einem Feuer aus Dornen und getrocknetem Kamelmist, dessen Funken wie rote Samenkörner im Sand landeten, ein Mutterschaf melkte. Vorbei an dem letzten Esel, der angebunden war und mit Zelten und Bettzeug beladen, und an dem letzten streunenden Hund, sein Gebell wie Glassplitter in der blassen Luft. Vorbei an einer seit sechzig Jahren aufgegebenen verrosteten Dampflokomotive, umgekippt und fast vom Sand verschluckt. Vorbei an einem Bach, der von scheinbar Arabisch sprechenden Fröschen bewohnt war. Vorbei an einer Gruppe Schnecken, die im struppigen Gras die langen Hälse senkrecht aus ihren Häusern streckten, so daß sie aussahen wie vollkommene winzige Moscheen.

Still war es nun, und ihre Schatten waren die einzigen und wurden schnell länger. Oben ein einsamer Bussard, unten nur Huschen und Schlittern. Ansonsten Leere unter einer riesigen Sonne. Schließlich, als sie mit dieser schwimmenden Sonne zu verschmelzen schienen, kamen sie an einen Wüstenort, wo nichts war als Allah. Sie schlitzten ihre Handrücken mit einem Dolch und beschmierten sich die Gesichter mit ihrem Blut.

Nachdem sie einen feierlichen Eid geschworen hatten, sahen sie in dem frühen winterlichen Sonnenuntergangshimmel ein böses Omen. In Arabien, taulos und mit goldener Luft, zeigte sich in weiter Ferne, einer gespenstischen weißen Eidechse gleich, das Flackern donnerlosen Blitzens.

Hourani warf einen Handkuß in Richtung des Blitzes und sagte: »Gottes Engel«, worauf die Ratsmitglieder erwiderten: *Lubbeyk! Lubbeyk!* Dein Wille geschehe, o Herr.«

Hourani bückte sich und las zwei Händevoll läuternden Sandes auf. Er stand auf und warf ihn mit einer weitschweifenden Bewegung der Unterarme hoch in die Luft.

»Was sorgen wir uns, o meine Brüder, wenn Allah weiß, wohin jedes Sandkorn fällt?«
Tagesende. Sonnenende. Weltenende.
Die Ratsmitglieder, die Lippen blutig, knieten nieder und sprachen, mit den Fersen zum blinkenden Licht, das vierte Gebet, das Gebet des Sonnenuntergangs.
Eindringlich und unwirklich waren die Stimmen in der Ödnis der Wüste.
Danach, in der Abenddämmerung, als Wind aufkam, wandte ein jeder sein Kamel gen Mekka und sprach Hourani nach, als dieser befahl: »*Ikh-kh-kh*«, und berührte sein Tier mit seinem spitzen Kamelstock, dem Zepter der Wüste.
Die Kamele, die sich als Silhouetten in der plötzlich kalten blauen Nacht abhoben, gingen stöhnend in die Knie, die lustlosen Augen so leer wie die Wildnis, die rauchgrauen Kiefer bewegten sich seitwärts, als sie große Klumpen kauten.
Ein weiteres Zeichen von Hourani an seine Gefährten, und ein jeder legte den linken Arm in einer schroffen Umarmung um den Hals seines knienden Kamels und opferte es, indem er ihm die Kehle aufschlitzte.

»Herr Präsident«, sagte Bill Huggard atemlos, »Sie werden am Videophon Nummer eins vom Präsidenten der FIR verlangt.«
Delaney würde dies für einen Scherz gehalten haben, wenn ihm dies jemand anders als Huggard gemeldet hätte. Die FIR war seit Monaten nicht am heißen Draht gewesen.
»Verdammt, was will er denn?«
»*Atwa*, Sir.«
Delaney zuckte zusammen. »*Fatwa*?«
»Nein, Sir. *Atwa* bedeutet offenbar Waffenstillstand.«
Zitternd griff Delaney zum Telefon.
Hourani sagte: »Als Präsident unserer großen Föderation entbiete ich Ihnen meinen Gruß. Wir frommen Muslime stellen leider fest, daß die Welt in letzter Zeit unerfreulich instabil geworden ist. Ich schlage deshalb vor, den Vereinten Nationen meinen Frie-

densplan vorzutragen. Danach werde ich mit Ihrer Erlaubnis den Shuttleflug nach Washington nehmen, um Brot und Salz mit Ihnen zu teilen und von Angesicht zu Angesicht mit Ihnen zu verhandeln.«

Delaney war beinahe zu erschüttert, um zu antworten.

»Worüber?« brachte er gerade noch heraus.

»Einen vollständigen Abbau von Kernwaffen.«

»Wie vollständig ist vollständig?«

»Der Rat der FIR ist zu dem Schluß gekommen, daß Seine Heiligkeit Papst Patrick die Möglichkeit eines Krieges zwischen unseren zwei bedeutenden Völkern vergrößert und es somit für uns unerläßlich ist, zu einer entscheidenden Lösung zu kommen. In drei Tagen werde ich vor den Vereinten Nationen fordern, daß alle Kernwaffen auf der ganzen Welt verschrottet werden. Und wir, Herr Präsident, werden den Anfang machen.«

Delaney hatte den Kabinettsraum des Weißen Hauses nach Wanzen absuchen lassen und eine Versammlung einberufen. Alles, was in Staat, Verteidigung und CIA Rang und Namen hatte, war anwesend, ebenso der Vizepräsident und der Justizminister. Tom Dickey, Delaneys Berater für die Nationale Sicherheit, hatte Angehörige von Jason mitgebracht, einer Gruppe von Spitzenexperten der Wissenschaft.

Delaney war geneigt zu denken, dies sei das Beste, was ihm je passiert war, seit er in Harvard durchs Examen geflogen war. Seine Berater waren einmütig anderer Meinung. Dies sei keine weiße Flagge, sondern das Messer des Mörders.

Sie erklärten ihm, die Initiative der FIR stinke zum Himmel. Militante Muslime hatten seit Jahren den internationalen Terrorismus finanziert und Eisenbahnen, Schiffe, Flugzeuge in die Luft gejagt.

»Himmel, Chef«, sagte Dickey, »erinnern Sie sich, das ist der Kerl, der versucht hat, das Weiße Haus mit Ihnen drin zu bombardieren.«

Der Islamexperte, Professor Gilder, meinte: »Nach unserem psychologischen Profil, Sir, ist Hourani verrückt.«

Dickey knüpfte an: Da der Islam jetzt über Kernwaffen verfüge, würden New York und San Francisco die Plätze tauschen, wenn sie nicht aufpaßten. Er breitete eine große Weltkarte auf dem Tisch aus. »Sehen Sie mal.«

Er tippte auf strategische Schlüsselpositionen, die von islamischen Nationen gehalten wurden.

Vier der wichtigsten Zonen Afrikas: die Straße von Gibraltar, die Küsten von Libyen und Marokko, das Horn von Afrika.

Im Mittelmeerraum die Küsten von Ägypten und Syrien.

Im Mittleren Osten Istanbul am Schwarzen Meer. Beide Seiten des Persischen Golfs längs den Küsten von Saudi-Arabien und Iran, und Iran zudem am Kaspischen Meer, zusammen mit Aserbeidschan.

Weiter östlich Pakistan, Afghanistan, der Indonesische Archipel mit strategischen Inseln wie Java und Sumatra.

»Bei ihrer Möglichkeit, Flugkörper ungesehen zu bewegen«, sagte Dickey, »und nach Osten oder Westen zu schicken, sollten wir jedenfalls lieber die Augen aufhalten.«

Delaney wurde nahegelegt, die Black Box mitzunehmen, wenn er duschen ging.

»Ist es nicht verdächtig«, fragte Dickey, dessen Augen strahlten wie Autoscheinwerfer, »daß dieser Schritt ausgerechnet ein paar Wochen kommt, bevor unser *Star-Wars*-Programm einsatzfähig ist? Trauen Sie diesem Ayatollah bloß nicht, wenn er amerikanischen Boden betritt.«

Die Männer von Jason rieten dem Präsidenten, auf Hallelujas zu verzichten und sämtliche bewaffneten Streitkräfte zu Hause und im Ausland in dreifachen Alarmzustand zu versetzen. Sie säßen möglicherweise alle mit dem Hintern auf einem tätigen Vulkan.

Delaney telefonierte mit Downing Street. Denise Weaver sagte, der Chef ihrer Geheimdiensttruppe stimme mit Jason überein. Jede einzelne Atombombermannschaft an jedem strategischen Luftwaffenstützpunkt der westlichen Allianz sollte die Finger an dem roten Knopf haben, der die Bomben scharf macht.

Unterdessen war der Hubschrauber des Präsidenten gewartet, die *Air Force One* war aufgetankt und bereit, im Krisenfall den Stützpunkt Andrews Air Base anzufliegen.

53. Kapitel

Es war eine Sensation: Delaney wurde vom CIA und FBI informiert, daß die Föderation der Islamischen Republiken alle Spione aus den Ländern der westlichen Allianz abgezogen hatte. Ein vollständiges Spionagenetz, über fünfzehn Jahre Stück für Stück aufgebaut, wurde demontiert.

Mit dem Risiko einer gewissen Entlarvung waren FIR-Spione, die jahrelang im Einsatz waren und in manchen Fällen geschlafen hatten, aus ihrer Tarnung gekommen. Sie hatten die Länder, wo sie arbeiteten, verlassen und wurden in Teheran, Karatschi und Kairo öffentlich gesehen.

Sogar Doppelagenten, die ohne ihr Wissen über ein Jahrzehnt von den Sicherheitskräften der Verbündeten beobachtet worden waren, wurden in ihre islamischen Heimatländer zurückgerufen. Der Eiskrieg schien vorüber zu sein.

Die Presse zeigte sich zunächst entrüstet, daß es in Top-Stellungen in den USA muslimische Spione gegeben hatte. Allein sechs beim CIA und fünf beim FBI. Sogar der Präsident des Internationalen Währungsfonds und die Vorsitzenden von zwei Kongreßausschüssen waren insgeheim zum militanten Islam übergelaufen.

So auch das einzige männliche Mitglied der britischen Regierung. Nachdem er dem *Sunday Mirror* seine Geschichte verkauft und gestanden hatte, daß er ein Transvestit war, hatte er zumindest den Anstand besessen, sich eine Kugel durch den Kopf zu jagen, wenngleich Denise Weaver bedauerte, daß er dies ausgerechnet

während einer Kabinettssitzung in Downing Street Nr. 10 getan hatte. Eine entsetzliche Sauerei.
Die Verbitterung der Presse verflüchtigte sich, als Sicherheitsexperten darauf hinwiesen, daß die FIR es ihren Agenten unmöglich gemacht hatte, sich in Zukunft in der freien Welt zu betätigen.
Eine weitere friedliche Entwicklung. Der Geheimdienstchef der FIR gab der US-Sicherheitsbehörde den Tip, daß »eine feindliche Regierung« im World Trade Center und in der Tiefgarage des Chrysler Building in New York zwei kleine Atomsprengkörper deponiert hatte. Die Teile waren eingeschmuggelt und zusammengebaut worden und brauchten nur noch zündfertig gemacht zu werden. Die FIR hatte Amerika vor einer Katastrophe bewahrt.
Doch erst als Delaney die Fernsehbilder sah, verließen ihn seine Zweifel endgültig. Der Rat der FIR hatte sich aufgeteilt, und in Begleitung ihrer Familien flogen die Männer nach Berlin, London, Paris, Dublin, Tokio. Stunden nachdem er mitverfolgt hatte, wie der Außenminister der FIR in London von den Massen umringt wurde, sah er Hourani in New York aus einem saudiarabischen Flugzeug steigen.
Der Ayatollah wurde begleitet von seinem Stolz und seiner Freude, seinem ältesten Enkelsohn, sechs Jahre alt.
Der dickliche, braunäugige Ruhollah war wie ein Scheich in weiße Gewänder gekleidet, mit einem Dolch im Gürtel. Er kam stellvertretend für seinen Vater, den ältesten Sohn des Präsidenten, von dem es hieß, er sei krank. Ein Jahr zuvor hatte Ruhollah, der sofort zum Liebling der Medien wurde, seine Mannesreife erlangt, indem er seinem ersten Ungläubigen die Kehle aufschlitzte.
Für Delaney war dies der Traum aller Träume. Er leitete am Ende doch nicht den Niedergang Amerikas ein, sondern seine Wiedergeburt. Der amerikanische Traum war *jetzt*.
Kennedys Courage, als er Chruschtschow zur Zeit der Kubakrise die Stirn bot, war ein Kinderspiel gewesen verglichen mit seiner eigenen Heldentat, wie er Hourani unschädlich gemacht hatte. In ferner Zeit würde er seinen Platz neben Lincoln einnehmen.

Nein, *über* ihm. Hatte er nicht weltweit die religiöse Sklaverei ausgerottet? Man würde das Washington-Monument in »Delaney-Denkmal« umtaufen. Wahnsinn!

Bill Huggard lutschte an seinem schmächtigen Schnurrbart und schüttelte Delaney die Hand. »Hölle, verprockt, Sir«, sabberte er. »Gratuliere.«

»Wir haben's geschafft, mein Freund.« Ein Zittern lag in Delaneys Stimme. »Frieden durch Übermacht hat sich ausgezahlt.«

Die Rede des Präsidenten der FIR vor den Vereinten Nationen wurde weltweit im Fernsehen ausgestrahlt, ausgenommen in China und den Islamischen Republiken. Papst Patrick sah sie in seinem Speisezimmer, während er Glukose trank, neben Dr. Gadda und Frank Kerrigan, der bei aller Freude von geheimen Schuldgefühlen verzehrt wurde.

»*Salaam*, Friede sei mit euch«, sagte Hourani. Es sei kein Haken am Angebot der FIR, kein Dolch in seinem Gewand. Er wolle mit allen Atommächten, doch insbesondere mit Amerika, ein Abkommen über ein totales Verbot dieser abscheulichen Waffen unterzeichnen. Jemand müsse den Anfang machen. Die Geschichte würde zeigen, daß die friedliebenden islamischen Völker die ersten waren, die ihre militärische Macht opferten, um die Vernichtung des Planeten aufzuhalten.

»Ich habe bereits«, sagte er, »Befehle zum Abbau aller Raketenstützpunkte erlassen. US-Satelliten werden das bestätigen. Es wird vielleicht drei Jahre dauern bis zum Abschluß, doch der Frieden ist schon ausgebrochen.

Ich habe unserer Luftalarmbereitschaft zum erstenmal seit über zehn Jahren Startverbot erteilt. Die FIR wird auch die freie und ungehinderte Inspektion unserer sämtlichen Raketenstützpunkte gestatten.«

Zugegeben, es blieben wesentliche ideologische Differenzen zwischen den zwei Supermächten bestehen.

Er fuhr fort: »Um das gegenseitige Mißtrauen auszuräumen, beabsichtigen wir zudem, unsere konventionellen Streitkräfte drastisch zu reduzieren. Wir verpflichten uns, niemals ein Ölembargo gegen den Westen zuzulassen, und werden dies den Vereinten Nationen schriftlich garantieren. Frieden kann, wie wir immer gesagt haben, nur zwischen Gleichgestellten bestehen.«

Überprüfungen durch US-Satelliten würden ergeben, daß die FIR bereits ihre konventionellen Streitkräfte aus allen Gefahrenzonen abziehe – zum Beispiel von Israels Grenzen.

Schließlich, warum Frieden? Weil seit dem Scheitern des Atomsperrvertrags viele Nationen angereichertes Plutonium erworben hatten, um Kernwaffen herzustellen. Das Störfallrisiko sei entsprechend gestiegen.

»Und lassen Sie mich ehrlich zu Ihnen sein, meine Freunde«, sagte Hourani. »Innerhalb unserer eigenen Grenzen haben wir bereits den Wahnsinn des Hantierens mit einer derartigen Kraft erfahren.

Vor zwei Jahren gab es in El Minya, gut hundertfünfzig Kilometer von Kairo entfernt, ein Leck in einem Atomreaktor. Es hat einen weit größeren Schaden angerichtet als das berüchtigte Tschernobyl. Die westlichen Medien bekamen durch Satellitenbilder und weitreichenden radioaktiven Niederschlag Wind davon, doch das ganze Grauen will ich nun aufzeigen.«

In seinem Arbeitszimmer beugte sich der Papst entsetzt vor, als der Präsident der FIR ein Video vorführte.

In der dem Reaktor am nächsten gelegenen Stadt am Rande der Wüste waren zwanzigtausend Menschen auf der Stelle gestorben. Abermals Tausende litten unter Strahlenkrankheiten, und täglich starben welche. Dies waren tausend *Three Mile Islands* auf einmal. Die Nebenflüsse des Nil und das Grundwasser würden für Zehntausende von Jahren verseucht sein.

»Ich muß Ihnen sagen, meine Herren, daß mein eigener erstgeborener Sohn Ali, der Vater meines lieben kleinen Ruhollah, das Gebiet besucht hat, um die Kranken und Hinterbliebenen zu trösten. Ali, Kind meiner Jugend, mein liebstes Gedicht, groß und aufrecht wie ein Schilfrohr, wurde verseucht und stirbt nun in einer Teheraner Klinik einen langsamen, qualvollen Märtyrertod.«

Die Versammlung stieß einen tiefen Seufzer des Mitgefühls aus, und der Papst betete von ganzem Herzen für ihn.
»Allah verlangt«, sagte der Präsident der FIR, »daß dieser Wahnsinn enden muß. Mein kleiner Schatz« – er zeigte auf Ruhollah – »darf nicht jung sterben wie sein Vater. Und nun habe ich ein Geschenk für den Generalsekretär.«
Der Papst sperrte den Mund weit auf, als er Hourani einen schwarzen Koffer in die Höhe halten sah.
»Dies ist kein gewöhnlicher Aktenkoffer. Er enthält die höchst geheimen Atombombencodes, die das gesamte Arsenal der FIR kontrollieren. Er war in den sechs Jahren, seit ich Präsident bin, mein ständiger Begleiter. Ich wußte, wie Sie auch, daß niemand je den Befehl für einen atomaren Angriff geben kann. Nicht nur die Vereinigten Staaten, auch die FIR würden entweder durch einen Erstschlag oder durch einen Vergeltungsschlag vernichtet. Deswegen habe ich gelobt, daß wir Muslime nie, nie, niemals durch einen Erstschlag sündigen werden.«
Patrick hatte Tränen in den Augen, als der Generalsekretär ans Podium trat.
»Sir«, sagte Hourani, »ich gebe unsere Codes in Ihre sichere Verwahrung.«
Für den Papst war dies die aufregendste Gabe, seit die drei Weisen dem Jesuskind Gold, Weihrauch und Myrrhe dargebracht hatten.
In ein Schweigen hinein, das tiefer war, als irgendeiner von denen, die zusahen, es jemals erlebt hatte, sagte Hourani: »Die Föderation Islamischer Republiken ist nun vollkommen ungeschützt. Wir riskieren sozusagen unseren Hals, indem wir Amerika und der ganzen Welt in Freundschaft die Hand reichen.«
Er war fast fertig.
»Auch wir Muslime mußten sozusagen eine Wahl treffen zwischen Butter und Bomben, zwischen Leben und Tod. Letztendlich zwischen Überleben und Vernichtung. Ich spreche für alle mitfühlenden Menschen unserer großen Republiken, wenn ich sage: *Wir* haben den Frieden gewählt!«
Er erhielt eine zehnminütige Standing ovation.

Der einzige Schönheitsfehler waren Juden, die vor dem UN-Gebäude Posten bezogen hatten mit Transparenten, auf denen stand: »Let my people go«!
Nach seiner Rede wich Hourani den Wachposten aus, um sich unter die Protestler vor dem UN-Gebäude zu mischen. Seine Botschaft wurde von einem Adjutanten übersetzt und durch ein Megaphon verkündet.
»*Schalom* allen meinen jüdischen Freunden. Bevor ich Mekka verließ, habe ich Anweisung gegeben, daß Angehörige Ihrer verehrten Gemeinschaft, die die Länder innerhalb der FIR verlassen wollen, dies tun können. Alle Juden, die auf islamischem Gebiet leben und ein Ausreisevisum wünschen, werden es *unverzüglich* erhalten, um gehen zu können, wohin sie wollen.
Telefonieren Sie mit Ihren Verwandten – die Leitungen sind wiederhergestellt –, und überzeugen Sie sich selbst. Ich habe den letzten Vorhang aufgezogen. Ich akzeptiere die zwei Helsinki-Abkommen voll und ganz. Es heißt nicht ›nächstes Jahr‹, sondern ›*dieses* Jahr in Jerusalem‹.«
Er erhielt Beifall von allen jüdischen Protestlern, und sie wollten wissen, in welcher Richtung Mekka lag, damit sie ein Dankgebet sprechen konnten.

Hourani nahm den Shuttleflug nach Washington, wo ihm auf dem Rasen des Weißen Hauses die Ehre erwiesen wurde, obwohl Dickey Delaney gewarnt hatte: »Der Mistkerl hat sich vermutlich zehn Pfund Plastiksprengstoff um die Taille gebunden.«
Der Präsident, der stundenlang geübt hatte, war imstande, Hourani mit »*Salaam alaikum*, Friede sei mit dir«, zu begrüßen, worauf Hourani erwiderte: »*Alaikum as salaam*, mit dir sei Friede«. Sein Gesicht war dabei so unbewegt wie ein Stein.
Eine Kapelle spielte eine lebhafte Version von »Happy Days Are Here Again«. Es gab einen Einundzwanzig-Schuß-Salut. Flaggen der FIR wehten überall neben den *Stars and Stripes*.
Überschwenglich umarmte Präsident Delaney seinen distinguierten Gast. Ihre Nasen stießen zufällig zusammen. Delaney kam am

schlechtesten dabei weg. Er schüttelte Hourani die Hand, als wolle er sie ihm ausreißen. Danach heftete ihm Hourani eine Goldmedaille an die Brust, die extra für diesen Anlaß geprägt worden war.

Die First Lady, das Gesicht bemalt wie ein mittelalterliches Manuskript, ergriff die Hand von Ayescha, der ersten Gemahlin von Hourani, eine kleine Frau, in Schwarz gehüllt und fast unsichtbar.

Die Geste war berechnet, um auch dem letzten New Yorker Taxifahrer die Tränen in die Augen zu treiben.

Hourani sagte: »Zwischen unseren zwei Völkern war es einmal so« – und sein Enkel hob zwei geballte Fäuste wie ein Preisboxer. »Jetzt ist es so« – und Ruhollah öffnete die Hände und hielt sie mit den Handflächen nach oben vor die Kameras.

»Ich verspreche Ihnen, Herr Präsident«, sagte Delaney und lächelte wie eine Stewardeß, »die USA werden sich an diesem historischen Tag angemessen revanchieren.«

Er war überglücklich. Er und alle Amerikaner vor ihren Fernsehern erkannten, daß der militante Islam ungeachtet aller Redekunst Houranis wußte, daß er besiegt war. Der Ayatollah verhielt sich wie der alte Chruschtschow, als er sich vor langer Zeit gezwungen sah, seine Raketen aus Kuba abzuziehen. Auch dies war Kapitulation.

Erst viel später, als Delaney an diesem Abend die Kugel befühlte, die den Papst beinahe getötet hatte und die er unterdessen als Talisman um den Hals trug, fiel ihm ein, dem CIA zu sagen, die Operation Shamrock abzublasen.

»Nach unseren Informationen, Herr Präsident«, erwiderte der Leiter, »ist der Mörder im Einsatz, der Prozeß ist unumkehrbar.«

»Herrgott im Himmel!« stöhnte der Präsident. »Vielleicht habe ich den Tod des Mannes befohlen, der die Welt gerettet hat.«

Zum erstenmal seit 1995, als seine Kugellagerfabrik fast pleite ging, fiel Roone Delaney auf die Knie und betete.

TEIL ACHT

Zeit der Beichten

54. Kapitel

Glückwunschbotschaften strömten in den Vatikan, darunter eine vom Kardinal von Armagh: »Danke, Heiliger Vater, für die Rettung der Welt.« Die *New York Times* behauptete in einem untypisch purpurrot gesetzten Artikel, der Papst habe den Todesstein des Universums zurückgerollt und der Welt die Auferstehung beschert. Die *Time* wählte ihn zum Mann des Jahrhunderts. Das Nobelpreiskomitee in Oslo schlug Seine Heiligkeit einstimmig für den Friedensnobelpreis vor. Der Dalai Lama schickte eine Botschaft: »Sie sind leider krank, Heiligkeit. Die Purpurwinde, für eine Stunde erblüht, / Unterscheidet sich im Wesen nicht von der gigantischen Föhre, / Die tausend Jahre überdauert.«

Patrick erhielt zwei wichtige Telegramme. Das erste, von Marcia Burt, Erzbischöfin von Canterbury, titulierte ihn als »Statthalter Christi«. Das zweite, vom orthodoxen Patriarchen von Konstantinopel, nannte ihn »Allerhöchster Bischof«.

Es sah so aus, als würden die zwei großen historischen Spaltungen des Christentums in Ost und West nunmehr geheilt werden. Patrick war ohne Frage Gottes Wahl als Bischof der Bischöfe.

Tausende versammelten sich täglich auf dem Petersplatz, darunter Poggi, der sozialistische Bürgermeister, um dem Papst zuzujubeln, der kaum noch die Kraft hatte, sich ans Fenster zu schleppen, um zu winken.

Wenn ich aufwache, Herr, werde ich nicht mal mehr ein Kardinal sein, der beinahe von einer Säule getötet wurde, sondern nur ein frommer kleiner Junge aus Mayo, mit drei von seinen Brüdern in einem großen Bett.

Den einzigen bitteren Ton schlug eine chinesische Tageszeitung an. Die Pekinger Führung fühlte sich durch die Annäherung zwischen Amerika und der FIR isoliert und gefährdet. In einem heftigen Ausfall attackierte Lee Jing Chang die aus Washington kommenden Friedensvorschläge als Verschwörung gegen China.

Die Zeitungen brachten Satellitenfotos von Panzer- und Infanteriedivisionen der FIR, die von den israelischen Grenzen abgezogen wurden. Ständig trafen Berichte ein, wie Ratsmitglieder der FIR in den Hauptstädten Europas gefeiert wurden.

In allen Städten und Dörfern in England wurden Straßenfeste veranstaltet. Solche Feiern hatte es seit 1945 nicht mehr gegeben. Denise Weaver hatte das Vergnügen, den Außenminister der FIR, Scheich Hamed es-Safy, zu Gast zu haben. Sie lud ihn ein, einige Wochenenden in ihrem Landhaus Chequers zu verbringen.
Weaver versicherte ihrem Kabinett, er sei so ziemlich »der kauzigste schnurrbärtige Knirps«, dem sie je begegnet sei. Aber sie schätze seine Unverfrorenheit.
Als sie ihn fragte, ob sie ihn Hamed nennen dürfe, sagte er nein. Als sie ihn fragte, ob er es war, der sie fast vor Downing Street Nr. 10 in Stücke gesprengt hatte, sagte er ja. Ob er das jetzt nicht bedauere? Nur, daß die Bombe nicht hochging.
Selbst als er ein Getränk aus gezuckerter Tamarinde schlürfte und sich den hervorragenden Lammbraten schmecken ließ, der auf Platten aus massivem Silber serviert wurde, brabbelte er unentwegt: »Bis ans Ende meiner Tage bleibe ich ein stolzer Muslim. Wissen Sie, Sie kolonialistische Sau, ich hasse Sie wie die – wie sagen Sie? – verprockte Pest.«
»Wie charmant«, meinte Weaver. »Ich bin überzeugt, das sagen Sie zu allen Frauen.«

In Washington war Delaney am Ziel seiner Wünsche. Auf der bestverkauften CD des Jahrzehnts sang ein irischer Tenor »Delaney Boy« nach der Melodie von »Londonderry Air«.

Delaney erinnerte sich an einen Traum, den er als zehnjähriger Junge einmal hatte: Sein ganzes Haus war aus Speiseeis gemacht, und er ging schleckend von Zimmer zu Zimmer, verspeiste am Ende seinen Vater, der aus seiner Lieblingssorte Erdbeere bestand, mit Haut und Haar bis zu den Schuhsohlen.
Die Presse brachte Bilder von Delaney, wie er Arm in Arm mit Hourani im Rosengarten spazierenging, wie er an einem Abend mit ihm auf dem Trumanbalkon saß, wo sie die Sterne betrachteten.

Professor Gilder, sein Islamexperte, erklärte Delaney, wenn ein Araber erst einmal mit einem anderen Frieden geschlossen und Brot und Salz mit ihm geteilt habe, sei er sein Freund fürs Leben. Sogar Dickey sagte: »Chef, Sie haben die Zeichen richtig gedeutet.«
In Leitartikeln wurde Delaney als »beliebter als Andrew Jackson«, als »größter Präsident dieser oder einer anderen Zeit« bezeichnet. »Er könne einhellig wieder kandidieren«, schrieb die *Post*. »Tatsache ist, wenn er nur ein Wort sagt, kann er den Job lebenslang haben.« »Um ein Schlagwort zu prägen«, schrieb die *New York Times*, »er hat die Ära Delaney geschaffen.«
Er brauchte nur in einem Theater erschossen oder in Dallas ermordet zu werden, und er würde als der größte Mann seit Jesus Christus in die Geschichte eingehen.
Sein einziges Problem war die First Lady. Sie bestand jetzt auf drei Geburtstagen mit entsprechenden sexuellen Vergnügungen in einer Woche.

Dr. Gadda verordnete dem Papst Bettruhe. Pater Virgilio wurde wieder gestattet, ihm die Beichte abzunehmen. Es war eine Generalbeichte, die sein ganzes Leben umfaßte. Montefiori brachte ihm einen frischen Packen Telegramme.
»Gratuliere, Eure Heiligkeit«, sagte er, »Sie haben das größte Wunder vollbracht, das Rom je erlebt hat.« Bevor Patrick etwas

einwenden konnte: »Sogar die Kardinäle beten für Ihre Genesung.«

Frank brachte dem Papst sein Mittagsmahl, doch er war zu schwach, um zu essen. Ein Löffelvoll Kartoffelbrei ging hinunter wie Kaktusblätter. Er atmete die Luft weniger ein, als daß er sie einsog, wobei sein abgemagerter Körper seinen Schlafanzug spickte, mal hier, mal dort. Sein Hals war steif, seine Augen lagen in tiefen Höhlen und waren weiß wie die von einem gebratenen Fisch. Seine Gelenke waren kraftlos, seine Finger wie herbstfarbene Kastanienblätter, knotig, gekrümmt, formlos. Wie bei einem Leprakranken, dachte Montefiori. Oder wie beim gekreuzigten Christus.

Herr, ich scheine schneller nach Westen zu wandern als die untergehende Sonne, hin zu dem Land mit jeder Menge Zeit.

Er las einige Grüße, von denen ihn derjenige der Präsidentin von Irland besonders aufheiterte. Der neue Geist der Zusammenarbeit zwischen den Supermächten freue sie.

Der Berg ist verschwunden.

Der Kardinal sagte: »Sie haben die Welt gerettet«, und der Papst erwiderte: »Nein, die Welt war immer gerettet, weil mehr Menschen den Haß leid sind als die Liebe.«

Er wischte die Tränen hinter seiner Brille fort und sagte zu Montefiori: »Nur der Bergnebel, Giuseppe.«

Leise: »Heiligkeit, ich muß zugeben, es gab Zeiten, wo ich an der Weisheit Ihrer Entscheidungen gezweifelt habe.«

»Ich weiß. Danke für Ihre Loyalität, mein Lieber. *Go raibh míle maith agat.*« Er ergriff die Hand des Kardinals. »Sie besitzen die seltenste Form von Weisheit und Liebe.«

Der leidenschaftslose Montefiori war ehrlich überrascht.

»Sie lehren, Sie heilen, Sie lieben ... durch Zuhören.«

Der Staatssekretär schüttelte den Kopf. »Nein, Eure Heiligkeit, Sie kannten ein Geheimnis, das kein anderer kannte. Sie haben das Evangelium ernst genommen, ungeachtet der Konsequenzen.«

Patrick hatte ein einziges Anliegen. »Bitte sorgen Sie dafür, daß ich eingeäschert werde.«

Der Gedanke an den Tod des Papstes mit derartigen Folgen beunruhigte den ansonsten unerschütterlichen Montefiori. »Aber warum Einäscherung?«
»Ich möchte nicht zuviel Platz beanspruchen, wenn ich tot bin. Eine Prise von mir für St. Peter, der Rest soll den Rosenstrauch umgeben, den ich im Kilmainham-Gefängnis gepflanzt habe.«
Der Kardinal lächelte. Wie Jesus befahl, war der Papst lange vor dem Nahen des Todes, der uns alle zu Säuglingen macht, zu einem kleinen Kind geworden. Trotzdem bedauerte er seinen Entschluß. Dieser bescheidene kleine Mann war der Michelangelo des Papsttums. Man würde sich seiner erinnern neben Leo I. und Gregor dem Großen, Päpsten, die die Zivilisation gerettet hatten. Es wäre schön gewesen zu sehen, ob sein Leib unverwest bliebe, der sichere Beweis, daß er ein Heiliger war.
»Ich habe verstanden, Heiligkeit.« Er sah im Antlitz des Papstes die Heiterkeit eines Menschen, dessen bedeutender Tod bereits hinter ihm liegt, und beugte sich hinab. »Friede, Heiliger Vater.« Er küßte seine Handflächen. »*Bacio la mani*. Sie haben mein Wort, daß Sie eingeäschert werden.«

55. Kapitel

Herr, meine Seele ist eine Septemberschwalbe, die danach strebt, fortzufliegen.
Frank half Patrick in einen sauberen Schlafanzug. Er bedauerte ihn, weil er so knochendürr war, schier durchsichtig sein räudig aussehendes Fleisch, die Augen in dunklen kleinen Teichen schwimmend, die Stirn in einem Augenblick flammend wie Feuer, im nächsten kalt wie eine Klinge. Doch dieser Ire sah mit einem Schlüssellochblick in alles hinein, in Holz und Stein, in Menschenherzen und selbst in den Himmel.

Seinen Rosenkranz befingernd, sagte der Papst: »Zeit, daß ich mein Testament mache.«

Zu müde zum Schreiben, diktierte er es. Er kam so zügig voran, daß Frank vermutete, er habe es schon lange im Kopf bewahrt.

»Ich, Patrick«, begann der Papst fiepend, »ein Sünder, der ungelehrteste aller Menschen und der geringste aller Gläubigen, entbiete der Dreifaltigkeit meinen Dank.

Ich war wie ein Stein, der in dickem Schlamm lag, als der Herr, der allmächtig ist, mich in seiner Barmherzigkeit aufhob und mich, den nichtswürdigsten aller Menschen, ganz oben auf die Mauer setzte.

Ich träumte einen Traum, in dem ich vernahm: ›Er, der sein Leben für dich hingab, spricht in dir‹, und so erwachte ich voller Freude, Gottes Werk zu tun.

Ich bin nun abgenutzt und nicht wiederherzustellen, doch klein in den Augen der Welt, hat Gott mich mehr als alle anderen beflügelt, der Kirche zu dienen, wie es Christi Liebe mir aufgetragen hat. Durch seine Gnade habe ich als armer Mann inmitten von Reichtum gelebt, wissend, daß Armut mir besser anstand als Besitztümer. War denn nicht Christus arm um unseretwillen, er, der die Sonne meines Herzens ist, die niemals untergeht?

Ich bitte alle um Vergebung, die ich gekränkt habe. Nun, da ich mich bereitmache, aus diesem Leben zu scheiden, übergebe ich meinem Herrn Jesus Christus all meine Fürsorge für seine Kirche. Möge er gesegnet sein für immer und ewig. Amen.«

Frank legte seinen Stift hin. Er wußte, es ist viel leichter, ein Märtyrer zu sein als ein Heiliger, aber Patrick war beides. Er sagte: »Das ist schön, Heiliger Vater.«

Der Papst lächelte. »Das meiste davon stammt von meinem großen Schutzpatron, dem heiligen Patrick.«

Als das Testament unterschrieben und versiegelt war – was Mühe machte –, schien eine letzte Last von ihm genommen. Er trug jetzt den Gesichtsausdruck eines Zuschauers.

»Kümmern Sie sich für mich um Charleys Grab, ja? Sie wissen,

dieser Hund hat mich wie einen Papst behandelt, bevor ich überhaupt Papst wurde. Nie hat er sich selbst bedauert. Nie hat er etwas vorgetäuscht oder sich in Hypochondrie ergangen.«
Frank zuckte zusammen. »Sie können sich auf mich verlassen, Eure Heiligkeit.«
»Streuen Sie ein bißchen von meiner Asche neben seine, ja? Und vergessen Sie nicht, Schneeflocke zu füttern – Sahne an Feiertagen. Dies ist ein Vinzenz-von-Paul-Ende, Frank, daher ist mein einziges Andenken für Sie mein Kruzifix dort drüben, das magische mit dem Christus ohne Gesicht. Sonst habe ich nichts, aber ich wäre Ihnen sehr verbunden, wenn Sie dafür sorgen würden, daß mein Bruder Seamus meinen Rosenkranz bekommt. Er hat unserer Mutter gehört.«
Frank, der wußte, daß die Regentschaft des Papstes zu Ende ging, fiel neben dem Bett auf die Knie und begann zu weinen. »Vergeben Sie mir, Heiligkeit.« Und bevor Patrick ihn unterbrechen konnte, fügte er hinzu: »Ich muß Ihnen ein Geständnis machen. Ich … Ich habe Sie verraten.«
Der Papst lächelte ungläubig. »Sie sind das Beste, was seit der Kartoffel aus Amerika gekommen ist.«
»Ich bin eine verdorbene Kartoffel. Ich habe Kardinal Burns angerufen und ihn vorab über Ihre letzte Enzyklika informiert.«
Patrick strich Frank über das dichte braune Haar und versicherte ihm, daß dies kein Verrat sei. Burns sei sein Bischof, und die Neuigkeit wäre sowieso zwangsläufig durchgesickert.
»Ich glaube, Eure Heiligkeit, er hätte Sie daran gehindert, ›Mundi Holocaustum‹ zu veröffentlichen, wenn er gekonnt hätte.«
»Nun, am Ende ist ja alles gutgegangen.«
Frank widersprach nicht.
»Soll ich Ihnen etwas sagen, Frank?« Er sah ihm direkt in die Augen. »Ich habe nie jemanden so gern gehabt wie Sie.«
Frank wischte seine Tränen fort und sagte: »Außer Charley.«
»Im Ernst. Ich habe Töpfe über Töpfe voll Honig für Sie in meinem Herzen. Bevor Sie kamen, war ich ein vollkommener Einzelgänger und stolz darauf. Jetzt bin ich froh, daß ich mein Leben

nicht ohne einen guten Freund beende.« Schweigen, dann sagte Patrick: »Sie *werden* mich in Erinnerung behalten?«
»Wie könnte ich *Sie* vergessen!«
»Ich meine nicht, Papst Patrick in Erinnerung behalten. Sondern Ihren Freund, diesen komischen kleinen Iren, der trotz all seiner Titel nur eine seichte Schrift im Sand ist.«
Frank versprach es, dann betete er das Te Deum mit ihm und las ihm ein Stück aus dem Johannesevangelium vor: »Ich bin das Licht der Welt, wer mir nachfolgt, der wird nicht wandeln in der Finsternis, sondern wird das Licht des Lebens haben.«
Danach: »Ach, Frank, Gott ist stets der Glanz unmittelbar über dem Rand eines jeden Berges.« Worauf Frank erwiderte: »Ich glaube, Eure Heiligkeit, Gott hat Sie bereits über den Berg schauen lassen.«

56. Kapitel

Eine Stunde später kam überraschender Besuch. In einer gewöhnlichen schwarzen Soutane war Kardinal Burns Hals über Kopf herübergeflogen. »Heiligkeit«, sagte er und sank auf die Knie. »Ich bin gekommen, um zu gratulieren und Sie um Verzeihung zu bitten.«
Der Papst bestand darauf, daß er sich erhob. »Verzeihung, wofür?«
»Für alles. Sie haben mir die Augen geöffnet, und ich habe erkannt, daß mein ganzes Leben Heuchelei war. Ich habe nie zugehört. Ich bin durchs Leben gereist, ohne den Fahrpreis zu bezahlen. Wer wäre als erster an Bord der Arche Noah geklettert? Dickwanst Tom Burns.« Er klopfte seine Brust wie einen Teppich. »Ich war sogar auf Ihren Hund eifersüchtig.«
»Sie haben ihn exkommuniziert.«

»Das war gar nichts. Zweimal täglich exkommunizierte ich Gott.«

Patrick grinste. »Gott«, sagte er heiser, »fällt vergeben so leicht wie die Erschaffung der Welt.«

»Mein guter Freund, Sapieha von Philadelphia, fühlt wie ich. Er hat seine Diözese verlassen, um seine letzten Jahre den Armen von Ecuador zu widmen. Ich wünschte, ich hätte den Mut, es ihm gleichzutun. Aber« – er machte eine hilflose Geste – »ich bin schwach.«

»Es zeugt von Stärke, wenn man seine Schwächen kennt.«

»Ich habe aber das Rauchen und Trinken aufgegeben.« Als ihm klar wurde, daß er noch nach beidem roch, erklärte er: »Ich hatte meine letzte Zigarre und mein letztes Glas irischen Whiskey, kurz bevor ich hierher kam.«

»Und wo sind Sie abgestiegen?«

»Im Grand. Mein Sekretär hat es in aller Eile gebucht. Nur für heute nacht.«

»Ausgezeichnet.« Der Papst klopfte Burns auf den Arm. »Tom.«

Burns war gerührt, den Papst seinen Vornamen nennen zu hören. »Ja?«

»Jetzt muß ich *Ihnen* ein schreckliches Geständnis machen.«

Burns sah ihn verwundert an. »Ich weiß, ich hätte das nicht tun sollen, aber während der Irlandreise habe ich einiges von Ihren Gesprächen mit ... Kammy belauscht.«

Burns' Zunge schnellte ein und aus wie auf der Suche nach seiner verbannten Zigarre. »Tut mir leid, wenn ich Sie schockiert habe.«

»Ich habe es genossen, o süßer dickärschiger Engel von New York.«

Burns hüstelte verlegen. »Ach, übrigens, Eure Heiligkeit, ein kleines Geschenk für Sie. Vom Präsidenten der Vereinigten Staaten.« Er zog eine Miniaturflasche Whiskey hervor. »So alt wie Amerika. Darf ich einschenken?«

»Einen Schluck für den langen Weg, nehme ich an. Wollen Sie mir nicht Gesellschaft leisten?«

»Ich habe ihm abgeschworen.« Die größte Überraschung bewahrte Burns bis zuletzt auf. »Ich habe mich für nächstes Jahr in Lough Derg angemeldet.«
Und da heißt es, Herr, das Zeitalter der Wunder ist vorbei.

Am späten Abend kam Dr. Gadda, wie üblich von einem Geruch nach Pfefferminz-mit-Gauloises umweht, herein, um den Papst zu untersuchen.
Hinterher wimmerte er: »Die volle Musik Ihres Lebens wird auf einer einzigen Saite gespielt.«
»Nicht traurig sein, Vittorio, ich war noch nie so glücklich.«
Gadda fiel auf die Knie. »Ich bin ein übler Schuft, Heiligkeit; denn ich habe Sie im Stich gelassen.«
»Unsinn.« Es betrübte Patrick, die Ursache solcher Schuldgefühle zu sein. »Stehen Sie auf, bitte. Niemand hätte mehr für mich tun können.«
»Das ist nicht wahr.«
»Doch. Sie haben mich am Leben erhalten, bis mein großes Werk vollbracht war. Ich beabsichtige, Sie zum Ritter des St.-Georgs-Ordens zu ernennen.«
Gaddas Augen schwammen in Tränen. »Ich … Ich habe Sie vergiftet.«
Der Papst sah ihn verständnislos an. »Was sagen Sie da? Sie haben *verhindert*, daß ich vergiftet wurde!«
»Das war nur vorgetäuscht. *Ich* habe das Arsen in den Kelch getan.«
»Aber warum das tun und mir dann sagen?«
»Damit, Eure Heiligkeit, niemand auch nur im Traum auf den Gedanken kam, daß ich, nun ja, Sie auf eine … dezentere Weise vergifte.«
Der Papst, der sah, daß er sterben sollte wie einst Alexander Borgia, war sprachlos. *Daher* hatte Gadda gewußt, daß der Kelch vergiftet war. *Das* war die Ursache für die Feuerwerkskörper in seinen Eingeweiden.
»Nachdem ich mit Ihnen in New York war, rief Kardinal Burns

mich an. Er sagte, Sie seien der Antichrist und gaga wie Caligula. Er sagte, Sie seien zu gut, um gut für die Welt zu sein, und Sie würden Kirche und Welt in den Ruin treiben. Er sagte, es sei meine Pflicht als guter Katholik ...« Er gestikulierte untröstlich.

Ein guter Katholik sein, indem er den Papst ermordet?

»Hören Sie, Vittorio, Kardinal Burns war es, der meinen Sekretär informierte, er sei vom CIA alarmiert worden, daß –«

»Ein Tarnmanöver, Eure Heiligkeit, um die Aufmerksamkeit von dem eigentlichen ... Agenten vor Ort abzulenken, nämlich von mir. Nachdem ich Sie gerettet hatte, konnte man mich unmöglich verdächtigen.«

»Wie, Vittorio?«

»Die rosa Tabletten, Heiligkeit. Kardinal Burns sagte, der Chef des CIA-Postens in Rom würde sie mir aushändigen. Und das hat er auch getan. Sogar besser als Atropin, meinte er. Nicht nachweisbarer als die Liebe Gottes. Er ist auch ein Zyniker, wie Sie sehen.«

»Kardinal Burns war vorhin hier.«

Gadda schürzte die Lippen und tat, als spucke er aus. »Dieser Judas ist gekommen, um zu beichten?«

»Ja. Aber er hat nichts von Ihnen oder rosa Tabletten erwähnt.«

Gadda wurde sehr aufgeregt. »Er ist ein verstunkener Lügner. Ich wußte, daß ich keinem Wort von ihm trauen konnte.«

Im Kopf des Papstes drehte sich alles. *Herr, wer von beiden lügt?*

»Die Tabletten waren nicht dazu da, um mir den Schlaf zu bringen?«

»Doch, für immer. Sie haben Ihr Herz geschwächt, so daß es jetzt ...« Eine beredte Geste, die die Membran eines Mückenflügels andeutete.

»Keine Hoffnung?«

»Keine, Eure Heiligkeit. Es ist ein Wunder, daß Sie bis jetzt überlebt haben. Die Dosis, die ich Ihnen gegeben habe, hätte ein ganzes Maultiergespann getötet. Wirklich, ich hasse den Kerl aus New York für das, was er mir angetan hat.«

»Vielleicht sollte ich nach Lourdes fahren?«

Gadda lachte kurz auf.

Patrick sank zurück auf sein Kissen. Es war kein Groll in ihm, obwohl der gute alter Pater Virgilio verdächtigt worden war und Tommaso auch. Seine braven irischen Nonnen waren umsonst vor die Tür gesetzt worden. »Gottes Wille, Vittorio.«

Gadda fiel wieder auf die Knie, und der Papst machte das Kreuzzeichen über ihm.

»Sie haben getan, was Sie für richtig hielten, und ich vergebe Ihnen« – er holte tief Atem – »von ganzem Herzen.«

»Sie werden es niemandem erzählen?«

»Ich werde es als Beichtgeheimnis betrachten und mit mir zu Gott nehmen.«

Gadda küßte die kalte Hand des Papstes wieder und wieder. »Sie sind heilig, Heiligkeit. Sie sind ein Heiliger.«

Herr, wenn du nur so erpicht wärst, mich heiligzusprechen, wie es manche Sterbliche sind.

Patrick schloß belustigt die Augen. Er riß sie auf, um Gadda zu fragen, ob es ihm etwas ausmachen würde, die Whiskeyflasche an seinem Bett zu untersuchen. »Riechen Sie mal, Vittorio.«

Gadda entkorkte die Flasche und schnupperte anerkennend. »Ausgezeichnete Ware.«

»Es riecht nicht nach, sagen wir, Arsen?«

»Arsen hat keinen ... Sie führen mich an der Nase herum, Eure Heiligkeit.«

Der Papst wußte nicht recht, wer hier wen an der Nase herumführte. Er sagte: »Mir scheint, ich werde im Alter mißtrauisch.«

Gadda erklärte sich bereit, den Whiskey professionell zu analysieren. Nach einem anerkennenden Schluck und einem Blick, der besagte, seht, wie ich mein Leben für meinen Pontifex riskiere, hustete er entschuldigend. »Ich wage es kaum zu fragen, aber ... darf ich immer noch St.-Georgs-Ritter werden?«

Der Papst nickte.

Herr, richte du ihn, ich habe weder den Geist noch die Kraft dazu.

»Sie wollen das schriftlich festhalten, Eure Heiligkeit. Nur für den Fall, daß Sie es ... vergessen.«
Der Papst nahm einen Block von seinem Nachttisch. Seine Hand war so zittrig, daß er das Ernennungsschreiben quasi zeichnen mußte.
Als der Arzt sich zum Gehen anschickte, sagte Patrick: »Ich frage dies ungern.«
»Fragen Sie, was Sie wollen«, erwiderte der frisch zum Ritter gekürte Gadda großmütig.
»Hat der CIA Ihnen eine, hm, Vergütung angeboten?«
Gadda warf ihm überrumpelt einen Von-den-Socken-Blick zu. »Keine. Na ja, eine kleine, aber ich habe sie noch nicht gesehen.«
»Eine kleine?«
»Zehn Millionen.«
»Lire?«
»US-Dollar. Auf einer Schweizer Bank. Nur ein ganz geringer Zinssatz. Die Vatikanbank ist geschlossen, aber das wissen Sie ja.«
»Vittorio.« Der Papst kicherte beinahe. »Vittorio.«
»Ich hätte es auch für weniger getan, Eure Heiligkeit. Um das zu beweisen, habe ich beschlossen, den Hauptanteil für einen guten Zweck zu spenden.«
»Das ist brav. Aber«, fügte der Papst besorgt hinzu, »werden die Amerikaner Sie dann überhaupt bezahlen, nachdem es Ihnen mißlungen ist – wie soll ich sagen –, mich beizeiten zu töten?«
Gadda machte ein beleidigtes Gesicht. »Ich bin Italiener. Ich habe sie im voraus blechen lassen.«
»Leben Sie wohl, mein Freund. Lassen Sie uns füreinander beten, ja?«
Als der Arzt gegangen war, zog der Papst eine Schublade an seinem Bett auf. Darin waren drei oder vier Dutzend rosa Tabletten.
Herr, danke, daß du meinen Ungehorsam belohnt hast.
Er hatte jeden Abend eine genommen, um schlafen zu können. Aber nicht die verordneten vier täglich.
In einem hatte Dr. Gadda nicht geflunkert. Er hatte seiner Frau

bereits versprochen, jedem seiner sechs faulen Söhne eine Million Dollar zu vermachen.

Frank Kerrigan führte an diesem Tag noch einen Besucher herein, einen alten Kollegen des Papstes, Monsignore Michael McAleer, Rektor des irischen Kollegiums.

»Mike«, flüsterte der Papst, »wie lieb von dir, daß du gekommen bist.«

Der Rektor kniete nieder, um den Ring des Papstes zu küssen. »Heiligkeit.«

»Heiligkeit?« echote der Papst. »Ich bin der kleine Brian O'Flynn, erinnerst du dich?«

»Ich will's versuchen … Brian.«

»Danke Mike. Mein eigener Name. Das beste Geschenk, das du mir machen konntest, meine eigene Identität, sozusagen. Weißt du, an diesem Ort bin ich mir immer ein bißchen wie ein Hochstapler vorgekommen.«

»Ich bin überzeugt, daß jeder Papst so fühlt.«

Der Papst, dem einfiel, daß Nero mit dem Gedanken gestorben war, er sei ein großer Schauspieler in der Rolle eines römischen Kaisers, zog die Nase kraus, als wolle er sagen, sein Freund habe vermutlich recht.

»Jedenfalls, Mike, werde ich bald dorthin gehen, wo es keine Titel gibt. Oh, ein gewöhnlicher Christ zu sein im Land der Jugend, ohne daß aller Augen auf mir ruhen, als wäre ich ein Leopard in einem Zoo.«

McAleer war von Rührung übermannt, als er seinen alten Freund halb im, halb aus dem Wasser sah mit dem Angelhaken im Mund. Brian hatte ihn wirklich erstaunt. Vor seiner Wahl war er zurückhaltend gewesen, hatte in seinem stillen, eigenen Arbeitsbereich gelebt. Er hätte nur eine Art Papst von der Stange sein sollen, und doch schlug nun das Herz der Welt in ihm.

Er erinnerte sich an die Geschichte von einem kleinen irischen Mädchen, das jeden Tag zum Atelierfenster eines Bildhauers hineinsah. Sie staunte von Mal zu Mal mehr, als er die Statue eines kleinen Knaben meißelte. Am Ende sagte sie zu ihrer Mutter: »Mami, woher hat er *gewußt*, daß da ein Junge drin war?« Nun war es an McAleer, zu staunen über das, von dem nur Gott wußte, daß es im rohen Stein des Daseins seines Freundes verborgen gewesen war. Er sagte: »Du wirst nie gewöhnlich sein, Brian, nicht einmal, wenn du durch Petri Tor gehst. Nie war ich so stolz darauf, Ire und Katholik zu sein.«

Sie sprachen eine Weile von alten Zeiten. Gegen Ende meinte McAleer: »Eins ist mir ein Rätsel, seit du nach deiner Wahl zum erstenmal auf der Loggia erschienst.«

»Was?«

»Na ja ... Ich weiß kaum, wie ich es ausdrücken soll. Du warst immer Rechtshänder, aber du schienst mit der Menge umzugehen, winken und so, als ob du linkshändig wärst.«

Der Papst gab ein sachtes, leises Kichern von sich. »Das ist wahr. Ich bekam einen schweren Schlag auf den Kopf, kurz nachdem ich gewählt worden war, und als ich zu mir kam, konnte ich mich nicht nur nicht erinnern, die Wahl angenommen zu haben, sondern ich merkte, daß ich alles mit der linken Hand tat. Ich habe sogar Briefe mit links geschrieben. Kleine Stücke von meinem Gehirn müssen die Plätze getauscht haben.«

»Erstaunlich!«

»Und weißt du was, Mike, seit eben, seit dieser Minute, bin ich wieder rechtshändig. Und lieber Himmel, erst jetzt fällt mir ein, was geschah, unmittelbar bevor die Säule auf mich fiel. Ich wollte mich Johannes Paul III. nennen.«

»Ich bin froh, daß du es nicht getan hast, Brian.«

»Ich auch, Mike. Ich auch.«

57. Kapitel

In Washington empfing der islamische Präsident eine traurige Nachricht. Der kleine Ruhollah, mit Augen wie Sterne in einer eisigen Nacht, flüsterte seinem Großvater ein einziges Wort ins Ohr: »*Mat*«, und Hourani seufzte: »Möge die Welt verblassen, *ed-dinnia fany.*«

Ali, sein ältester Sohn, war tot.

Wenngleich Vater einer ganzen Schar, sagte Hourani voll Trauer, mit der Zunge den Gaumen berührend: »Stirbt der erstgeborene Sohn, was macht es dann, wenn die Welt stirbt?«

Statt zu den Trauerfeierlichkeiten nach Kairo zu eilen, bestand er darauf zu bleiben, um die Verhandlungen abzuschließen, die so wichtig waren für die ganze Welt.

Man sah die zwei Präsidenten gemeinsam die Fernsehbilder von der Beisetzung betrachten. Beide trauerten in einer nie dagewesenen Demonstration von Solidarität, als der in Felle gehüllte Leichnam mit Erde von Mekka und mit Zemzen-Wasser besprengt wurde.

Hourani kniete auf der Erde, vor und zurück schwankend, und rezitierte mit gefalteten Händen den ersten Koranvers. Manchmal wehklagte er: »Mein Sohn, o mein Sohn«, und manchmal: »Erde, o Erde, du beherbergst den, der alle deine Gäste erschlägt.«

»Abdallah«, hörte man Delaney sagen, als sie der Bestattung in einem Felsengrab an einem Berghang via Fernsehen beiwohnten, »ich bete, daß Gott Ihrem lieben Sohn bald das ewige Leben gewähre.«

Hourani hörte auf zu weinen und runzelte die Stirn. Wußte dieser Heide denn nicht, daß sein Sohn unter den *shahud* weilte, den Märtyrern des Islam? Ali hatte Gebete zu einem falschen und dreifachen Gott nicht nötig, um einem christlichen Fegefeuer zu entkommen. Sein Herz war hier auf Erden stehengeblieben, um für immer in der Ewigkeit zu schlagen. Sein geliebter Ali war von vollbusigen *huris* in grünseidene Gewänder gekleidet worden und erfreute sich mit Mohammed der köstlichen Früchte und plätschernden Wasser des Paradieses.

In seinem Büro in Citicorp stöhnte Abe Cornberg laut: »Jesus Chu-*ristus*, der Kerl fängt schon wieder mit dem Gottesquatsch an.«

Die Gipfelgespräche wurden nach Camp David in den Hügeln von Maryland verlegt. Die zwei Staatsmänner hatten nebeneinander liegende Hütten. Sie wanderten durch die belaubten Wälder und aßen zusammen in einer geheizten Hütte am Pool oder in Laurel Lodge. Die US-Gruppe war überwältigt von der Flexibilität der FIR. Die Männer zeigten sich bei jedem Thema kompromißbereit.

Ein Unterausschuß handelte einen Fünfjahresvertrag bezüglich Fleisch- und Getreidelieferungen aus, zu vom US-Standpunkt ausgezeichneten Bedingungen, vorausgesetzt, das Vieh wurde im Einklang mit den islamischen Gesetzen geschlachtet. Wilks, der Finanzminister, sagte zu Delaney, dies sei der beste *deal* für Amerika seit dem Erwerb von Louisiana.

Wenn es sein Ansehen bei den Farmern steigerte, würde Delaney keine Tränen vergießen.

Seinem Wort getreu, ordnete Hourani die beschleunigte Ausstellung von Ausreisevisa für Juden an. Er sorgte sogar für kostenlose Beförderung. Hunderte trafen täglich in New York ein, Tausende in Israel. Delaney wurde über Nacht zum Helden der Juden und Zionisten.

Die FIR-Delegation schlug einen Vertrag zwischen ihnen und den USA vor. Jede Nation verpflichtete sich, die andere im Falle eines Angriffs zu verteidigen.

Die Große Allianz nahm langsam Gestalt an. Delaney dachte, wenn er eine christliche Gebetsversammlung vorschlüge, müßte Hourani sie anführen.

Der Finanzminister rief Cornberg und Willows von der US-No-

tenbank zu sich. Hourani schlug vor, die neue gemeinsame arabische Währung, der Real, solle zum erstenmal an den ausländischen Börsen notiert werden. Warum sollte islamisches Geld nicht mit der Zeit eine Reservewährung werden wie der Euro und der Dollar?
Die Amerikaner freute es besonders, daß Hourani sie darin unterstützte, sich von den Schuldnernationen keine Frechheiten gefallen zu lassen. Er würde, so sagte er, »sie liebevoll verprügeln wie eine Frau«. Nichtzahlung würde das Vertrauen des Handels international schädigen.
Als dies zum *Wall Street Journal* durchsickerte, wurde die Äußerung mit Recht als »Knüller des Jahrhunderts« bezeichnet. Der Dollar schnellte im Devisenmarkt nach oben. Das Geld strömte aus allen Ecken nach New York zurück. Der Dow Jones stieg in einer Stunde um vierhundert Punkte.
»Jes-*ses.*« Cornberg stieß einen Pfiff aus. »Die FIR macht Amerika wieder stark. Delaney hat Gutes aus Schlimmem hervorgebracht, so wie Impfstoff aus Mikroben kommt. Gott segne ihn!«
Der Präsident trat im Fernsehen auf, grinsend wie einer, dem Gott soeben das alleinige Vertriebsrecht für den Verkauf eisgekühlter Getränke in der Hölle geschenkt hat.
»Meine lieben amerikanischen Mitbürger, die Welt fühlte sich bedroht, als unser Land und die Föderation Islamischer Republiken Feinde waren. Welch ein Segen für die Welt, daß wir nun Freunde und Verbündete sind!«

58. Kapitel

Als im Vatikan die Weihnachtsdekorationen angebracht wurden und der erste Jahrestag von Patricks Regentschaft nahte, wendete sich der Zustand des Papstes plötzlich zum Schlechten. War der

Whiskey, von dem er nur einen Fingerhutvoll getrunken hatte, am Ende doch vergiftet?
Vom Bett aus sah er den Schnee in feinen Flocken fallen, und er strengte sich an, eine Gruppe irischer Pilger auf dem Petersplatz lustvoll Weihnachtslieder singen zu hören – »Uns ist ein Kind geboren«. Er begann Dinge zu sehen, nicht im Traum, sondern als eine Art Vision aus der Hölle. Dreimal hörte er die Todesfee schreien wie ein Hahn; alles wurde finster, als würden Amseln Land, Meer und Himmel verdunkeln.
Zwei schlimme Prophezeiungen schienen sich zu vermengen, die von Fatima und die des heiligen Malachias.
»Sieh, inmitten des Winterschnees.«
Der Papst zog sich seinen Schal um die Schultern, als ein Nordwind von jenseits des Grabes ihn anwehte. Die Amseln verschwanden kreischend und nahmen den Schnee mit sich. Dann regnete es Blut aus einem klaren blauen Himmel.
Es regnete nicht, es strömte in riesigen Fluten herab. Blut, röter als Chianti, röter gar als das Blut auf dem Rücken eines Stieres. Patrick sah entsetzt auf seine Wand. Die Augen seiner Eltern auf ihrem oval gerahmten Bild tränten Blut. Die Palme seines Wappens färbte sich rot; der rote See lief über. »Ach, rot des Adlers Gefieder klebt / Von einem Überfluß an Blut.«
O verschone mich in der Stunde des Gerichts. O verschone mich, meine Dark Rosaleen.
Die Überschwemmung schwappte auf den Fußboden über und begann, im Zimmer aufzusteigen. Bald würde sie so hoch sein wie das Bett. Ihm, Papst Patrick, war es bestimmt, in einem Strom von Blut hinweggespült zu werden.
Draußen war es nicht besser. Meere, Seen, Ströme füllten sich mit Blut, so daß die Welt nicht in vierzig Tagen und Nächten, sondern in wenigen Sekunden darin ertrank.
Gott, wo bist du, Gott?
Plötzlich Abzug der gesamten Luft. Die Sonne im Zenit, nicht einfach untergegangen, sondern von einem wolkenlosen Himmel gepflückt. In einem Augenblick war Gott – Luft, Sonnenlicht –

überall, im nächsten nirgends. Und er selbst, Patrick, der Retter der Welt? Vielmehr ihr Zerstörer. Demütig? Nein, stolzer als Beelzebub.

Worte des Dichters W. B. Yeats kamen ihm in den Sinn: »Alles fällt auseinander; die Mitte hält nicht mehr; / Bare Anarchie bricht aus über die Welt. / Blutgeblendete Strömungen sind losgelassen; / Allenthalben wird der heilige Vorgang der Unschuld überschwemmt ... Sicherlich steht eine Offenbarung bevor; Sicherlich steht der Jüngste Tag bevor.«

Er läutete seine Glocke. Frank Kerrigan kam angerannt. Sah den Zustand des Papstes. Sagte, er ginge Dr. Gadda holen. Patrick schüttelte den Kopf. Er wollte Montefiori.

Als er kam, schrie des Kardinals Seele – warum, wußte er nicht – heraus: *Hic est enim calix sanguinis mei.* Kaum hatte er das Schlafgemach betreten, knietief durch Blut watend, als Patrick mit furchtsamer Stimme flüsterte: »Etwas Schreckliches, Giuseppe.«

Den verwaisten Blick des Papstes sehend: »*Dio.* Was ist es, Eure Heiligkeit?«

Mit einer Stimme wie Schafsblöken: »Ich habe ihn verloren ...«

»Herbei, o ihr Gläubigen.«

»... meinen Glauben.«

Für Montefiori war dies der größte Schock in einem Pontifikat voller Überraschungen. »Unmöglich, Heiligkeit. Ich –«

Der Papst erstickte seine Einwände. »Ich glaube nicht mehr.«

Der Kardinal schluckte. »Nicht mehr glauben, woran?«

»Das Glaubensbekenntnis, die Dreifaltigkeit, die heilige katholische Kirche.«

Montefiori zog sich einen Stuhl heran. Er holte eine kleine purpurne Stola aus seiner Innentasche und legte sie sich um den Hals. »Ich werde Ihnen die Beichte abnehmen, Eure Heiligkeit.«

»Bitte, Vater, geben Sie mir Ihren Segen; denn ich habe gesündigt.«

Montefiori segnete diese Taube unter Krähen, während er dachte: »Ihm die Absolution erteilen? Ebensogut könnte ich Schnee weiß tünchen.« Nie hatte er jemanden gekannt, der so sündenlos war wie dieser Streiter für das Gute, der gehungert hatte mit den Hungernden, dessen Anstrengungen ihn, seinen Leib und seine Seele, zu Distelflaum reduziert hatten. Er hatte unvergängliche goldene Ernten auf Eisberge des Herzens gepflanzt. Er war der Moses der Kirche gewesen, hatte alle Last der Welt und der Kirche auf seinem Rücken getragen. Nun war es ihm bestimmt zu sterben, bevor er in das gelobte Land einging.

»Ich habe ... ihn vollkommen verloren ... ein Ausgestoßener ... ich kann nicht beten ...«

»Wann hat das angefangen, Heiligkeit, mein Sohn?«

»In dem Augenblick, als ich mich an meine Wahl erinnerte, fingen die Dinge an zu ... Und jetzt kann ich nichts sehen ... Blut, Schwärze überall.«

Schweiß perlte auf Montefioris Stirn. Zu Beginn war es hart gewesen, einen Papst zu haben, der womöglich vor seiner Krönung starb, doch weit schlimmer war es, einen Papst zu haben, der als Ungläubiger starb ohne den christlichen Glauben.

»Das kommt von Ihrer Krankheit, Eure Heiligkeit«, sagte Montefiori, den es quälte, daß der Oberhirte ein verlorenes Schaf geworden war. »Es geht Ihnen gar nicht gut, und in solchen Zeiten spielt der Teufel üble Streiche. Er läßt Sie nur die verkehrte, wirre Seite der Tapisserie sehen.«

Patrick sagte ganz langsam, während der Blutsee unter dem Bett sich an ihn preßte wie Blei: »Ich habe den Hahn dreimal krähen hören. Ich glaube nicht an Gott. Ich glaube nicht, daß ich Papst oder Priester bin. Ich bin nur ein Mensch, Giuseppe, der unter einer entsetzlichen Täuschung gelitten hat. Ich habe immer gesagt, Reichtum ist, was man mitnimmt, wenn man stirbt. Mein Geist ist jetzt leer. Ich verlasse die Welt arm und nackt.«

Montefiori riß seine Stola herunter und kniete neben dem Bett nieder. *Eloi, Eloi.*

Mit einemmal verstand er den Sinn von Jesu letzter verlassener, verzweifelter Anrufung eines abwesenden Gottes. Genauso war der Herr selbst gestorben, entblößt bis zum Nichts unter Blut und

Bein, ohne Glauben oder Hoffnung, glaubend ohne Glauben, vertrauend ohne Hoffnung, lebendig nur durch eine ungeheure, unverwundbare Liebe.
Der Kardinal zitterte am ganzen Leib. Tränen strömten ihm über die runzligen Wangen. Er war nicht mehr Kardinal-Beichtvater eines Papstes, er betete nur für einen armen Mitchristen in dessen schrecklichem Todeskampf. Ohne zu wissen warum, begann er den Choral »Weide meine Schafe« zu summen.
Montefiori hielt inne und öffnete die feuchten Augen, als er merkte, daß noch etwas im Zimmer war. Es bewegte sich. Etwas Weißes. Etwas, so leise wie ein Schmetterling. Er fragte sich, ob einer von Berninis steinernen Engeln von der nahen Tiberbrücke sich vergeistigt hatte und herbeigeflogen war, um den Pontifex zu trösten. Ja, ein Seraphim mußte gekommen sein, um Gottes großem Diener Patrick Kraft zu geben, als er sich dem Gnadenthron näherte.
Es war Schneeflocke.
Mit einem anmutigen Satz sprang sie auf das Bett, leckte ihrem Herrchen die Hand, und mit forschendem, klugem Blick miaute sie ihm ins Gesicht.
Patrick streichelte ihre weiche Flanke, dann kraulte er ihre pelzigen Ohren, eins nach dem anderen. Das Blutmeer drehte ab, verebbte, verschwand. Nicht einmal ein Tropfen für eine Rotkehlchenbrust blieb zurück. Nur zwei Sämlinge wurden zu roten Glasperlenblumen, die aus den weißen Mauern seines Antlitzes sprossen.
Er blickte auf seine scheuen Eltern. Ihre Augen waren trocken. Dann betrachtete er sein Wappen an der Wand: eine grüne Palme in einem friedlichen roten See. Vor ihm erstreckte sich eine goldene Straße hin zu einem Land, das verdächtig nach Mayo aussah. Montefiori beobachtete verwundert, wie Zweifel und Verzweiflung aus dem Herzen des Papstes wichen – *Hallo, Gott.* Er sah ihn in der Zukunft das alte zuversichtliche Lächeln lächeln. Im üppigen Grün seines Gemüts spielten wollige Lämmer mit Löwen. Ja, der Herr hatte seine Seele gewonnen, endgültig und für immer.

»Du bist also gekommen.«
Der Kardinal merkte, daß er weder ihn noch Schneeflocke meinte. Er sprach mit einem unsichtbaren Besucher.
Patrick sah den bärtigen, bronzenen Riesen von einem Mann im Fischerkittel. Den Schlüsselträger. Der Fremde, der kein Fremder war, sagte: »Es ist gut, Patrick. Ich bin hier. Du hast genug getan. Die Kirche ist sicher in meinen Händen.«
»Danke«, flüsterte Patrick.
Der Papst sagte: »Es ist gut, Giuseppe.« Und Montefiori gewahrte einen wunderbaren Duft im Zimmer, den Geruch von Orangen und Rosen. *Auf diesen Felsen.* Er wußte, jetzt war alles gut, und alles würde gut bleiben.
Patrick streichelte Schneeflocke, während die zwei großen Kirchenmänner gemeinsam das Glaubensbekenntnis aufsagten, mit einer Inbrunst, die keiner von beiden je zuvor gekannt hatte.
Anschließend erteilte der Papst der Stadt und der Welt still seinen apostolischen Segen. Dann nahm er die noch zitternde Hand seines braven Kollegen – »Stille Nacht, heilige Nacht« – und sagte dankbar, jetzt fühle er sich sicher gerüstet für den Himmel. *Nunc dimittis.*
Der Kardinal drückte liebevoll seine Stirn an die des Papstes, aber sie sagten sich nicht Lebewohl. In den Katakomben war das Wort *vale* nie ausgesprochen worden. Für jene, die in Christus leben und sterben, gibt es keinen Abschied. Er sah zufrieden, daß der Tod des Papstes war wie der Haushund an der Hintertür. Still, geduldig. Nur darauf wartend, eingelassen zu werden.
Als Montefiori gegangen war, rauchte der Papst, sein Antlitz eine glänzende Monstranz, zum erstenmal seit Monaten seine Pfeife, eine weiße Tonpfeife, aus der der Rauch wie weiße Heiligenscheine aufstieg. Und eine letzte Geste, bezeichnend für diesen Mann: Er zog den Fischerring ab und legte ihn auf den Tisch neben seinem Bett. Damit leicht an ihn heranzukommen war.

59. Kapitel

In den Vereinigten Staaten kehrten die Verhandlungspartner von Camp David nach Washington zurück. Gibt es einen besseren Rahmen, dachte Delaney, für die Unterzeichnung eines bilateralen Vertrages als ein Weihnachtsessen im Weißen Haus?

Sämtliche Ratsmitglieder der FIR waren zusammen mit ihren ältesten Söhnen und ranghöchsten Ehefrauen aus Europa und dem Fernen Osten per Flugzeug angereist. Die islamischen Staatsoberhäupter waren in Weiß gekleidet und trugen entgegen den Wünschen der Sicherheitskräfte Dolche im Gürtel, dieselben, mit denen sie in der Wüste Arabiens ihre Kamele getötet hatten. Sie setzten sich mit maßgeblichen männlichen Mitgliedern der US-Administration zu Tisch.

Auch VIPs aus dem Ausland waren zugegen. Zu ihnen zählten der französische Staatspräsident, der deutsche Bundeskanzler und, ein einmaliger Coup, der Kaiser von Japan, wenngleich dies bedeutete, daß Lee Jing Chang von China die Versammlung boykottierte. Der russische Präsident teilte bedauernd mit, er habe sich mit ein paar Aufständen herumzuschlagen. Doch als versöhnende Geste war der israelische Premierminister von Hourani höchstpersönlich eingeladen worden.

Die einzige anwesende Frau war Denise Weaver, die allerdings angewiesen worden war, sich in ein langes schwarzes Gewand zu hüllen, und die am weitesten von Hourani entfernt saß. Entweder so oder gar nicht.

Es war ein Anlaß, bei dem Smoking vorgeschrieben war, aber es war nicht das Ereignis, das sich die First Lady vorgestellt hatte. Die islamischen Regeln verlangten nämlich, daß die Frauen separat in einem anderen Raum aßen.

Carol Delaney, mit Schmuck überladen und in einer scharlachroten Dior-Robe, die einen Kardinal garantiert in Verzükkung hätte geraten lassen, führte die Muslimdamen, die unsicht-

bar waren bis auf die Sehschlitze in ihren Schleiern, in den Speisesaal.
Herrje, dachte sie, wenn ich die Mädels bloß für ein paar Tage in die Finger bekäme, denen wüßte ich so manches beizubringen!
Zu Houranis erster Gemahlin: »Sagen Sie mir ehrlich, Schätzchen, wer sind Sie unter diesem tristen Tuch, Julia Roberts oder Claudia Schiffer?«
Sie forderte den kleinen Ruhollah mit einer Geste auf, mit ihr zu kommen, doch der schüttelte grimmig den Kopf und ließ nicht zu, daß sie ihn auch nur mit einem Finger berührte. Er war ein Mann, sein Platz war an der Tafel neben seinem Großvater.
Sie lächelte ihn süßlich an. »Wie du willst, du kleines Miststück.«

Im Hauptspeisesaal saßen Delaney und Hourani nebeneinander am Kopf des hufeisenförmigen Tisches. Sie zogen zusammen ein Knallbonbon auf. »Gott sei Dank, oder sollte ich sagen, Allah sei Dank«, scherzte Delaney, »ist dies wohl die einzige Explosion, die zwischen uns stattfindet.«
In dem Knallbonbon war eine Pfeife, die Hourani in Besitz nahm, und ein Partyhut, den Delaney sich auf den Kopf setzte.
Die Mahlzeit, Lammbraten, aus Rücksichtnahme auf die Gäste mit widerwärtigen alkoholfreien Getränken serviert, war vorüber. Sie befanden sich in der Trinkspruch-Phase.
Ayatollah Hourani war als erster auf den Beinen. Zu aller Entzücken überreichte er seinem Enkelsohn seine Pfeife.
»Hier, Herz meines Herzens, Erstgeborener meines Erstgeborenen, mein Täubchen, blase auf mein Kommando.«
Ruhollah blies Ruhe gebietend die Pfeife.
Großartig, meinten alle einmütig, wenngleich Delaney im Grunde seines Herzens wußte, daß er es war, der hier das Kommando gegeben hatte.
Houranis erster Satz veranlaßte die gesamte islamische Delegation, auf den Tisch zu klopfen. Einige Amerikaner glaubten, dies bedeute Krieg, bis die Übersetzung kam: »Allah weiß, dies ist der stolzeste Tag meines Lebens.«

Um Delaney eine Freude zu machen, betonte Hourani noch einmal, daß die Schuldnernationen ihre Schulden zurückzahlen müßten, wenn das Vertrauen der Geschäftsleute wieder aufleben sollte. »Andernfalls rücke ich ihnen mit einem Kamelstock zu Leibe.«

Er rühmte die große Bruderschaft der islamischen Nationen. Er sprach bewegend von Ali, seinem ältesten Sohn, den er über alle Liebe hinaus geliebt hatte und mit dem er gewiß bald vereint sein werde.

»Meine besondere Hochachtung gebührt Papst Patrick. Wenn die Historiker in tausend Jahren auf die Ereignisse dieses Tages zurückblicken werden, des Tages, an welchem die Blutfehde zwischen Ihrem und meinem Volk ein für allemal beendet wurde, werden sie wissen, wem sie zu danken haben.

Ihr Präsident sagt mir, Seine Heiligkeit sei sehr krank, darum habe ich ihm soeben folgendes Telegramm geschickt: ›Allah bringe dich ans Ende deiner Reise und belohne dich gemäß deinen Verdiensten.‹«

Delaney, kein bißchen schuldbewußt, applaudierte als erster.

Hourani beendete seine berührende Rede und erhob sein Glas.

Zum erstenmal in seinem Leben ließ er die Sprache beiseite, mit der Gott zu den Engeln spricht, und sagte in gebrochenem Englisch: »In dieser stillen Nacht, heiligen Nacht, bringe ich Ihnen einen Trinkspruch dar: Gott, hilf Amerika«, so daß es vielen Amerikanern, selbst während sie gerade ihr Sorbet verzehrten, schwerfiel, ihr Gekicher zu unterdrücken.

Nun war Delaney an der Reihe. Sein Partyhut hatte die Form eines roten Drachens. Er litt unter Schlafmangel, aber er meinte jedes Wort ehrlich, als er Präsident und Volk des Islam pries.

Er wandte sich Hourani zu und war schon im Begriff, ihm eine kurze Zusammenfassung der Geschichte von Bethlehem zu geben, als Bill Huggard ihn schmerzhaft in den Rücken stieß. »Herr Präsident, Ihre Anwesenheit ist dringend erforderlich.«

Delaney erdolchte ihn förmlich mit Blicken. Wer weiß, er hatte vielleicht gerade dazu angesetzt, Hourani wie einen modernen

Kaiser Konstantin vom Heidentum zum Christentum zu bekehren. Der Papst würde ihn im Petersdom taufen, mit dem guten alten Roone als Paten.

»Später, Huggard«, zischte er. »Verduften Sie, verkrümeln Sie sich, machen Sie, daß Sie rauskommen.«

Huggard schaltete das Mikrophon ab und zerrte ihn praktisch vom Stuhl. »Ein Notfall.«

Delaney nahm sich vor, den Idioten zu feuern und in einem verprockten Krankenwagen heim nach Yuba City zu verfrachten.

»Es geht um die nationale Sicherheit, Herr Präsident«, flüsterte Huggard.

»Mein Gott«, sagte Delaney, ebenfalls flüsternd, und sein Adamsapfel verwandelte sich in einen Marmorklumpen. Er entschuldigte sich bei seinem Hauptgast. »Meine Tante, ich meine, mein Onkel. Es geht ihm nicht gut, wie man mir gerade sagte.«

»Ich bin ganz zerstörerisch«, murmelte Hourani mitfühlend in seinem fehlerhaften Englisch.

Um die Verlegenheit zu überbrücken, gab der Zeremonienmeister der Kapelle ein Zeichen, die darauf »Three Cheers for the Red, White and Blue« spielte. Huggard schob den Präsidenten an den VIPs vorbei aus dem Speisesaal in eine schalldichte Kammer nebenan.

»Huggard, was zum Geier ...?« In dieser totenstillen Umgebung schien es, als spräche er in einem Grabgewölbe.

»Mund halten und zuhören«, befahl Huggard, um Atem ringend wie jemand, der in einer Achterbahn abwärts rast. »Sieht nach einem Entmachtungsangriff aus.«

Der Präsident richtete sich senkrecht auf. »Einem *was*?«

»NORAD hat das Nationale Sicherheitskommando soeben informiert, daß hoch oben in der Atmosphäre eine doppelte oder dreifache Kernexplosion stattgefunden hat.«

»Gott sei Dank«, keuchte Delaney, »ich dachte schon, Sie würden sagen, San Francisco ist gerade in die Luft –«

»Um Himmels willen, *hören Sie zu.* Diese Explosion in der Atmosphäre hat über Tausende von Luftmeilen ungeheuer kraftvolle elektromagnetische Impulse ausgelöst.«

»Verprockt, kommen Sie zur Sache.«

»Verprockt, die Sache ist die, das Kontrollzentrum von NORAD –«

»Sie *sprechen* doch vom Nervenzentrum der strategischen Luft- und Weltraumüberwachung Nordamerikas in Colorado?«

»Jawohl. Tja, es funktioniert nicht mehr.«

»Unmöglich. Verprockt, es ist Weihnachten. Jemand ist mit dem Kopf in ein Whiskeyfaß abgetaucht.«

»Die untergeordneten Nervenzentren mit Infrarotsensoren, die Frühwarnungen vor Raketenangriffen geben, sind außer Betrieb gesetzt. Unsere Horchposten, alle tot. Die Radarsysteme – Cobra Dane Station in Alaska, unsere Bear Paws, von Cape Cod bis Sunnyvale, Kalifornien – alle tot. Die Kanadier im nördlichen Polarkreis, die britische Geheimdienstabteilung in Cheltenham und ihr Erkennungssystem über der Nordsee, alle –«

Der stellvertretende Verteidigungsminister, Chuck Bealand, der für die Computersicherheit zuständig war, platzte herein.

»Die Computer vom Pentagon sind alle infiziert, Chef.«

»*In-fi-ziert*?« echote Delaney, als ob es nur VIPs wie ihm gestattet sei, mit Krankheitskeimen infiziert zu sein.

»Ein Virus«, erklärte Bealand, »muß unsere Impfprozedur überlebt haben und durch das Gatter in unser militärisches Kommando- und Kontrollsystem eingeflossen sein. Er funktioniert wie ein elektronischer Zerhacker. Unsere Computer können nicht miteinander kommunizieren.«

Bealands Boß, Dick Diamond, kam als nächster, ohne anzuklopfen, hereingestürmt.

»Chef, dies könnte das Vorspiel zu einem feindlichen Angriff auf die USA und unsere europäischen Verbündeten sein.«

»Verprockte Verbündete!« brüllte Delaney. »Wer steckt da dahinter? Denken Sie nach, um Himmels willen! Alle Top-Leute der USA und der FIR sind an einem Ort versammelt. Ebenso die Staatsoberhäupter der Westallianz und der Kaiser von Japan. Es

müssen entweder die Russen sein oder die verprockten Chinesen.«
»Wir sind nicht ganz sicher, wer dahintersteckt«, gab Diamond zu.
»Nicht *sicher*, verprockt noch mal! Die Chinesen haben weiterhin Kernwaffen getestet.«
»Stimmt, Sir. Aber wir haben keinen Beweis, daß sie hier die Hand im Spiel haben.«
»Die FIR kann es nicht sein«, sagte der Präsident. »Hourani hat den UN seine Black Box gegeben.«
Diamond: »Ich wollte es Ihnen eigentlich nicht sagen, Sir, aber –«
»Aber *was*?«
»Heute morgen haben wir einen Agenten in das Büro des UNO-Generalsekretärs geschickt. Er hat den Safe geöffnet, dann die Black Box, und –«
Mit an Panik grenzender Dringlichkeit: »Was hat er gefunden?«
»Ein Sprengkörper hat ihm den Kopf weggerissen, Sir. Wir wissen also immer noch nicht, ob der Koffer ihre Nuklearcodes oder das Innenleben eines Transistorradios enthielt.«
»Die FIR *kann* es nicht sein«, winselte Delaney. »Ihr erstes Ziel wäre Washington, *wir*. Und ihr Präsident sitzt mit seinem kleinen Enkel im Weißen Haus, er ist im Begriff, das Ende des Eiskrieges zu besiegeln. Um Himmels willen, können Sie sehen, daß der Arsch den Finger am Knopf hat?«
»Sie könnten ihn ja fragen«, meinte Huggard flapsig, bevor er sich in eine Ecke zurückzog, wo er mit geschlossenen Augen »Om« summte.
»Ein Unfall im Weltraum«, sagte Delaney. »Könnte es das sein?«
Diamond zuckte die Achseln.
»Das *muß* es sein.« Delaney drückte die Daumen. Schweiß durchtränkte sein Cardinhemd, seine Innereien verflüssigten sich, er brauchte dringend einen Drink. »Die FIR wird wohl kaum einen Atomkrieg anfangen, wenn ihr Rat vollständig nebenan beim Essen sitzt, oder? Was ist das für ein verprockter Trick?«
Diamond antwortete nicht. Als er Delaney hektisch nach seinem

Taschentuch suchen sah, nahm er es ihm aus der Brusttasche und reichte es ihm.

»Wir sind überrumpelt, Chef. Keine Aufklärungsflüge. Flugzeuge, Schiffe, Atom-U-Boote, alle feiern in heimischen oder befreundeten Stützpunkten. Was immer Sie tun, Sie dürfen nicht zögern.«

»Nicht *was?*«

Delaney wischte sich den Schweiß von der Stirn. Über Diamonds Schulter sah er einen Stabsfeldwebel den Aktenkoffer mit den Codes zur Auslösung eines Atomangriffs an sich drücken. Sein Kopf fühlte sich hartgekocht an. Er konnte sich nicht einmal mehr auf den Akt des Bereuens besinnen, geschweige denn auf die Schloßkombination, und überhaupt, wer zum Teufel war der Feind?

Diamond sagte: »Wenn diese Bomben im Weltraum dazu bestimmt waren, als Vorbereitung für einen Erstschlag NORAD außer Betrieb zu setzen und unser gesamtes Satellitenband auszuschalten, dann hatten Sie ursprünglich acht Minuten, um zu reagieren.« Er sah auf seine Rolex. »Jetzt, Chef, haben Sie noch drei Minuten und zehn Sekunden, und der Countdown läuft.«

Delaney war plötzlich vollkommen schlaff, und er sabberte. Was war das für eine Entscheidung, die ausgerechnet an diesem verprockten Weihnachtstag getroffen werden mußte? Wo war Carol? Was in Procks Namen war mit diesem päpstlichen Segenswunsch für einen glücklichen Tod?

Den Partyhut noch auf dem Kopf, das Taschentuch zwischen den Zähnen, sank der Oberkommandierende der amerikanischen Streitkräfte, sich wie wahnsinnig bekreuzigend, rauf und runter, rechts und links, zum zweitenmal innerhalb weniger Tage betend auf die Knie.

Requiem, requiem, o requiem aeternam. Kardinal Montefiori, trauriger denn je, weil dieser lächerliche Pontifex darum gebeten hatte, eingeäschert zu werden, klopfte mit einem silbernen Hammer auf Papst Patricks Kopf und fragte: »Brian Aidan O'Flynn, bist du tot?« Er stellte die Frage in just jenem Augenblick, als FIR-Raketen, die von Unterseebooten im Atlantik, von einem breiten Band von Abschußrampen, das von Marokko bis Pakistan reichte, gestartet wurden, praktisch ohne Widerstand begannen, die freie Welt auszulöschen.

Thomas Görden

Die Krypta

Roman

Vor dem Kölner Dom liegt eine schwarz gekleidete Leiche. Kriminalkommissarin Susanne Wendland sieht sofort, dass dieser Mord alles andere als ein Routinefall ist: Der Tote ist Weihbischof Oster, und in den Mordfall scheint alles verwickelt zu sein, was in Köln Rang und Namen hat. Im Laufe ihrer Ermittlungen stößt die Kommissarin auf eine verborgene Krypta, von der eine jahrhundertealte Gefahr ausgeht ...

Ein meisterhafter Mystery-Thriller!

Knaur

Jörg Kastner

Der Engelspapst

Roman

Entsetzen lastet auf den Dächern und Kuppeln der Ewigen Stadt. Ein mysteriöses Verbrechen ist geschehen. Zusammen mit der jungen römischen Journalistin Elena versucht der Schweizergardist Alexander Rosin einen Mord aufzuklären, dessen Motive offenbar weit in das uralte Labyrinth der Kirche zurückreichen. Ein sagenumwobener Smaragd führt die beiden auf die Spur eines jahrhundertealten Komplotts, bei dem die Zukunft der Kirche auf dem Spiel steht.

»Eine Geschichte, die fesselt und einen das Buch bis zum Ende nicht mehr aus der Hand legen lässt.«

Westfalen-Blatt

Knaur